U0738253

高等院校老年服务与管理专业规划教材

养老机构管理

主 编 许 虹 李冬梅

ZHEJIANG UNIVERSITY PRESS
浙江大学出版社

《养老机构管理》
作者名单

主　　编　许　虹（杭州师范大学）

　　　　　李冬梅（杭州师范大学）

副 主 编　陈雪萍（杭州师范大学）

　　　　　杨青敏（复旦大学附属医院、上海市第五人民医院）

编写人员　蔡华娟（浙江中医药大学）

　　　　　陈雪萍（杭州师范大学）

　　　　　李冬梅（杭州师范大学）

　　　　　楼　妍（杭州师范大学）

　　　　　孟凡莉（杭州师范大学）

　　　　　陶月仙（杭州师范大学）

　　　　　王丽华（金华职业技术学院）

　　　　　吴育红（杭州师范大学）

　　　　　许　虹（杭州师范大学）

　　　　　徐赛珠（浙江医院）

　　　　　杨　福（杭州师范大学）

　　　　　杨青敏（复旦大学附属医院、上海市第五人民医院）

　　　　　叶红芳（浙江中医药大学）

　　　　　余红剑（杭州师范大学）

　　　　　詹利雅（浙江省绍兴市人民医院）

　　　　　张　菊（杭州师范大学）

　　　　　郑舟军（浙江海洋学院）

秘　　书　詹利雅（浙江省绍兴市人民医院）

主　　审　冯晓丽（国家民政部中国社会福利协会）

　　　　　董红亚（浙江外国语学院）

《养老机构管理》
编委会名单

序

　　"积极应对老龄化,优先发展社会养老服务,培育壮大老龄服务事业和产业",是党中央根据我国国情而作出的战略决策。社会养老服务是一个系统工程,涉及各个方面,其中护理服务人才队伍建设是最重要的基础性环节。我省对此给予高度重视,省政府专门就此出台政策,实施"入职奖补"办法,建立护理队伍培养培训制度,启动护理知识技能进家庭、进社区活动等,力图通过几年的努力,到"十二五"末,培养一批护理专业人才,基本实现护理人员持证上岗,全面轮训在岗人员,失能老人家庭照护人员普遍接受一次护理知识技能培训,以此切实提高全省社会养老服务的质量。

　　为实现这一目标,省民政厅和杭州师范大学开展合作,设立"浙江省老年服务与管理教育培训中心",共同推进养老护理人才教育培训工作。多年来,杭州师范大学利用自己的优势,在养老服务领域做了大量工作,形成了诸多学术成果,培养、培训了一大批护理人员,开设了"老年服务与管理"成人大专学历教育。应该说有了很好的教育培训基础,为进一步推动专业教学,强化教育培训工作,积累了丰富的经验。此次,杭州师范大学组织力量,在认真总结已有经验,开展研究的基础上,广泛借鉴国外及港台经验,编写了《养老护理基础》《养老护理操作规程》《老年服务与管理概论》《养老机构管理》《老年人营养与膳食》《老年人运动与康复》《居家养老服务与管理》等系列教材。

　　相信该系列教材的出版,将为我省养老服务人才队伍培养发挥较好的作用,从而提高我省养老服务整体水平,促进养老服务行业规范、有序发展,提升老年人的生存质量。同时,也希望系列教材在教学实践中不断修正完善,为我国的养老服务事业作出贡献。

　　是为序。

浙江省民政厅厅长　尚　

《高等院校老年服务与管理专业规划教材》
书 目

1.《养老护理基础》

2.《养老护理操作规程》

3.《老年服务与管理概论》

4.《养老机构管理》

5.《老年人营养与膳食》

6.《老年人运动与康复》

7.《居家养老服务与管理》

前　言

当前,世界人口正在加速老化,据统计,到 2050 年,全世界 60 岁以上人口将增至 20 亿,未来的 50 年中,世界的老年人口预计将增长 4 倍。中国 1999 年步入老龄化社会,老龄人数居世界首位,2010 年全国人口普查结果显示:60 岁及以上老人 1.78 亿,约占全国总人口的 13.26%。2013 年老年人口突破 2.02 亿,约占总人口的 14.8%,据推测,2015 年老年人口将达到 2.21 亿,约占总人口的 16%,2020 年老年人口将达到 2.43 亿,约占总人口的 18%。中国是当今世界老龄化问题最严峻的国家之一,应对老龄化是个人、家庭、社会、政府都无法回避的现实问题。

对人口老龄化的重视程度,体现着一个国家的文明程度。1996 年,我国第一部系统保障老年人权益的法律《老年人权益保障法》颁布;2009 年 10 月 26 日,传统节日重阳节到来之际,我国正式启动了应对人口老龄化战略研究,以积极应对持续加剧的人口老龄化危机;先后出台了《社会养老服务体系建设规划(2011—2015 年)》《中国老龄事业发展"十二五"规划》等文件;2013 年 8 月,李克强总理主持召开了国务院常务会议,研究部署促进健康服务业发展;2013 年 9 月,国务院印发了《关于加快发展养老服务业的若干意见》,明确到 2020 年全面建成以居家为基础、社区为依托、机构为支撑,功能完善、规模适度、覆盖城乡的养老服务体系。养老服务的核心是服务,服务的质量取决于高素质的人才队伍,而推进养老服务业发展的瓶颈,就是专业的养老护理人才缺乏。加快培养养老护理人才,编写出版相关的教材是当务之急。

杭州师范大学在近十年积累的老年服务与管理政策理论、服务规范及人才培养等研究成果的基础上,于 2012 年开设"老年服务与管理"专业。该教材不仅是该专业学生的核心课程教材,也可作为各养老机构管理者和护理人员的参考用书。全书共分九章,内容涵盖了养老机构的人、财、物管理,体例上打破了传统教材的格式,在每章中运用知识链接、每章后设案例分析等形式便于学生理解,书后附有图书、论文,以及相关的国家政策、法律法规等参考文献,为学生提供学习资源。

由于养老服务业在迅猛发展，专业的养老服务人才培养在探索阶段，本书编写组全体成员虽然参考了大量相关文献，实地走访了养老机构，听取了多方的意见和建议，但撰写中仍会存在不足和缺陷，敬请护理界同仁和养老服务业同仁批评、指正。

本书的编写得到了国家民政部中国社会福利协会、浙江省民政厅、浙江省护理学会老年护理专业委员会、上海市护理学会及兄弟院校、浙江大学出版社的大力支持，得到了第43届国际南丁格尔奖章获得者、中华护理学会院校护理教育专业委员会主任委员、中华护理学会副理事长、中华护理杂志社社长、全国高等护理教育学会副理事长、教育部高等学校护理学专业教学指导委员会副主任委员、福建医科大学护理学院原院长、社区护理和老年护理博士生导师姜小鹰教授和浙江省民政厅社会福利与老年服务处黄元龙处长对本教材编写的指导，在此一并表示衷心的感谢！

本书出版得到杭州师范大学人文振兴项目及杭州市产学对接重点突破项目的支持。

许 虹

2015 年春节于杭州

目 录
CONTENTS

第一章 绪 论

本章要点

★管理的概念、特征和职能。

★我国养老机构的含义、地位和职能。

★我国养老机构的服务对象、性质与特点。

★我国养老机构的类型与功能。

★养老机构管理的概念、内容和模式。

　　管理是现代化建设中最重要、最富有创造性行为的社会活动,管理学是关于管理活动基本规律和一般方法的知识体系。随着科学技术与生产力的飞速发展,人们已经越来越清楚地认识到,任何个体的生存与发展,任何组织的进步与繁荣,都离不开人类社会管理素质的改善和管理水平的提高。机构养老服务是社会现代化及老龄化带来的产物,作为社会养老服务体系的支撑,其在现代养老服务事业中的作用和地位越来越突出。养老机构管理顺应了时代发展的要求,有机地结合了管理学的内容和养老机构服务的内容,形成了社会养老服务体系中新的知识体系,为全社会更加合理高效地运行养老机构,提供最佳养老护理服务,提升全社会老年人的生活生存质量给予了最全面的指导和参考。

第一节 管理概述

　　管理是一门系统性、科学性、艺术性和实用性较强的学科。在人类社会历史上,自从出现了有组织的活动,就有了管理。管理活动是人类最基本、最重要的活动之一,是这个世界普遍存在的现象。随着社会经济的发展,组织规模日益扩大,劳动分工更加精细,社会化大生产日趋复杂,组织面临的环境越来越不确定,管理的重要性也越来越突出。任何一位管理者无论是在管理一个组织还是管理组织中的某个单位,抑或管理一群人或一项工作,都需要熟练掌握这门学问。

一、管理的概念

　　管理是一个含义极为广泛的概念,早在远古时期,人们就有了对管理的理解。随着人类社会的不断进步,管理的概念也不断变化和更新,随之而产生的对管理的分类也逐渐多样化和精细化。

(一)管理的概念

在中国古代,"管"指锁匙,最早出自《左传》:"郑人使我掌其北门之管。"可引申为管辖、管制,体现着权力的归属。"理",本义是治玉,出自《韩非子·和氏》:"王乃使人理其璞,而得玉焉。"引申为整理或处理。两字连用,表示在权力范围内,对事物的管束和处理过程。现代社会,通常把"管理"简单地理解为"管事理人"。

在西方,自 20 世纪管理学作为一门新兴的学科形成和发展起来,"管理"一词的定义就多种多样,各大学者从不同的角度对管理作了阐述。"现代管理之父"彼得·德鲁克(Peter F. Drucker)认为,管理是一种工作,它有自己的技巧、工具和方法;管理是一种器官,是赋予组织以生命的、能动的、动态的器官;管理是一门科学,一种系统化的并到处适用的知识,同时管理也是一种文化。美国管理学家、诺贝尔经济学奖获得者赫伯特·西蒙(Herbert A. Simon)则提出,管理就是决策,决策贯穿于管理的全过程。哈罗德·孔茨和海因茨·韦理克(Harold Koontz and Heinz Weihrich)认为,管理就是设计和保持一种良好的环境,使人们在群体里高效地完成既定的目标。路易斯(Lewis)等认为,管理应定义为切实有效地支配和协调资源,并努力达到组织目标的过程。罗宾斯和库尔塔(Robbins and Coulter)将管理定义为"一个协调工作活动的过程,以便能够有效率和有效果地同别人一起或通过别人实现组织的目标"。

虽然不同社会、不同时期对"管理"的解释不尽相同,但都有其合理和可取之处。因此,综合各家之长,管理可定义为:管理者在一定的环境条件下,对组织所拥有的资源(人力、物力和财力等各种资源)进行计划、组织、领导、控制,以及有效地实现组织目标的过程。由于人类社会是不断发展的,反映社会发展不同阶段管理水平的管理概念也必然随之变化。所以,管理也是一个动态的、发展的概念。

(二)管理的分类及要素

1.管理的分类　管理可以分为很多种类,如行政管理、社会管理、工商企业管理、人力资源管理、情报管理等。每一种组织都需要对其事务、资产、人员、设备等所有资源进行管理。每一个人也同样需要管理,比如管理自己的起居饮食、时间、健康、情绪、学习、职业、财富、人际关系、社会活动、精神面貌(即穿着打扮)等。在现代市场经济中工商企业的管理最为常见。企业管理可以划分为几个分支:人力资源管理、财务管理、生产管理、营销管理、成本管理、研发管理等;在企业系统的管理上,又可分为企业战略、业务模式、业务流程、企业结构、企业制度、企业文化等系统的管理。

2.管理活动的要素　任何一种管理活动都必须由以下四个基本要素构成,即:①管理主体:由谁管;②管理客体:管什么;③管理目的:为何而管;④管理环境或条件:在什么情况下管。当管理具备了以上四种基本要素的时候,它的作用才能真正地发挥。

二、管理的特征

20 世纪以来,管理知识逐渐系统化,并形成了一套行之有效的管理方法,管理的特征也随之显现,反映管理基本特征的表现主要是管理的社会性、文化性、科学性和艺术性。

(一)管理的社会性与文化性

管理既是一种文化现象,又是一种社会现象。管理活动自古就有,是人类社会活动的重要组成部分,存在于人类社会活动的每一个领域。因而,管理首先表现出明显的社会性,大到世界事务、国家事务、企业组织的管理,小到家庭事务的管理,以及个人事务的管理。文化是人类在社会发展过程中所创造的物质财富和精神财富的总和。文化以人类物质生活为发展基础,同时具有历史发展的连续性。管理作为一种文化,其主要表现是以人为中心的管理思想。管理活动中组织目标的设置、组织结构的设计、组织制度的建立、产品的生产和分配等,无一不是以人为中心而进行的,还有竞争意识、服务意识与顾客至上等,无一不是以人为中心的表现,所以说管理也是一种文化现象。

(二)管理的科学性与艺术性

从管理活动过程来看,既要遵循管理过程中客观规律的科学性要求,又要体现灵活协调的艺术性要求,这就是管理所具有的科学性和艺术性。虽然管理理论的发展历史不长,但它以管理活动的客观规律为研究对象和内容,以管理的有关理论为指导,有一套独立的分析问题与解决问题的科学方法论,尽管还没有自然科学那样精确,但管理成为一门科学已毋庸置疑。管理是一种艺术,强调的是管理的实践性。管理者在管理活动中,既要用到管理知识,又不能完全依赖管理知识,必须发挥创造性和主动性,根据不同的情况采取不同的措施,高效地实现目标。因此,管理既是一门科学,又是一种艺术,有效的管理者能把两者有机结合,灵活运用于实践当中。

(三)管理的主体是管理者

管理是让他人和自己共同去实现既定的目标,所以管理者需要对管理的效果甚至对组织的效果承担首要责任。管理者的第一个责任是管理一个组织;管理者的第二个责任是管理管理者,包括各级、各层、各类的管理者;管理者的第三个责任是管理工作和员工。所以说,管理的主体是管理者。

(四)管理的核心是处理好人际关系

管理不是个人活动,它是在一定的组织中实施的。组织中的任何事都是由人来传达和处理的,所以管理者既管人又管事,而管事实际上也是管人。人既是管理中的主体又是管理中的客体,管理活动自始至终,在每一个环节都是与人打交道。管理的目的是让不同角色的人共同实现既定的目标。因此,管理的核心是处理好组织中的各种人际关系,管理者同样需要学习人际沟通方面的知识。

三、管理的职能

管理理论认为,管理者要帮助组织充分利用自身有限的资源以实现组织目标,首先需要做好一系列的基本管理工作,这些基本管理工作就是所谓的**管理职能**(Functions of management)。

(一)管理职能的含义与内容

1. 管理职能的含义　管理职能是管理者实施管理的功能或程序,即管理者在实施管理中所体现出的具体作用及实施程序或过程。

2. 管理职能的内容　20世纪初,法国工业家亨利·法约尔(Henri Fayol)最早提出,所有管理者都履行着五种管理职能,即计划、组织、指挥、协调和控制。20世纪50年代中期,美国学者哈罗德·孔茨(Harold Koontz)和奥唐奈(O'Donnell)采用计划、组织、人事、领导和控制五种职能作为管理学教材的框架。目前,大多数管理学教材仍然沿袭了这一模式,即以管理职能来组织教材内容。斯蒂芬·P.罗宾斯(Stephen P. Robbins)在其《管理学》教材中将管理职能精简为四项:计划职能(Planning)、组织职能(Organizing)、领导职能(Leading)和控制职能(Controlling),这也是目前管理学界普遍接受的观点。计划职能是指管理者为实现组织目标而对组织工作所进行的策划活动;组织职能是管理者为实现组织目标而进行分工协作、合理配置各种资源的工作过程;领导职能是指管理者利用职权和威信施展影响,指导和激励各类人员有效实现组织目标的行为;控制职能是指管理者为保证实际工作与目标一致而进行的控制活动。

(二)正确理解各管理职能之间的关系

一方面,在管理实践中,计划、组织、领导和控制职能一般是按顺序履行的,即先要执行计划职能,然后是组织、领导职能,最后是控制职能;另一方面,上述顺序也不是绝对的,在实际管理中这四大职能又是相互融合、相互交叉的,共同致力于管理的最佳效果。

(三)正确处理管理职能的普遍性与差异性

计划职能主要着眼于有限资源的合理配置,组织职能主要致力于贯彻落实,领导职能则着重于激发和鼓励人的积极性,控制职能的重点在于纠正偏差。原则上讲,各级各类管理者的管理职能都具有共同性,都在执行计划、组织、领导、控制四大职能;同时,不同层次、不同级别的管理者在执行这四大职能时的侧重点与具体内容又是不相同的。

四、管理的任务及意义

(一)管理的任务

管理的一个重要作用就是使组织中有限的资源得到最有效地利用。可以说,管理的任务是使在组织中工作的人们能够用尽可能少的支出实现既定的目标,或者以现有的资源实现最大的目标。细分为四种情况:产出不变,支出减少;支出不变,产出增多;支出减少,产出增多;支出增多,产出增加更多。这里的支出包括资金、人力、时间、物料、能源等的消耗。总之,管理基本的原则是"用力少,见功多",以越少的资源投入、耗费,取得越大的功业、效果。因此,有些人认为管理也是一种生产力。

(二)管理的意义

管理的重要性是伴随着社会经济的发展和组织规模的扩大而日益明显的。在生产力高度发达的当今社会和经济体中,管理越来越成为影响组织生存和社会经济发展的关键因素。国际上许多管理学家都非常重视和强调管理的重要性,有些人把管理看成是工业化的催化剂和经济发展的原动力。管理的重要性体现在组织对既定目标实现的要求上,组织的既定目标能否实现与管理水平的高低有着密切的关系。在通常情况下,管理水平越高,组织的既定目标就越容易实现。由此可见,管理活动决定了组织能否实现既定目标。管理的意义,则在于更有效地开展活动,改善工作,更有效地满足客户需要,提高效果、效率、效益。

第二节　我国养老机构概述

随着经济的发展、社会的变迁,以及人们养老观念的改变,传统的家庭养老功能逐渐被弱化,我国老年群体对社会养老服务的需求倍增,老年人的日常生理、心理需求都需要有专门的组织和机构来负责。机构养老作为我国目前最主要的养老模式之一,开始步入普通民众的视野,并以其独特的特点与优势赢得公众的认可,成为社会共同关注的话题。可以预见,在今后相当长的一段时期里,机构养老将成为家庭养老模式的重要补充,在中国养老服务事业上展现其独有的魅力。

一、我国养老机构的含义及历史沿革

老年人入住养老机构养老是区别于家庭养老和社区养老的养老方式,其含义及历史沿革反映了其在养老服务供给中的特殊地位和意义。

(一)机构养老和养老机构的含义

1.机构养老　"以居家养老为基础,社区养老为依托,机构养老为支撑"是当前我国政府所倡导和建构的社会养老服务体系,这是基于目前绝大部分老年人的养老居住方式而做出的安排。机构养老是社会养老服务体系的三大组成部分之一,它在组织结构、服务形式和内容等方面与其他养老方式既有区别又有联系:与传统的家庭养老相比,机构养老可以通过提供社会化的养老服务分担家庭的养老功能;与社区养老相比,机构养老服务能够为老年人尤其是生活自理能力受限的老人提供更为专业的服务。同时,从目前社会养老服务的发展趋势来看,我国政府正在积极鼓励和倡导机构养老与社区养老和居家养老相结合,把养老机构的专业护理服务延伸到社区和家庭。总之,机构养老作为社区养老和家庭养老的有力补充形式,与社区服务和居家服务的建设相互配合,在养老服务供给中发挥着不可替代的作用。

2.养老机构　养老机构是社会养老专有名词,是指为老年人提供集中居住和照料服务等综合性服务的机构。机构养老模式通常以各种养老机构为载体,实现其社会化的养老功能。养老机构可以是独立的法人机构,也可以附属于医疗机构、企事业单位、社会团体或组织、综合性社会福利院的一个部门或者分支机构。养老机构通过为入住老人提供住养服务,进行健康管理,提高老年人生活质量,以达到老有所养、老有所依、老有所为、老有所教、老有所学、老有所乐、增进健康、延缓衰老的目的。

(二)我国养老机构发展的历史沿革

1.我国古代的养老机构　中国自古有尊老、敬老和养老的优良传统。我国的养老制度可以追溯到封建社会。"孝"文化在中国几千年的封建社会里占据着主导地位。在我国古代的农耕社会时期,是以家庭生产和自给自足的自然经济为主,家庭承担着生产、生活的各项功能。因此,家庭养老是封建社会的主要养老方式,同时政府和社会组织也会举办一些敬老礼仪或慈善性活动,为德高望重的老年人提供物质上的奖励或补助。自南北朝开始,我国就有比较正规的养老院,有些朝代还制定了专门的法律来赡养那些贫病无依的老人。521年,梁武帝颁布诏令,决定在京师建康置"孤老院",目的是让"孤幼有归,华发不匮。若终年命,

厚加料理"(《梁书·武帝本纪》)。唐朝的《唐户令》规定:"诸鳏寡、孤独、贫穷、老疾、不能自存者,令近亲收养,若无近亲,付乡里安恤。"明朝、清朝的法律规定:"凡鳏寡、孤独及残废之人,贫穷无亲属依靠,不能自存,所在官司,应收养而不收养者,杖六十。"其后,各个朝代均设有"悲田院"、"居养院"、"养济院"等养老机构,并有专门官吏负责管理,收养鳏寡孤独、老弱病残、穷而无告者。

2.我国现代的养老机构 新中国成立后,我国养老机构的发展主要经历了两个发展阶段。

(1)公办养老机构一枝独秀:20世纪50年代到90年代,中国的福利制度模式是由国家负责、政府包办的民政福利和单位包办的职工福利等组成的传统福利模式。老年人福利的基本结构属于城乡二元结构。城市范围内,老年人的福利主要是单位包办的职工福利以及特殊困难群体的国家福利,体现在养老机构方面,当时城镇范围内的养老机构主要有两种,一种是单位兴办的集体制的专门接收离退休人员的机构,另一种是收住城镇"三无"老人的公办社会福利院。城镇"三无"老人即无劳动能力、无生活来源又无法定赡养、抚养、扶养义务人,或者其法定赡养、抚养、扶养义务人无赡养、抚养、扶养能力的老年人。在农村,从新中国成立后我国就对农村中生活困难的老人给予救济,大多数农村生活困难的老人都是通过五保供养(吃、穿、住、医、葬)的方式维持生活,其中农村敬老院是集中收住农村"五保"老人的主要场所。

(2)民办养老机构逐渐兴起:20世纪90年代初我国开始探索社会福利社会化的思路,从1998年开始,我国加大对社会力量兴办福利机构的政策引导和资金扶持,使得各种形式的福利机构如雨后春笋般涌现出来,改变了以往民办社会福利机构几乎空白的状态。2000年,国务院办公厅转发民政部等11部委《关于加快实现社会福利社会化的意见》,自此社会力量兴办的社会福利机构迅速发展,成为我国社会福利事业的重要组成部分。为进一步调动社会力量参与社会福利事业的积极性,维护社会办福利机构的合法权益,推动社会福利社会化进程,民政部在2005年又下发了《关于支持社会力量兴办社会福利机构的意见》,这些文件的颁布实施集中体现了我国政府对于社会福利社会化的支持态度和引导其发展的基本方向。

自此以后,我国民办养老机构迅猛发展,形成公办养老机构和民办养老机构共同发展的良好局面。

二、我国养老机构的地位和职能

养老机构是机构养老得以实现的载体,它在我国社会养老服务体系中具有独特的地位和职能。

(一)养老机构在社会养老服务体系中的地位

根据近年来社会养老服务体系建设过程的主要文件,养老机构在我国当前养老服务体系中的地位有两种,即"补充"地位和"骨干"地位。

1.养老机构的"补充"地位

(1)养老机构"补充"地位的来源:2000年2月,国务院办公厅转发了民政部等11部委制定的《关于加快实现社会福利社会化的意见》,明确指出:在今后5年,要立足我国社会主义初级阶段的基本国情,以邓小平理论和党的十五大精神为指导,在供养方式上坚持以居家为基础、以社区为依托、以社会福利机构为补充的发展方向。同年,中共中央、国务院颁发《关于加强老龄工作的决定》,指出今后一个时期我国老龄事业发展的主要目标是:从我国社会主义初级阶段的基本国情出发,建立以居家养老为基础、社区服务为依托、社会养老为补充的养老机制。2006 年 2 月,国务院办公厅转发全国老龄办等部门制定的《关于加快发展养老服务业的意见》文件时强调,要逐步建立和完善以居家养老为基础、社区服务为依托、机构养老为补充的服务体系。至此,养老机构的补充地位被明确提出并成为此后的主流表述。2010 年 11 月,民政部部长李立国在全国社会养老服务体系建设推进会上进一步重申,要健全以"机构为补充"的社会养老服务体系。

(2)养老机构"补充"地位侧重机构承担养老的人群数量:从整个养老服务的人数看,不管有多少养老机构,其所承担的人数,即能够直接提供服务的老年人数,都是补充性的。根据老年人的养老意愿及社会养老资源的有限性,养老机构的目标群体应是家庭无力照顾的、生活不能自理或半自理需要长期照料的老人。而事实上,养老机构所承担的人数除了包括上述人群,还包括由政府集中供养的孤寡老人。因此,从当前我国老年人实际选择到机构养老的情况看,从养老机构承担的服务对象的数量看,无论怎样计算、比较,养老机构在整个养老服务体系中都处于补充地位。

2. 养老机构的"骨干"地位

(1)养老机构"骨干"地位的来源:养老机构"骨干"地位的表述,最早也出现在 2000 年《关于加快实现社会福利社会化的意见》中;到 2005 年,在我国基本建成以国家兴办的社会福利机构为示范、其他多种所有制形式的社会福利机构为骨干、社区福利服务为依托、居家供养为基础的社会福利服务网络。2005 年 3 月,民政部下发《关于开展养老服务社会化示范活动的通知》,强调"养老形式多样化",要建立起"以居家养老为基础,以社区老年福利服务为依托,以老年福利服务机构为骨干的老年福利服务体系"。同年 11 月,民政部出台的《关于支持社会力量兴办社会福利机构的意见》中也有相关内容的表述。

(2)养老机构"骨干"地位突出机构担负养老的作用:养老机构的"骨干"地位,指的是养老机构在整个养老服务体系中的作用。一是养老机构的不可替代性。生活半自理和完全不能自理老人的养老服务复杂而繁重,需要专业化照料和规范化护理,由于家人、社区无力照顾或无法承担,需要入住到养老机构,通过专业化的护理才能有效解决。从这个意义上来说,养老机构尽管在数量上解决的是少部分老年人的养老需求,但这种服务需求是客观、长期存在的,更是家庭、社区无法提供的,需要养老机构独当一面。二是养老机构的衍生、辐射意义,即养老机构利用其在设施、人员和技术上的优势,通过培训、示范等方式,辐射到家庭和社区,以提高整个养老服务的专业化、规范化水平。尤其是国家集中投资的大型综合性示范养老机构,能为专业护理人员提供培训、实习、指导等,在服务管理、专业设施使用等方面也能为家庭和社区提供示范作用。

3. 养老机构"补充说"和"骨干说"的关系 养老机构的"补充"地位和"骨干"地位共存,并不矛盾,是政府从不同角度对养老机构作用的阐述。

(1)两者是前后深化发展的关系。"补充"地位是在社会福利社会化初期,传统的福利制度面临转型,需在社会化进程中探索构建新型社会福利制度时提出来的。确定以居家养老为基础、以社区养老为依托、以机构养老为补充,明确了家庭养老的主要职责、居家养老的基础作用和机构养老的非主流、补充地位,为养老服务事业的宏观布局提供指导,也为养老机构的数量发展定位提供了依据。"骨干说"在早期作为社会福利社会化目标就已提及，随后，更是成为有关养老服务社会化、福利机构深化发展的指导思想、原则和目标的主要表述，说明政府对构建新型养老服务体系认识和实践的深化，从养老机构表层的数量布局，深入到其内在的功能关系，从各个养老服务方式自身的性质和作用来指导养老服务保障实践的开展，体现了随实践推进、深化发展中，对养老服务体系建设由表及里、由量到质的认识和实践的深化。

（2）对养老机构建设的整体把握，需要把"补充说"和"骨干说"有机结合起来。养老机构的补充地位，说明了相比居家养老，机构养老在养老方式上的非主流地位。但非主流的养老方式，并不是不重要的养老方式，机构所担负的养老职责、所解决的养老问题是重要、必要和独特的；从其所服务的对象来看，其服务的要求是高层次的，体现规范性和专业性，尤其在我国养老服务事业发展的初期，养老机构作为规范的组织，在管理、体制、服务、人员等方面对家庭、社区养老服务具有很好的示范作用，也是养老服务体系建设初期开展工作的很好抓手。

（二）养老机构在社会养老服务体系中的职能

职能是指一个机构或单位的职责功能和所应起到的作用。养老服务社会化是社会现代化和人口老龄化双重作用下的产物，而社会现代化是更为重要的因素。养老机构是养老服务社会化的重要载体。换言之，养老服务从家庭外移至社会，需要社会力量有组织地承接，而不能是自发的、个体的行为，这是现代化社会的基本特征。养老机构便是有组织的社会力量之一，它应该履行以下五方面职能：

1.高质量履行为农村"五保"和城镇"三无"等孤寡老人提供住养等照护服务的传统职能　这是养老机构赖以存在的主要职能。我国古代的"悲田院"、"居养院"、"养济院"等养老机构就有收养贫困无依、老弱病残等老人的职能。新中国成立后的城镇社会福利院和农村敬老院，其职能与上述传统机构是一脉相承的。目前，农村"五保"和城镇"三无"老人生活质量仍较低，又因集中度较低，全国上述两类老人的集中供养率仅为 31% 和 13%。在当今社会趋向现代化的条件下，应从建设和完善社会福利制度的高度，逐步提高集中供养率，以满足目标人群供养之所需。

2.切实承担起家庭成员难以照护或无力照护的老人的服务职能　特别是失能、半失能老人以及部分高龄老人，必须由机构提供专业化的照护服务。据民政部调查，我国失能和半失能老人在城市已占到 14.6%，在农村则超过 20%。过去，这些群体的照护主要由家庭成员承担。伴随着现代化进程，社会生产和生活方式发生了革命性变化，传统家庭日常照料面临困境：子女力不从心，也缺乏专业的照护训练，难以承担照护责任。因此，为社会成员解决后顾之忧，提高失能老人的生活质量，应是养老机构最重要的职能之一，这也是较早进入老龄化社会的西方发达国家的通例。

3.认真履行满足多样化、个性化养老服务需求的职能　对于寻求丰富的集体生活或更为舒适生活的部分老人，社会应有机构提供相应服务。正如 P.塞尔比和 M.谢克特所指出，世界各国都需要各类为老年人服务的机构。目前，在我国养老机构中 75% 的自理老人属于自愿入住者，而国外选择机构养老的老年人情况是：英国为 4.5%、美国为 3.7%、瑞典为 4.8%、菲律宾为 7%、泰国为 13%、印度尼西亚为 16%。由此可见，我国进一步增加养老机构床位、丰富服务种类刻不容缓。

4. 承担为居家养老服务提供示范和支持的职能 在迅速老龄化的背景下,社会各方面准备不足,应对措施还不完备,家庭和社区也缺乏相应的照护服务经验。相对而言,养老机构有设施、人员和技术上的优势,可以为家庭成员和社区工作人员提供培训、专业设施租赁、日托等服务,或可以提供上门入户的照护技术指导和服务。

5. 探索实现向社会开放并互动的职能 养老机构存在于社区内,是社区的组成部分,其面向社会开放,符合现代社区资源共享的原则。入住老人在开放中保持与社会接触,提高社会化程度;养老机构则在开放中接受社会资助,包括志愿者的人力支持,以降低运营成本。如在新加坡,养老机构以设捐款箱、设立"慈善超市"的方式接受捐赠,义卖爱心人士捐赠的物品,还销售院内老人的手工作品以募集资金。社区在开放中接受养老机构的辐射、示范和帮助,提高养老服务水平。护士、社会工作者和志愿者经常探望丧失或严重丧失活动能力的老人,以减轻他们的孤独感,帮助他们独立生活。

履行上述五方面职能,意味着养老机构职能的重新诠释和再造。养老机构将不再局限于有床位的传统型机构,而应包括从事各类养老服务的机构,其服务可涵盖家政服务、生活照料、康复护理、精神慰藉、文化娱乐等方面。只有这样,养老机构才能在社会养老服务体系中处于支撑地位,起到骨干作用。

三、我国养老机构的服务对象、性质与特点

机构养老是现代养老服务业的重要组成部分,也是国家社会福利的具体体现,自产生以来就定位于为老年人提供养老服务。养老是一项事关每个人切身利益的事情,养老服务事业的发展必然离不开国家、集体和全社会人民的共同关注,由此也形成了养老机构多样化的性质和特点。

(一)养老机构的服务对象

养老机构的服务对象主要是老年人,但是某些养老机构(如农村敬老院)也接收辖区内的孤残儿童或残疾人。

(二)养老机构的性质

根据养老机构的投资主体不同、营利性质不同等,养老机构的性质也呈现出多样化的趋势。

1. 根据投资主体分类 目前我国养老机构的投资主体包括国家、集体(城市街道、农村乡镇)和民间(个体、民营和外资企业),相对应地,养老机构可以分为国办、集体办和民办,其中,国办、集体办的养老机构又称为公办养老机构。公办养老机构的服务对象必须首先是城镇"三无"老人、农村"五保"老人、低保、特困等低收入老人,向其提供无偿、低偿的供养服务,在此前提下,为社会上的其他老人提供服务;公办养老机构在政府编制内,享受政府财政拨款,其面向社会的收费所得用于弥补事业发展经费的不足和改善养老机构内重点人员的生活条件。民办养老机构主要由民间力量出资创办,其服务对象不受限制。

2. 根据营利性质分类 民办养老机构按照其是否以营利为主要目的,可分为营利性和非营利性两大类。

(1)营利性养老机构:应当在当地工商、税务部门进行注册登记,属于营利性的企业组织,可以追求利益最大化的目标,一般不享受国家有关优惠政策,在完成税收征缴后,其利润

可以分红,属于老龄产业。

(2)非营利性养老机构:应当在当地民政部门注册登记,属于民办非企业组织,持有《社会福利机构执业证书》。民政部门对这些养老机构按照民办非企业单位进行管理,具有非营利性组织的特征,以谋求社会福利为宗旨,不以追求利润为目的,享受国家优惠政策,并且不需要上缴税收,但盈利部分不能分红,只能用于养老机构的滚动式发展,属于老年社会福利事业。

一般来说,公办养老机构和民办非营利性养老机构属于福利性养老机构,这些养老机构定位于非营利性,不以追求利润为目的,承担了福利性的社会养老服务功能。理论上讲,不论是营利性还是非营利性养老机构都具有社会福利性质,都是以提高老年人晚年生活品质,为老人谋福利为目的的。

3.我国养老机构发展的新形式

(1)民办公助:投资主体是民间力量,政府只是相应地资助,以此调动民间力量投入养老机构建设。政府资助不能改变其多种经济成分的所有制性质,因此其管理体制和运行机制可以更多地和物质利益原则挂钩,与市场经济接轨,带有更大的灵活性和实效性。政府的资助在一定程度上可以把政府的意图、老年人的需要以及机构发展需要坚持的正确方向贯彻进去。政府能够随时施加一定的干预和影响,使民办养老机构能够更好地为老年人服务。

(2)公办民营:是各级政府和公有制单位已经办成的公有制性质的养老机构,需要按照市场经济发展的客观要求进行改制、改组和创新,更快地与行政部门脱钩,交由民间组织或者社会力量去管理和运作,实现多种经济成分并存、多种管理和运营模式并存、充满生机和活力的发展局面。

(3)公建民营:是指在新建养老机构时,各级政府要摒弃过去那种包办包管、高耗低效的管理体制和运营机制,按照办管分离的发展思路,由政府出资,招标社会组织或服务团体去经办和管理运作,政府则按照法律法规和标准规范负起行政管理和监督的责任。由此可见,公办民营与公建民营是既有联系也有区别的。

(三)养老机构的服务特点

服务对象的特殊性,决定了养老机构的服务具有以下特点:

1.以人为本　养老机构以人为本,特别是以老人为本,是一种全人、全员、全程服务。所谓"全人"服务是指养老机构不仅要满足老人的衣、食、住、行等基本生活照料需求,还要满足老人医疗保健、疾病预防、护理与康复以及精神文化、心理与社会等需求;要满足入住老人上述需求,需要养老机构全体工作人员共同努力,这就是所谓的"全员"服务;绝大多数入住老人是把养老机构作为其人生最后的归宿,从老人入住那天开始,养老机构工作人员就要做好陪伴老人走完人生最后旅程的准备,这就是"全程"服务。

2.公益性　所谓"公益"是"公众利益"的简称。养老机构为老年人提供的养老服务具有"公益性",是典型的"公益事业"。"公益事业"是指以社会公共利益为目标所开展的各项事业。我国绝大多数养老机构是以帮扶、救助城市"三无",以及农村"五保"老人为主,且多不以营利为主要目的,所以其公益性特征尤为明显。公益性的特点决定了养老机构在提供服务和自身运营过程中都应当以公益性作为自己的最高准则和目标。比如在机构设置过程中,首先应当符合当地关于福利机构的规划,而不是随心所欲的个人活动。在机构提供养老服务的过程中,也要以公益性为原则,遵从社会的整体利益。

3.高风险性 养老机构的服务对象是老年人,很多都是自理能力欠缺或高龄老人,这些老人在日常生活中出现突发疾病、意外事件、伤害、突发死亡等风险较高,这对于养老机构的照料服务提出了非常高的要求。一旦老人发生意外,养老机构很容易陷入纠纷当中,造成很大风险。另外,养老服务业是一个投资大、回报周期长、市场竞争激烈的高风险行业。如果没有市场意识、经营意识,没有严格的管理和风险防范机制,必然增加养老机构投资与经营风险。

四、我国养老机构的类型与功能

我国养老机构除了可以根据不同的性质分类,还可以根据不同的功能或《老年人社会福利机构基本规范》进行分类。

(一)根据养老机构的功能分类

养老机构的功能分类是根据养老机构收养的老人所需要帮助和照料的程度对其照料功能所进行的科学分类。

在美国,根据养老机构的不同功能将其分为三类:第一类为技术护理照顾型养老机构,主要收养需要24小时精心医疗照顾但不需要医院所提供的经常性医疗服务的老人;第二类为中级护理照顾型养老机构,主要收养没有严重疾病,需要24小时监护和护理但又不需要专门技术护理照顾的老人;第三类为一般照顾型养老机构,主要收养需要提供膳食和个人帮助但不需要医疗服务及24小时生活护理服务的老人。在具体形式上又分为独立生活、辅助生活、独立和辅助生活并存、辅助医疗生活四种。其中,独立生活形式有老年公寓、老年聚居住宅;辅助生活形式有居民照料、寄养之家、辅助照料、个人关照、老年之家;独立和辅助生活并存形式有连续照料退休社区;辅助医疗生活形式有护理院,又分为中级护理照顾型和专业护理照顾型两种。

在中国香港,1994年制定的《安老院规例》根据养老机构的不同功能也将其分成三类:第一类为高度照顾安老院,主要收养体弱而且身体机能消失或减退,以至在日常起居方面需要专人照顾料理,但不需要高度专业的医疗或护理的老人;第二类为中度照顾安老院,主要收养有能力保持个人卫生,但在处理有关清洁、烹饪、洗衣、购物的家居工作及其他事务方面,有一定程度困难的老人;第三类为低度照顾安老院,主要收养有能力保持个人卫生,也有能力处理有关清洁、烹饪、洗衣、购物的家居工作及其他事务的老人。至于那些需要高度的专业医疗或护理的老人,则属于附设在医院内的疗养院的收养对象。当然,并不是所有的养老院都只从事一类服务,这种提供多种类型服务的养老院在中国香港称为"混合式安老院"。

从我国养老机构来看,除了属于卫生部门主管的老年护理医院与民政部门主管的老年公寓在收养的老人需要照料的程度上有明显差别外,一般的福利院、敬老院均未进行功能定位,其收养的老人涵盖从基本生活自理的到长期卧床不起的,甚至需要临终关怀的老人,是一种混合型管理模式。多数养老机构的入住老人中既有生活能够完全自理的老人,也有患有老年痴呆和中风瘫痪等慢性病、生活完全不能自理的老人;在提供的服务方面也是多元化的,既包括生活照料,也包括医疗护理、康复训练、文化娱乐、临终关怀等内容。由于目前我国大部分养老机构在功能定位和服务对象上存在交叉现象,难以清楚地按照老年公寓、护理院或者康复机构、临终关怀机构进行分类,因此多数养老机构采取在机构内部分类的方法,将收养老人按照需要照料的不同程度进行分类,分为专门护理、一级护理、二级护理、三级护理等,最终实行分部或者分区管理。

(二)根据《老年人社会福利机构基本规范》分类

根据民政部2001年颁布的《老年人社会福利机构基本规范》,我国一般将养老服务机构划分为以下几种类型:

1. 老年社会福利院　老年社会福利院(Social Welfare Institution for the Aged)是指由国家出资举办、管理的综合接待"三无"老人、自理老人、介助老人、介护老人安度晚年而设置的社会养老服务机构,设有生活起居、文化娱乐、康复训练、医疗保健等多项服务设施。目前,我国的老年社会福利院仍然以接待"三无"老人为首要的服务任务,同时也接收社会老人,其服务内容广泛,涉及养老服务的方方面面。

2. 养老院　养老院(Homes for the Aged)是指专为接待自理老人或综合接待自理老人、介助老人、介护老人安度晚年而设置的社会养老服务机构,设有生活起居、文化娱乐、康复训练、医疗保健等多项服务设施。养老院的服务范围包括:个人生活照料服务、老年护理服务、心理/精神支持服务、安全保护服务、环境卫生服务、休闲娱乐服务、协助医疗护理服务、医疗保健服务、膳食服务、洗衣服务、物业管理维修服务、陪同就医服务、咨询服务、通信服务、教育服务、购物服务、送餐服务、代办服务等。

3. 老年公寓　老年公寓(Hostels for the Elderly)是指专供老年人集中居住,符合老年体能心态特征的公寓式老年住宅,具备餐饮、清洁卫生、文化娱乐、医疗保健等多项服务设施。养老公寓的主要服务项目包括:个人生活照料服务、老年护理服务、心理/精神支持服务、安全保护服务、环境卫生服务、休闲娱乐服务、协助医疗护理服务、医疗保健服务、家居生活照料服务、膳食服务、洗衣服务、物业管理维修服务、陪同就医服务、咨询服务、通信服务、送餐服务、教育服务、购物服务、代办服务、交通服务等。

4. 护老院　护老院(Homes for the Device-aided Elderly)是指专为接待介助老人安度晚年而设置的社会养老服务机构,设有生活起居、文化娱乐、康复训练、医疗保健等多项服务设施。护老院的服务范围主要包括:老年护理服务、个人生活照料服务、心理/精神支持服务、安全保护服务、环境卫生服务、协助医疗护理服务、医疗保健服务、膳食服务、洗衣服务、物业管理维修服务、陪同就医服务、咨询服务、通信服务、送餐服务、交通服务等。

5. 护养院　护养院(Nursing Homes)是指专为接收生活完全不能自理的介护老人安度晚年而设置的社会养老服务机构,设有生活起居、文化娱乐、康复训练、医疗保健等多项服务设施。

6. 敬老院　敬老院(Homes for the Elderly in the Rural Areas)是指在农村乡镇、村组设置的供养"三无"老人、"五保"老人和接待社会寄养老人安度晚年的社会养老服务机构,设有生活起居、文化娱乐、康复训练、医疗保健等多项服务设施。敬老院的服务范围包括:个人照料服务、老年护理服务、心理/精神支持服务、安全保护服务、环境卫生服务、休闲娱乐服务、协助医疗护理服务、医疗保健服务、膳食服务、洗衣服务、物业管理维修服务、购物服务等。

7. 托老所　托老所(Nursery for the Elderly)是指为短期接待老年人接受托管服务的社区养老服务场所,设有生活起居、文化娱乐、康复训练、医疗保健等多项服务设施,分为日托、全托、临时托等。托老所的服务范围主要包括:个人生活照料服务、心理/精神支持服务、安全保护服务、环境卫生服务、休闲娱乐服务、膳食服务、陪同就医服务、通信服务、送餐服务、交通服务等。

8.老年人服务中心　老年人服务中心(Center of Service for the Elderly)是指为老年人提供各种综合性服务的社区服务场所,设有文化娱乐、康复训练、医疗保健等多项或单项服务设施和上门服务项目。

第三节　养老机构管理概述

管理是为了达到某一共同目标而采取的一种有意识、有组织且不断进行协调的活动。同其他企业一样,养老机构的管理也应当遵循管理学的基本原理与方法,按照养老服务行业建设、经营与发展规律,构建自己的组织管理体系,制定自己的管理方针、目标与方法,进而对养老机构的服务与经营实施有效的管理。

一、养老机构管理的概念

养老机构管理主要指政府对养老机构的管理和养老机构内部的管理。政府对养老机构的管理多是从宏观层面,即从政策法规层面对养老机构建设、服务与经营进行管理,这种管理多为指导和监督。而养老机构内部管理则是从微观层面,根据老人的需求,依据国家政策、法规所进行的具体事务管理。两者相辅相成,缺一不可,共同目标是规范养老机构服务与经营,满足广大老年人集中养老的需求,促进养老服务事业的发展。

二、养老机构内部组织机构设置

养老机构内部组织机构设置主要指养老机构内部行政、业务和后勤等职能部门的设置和人员配置。一个组织严密、人员精干的内部组织体系是高效运行、高质量服务和规避经营风险的保障,养老机构的决策者对此需要精心设计和规划。

(一)养老机构内部组织机构设置的原则

养老机构的服务主要涉及生活照料与护理、营养与膳食、疾病预防与保健、临床医疗与康复、休闲娱乐等服务内容,其内部组织机构设置应当根据养老机构的性质、规模、所开展服务项目等科学安排。在符合国家、行业与地方政策法规、管理规范的前提下,养老机构内部组织机构设置应遵循以下原则:符合国家政策法规、行业规范;满足实际工作需要;明确部门与岗位职责,精简,高效;调动员工工作的积极性、创造性。

(二)养老机构内部组织机构设置

养老机构内部组织机构应以明确部门管理职能为原则进行命名。同其他组织一样,养老机构内部也是实行分级管理,较大型的养老机构,特别是国办养老机构,多实行"三层五级"管理模式,即分为决策层、管理层、操作层和院长级、科级、区主任级、班组级、员工级,由此形成了阶梯形的领导与被领导关系;中小型养老机构可以不拘泥于上述复杂的分级管理模式,其内部组织管理部门和人员配置应根据实际工作需要,本着精简、高效的原则灵活设置和配置,如在上海市,许多街道养老机构(150 张床位左右),一般只设一名院长,不设副院长,其属下配备一名院长助理或数名管理人员,分工明确,职责清晰,分别承担全院的行政、业务、后勤等管理工作,且养老机构内部管理井井有条,没有出现工作互相推诿、人浮于事的现象,值得借鉴。在中小型养老机构更应强调部门综合,管理人员一专多能,管理人员(包括院长)既是机构的管理者,也是具体任务的操作者和执行者,这一点在农村敬老院和民办小型养老机构表现得尤为突出。

三、养老机构管理的内容

养老机构管理的内容和范围大到政府对养老机构各项政策法规、规章制度落实的管理,小到养老机构的服务人员对入住老人日常生活方方面面的照顾和管理,归纳起来可以分为政府对养老机构的外部管理和管理者对养老机构的内部管理。

(一)养老机构外部管理

政府对养老机构的管理称为外部管理。一般来说,公办养老机构所在乡镇人民政府(街道办事处)是养老机构的主办单位,负责对养老机构建设管理的组织实施和领导。养老机构所属民政部门主要领导为第一责任人,分管领导为第二责任人,负责养老机构工作的专职民政干部为第三责任人,养老机构院长为直接责任人。尽管民办养老机构的主办主体不是政府,但当地政府也负有规划、审批、监管等责任。具体而言,对养老机构的外部管理主要通过各级民政部门代表政府实施管理和指导,同时,各级计划、财政、税务、物价、建设、卫生、市政工程、电力、公安、国土资源、环境保护、劳动和社会保障等行政部门也应当按照各自职责,共同做好养老机构的规划、发展、保障和管理工作。

知识链接

各级民政部门代表政府实施管理和指导

如民政部门作为养老机构的业务主管部门,其管理内容较多,主要负责对养老机构工作的业务指导、协调和监督。民政部门是养老机构成立、变更、撤销的审批机关,负责养老机构的筹建、审批、验收、注册登记和发证,日常经营业务指导、监督,养老机构的建设和发展规划的审批,年度审核、考评、奖励工作,养老机构的纠纷调解和意外事故的调查处理工作,还包括对公办养老机构和乡镇敬老院领导的任命和调整等。另外,卫生部门承担了对养老机构医疗服务方面的行为管理职能,其管理的主要内容包括:养老机构内设医疗服务部门(医务室、医院)的审批,医务人员职业资格的认证、注册、年审、职称晋升和继续教育,医疗服务过程中医德医风、服务质量的监督,卫生防疫和商品卫生监督,医疗事故纠纷的调解、仲裁等。此外,其他部门如消防、建设、劳动保障、工商税务等部门对养老机构的管理也各有侧重。

(二)养老机构内部管理

养老机构的主要任务是为老年人服务,加强尊老敬老工作,是每一个养老机构的立身之本,也是其出发点和落脚点,而科学的管理工作是实现为老服务和尊老敬老工作的基础。因此,养老机构的管理者必须明确管什么、如何管、应达到什么目标与要求等问题。养老机构的内部管理按照不同的分类标准有不同的管理类型。

1.按照生产服务要素进行分类　养老机构管理主要包括人、财、物的管理。

(1)"人"的管理:养老机构"人"的管理包括对员工的管理和对入住老人的管理。

1)员工的管理:养老机构员工管理的目标在于如何调动员工的积极性,增强责任意识,保证老人居住安全,提高服务质量,这是养老机构管理的重点,也是养老机构赖以生存和发展的关键。员工管理应从三方面入手:第一,做好员工的选拔、岗前培训、聘用和继续教育,把握好员工"入口"关和继续教育关,不断提高员工素质和服务质量;第二,加强员工的职业道德教育;第三,加强员工考核管理,实现奖惩分明。

2)入住老人的管理:入住老人管理的目标是确保老人居住安全,预防和杜绝意外伤害事件发生。具体内容包括老人入住与出院管理、生活照料与护理管理、医疗服务管理、精神生活与入住安全管理。城市养老机构要向每一位新入住的老人发放"入住须知",农村敬老院要向每一位老人发放"院民守则",督促老人遵守养老机构规章制度、爱护公物、厉行节约、团结友爱,同时提醒入住老人该带什么、不该带什么、该做什么和不该做什么等。养老机构要为每一位入住老人建立个人信息、健康档案或病历,使服务做到心中有数,更好地实施个性化服务。有条件的养老机构可以采用"养老机构信息化综合管理系统软件",实行信息化管理。

(2)"财"的管理:"财"的管理是指养老机构的财务和资金的管理。养老机构财务管理包括财务计划、财务制度、资金分配、周转、成本核算和财务监督等管理。养老机构对财务和资金管理的目标是以有限的资金投入获取最佳的社会与经济效益。现阶段,在政府投入不足、优惠政策难以落到实处、老年人支付能力低以及资金筹措困难的情况下,为了发挥有限的资金效益,必须加强财务和资金的管理。

(3)"物"的管理:养老机构对"物"的管理包括对机构内硬件设施的建设、改造、维修,设备、物品的采购、使用、维护和保管以及财产的管理。养老机构对"物"的管理目标是使所有设施、设备始终处于完好状态,物品采购、使用、管理始终处于规范有序状态、降低采购成本,保证设施的完好率,提高使用效率,保证养老机构各项工作正常进行。此外,为提高工作效率,还应重视养老服务信息化管理,这是实现养老机构现代化管理的基本条件。

2.按照子系统类型进行分类　可分为行政管理、业务管理和后勤服务管理。

(1)行政管理:养老机构行政管理包括组织机构管理、政策方针管理以及规章制度建设与管理。

1)组织机构管理:养老机构的组织机构管理包括科室设置、岗位设置、人员配置、部门职能、岗位责任、人事聘用和档案管理等工作。好的、合理的组织机构是养老机构正常、高效运行的保障。所谓好的,就是把最适合的人放在适合的管理岗位,让他们人尽其才、各展其能。所谓合理,是指养老机构科室设置、人员配置合理,既不能过多,也不能过少。过多,会造成机构臃肿、人浮于事、职责不清、工作相互推诿和增加管理成本;过少,会影响机构的正常运营。养老机构的行政职能科室设置、人员配备等应当根据养老机构的实际工作需要,按照能级对应的原则进行统筹规划、合理设置和配置。

2)政策方针管理:养老机构的领导者首先要研究、确定关系到养老机构生存与发展的政策方针性问题,如办院宗旨、服务定位、发展方向、发展目标与发展规划等,政策方针确定后,通过加强领导、深化改革、监督实施,才能使养老机构按照既定方针、目标向前发展。

3)规章制度建设与管理:规章制度是员工的行为规范、工作准则,也是行政、业务管理的重要依据。规章制度建设与管理的目的是保证养老机构各项工作环环相扣、紧密衔接,工作正常有序。领导者应当亲自主持制定并颁发本机构各部门的岗位职责、服务标准、操作规程与流程以及管理工作制度等。

(2)业务管理:业务管理是主要针对养老机构所开展的各项业务活动而进行的有效管理,主要包括出入院管理、护理管理和医疗服务管理。

1)出入院管理:出入院管理是养老机构管理正常运行的重要保障。做好出入院管理可以规范经营服务行为,化解矛盾与风险。入院管理包括接待咨询、登记预约、健康体检、家庭调访、入住审批、协议签订、试住等工作。出院管理包括出院手续办理等工作。

2)护理管理:护理管理是养老机构管理工作的中心和核心内容,其主要目的是重视服务态度,提高服务水平与质量,满足老人需求,确保老人入住安全。护理管理包括健康评估、护理等级评定或变更、生活护理、心理护理、疾病护理、康复护理、老人安全和文娱体育活动组织以及入住老人健康和个人档案等管理。

3)医疗服务管理:较大型的养老机构多附设医院或医务室,即使是小型养老机构也配备一至数名医务人员,以保证医疗服务需要。但是养老机构的医疗服务技术力量与设备、服务条件毕竟有限,尤其面对的是病情复杂多变、年老体弱的老年群体,开展医疗服务存在很大风险。为了规避这种风险,养老机构必须强化医疗服务管理,明确自己的医疗服务范围,在规定的范围内开展医疗服务,如发生重大、突发性疾病,应在进行现场急救的同时,直接拨打"120"急救电话,寻求外援帮助,并及时通知其亲属;没有救治能力与条件的情况下,一定要配合老人亲属送往外院救治。此外,医疗服务管理还应做好医务人员执业资格管理,药品、处方管理和病历档案管理等工作。

(3)后勤管理:养老机构后勤保障管理涉及养老机构环境绿化、美化和卫生,房屋、水、电、煤气、采暖等设施的维修,食品采购、加工制作与服务,车辆的使用与维护,消防安全与保卫等工作的管理。一般后勤服务人员可归行政职能部门进行管理,如司机、安全保卫人员可由院办公室管理;房屋及水、电、煤气设施维修和膳食工作人员可由总务科管理。后勤服务人员多的部门可成立相应的班组,实施班组管理。

3.按照服务对象进行分类 包括自理老人与非自理老人管理、健康老人与患病或临终老人管理以及国家供养对象(即城镇"三无"、农村"五保"老人)与社会老人(即托养、寄养老人)的管理。在大多数情况下,服务对象的管理是按照老人的生活自理能力、健康状况、年龄、经济承受能力实施分级、分类管理。多数国办养老机构将城镇"三无"、农村"五保"老人与托养、寄养老人实行分开管理。

4.按照建设与经营过程进行分类 包括养老机构的筹建申报、审批、注册登记和年度审核等管理。筹建申报、审批、注册登记以及年度审核管理是政府主管部门的管理职能,养老机构应按照上级要求认真做好材料和现场准备。经营管理既是养老机构重要的管理内容,也是政府主管部门或行业协会重点监督的内容。

(三)管理目标与原则

明确了管理内容,还必须制定管理目标与原则,以便确定管理方法,实施有效管理。

1.管理目标

(1)追求社会效益:养老服务业是老年人社会福利事业的重要组成部分,也是社会主义精神文明的窗口,体现了党和政府对广大老年人的关心与关怀。因此,不断改善住养条件、提高服务质量、追求社会效益,让老人满意、让子女放心、为政府和社会分忧是养老机构管理的最高目标。

(2)重视经济效益:虽然大多数养老机构不以营利为目的,但其参与社会经济活动与市场竞争,同样存在着经济效益问题,特别是在政府投入不足、优惠政策难以落到实处、老年人支付能力低、市场竞争激烈的背景下,养老机构要生存、要发展,必须重视经济效益。没有一定的经济效益作保障,社会效益也是一句空话。

追求社会效益、重视经济效益是任何一个养老机构管理的共同目标。在这个共同目标的指导下,各养老机构应结合自身实际制定出具体的管理目标,如近期和远期的发展规模目标、质量管理或品牌战略目标、经营效益目标和人才战略目标等。养老机构管理目标设计、制定得越具体、越缜密,就越容易付诸实施和实现。

2.管理原则

(1)以人为本的原则:"以人为本"是管理学中人本原理的核心,它是管理之本、发展之本。养老机构管理中的"以人为本"主要体现在三方面:第一,在规划设计、装修或改造过程中体现"以人为本",充分考虑老年人的体能心态变化,一切为了方便老人居住与生活,为老年人营造一个温馨、舒适、安全、方便的居住环境;第二,在服务理念上体现"以人为本",充分了解老人的需求,理解老人的心理与期望,对每一位老人提供体贴入微的个性化服务;第三,在员工的管理上体现"以人为本",员工是养老机构生存与发展的重要因素,管理者对员工既要严格要求,又要处处关心,切实解决员工工作、生活上的困难,维护员工的合法权益,激发员工努力工作的积极性。

(2)安全第一的原则:养老服务业是一个高风险的行业,它面对的是体弱多病的老人群体,稍有不慎或工作疏忽,就有可能酿成入住老人的意外伤害事故,引来纠纷,造成损失。因此,在养老机构管理中,安全管理是头等大事,应从制度上进行设防,意识上加以强化,把不安全因素消除在萌芽状态。

(3)服务质量第一的原则:质量是任何一个企业发展的生命线,养老机构也不例外。没有可靠的服务质量,难以吸引和留住老人,养老机构的经营将面临困境,甚至无法生存。

(4)依法管理的原则:养老服务是一个政策性很强、管理严格、社会关注度高、十分敏感的工作,稍有偏离,将会遭到政府行政部门的批评、处罚和社会舆论的谴责,使养老机构处于十分被动、甚至难堪的局面。只有依法管理才能使养老机构健康发展,赢得政府的扶持和社会的支持。

四、养老机构管理的主要模式

模式是指某种事物的结构特征与存在形式,是某种事物的标准性形式或固定格式。管理模式指管理所采用的基本思想和方法,是指一种成型的、能供人们直接参考运用的完整的管理体系,通过这套体系来发现和解决管理过程中的问题,规范管理手段,完善管理机制,实现既定目标。养老机构在其短暂的发展、经营和管理过程当中,形成了特有的管理模式和管理方法,为更合理高效地开展养老机构的各项事务管理积累了宝贵的经验。

(一)养老机构管理模式的内涵

养老机构的管理模式是按照养老机构的服务特点和规律设计的一整套具体的管理理念、管理内容、管理工具、管理程序、管理制度和管理方法论,并使其在运行过程中自觉加以遵守的管理规则。简单地讲,养老机构的管理模式就是从特定的管理理念出发,在管理过程中形成的一套标准化操作系统,用公式可表述为:养老机构管理模式=养老机构的管理理念＋系统结构＋操作方法,即养老机构管理模式=养老机构管理(理念＋系统＋方法)。

(二)养老机构的主要管理模式

1.金字塔层级管理模式　由科学管理之父雷德里克·温斯洛·泰罗创立。金字塔型组织结构是立体三角锥的逐层分级管理,等级森严,是一种在传统生产企业中最为常见的组织形式。计划经济时代创立的养老机构管理模式基本上都是这种模式。在机构外部,养老机构的负责人由民政部门直接任命和考评;在机构内部,则由一把手院长负责,下设副院长,各职能部门又分层管理。在生产力相对落后、信息相对闭塞的时代,这种模式不失为一种较好的组织形态,它机构简单、权责分明、组织稳定,并且决策迅速高效、一贯到底,能够按照政府和领导意志短时间内集中资源,机构内部容易协调一致、方便实效。但在市场经济、全球化和信息技术发达的今天,金字塔型组织结构由于缺乏组织弹性,缺乏民主理念,过于依赖高层决策,再加上高层对外部环境的变化反应缓慢或不当而凸显出刻板生硬、资源浪费、不能随时应变的机械弊端和管理缺陷。

2.制度化管理模式　所谓制度化管理模式,就是指按照一定的已经确定的规则来推动养老机构的管理。当然,这种制度必须是公认的、带有契约性的、有可行性的规则,同时这种制度也是责、权、利一体的。制度有来自外部的,包括政府和行业的,如 2005 年北京市养老机构就有了统一的规章制度体系:《养老服务机构标准体系要求、评价与改进》《养老服务机构标准体系技术标准、管理标准和工作标准体系》《养老服务机构老年人健康评估服务规范》等。制度管理更多的是需要根据机构自身的实际情况制定一些制度、标准和规则。一般来说,养老机构需要这样一些基本制度,即学习和会议制度、财务管理制度、卫生保健制度、食堂管理制度、安全应急制度、老年人出入院管理制度等,通过明确的制度来指导工作的落实。制度管理表现为一切按照制度运行、制度面前人人平等、制度操作简便易行等。当然,制度化管理有时显得比较"残酷",需要适当地引进一点亲情关系、友情关系、温情关系,甚至有时也可以适当地对管理中的矛盾及利益关系作一点随机性的处理,"淡化"一下规则和硬性规定,因为制度化过于呆板。由于被管理的对象主要是人,而人不是一般的物品,人是有各种各样思维和感情的,是具有能动性的,制度管理中也要体现"以人为本"和人性化的原则,这也暴露出制度化管理模式的不足之处,所以完全讲制度化管理也不行。

3.标准化体系管理模式　所谓标准化,就是将企业里各种各样的规范,如规程、规则、标准、要领等,形成文字化的东西。标准化管理是一种管理手段或方法,即以标准化原理为指导,将工作的内容转化为标准,将标准化贯穿于管理全过程,以增进系统整体效能为宗旨、提高工作质量与工作效率为根本目的的一种科学管理方法。随着养老市场竞争的加剧,标准化管理将越来越受到管理者的重视并不断进行深化,标准的制定也变得更加人性化、科学化和易于操作。用规范化的标准实施管理,能够很好地从根本上解决养老机构的服务由谁做、怎么做、做什么、如何做的问题,确保标准能解决养老管理中的重点和难点问题,实现过程管理和质量监控并举,保证服务质量不断提高,吸收更多的老年人入住养老机构。作为养老机构管理的一种重要模式,养老机构标准化管理可以分为技术标准、管理标准和工作标准三个层面。在实行标准化管理的过程中,要在贯彻落实国家关于标准化工作的法律、法规、政策、方针的基础上,建立健全以技术标准为核心,以管理标准为支持,以工作标准为保障的标准化体系。如北京市第一社会福利院结合北京市《养老服务机构标准体系》的内容制定了院级服务工作的质量标准,并建立了完善的质量工作保障体系,各项管理都细化成具体的标准来落实。当然,养老机构的标准化管理也存在一些不足,如有些工作内容难以形成一个没有争议的标准,标准化管理也会带来管理方式的机械性和简单重复性,缺乏创新。

4.系统化管理模式 随着养老机构规模的日益扩大,养老机构的管理者可以着眼整体,运用系统的、全局性的、战略性的思维和方式实现机构的管理,可以从整体着眼,局部入手,把养老机构划分为四个系统,即行政人事系统、市场经营系统、康复医护系统及财务、安全设备材料管理系统来优化管理。通过科学地对养老机构的行政人事、生产、营销、康复医护、财务等部门进行细化,明确其职能和岗位职责,把管理对象视作系统,从整体上把握机构的运行规律,通过分析、整合、优化系统,以求机构整体效益的提高和管理水平的提升。一般来说,行政人事系统的职能主要分为三个板块:行政板块、人力资源板块和信息管理板块;市场经营系统主要分为四个板块,即市场合约、履约、经营结算、资金回收;康复医护系统主要分为医疗、康复、护理三个板块;财务、安全设备材料管理系统主要分为财务板块、安全板块、设备板块、技术板块及维修板块。这样在系统优化的基础上,各系统设立相应的岗位,并明确其职责,以此优化管理。系统化管理模式可以按照系统优化的方式组织管理,可以节约时间、人力资源成本,一般来说,可以实现优质高效管理,但也存在一些问题,如系统之间的关系难以处理和协调、系统不好封闭,而且容易造成管理上的条块分割。

5.岗位目标责任制管理模式 养老机构的岗位目标责任制管理模式是指把管理内容划分为若干个岗位,相关人员对应于相应岗位承担其具体任务、责任,完成相应工作目标的管理模式。岗位目标责任制管理强调的是民主管理思想,以自我控制为基础,以目标为核心。其一般的流程是:①养老机构领导接到行业或主管部门下达的责任或目标;②经过研究、协商将养老机构的总体目标分解到具体科室;③由院长与科室负责人签订目标责任书;④各科室负责人还可以把科室目标进一步分解到各养护区或班组,形成层层有目标、层层抓落实的目标体系。这种模式能够提高养老机构管理绩效和充分调动相关人员的积极性。

案例

北京市通州区马驹桥敬老院

该院从建院开始就制定了岗位责任制,共13项,其中有"职工职业道德规范""职工守则""院长岗位责任制""服务员岗位责任制""医务人员岗位责任制""食品岗位责任制""值班人员岗位责任制""理发员岗位责任制""老人守则"等,使院内人员各司其职,各负其责,保证敬老院一切工作正常运转。为加强内部管理,发挥民主监督作用,院内成立以院长为核心的"民主管理委员会",定期检查各项制度的落实和任务完成情况,为办好食堂成立了有老人参加的"伙食管理委员会",及时反映老人意愿,保证老人生活质量。此外,该院还建立了奖罚机制,把职工的工作表现与工资奖金挂钩,奖优罚劣,促进了工作人员思想水平和服务质量的不断提高。总体来看,岗位目标责任制管理模式方便易行,分工明确,工作内容要求具体、责任明确,很容易调动员工的积极性。存在的不足是责权利三者很难绝对分开,工作人员之间因为责任问题易产生矛盾和纠葛,加上岗位的多变性,使得岗位目标责任制在运行中会出现难以预料的问题。

(三)养老机构管理模式的创新

彼得·德鲁克认为,管理是一种实践,其本质不在"知"而在于"行"。可见,管理模式就是在总结管理实践及其经验的基础上,针对管理的具体实际活动提炼出来的。尽管管理环境变幻莫测,管理实践千差万别,但唯独不变的是管理创新。通过介绍以上五种常见的养老机构管理模式,不难看出各种模式各有特点,模式的选择需要结合机构自身的实际情况、结合机构的规模和管理的现状,但无论如何,在选择管理模式时需要创新性地体现以下几个方面:

1.注重温情化　温情化强调管理应该更多地调动人性的内在作用,只有这样,才能使机构健康持续地发展。在机构中强调人情味儿的一面是对的,但是也不能把强调人情味儿作为机构管理制度的最主要原则和落脚点。温情化管理侧重的是用情义中的良心原则来处理机构中的管理关系。不过,如果笼统地只是讲良心、人性,而不触及利益关系,不谈利益的互利,实际上是很难让被管理者接受的,也是很难让他们干好的,最终机构也是管理不好的。管理并不只是讲温情,但是缺失温情,没有以人为本的理念,运用"冷酷无情"、强制的手段去管理机构,一定会压抑员工的积极性、创造性,从而使管理成为一种被动的接受、机械的模仿和重复,不利于养老机构的长远发展。

2.突出多样化　目前我国的养老机构已有养老院、老年公寓、托老所、老年护理院等多种形式和公办国营、公办民营、民办公助、民办等多种承办组织体制,所以养老机构的管理模式需要结合自身结构的形式、机构承办体制、阶段性的任务来选择上述五种模式中的一种或几种,或者阶段性地尝试某种管理模式,而不是固定某种模式不变。随着社会的不断进步,人的各种需要在不断提高,养老机构需要紧跟时代步伐,积极试验新的服务模式,在多样化、分等级、优质服务、全方面配套等多方面上下功夫,以满足不断变化的社会需要。

3.打造学习型　不论哪种管理模式都需要其在管理中体现打造学习型组织的要求,这是因为只有一个学习型组织的管理团队才富有创新性、持续性和生命力。通过大量的个人学习和团队学习,形成一种能够认识环境、适应环境,进而能够能动地洞察环境、作用于环境的有效管理组织。也可以说是通过培养弥漫于整个组织的学习气氛,充分发挥员工的创造性思维能力而建立起来的一种有机的、高度柔性的、扁平的、符合人性的,并且能持续发展的组织。学习型组织是扁平化的,没有了圆锥形组织结构、金字塔式的棱角和等级,使得管理者与被管理者的界限变得不再过于清晰,权力分层和等级差别被弱化,使个人或部门在一定程度上有了更多相对自由的空间,可以有效地解决机构内部沟通问题。这样,通过打造学习型组织使养老机构面对市场的变化,不再是机械的和僵化的,而是真正"活"了起来、"动"了起来。

五、养老机构管理的政策法规

法制化管理是社会养老服务体系有序发展的重要保证。为推动我国社会养老服务体系建设,国家先后颁布和实施了一系列政策法规。

(一)社会养老服务体系建设相关政策法规

2000年,国务院办公厅转发民政部等11部委《关于加快实现社会福利社会化意见的通知》,提出了推进以养老为重点的社会福利社会化的指导思想、基本目标和总体要求,并从建设用地、税收、公用事业收费和费用补贴等角度制定了诸多优惠政策,为"十五"期间的老龄工作奠定了基调和指明了方向。之后,中共中央国务院发布《关于加强老龄工作的决定》,阐述了加强老龄工作的重大意义及老龄工作的指导思想、原则和目标,并提出"老年服务业的发展要走社会化、产业化的道路,鼓励和引导社会各方面力量积极参与、共同发展老年服务业,逐步形成政府宏观管理、社会力量兴办、老年服务机构按市场化要求自主经营的管理体制和运行机制","非营利性老年福利设施建设所需资金以各级人民政府投入为主,同时应当制定政策,鼓励和引导社会力量积极兴办老年福利机构","国家鼓励社会力量兴办老年福利服务设施。对社会力量投资兴办的福利性、非营利性的老年服务机构和有关捐赠,要实行减免税收等优惠政策,具体办法由财政部、国家税务总局制定"。《关于加强老龄工作的决定》从政府投入和鼓励社会自主兴办养老机构两方面对机构养老事业给予了明确的政策支持。

2005年,民政部出台了《关于支持社会力量兴办社会福利机构的意见》,鼓励和扶持企事业单位、社会团体和个人等社会力量投资兴办养老机构。同年,民政部启动养老服务社会化示范活动,推动老年福利服务由补缺型向适度普惠型转变。

2006年,国务院办公厅转发全国老龄委办公室和发展改革委等部门的《关于加快发展养老服务业意见的通知》,重申了加快发展养老服务业的意义,提出"发展养老服务业要按照政策引导、政府扶持、社会兴办、市场推动的原则,逐步建立和完善以居家养老为基础、社区服务为依托、机构养老为补充的服务体系",并明确指出要大力发展社会养老服务机构,要求"地方各级人民政府和有关部门要采取积极措施,大力支持发展各类社会养老服务机构,引导和支持社会力量兴建适宜老年人集中居住、生活、学习、娱乐、健身的老年公寓、养老院、敬老院,鼓励下岗、失业等人员创办家庭养老院、托老所,开展老年护理服务,为老年人创造良好的养老环境和条件"。

2007年,党的十七大报告作出了加快推进以改善民生为重点的社会建设、完善社会管理和实现老有所养的战略部署,为近一段时期的养老工作指明了方向。

2008年,国家10部委下发了《关于全面推进居家养老服务工作的意见》,养老服务逐步形成了"以居家养老为基础,社区服务为依托,机构养老为补充"的具有中国特色的养老服务社会化的基本思路和方向。

2009年,养老服务朝着体系化方向前进,"机构养老为补充"的政策思路被质疑,机构养老的支撑作用和对居家养老的引导及辐射作用被重视。

2011年,国家制定和发布了《中国老龄事业发展"十二五"规划》,明确提出了机构养老成为构建今后中国养老保障体系重要支撑的思路。国家把积极发展老龄产业、增强全社会的养老服务功能,加强面向老年人的服务设施建设等内容纳入发展规划,体现了党中央、国务院对社会化养老问题、发展养老机构的高度重视。在这一时期,养老机构的发展无论在质上还是在量上都有了进一步提升。

2013年,正式修订实施的《中华人民共和国老年人权益保障法》为全社会更好地保障老年人的各项权益明确了新的责任和义务,也对社会养老服务体系建设提出了更高的要求。同年9月,国务院又下发了《关于加快养老服务业发展的若干意见》,进一步明确了国家发展养老服务业的目标、工作重点和政策措施。

(二)养老机构管理相关政策法规

民政部制定颁布的《社会福利机构管理暂行办法》对社会福利机构的规划、设立、日常运营和服务作出了明确的规定;《老年人社会福利机构基本规范》也提出了管理和做好养老机构服务工作的原则、指导思想、工作目标和服务标准。据此,全国各地立足本地实际情况制定和完善了许多具体化、可操作性强的政策、法规和标准,使我国的养老机构管理初步走上了有章可循的轨道。

为了不断发展和完善机构养老在养老事业中的重要作用,在大的方针政策引领下,国务院及民政部门又针对养老机构工作中的具体要求和相关扶持政策作出了明确规定。2013年6月30日,民政部公布了《养老机构设立许可办法》和《养老机构管理办法》,对养老机构的设立许可、法律责任、服务内容等作出了明确规定。

《养老机构设立许可办法》为开办养老机构设立了门槛,包括床位数在10张以上,有与开展服务相适应的管理人员、专业技术人员和服务人员,有符合养老机构相关规范和技术标准,有符合国家环境保护、消防安全、卫生防疫等要求的基本生活用房、设施设备和活动场地等。根据《养老机构管理办法》,政府投资兴办的养老机构,应当优先保障孤老优抚对象和经济困难的孤寡、失能、高龄等老年人的服务需求。民政部门应当会同有关部门采取措施,鼓励、支持企业事业单位、社会组织或者个人兴办、运营养老机构,鼓励公民、法人或者其他组织为养老机构提供捐赠和志愿服务。

《养老机构管理办法》对养老机构提供生活照料、康复护理、精神慰藉、文化娱乐等服务提出了明确要求,指出养老机构应当为老年人建立健康档案,组织定期体检;养老机构提供的饮食应当符合卫生要求、有利于老年人营养平衡、符合民族风俗习惯;养老机构开展文化、体育、娱乐活动时,应当为老年人提供必要的安全防护措施等。《养老机构管理办法》还明确指出,利用养老机构的房屋、场地、设施开展与养老服务宗旨无关的活动,或有歧视、侮辱、虐待或遗弃老年人以及其他侵犯老年人合法权益行为的养老机构,由实施许可的民政部门责令改正,情节严重的处以3万元以下罚款,构成犯罪的依法追究刑事责任。根据这两部新规,国务院民政部门负责全国养老机构设立许可工作,县级以上地方人民政府民政部门负责本行政区域内养老机构设立许可工作;国务院民政部门负责全国养老机构的指导、监督和管理,县级以上地方人民政府民政部门负责本行政区域内养老机构的指导、监督和管理。

此外,民政部、全国老龄办等部门联合出台的《关于推进养老服务评估工作的指导意见》《民政部关于开展公办养老机构改革试点工作的通知》《关于加强养老服务标准化工作的指导意见》等政策法规为全国各地执行落实相关法律条文提供了具体依据,同时有利于进一步明晰政府职责,加强对养老机构的监管,从而推动养老服务业的发展。

第四节 国外养老机构的发展

1850年,法国成为了世界上最早出现人口老龄化现象的国家。此后,人口老龄化迅速在瑞典、挪威、英国、德国、美国、瑞士、荷兰等欧美各国扩展开来。至20世纪60年代,西方国家几乎全部进入了老龄化社会,日本、新加坡等国家也相继加入了此行列。伴随着人口老龄化程度的不断加深,各国都建立了符合本国国情国力的养老保障制度和养老机构发展模式,各类养老机构得到了长足发展。

一、国外养老机构概况

国外的养老机构各国形式各异,但都很注重老人的隐私、生活环境、医疗条件及精神娱乐等方面,而不仅仅是为了保障老人的基本生活所需。在发达国家,养老机构可针对老人的个性差异和不同需求,提供个性化的照料方式和护理方案。

(一)美国养老机构概况

在美国,由于受到宗教和独立生存的价值观影响,老年人不论有无配偶,一般都会选择与子女分开单独居住。这种分离式的家庭结构必然使得老年人的养老问题落在了政府和社会的身上。为此,美国政府兴建福利机构,为老年人提供全面的服务,同时,一些慈善机构和非营利机构也兴办了一些老年福利机构。老年人可以根据自身的经济状况、健康状况和社交需求等来选择不同性质、不同层次的养老机构。根据养老机构提供的服务类型和入住者状况,美国的养老机构一般可分为四类:生活自理型、生活协助型、特殊护理型以及持续护理退休社区。

1.生活自理型养老机构 主要面向年龄在70~80岁之间、生活能够自理的老人。

2.生活协助型养老机构 面向80岁以上、没有重大疾病、但生活需要照顾的老人,也为出院后处于恢复期的老人或家人外出的老人提供暂时性居所。

3.特殊护理型养老机构 面向有慢性疾病的老人、术后恢复期的老人及记忆功能障碍的老人,社区内设有专业护士,提供各种护理和医疗服务。

4.持续护理退休社区 主要面向那些退休不久、当前生活能够自理、但不想由于未来生活自理能力的下降而被迫频繁更换居所的老人。为了实现对入住老人的持续护理服务,这种社区一般是生活自理单元、生活协助单元与特殊护理单元的混合,因此管理难度较大。

除生活自理型养老机构外,其他三类的开发运营需得到州政府授权,并与医院和专业护理机构建立紧密合作。为了支持老年福利事业,美国政府会根据养老机构的不同,进行相应的经济支持。一般来讲,接受政府资金支持的养老机构,会在规定的硬件及软件方面达到政府规定的标准,并且严格遵守国家的相关规定和行业标准;不接受政府资金支持的养老机构,政府对其没有硬性的规定,但是机构必须遵照相关的行业标准运营。

(二)加拿大养老机构概况

加拿大人认为培养孩子是社会责任而不是自我"牺牲",孩子的回报不是反哺父母,而是努力使自己成才。因此,加拿大人不为子女留遗产,也不给子女增负担。到年老时,他们用卖掉自己房产的钱或进行反向抵押贷款入住养老机构,以此度过晚年。加拿大的养老机构类别多样,依据护理需求的程度分成以下几种:

1.高龄人士公寓 入住者基本上能自我照料。这些公寓有些位于普通公寓内,有些完全是与高龄人士合住。

2.退休人士之家 入住者大体上能照料自己,但每天需要约一小时的医护照顾。这类房屋里配备有护士,每天24小时值班,医生也定期到访。

3.老人屋 入住者独立生活的能力较差,个人生活和健康都需要有人照顾。

4.护理安老院 入住者完全失去独立生活的能力,需要长期、全面的照顾。

这些养老机构的主办者大部分是私营企业,也有由教会、慈善团体、社区团体等非营利机构主办的,政府主办的数量不多。老人们可以根据自己健康状况的变化,逐步提升护理要求,或者更换养老机构的级别。

(三)英国养老机构概况

早在 19 世纪,英国就开始重视工业化引起的社会结构变化和家庭功能弱化所带来的社会问题,开始建立老人照顾机构。虽然 20 世纪 80 年代开始的社区照顾政策对老人机构照顾带来一定的冲击,但机构养老仍然是生活不能自理老人的照顾方式之一。目前英国的机构养老主要是指院舍照顾,包括以下形式和内容:

1.护理院 护理院提供医院设施外的最密集与最持续的护理照顾,除了提供基本的生活照护服务之外,还有专业的医疗、康复和护理服务等。目前英国共有这类护理院 4675 个,床位数 218387 张。这些机构受到严格的管制,并被要求符合一定的标准,譬如每天 24 小时都要有合格的护理人员。

2.养老院 养老院面向非失能的老人提供多种多样的服务,目前英国共有这类养老院 12917 个,床位数 245942 张。这些养老院在促进积极的社会与个人生活方式维持的同时,通常会考虑到老人独立性的逐渐丧失而为他们提供相应的服务,如助餐、助浴、助行、助厕等服务。对于那些不能独立完成日常生活活动或者患有持续性身体或心理症状(无须密集医学治疗)的人,养老院为他们提供一个长期性治疗,由全科医生提供老人在院内的健康照顾。

3.老人公寓 老人公寓主要是为身体健康、能够自己独立生活和偶尔需要协助的老人而设的,一般是平房或者是专门建设的公寓。生活在公寓中的老人不需要持续性照顾,他们居住在分开的单元房里,使用公共生活设施,遇有自己不能干的事情时可以呼唤管理员来帮助,如换灯具、搬动室内家具等,此为管理员呼唤服务。这种模式的养老机构在英国很多,因为它比较适合大部分的老年人。

4.其他养老机构 英国还有很多专门针对有某种特殊需求的老年人的养老院或者护理院,如临终关怀机构、专门看护痴呆患者的养老院等。

(四)澳大利亚养老机构概况

澳大利亚的老年人社会福利制度与英国相似,其为老年人提供的服务也主要分为两类,即院所照料和社区照料。院所照料即机构养老,是为一些由于疾病、失去自理能力、亲人丧亡、在原家庭中得不到帮助、生活照料困难的老人设置的,主要分为老年公寓和老年护理院两种。这些养老机构以私立和非营利机构为主,另外还有州政府设立的一些老年公寓和护理院。

1.老年公寓 服务对象基本属于"自理老人和介助老人",针对的是有一部分自理能力,不需要 24 小时监护的老年人。老年公寓向老年人提供住宿和相关支持性服务,如洗衣、清洁、协助老人穿衣、洗澡、就餐等护理服务。老年公寓最初只是向老年人提供一定生活支持的住所,后来得到联邦政府的认可,纳入政府预算,并根据服务强度和照料等级,获得相应的资金支持。澳大利亚目前有老年公寓约 8 万所,在住人数约 60 万。由于实行鼓励政策,目前其数量正在增加,同时等待入住的人数也在增加。

2.老年护理院 服务对象基本属于"介护老人",是以高水平护理照顾为主,如医院手术后的照料、临终关怀等。老人大部分是失去自理能力,有特殊医疗、生理和心理保健需要的脆弱群体。护理院要配备专业的护理人员,提供 24 小时不间断服务。护理院的开支昂贵,消耗了大部分的联邦和政府预算。目前,澳大利亚全国共有约 3000 个该服务提供者,开办了约 18 万个护理院,其中 61% 是非营利组织的,28% 是私人营利机构的,11% 为地方政府的。

(五)日本养老机构概况

日本的养老机构由日本各级政府、政府资助下的民间组织、民间企业、财团法人或个人(保健护士)开设,为社区老人提供无偿或按国家标准收费的服务。此外,一些知名的日本大企业也办起了养老院。按照日本《老人福祉法》规定,为老年人提供服务的机构大体分为两种,即老年人福祉设施和收费老人之家。

1.老年人福祉设施　主要由政府出资创办。根据不同情况和老人不同的需要具体细分为老人日服务中心、老人短期入院设施、养护老人之家、特别养护老人之家、轻费老人之家、老人福祉中心、老人看护支援中心等多种类型。

2.收费老人之家　主要是引入社会资金和力量,经过都道府县一级政府批准后由民间企业来经营,按照不同功能和形式又分为看护型、住宅型和健康型三种。

为了保证养老机构的良性运转和避免所谓"虐待老人"现象的出现,日本政府决定在养老机构自我检查的基础上,引入更为客观和公正的第三方评价体系,包括硬件上的建筑、设备、人员配置以及软件上服务的质量、老人的评价等。这些评价不是通过简单的检查、打分来达到警示督促的作用,而是在分析养老院现实的基础上由专业机构提出更好的改善方法。目前,日本全国范围内基本上都已经实施了这种评价制度,东京率先提出了三年一审核的思路,使养老制度不断走向完善。

(六)瑞典养老机构概况

瑞典是北欧福利型模式的创始者。按照瑞典《社会福利法》的规定,市级地方政府须根据老年人的特殊需要兴建老年福利机构。各地在建设老年福利机构时都遵循政策所强调的"尽可能让老年人独立生活在自己的寓所"的原则,竭力做到使在福利机构中的老年人像生活在自己的家里一样。老人们可以自行选择不同的单元房。入住时,还可以搬来自己的家具和个人用品。瑞典的老年福利机构主要分为以下四种类型:

1.入户服务公寓　入住老年人租住一室一厅或两室一厅的单元房,由市政府社会工作部门根据他们的需要提供各项入户服务。

2.老年公寓　主要用于收养生活不能完全自理,并需要经常性照料的老年人,可租住面积不大但是带卫生间、客厅和餐厅的单人间。工作人员将提供 24 小时的照料服务,定时提供膳食。

3.疗养院　配备训练有素的护士专门负责照料患老年痴呆症、晚期重症以及需要经常性医疗护理的老年人。

4.类家庭　主要收住存在认知障碍的老年人。一个类家庭通常入住 6 个老人,各自有独立的房间,有专业工作人员和他们生活在一起,提供 24 小时服务。

目前,瑞典全国有 7% 的 65 岁以上老年人长期生活在各类福利机构中,80 岁以上高龄老人中选择机构养老的比例更高达 17%。

二、国外养老机构的发展经验

世界上许多发达国家对养老问题的探索和实践,已经取得的成果和经验,可以为我国养老机构的发展提供新思路,也有助于我国养老事业的进步和提高。

(一)美国养老机构发展的经验

1935年,美国社会保障法的颁布标志着联邦政府开始对贫困者实施帮助,作为其职能工作的一部分。此后,美国政府建立了相对完善的社会保障体系和实施办法,其中涉及社会养老问题。美国的机构养老实践,体现在以下两方面:

1.非营利组织和私营组织承担大部分养老责任 目前私营组织及非政府组织的养老机构,已经成为了美国社会养老资源的一个重要组成部分。适当的社会竞争,使得其无论是服务质量,还是服务的专业化,都有所提升。通过越来越多的机构加入,美国政府也进行相应的政策扶植和财务支持,以促使其更好地发挥作用,缓解美国养老事业发展的压力。由于宽松的发展环境,使得私营养老机构在其服务推出及设置上,也能根据市场的变化和客户的需求,进行快速反应和调整。近年推出的居家援助式老年公寓,就是深受老年人欢迎的一项养老服务项目。这项服务主要针对75岁及75岁以上高龄的老人,主要是集中提供具有独立卫生间、厨房等生活设施的公寓供老年人居住,并且由专业的护工为其生活起居服务。如老年人不愿意居住公寓,可在家中接受照顾。这样可以保证老年人有相对独立的生活空间,且专业化的服务也能使其生活更加健康、快乐,具有很强的自主性和灵活度。

2.专业化的医疗保健机构是保障老年人身心健康的主要承担组织 美国的老年人不但希望身体健康,更希望得到周到的康复护理,所以客观上造成了对具有一定专业化的医疗保健机构的较大需求。根据老年人的身体状况及其需要护理的程度,美国又将养老机构分为三大类:第一类是技术护理照顾型养老机构。这种机构的主要服务对象是具有24小时护理需求的老年人。第二类是中级护理照顾型养老机构。这种机构的主要服务对象是没有较严重疾病,但是需要24小时监控服务的老年人。第三类是一般照顾型养老机构。这种机构的主要服务对象是需要提供生活起居照顾,但不需要较强专业技术医疗护理的老年人。

(二)英国养老机构发展的经验

1.有完善的建设、管理和服务标准 英国的养老服务有着完善的法律和标准体系支撑。针对老年人的健康服务和社会服务需求,英国政府不断完善和出台相关的法律,包括《国民健康服务法》《国民保健法》《全民健康与社区照顾法案》《国家老年服务框架》等,同时,还有《国家黄金标准框架》这样详细、具体的标准体系来确保服务标准和服务质量。这些法律和标准,从养老机构的建设、养老服务的内容、对养老机构的管理与评估等方面均作了详细的规定,为英国老年人享受养老服务提供了一个很好的法律保障。

2."以人为本"的建设与服务理念 英国的养老机构规模都不大,一般的养老机构大多是二十几张床位。在建设和服务中,这些养老机构都秉承"以人为本"的原则,尽可能满足入住老人的需要。养老机构通常办公面积很小,会议室也不大,但供老人活动的多功能厅却很大,其室内装修、墙面装饰都非常温馨,也很安全、卫生,并配备有非常专业化的设备。比如很多养老机构的床垫可以根据老人的体重调节软硬度,自动化的洗浴设备可以在很大程度上降低护理员的工作强度,并且注重保护老人的隐私和满足个性化需要,非常温馨适用。服务人员的专业化程度也很高,会根据每位入住老人的家庭、身体状况以及兴趣爱好提供个性化的服务。可见,在英国的养老服务机构中,"以人为本"的理念在很多细节方面都能得到充分体现。

3.充分发挥民营和志愿组织的力量　多元化、市场化、专业化是英国养老服务的主要特点。从 20 世纪 80 年代起,英国的社会服务领域就出现了一个最显著的特点,即混合经济型服务,也就是服务供给主体的多元化。政府开始从直接的服务供给者中退出来,鼓励民营和慈善组织发展养老服务,政府更多的是政策制定、监督管理和购买服务,这在很大程度上减少了政府的资金投入和服务压力,也丰富了养老服务的内容和种类。养老服务市场进一步细化,服务水平也更加专业化,最大程度地满足了老年人的服务需求。

4.有严格的监督管理体制　英国有专门负责评估、监督和管理养老机构的组织。这些组织的主要任务就是监督和管理养老机构的服务质量,确保机构能够根据老年人的需求提供相应的服务。有完整的评估、监督和检查机制,有专业的人员队伍和专家队伍,每年都会对养老机构进行检查,并公开检查结果,提出改进的意见,同时还会根据老年人的需求以及投诉来提出完善服务的建议,以确保为老年人提供服务的质量。

5.注重社区照护服务的发展　20 世纪 90 年代之后,针对老年人口迅速增加、服务费用和服务压力不断增加等问题,英国政府在 1990 年颁布实施了《国民健康服务和社区照顾法》,开始了依托社区的社会服务体系建设,把长期在医院接受护理的老人转移到社区进行照护,由医院护理转为社区服务。这在很大程度上缓解了医疗健康服务的压力。目前英国的老年服务大部分都在社区进行,包括老年人活动中心、日托所、老年公寓、护理院等服务都可以在社区内提供,社区有专业的护理人员、社会工作者、志愿者为社区的老年人提供服务。

(三)日本养老机构发展的经验

日本政府在养老机构发展中发挥着重要作用,具体体现在以下几方面:

1.政府的资金支持和监管支持构成了发展养老机构产业的基础,使养老机构在日本盛行起来。

(1)对养老机构强大的资金投入:养老机构中很大一部分是由民政人员所组成的政府机构,经费全部来自于政府的财政拨款。其中由日本厚生省牵头建设的老人福祉设施便是其中的代表。福祉设施按照老人不同的需求分为老人日服务中心、老人短期入院设施、养护老人之家等,这些机构的建立几乎全部都由政府出资。正是日本政府庞大的资金支持,才使得养老机构度过了最初发展的艰难阶段,并不断壮大。

(2)对养老机构严格的监管:日本政府对养老机构的监管分为两部分:一是完善的立法支持,这是严格监管的前提,没有详尽法律体系的支持,监管便失去了法律依据;二是严格的审查、准入、监管制度,这促使养老机构在其应有的良性轨道上发展。

2.政府鼓励民间组织发展养老机构　在日本,政府已不再是养老机构的唯一供给者,而是多元化的供给主体。政府鼓励民间资金发展养老机构有几点明显的好处:其一,缓解供给不足的矛盾。由于资金有限,政府提供的养老机构不能完全满足市场的需要,民间资金的进入不仅可以缓解市场上供给不足的矛盾,还可以缓解政府资金紧张的局面,同时也符合市场经济的要求。其二,促进为老人服务的多元化。在日本,利用社会福利协会、社会福利法人等组织,大力兴建各式各样的养老设施是日本政府的常用做法之一。这些组织的运营资金一部分来自接受其服务的老人,一部分由政府给予资助。由于这种方式对机构及老年人都非常有利,更加接近民众的具体生活实际,所以很受日本民众的欢迎。因此,这种方式在日本的发展非常迅速,服务质量以及服务效率都非常高。

3.通过产业指导等方式对专业技术给予支持　日本政府通过指定专门的机构对养老机构进行指导。在日本养老产业发展的初始阶段,特别是20世纪六七十年代日本初入老龄化社会时期,一些中小企业开始进入老年市场,但由于技术条件等的限制,发展并不理想且面临着诸多的问题,服务人员缺乏也成为当时日本养老机构发展的瓶颈。在这种情况下,日本政府制定了行业规范与行业标准,并对企业进行技术指导和管理指导,派专业人员前往养老机构对其给予现场指导,解决了企业的现实技术困难。不仅如此,日本政府还大力培育养老产业专门人才,通过提高薪金水平等方式使日本养老服务从业人员数量和素质有了稳步的提升。这些措施的实行为日本养老机构的发展注入了新鲜的活力,使日本养老机构摆脱了发展瓶颈,进入了高速发展的时期。

4.通过各种措施宣传机构养老模式　根据预测,到2025年,日本的"银色产业"将拥有6270亿～7460亿美元的市场,"银色产业"中增长最快的当属养老院。自1990年至今,日本的养老院数量已经翻了一倍多。2001年,日本已有养老院7582所,居住人数达到46.4万。日本老年人的养老模式有如此巨大的改变,不仅仅源于硬件的配套,更是来自日本政府通过各种宣传措施鼓励人们走出家庭养老。据相关资料统计,日本社会经历了一个宣传走出家庭养老的历史时期,在这个时期,日本政府和企业通过各种媒体方式宣传机构养老的好处,如著名的"幸朋苑"(介护老人福祉设施),它精美的宣传册、完备的设施使很多老人为之心动。通过政府的公益宣传加之企业的宣传,更多的日本老年人走出家庭进入养老机构安度晚年,使用机构养老模式的老人数量明显增加。

(四)瑞典养老机构发展的经验

瑞典在老年福利机构的建设过程中不仅考虑到为在院老年人提供优质的居住环境,也综合考虑了福利机构功能和资源的社区利用效率。瑞典老年福利机构有以下几个突出的特点:

1.布局合理,设施设备优良　由于老龄化程度较高,又由国家承担社会养老的主要责任,因此瑞典的每个城市都在市区建有若干老年福利机构。这些机构通常与附近居民区融为一体,交通便利、生活方便。福利机构内部设施极其完善,中央暖气、通风设备、光照、厨房和卫生设施等一应俱全。同时配有各种方便老人活动、起居的辅助设备,如电梯、轮椅、助行器等,并且还在每个房间设有终端呼叫系统、应急通道。

2.管理科学,服务以人为本　老年福利机构在管理方面体现了专业化和规范化的特点。聘任经理作为机构负责人,主要负责机构运营、人员管理、制定经费预算等,具有很强的自主权。机构的工作人员分为社工和护士,都具有相应专业的学历。社工主要照顾在院老人的起居饮食,护士承担老人们的护理工作。福利机构对老人实行分组管理,如患老年痴呆症的老人集中生活在一个单元,由社工和护士提供特殊照料护理。

3.利用资源,扩大服务外延　老年福利机构不仅为在院老年人提供服务,而且还利用自身资源为机构周边的老年人提供终端呼叫、紧急援助、上门送餐、起居照料等上门服务。同时,福利机构还对社区老年人开放,他们可以到院内餐厅就餐,到活动室中喝咖啡、聊天、阅读报刊和图书等。老年福利机构已成为社区为老服务的中枢,向具有不同层次需要的老年人提供有效的照顾和服务。

三、我国养老机构的发展趋势

"以居家养老为基础,社区养老为依托,机构养老为支撑"是我国多年来沿用的社会养老服务体系。近年来,全国各地都开办了相当数量的养老机构,发展势头良好,借鉴美国、英国等发达国家养老机构的发展经验,我国养老机构将逐渐朝着投资主体多元化、市场细分化、服务专业化和发展集团化的四大趋势发展。

(一)投资主体多元化

各国养老机构的主体私营化和市场化已经十分明显,养老机制由原先政府一手操办的社会福利项目转化为通过相对自由的市场化来提供,通过市场机制的配置方式对社会福利进行分配,从而提高社会福利的效率,并且控制社会福利的总支出。而政府即从中转变角色,从原来的大包大揽全面提供养老服务转换成与私营机构结合,以各类补贴和税收减免等方式给予民营机构支持。近年来,我国社会养老服务体系投资主体多元化趋势也日渐明显,已经形成政府投入、民间投资、港澳及国际资金共同投资建设的局面。从养老机构模式上看,也呈现出多元化的发展趋势,养老与地产、养老与旅游等的结合越来越多,酒店式养老、公寓式养老和休闲度假式养老等形式日渐多样化。投资这些养老项目的主体,除传统房企、保险集团和基金会外,旅游酒店集团、国企下属物业公司和金融集团也开始涉足。社会资本投入养老服务对于活跃养老产业、探索新的养老模式、满足老年人的多层次养老需求等都具有极大的推动作用。

(二)市场细分化

过去,养老机构设施基本类同,管理也是同一模式,人性化和个性化服务不足,随着经济社会的发展,老年人也比以往更加注重生活品质。由于之前所从事的职业不同,老年人在退休后享有的社会、养老和医疗保险等服务也会不同,领取的退休金额也有差别,加之自身经济和身体状况的不同,老年人对养老服务的需求存在较大差别。当前我国省级平均养老金水平最大差距超千元,不平衡特征显著。2013年,各省市调整后月人均养老金水平最低的安徽省约为1650元,最高的北京市则达到2773元。整体来看,老人的服务购买能力正在逐年增加,对健康和舒适的养老环境需求日渐强烈。单一类型的养老机构不可能满足各个层次老年人所有的养老和护理需求,各个机构应针对不同的老年群体提供不同的养老服务。在设立之初就应充分了解服务对象的需求,做出精准的市场定位,进一步细分市场,在服务过程中有针对性地逐步满足老年人不同层次的需求。

不同年龄段的老年人需求也不尽相同。随着人们生活水平的提高和医疗卫生条件的改善,人均预期寿命明显增加,根据第六次全国人口普查资料计算,2010年中国人口平均预期寿命达到74.83岁,比10年前提高了3.43岁,而杭州市2012年人均预期寿命已经达到80.89岁。不同年龄段的老年人需求不同,对养老机构的要求与期望也不尽相同。

除按年龄段、经济条件分类外,老年人的身体状况也差距较大。浙江省已经提出要根据老人身体状况,分类建设护理型、助养型和居养型养老机构,并确立以护理型为重点、助养型为辅助、居养型为补充的机构养老服务模式。这是养老机构建设管理的重大创新,也符合民办养老机构错位发展的需要。从功能定位来看,护理型养老机构主要负责照护失能、失智老人;助养型机构负责照护半失能老人、部分自理老人;居养型机构负责照护健康老人为主。

从目前来看护理型养老床位严重不足,据中国社会科学院发布的报告,2012 年,中国的空巢老人为 3600 万,16.6％的老人有入住养老机构的需求,但是民办养老机构中仅有 15％左右可以提供"康复护理"服务。这为各类医疗机构进入养老机构提供了契机。国外也有不少专业的护理型养老机构与私人医院相结合的成功案例。

(三)服务专业化

养老机构作为服务性机构,为入住者提供专业化的服务是基本要求,也是满足老年人养老需求、维护老年人权益的重要组成部分。日本为充分发挥老人福利机构和设施的作用,采用第三者评价的方式来对这些福利设施的服务过程、服务质量等进行评价,达到改善服务质量、提供人性化服务的目的。2012 年,日本有 2974 所带有护理服务性质的收费养老院,定员 17 万人,已有 10 万以上的人住进老人院,工作人员 9.6 万人,基本实现 1∶1 的配比服务。德国则建立了护理质量发展网络体系(DNQF),通过该网络使专业的护理人员在护理问题上可以找到标准化的解决方案。DNQF 的工作是通过一个由在护理行业从事各项工作的专业人士组成的质控委员会来开展,工作内容涉及护理、管理、培训和实习。而我国目前也在大力推进养老服务人员的专业化程度,北京、上海、浙江、江苏等省(市)都采取了多种措施不断提高养老服务队伍的专业化水平,对养老行业服务人员开展了规范、系统的专业教育和职业培训;部分高等院校和中等职业学校增设养老服务相关专业和课程;浙江省自 2013 年起,每年安排财政专项资金,对老年服务与管理类专业的毕业学生实行入职奖励;部分城市正在研究制定养老服务岗位专业标准,实行职业资格和技术等级管理认可制度。

(四)发展集团化

随着养老服务业的兴起,养老机构出于业务发展、扩张或竞争的需要必然选择走集团化发展的道路,以期降低运营成本,提升服务水平,同时带动养老产业快速发展。美国公众健康协会(ASHA)在 2007 年的一份调查报告中指出,在全美排名前 50 位的业主和管理公司中前 10 位业主占了 58％的床位数,前 10 家管理公司占了 55％的床位数。其中排名第 1 的业主公司为假日退休公司(Holiday Retirement),拥有 33490 个床位、285 项资产;排名第 1 的管理公司为布鲁克代尔老年公寓公司(Brookdale Senior Living Inc.),管理着 51638 个床位、549 家物业,规模巨大。近几年诸如英国规模最大的四季养老集团、日本排名前 10 的木下介护等国外大型养老集团纷纷进军中国市场,而中国本土的大型养老机构也日渐往规模化、集团化方向发展,走连锁化运营模式,譬如上海和佑养老集团。杭州的"在水一方"等知名的养老服务连锁集团,也致力于整合共享资源,打造品牌效应,增强竞争力,走上良性发展轨道。

第二章　养老机构的服务管理

本章要点

★服务管理的概念、养老机构管理的理念、养老机构服务管理的分类。

★养老机构生活照料服务、膳食服务、护理服务、医疗保健服务、心理支持服务、文化娱乐服务的主要内容及要求。

★养老机构的护理服务管理、医疗服务管理、康复服务管理和膳食服务管理。

★社会工作的概念、社会工作介入养老机构的方式。

为老年人提供各项生活照料和医疗护理服务是养老机构最主要的功能,也是养老机构管理工作的重要组成部分。服务工作直接关系到入住老人的生活质量与安危,关系到养老机构的运营与发展。加强入住老人的护理、医疗、康复及膳食服务管理,不断提高养老机构的护理与医疗服务质量,真正做到让老人满意、让家属放心是养老机构服务管理的基本目标和中心任务。

第一节　养老机构的服务管理概述

为顾客提供满意的服务是服务的宗旨。作为服务行业,养老机构的宗旨就是为入住老人提供满足其需求的服务。服务管理作为养老机构管理的核心内容,代表了整个养老机构的管理水平,决定着养老机构服务质量的高低。

一、养老机构服务管理的概念

服务是一种非常复杂的社会现象,其表现形式千姿百态,涉及范围很广。服务的含义和特性,构成了服务管理的概念基础。

(一)服务

1.服务的概念　服务是指通过与顾客接触而形成的在一定时间范围内满足顾客需要的一系列活动。首先,服务过程需要顾客的参与,如美容美发服务需要顾客亲临现场,需要与顾客不断地交流、沟通;其次,服务的生产与消费同时开始、同时结束,两者不可分开;最后,服务的目的在于满足顾客的需要,而顾客所得到的也是显性效益和隐性效益的组合。

2.服务的特性　服务与普通产品的最大区别在于它主要是一个过程、一种活动,这一服务过程(活动)通常具有如下特性:

(1)无形性:服务的产出是一种不能预先被品尝、感觉、触摸、看见或嗅到的特殊消费品,顾客在购买服务以前难以感知,他们必须参考许多意见与态度等方面的信息,再次购买则依赖先前的经验,根据看到的服务设施人员、价格和环境来判断服务质量和效果。不仅如此,顾客享用服务后的利益也很难被察觉,或是要等一段时间后才能感受到其存在。由此可见,服务的生产率难以测定,如一个工厂可以计算它所生产的产品的数量,一个律师的辩护则是难以计量的。

(2)不可分割性:服务不存在时间上的间隔和空间上的分离,不可能先投入原材料进行加工制造,然后再通过一系列中间环节,才能使产品转移到消费者手中。由于服务本身是一系列活动或过程,消费者和生产者直接发生联系,服务人员为顾客提供服务之时,也正是顾客消费服务之时,生产过程也就是消费过程,服务的生产和消费是同时同地进行的,顾客只有而且必须加入到服务的生产过程中才能最终消费到服务。由此可见,服务绩效的好坏不仅取决于服务提供者的素质,也与顾客的行为密切相关。

(3)不可储存性:由于服务的产出不可感知以及服务生产与消费的不可分割,使得服务产品不可能像有形产品那样被储存起来以备将来出售或消费。尽管提供服务的各种设备、劳动力等能够以实物形态存在,但它们只代表一种生产能力,而不是服务本身。当消费者购买服务时,服务产品即产生,但生产出来的服务如不当时消费,它就会消失,造成企业获利机会的丧失(如车船的空位),这种损失不像有形产品损失那样明显,它仅表现为机会的丧失和折旧的发生。值得注意的是,这时依然会产生存货成本,只是服务业的存货成本与制造业的存货成本不同而已。制造业的存货成本发生在贮藏产品的花费上,而服务业的存货成本则主要表现为无顾客,后者叫作闲置生产力成本,是指一个人或公司有提供服务的能力和时间,却没有顾客。由此可见,服务企业的管理必须解决由于服务产品不可储存所导致的产品供求不平衡问题。

(4)差异性:服务的产出构成及其质量水平经常变化,很难统一界定,因而服务性生产的产品质量很难像制造性生产产品那样用统一的质量标准来衡量,进而其缺点和不足也就不易发现和改进。由于人是服务的一部分,服务的质量水平依赖于由谁、在何时、何地提供服务,这些因素都是可变的。一方面,由于人的气质、修养、能力和水平各不相同,服务的质量也就会因人而异,服务的好坏主要取决于服务人员的个人技能、技巧和态度;另一方面,由于顾客直接参与服务的生产和消费过程,顾客本身的因素也直接影响服务的质量和效果。

(5)互动性:互动性即顾客参与性。顾客的参与是有目的的,如患者去医院诊断和治疗是为了身体健康。对于服务人员而言,大多数服务只是他们日常工作的一部分,服务人员通过自己的劳动,得到应有的报酬。在大多数情况下,顾客和服务人员无须事先相识,离开了服务场所,他们一般不会有什么交互活动。在服务过程中,供需双方的信息交流受到服务内容的限制。为了保证服务的高效率,服务人员与顾客在服务中的交互活动也需要遵循一定的行为规范,有些是约定俗成的,有些则需要服务人员向顾客作一些说明,服务双方各尽其职,如患者必须回答医生的提问并遵循医嘱。此外,在服务中暂时忽略服务双方"既有的"社会地位,这也是服务中的一项重要特征,如律师可能为罪犯提供服务。

(二)服务管理

目前对服务管理较为全面的认识是,服务管理是一种形成顾客感知服务质量和促进企业发展的整体运作方法。服务管理所研究的是如何在竞争环境中进行管理并取得成功,这种研究并不考虑企业的类型,即不管是服务企业还是制造企业都是服务管理研究的对象。

1.服务管理的内涵 服务管理包括四个方面的含义。

(1)了解顾客及其需要:组织要了解顾客是如何通过消费或使用组织提供的服务来获取价值,了解服务本身或者服务信息、有形产品及其他有形要素如何对形成顾客需要的价值起作用,也就是了解在服务企业与顾客关系中,顾客如何通过质量感知形成感知价值并随着时间而变化。

(2)了解组织创造价值的能力:管理者要了解组织中包括人力、技术和物资资源、服务系统与顾客互动等是如何具备提供顾客感知质量或创造价值能力的。

(3)了解组织如何创造价值:管理者要了解组织应该如何发展和管理控制,以实现顾客期望的感知质量和价值。

(4)了解组织如何实现目标:使组织发挥正常功能,为顾客提供优质服务和价值,并实现企业、顾客及其他有关各方所期望的目标。

2.服务管理的要求 服务管理的含义要求组织管理者必须明确:

(1)在服务竞争中,顾客所需要的感知服务质量和价值是什么。

(2)如何为顾客创造价值。

(3)如何恰当地对组织资源进行管理,以顺利完成顾客感知价值的增值过程。

(三)养老机构的服务管理

根据服务和服务管理的定义可知,养老机构的服务就是指养老机构在老年人入住期间,通过与老年人及其家属的互动交流,为满足老年人的各种生活、医疗、护理等需求而提供的一系列活动的总和。养老机构的服务管理则是养老机构为了形成老年人及其家属感知的服务质量,同时又为了促进养老机构自身运营发展的整体运作方法。养老机构的服务管理是养老机构运作的第一驱动力,为了最大限度地满足老年人的各种需求,提高老年人对服务的满意度,养老机构的管理者需要明确以下几点:

1.在同其他养老服务机构竞争的过程中,老年人需要的服务是什么,自身机构发展需要实现的价值和目标是什么。

2.养老机构如何应用已具备的人力、技术和物资资源、服务系统为老年人提供优质的服务,同时实现养老机构的经营发展目标。

3.如何恰当地对养老机构的各项资源进行管理,使机构发挥正常功能,以顺利完成让老年人满意、让机构受益的双赢过程。

二、养老机构服务管理的理念

养老机构的经营者及管理者的经营、管理和服务理念直接决定或影响老年人在养老机构内的生活质量。因此,不断推动服务管理理念的创新,对于养老服务质量的提高起着非常重要的作用。

(一)养老机构服务的经营理念

养老机构的经营要由传统的提供式服务逐渐转变为竞争性选择式,即由卖方市场转变为买方市场。随着我国老龄化的不断深入,老年人及其家人消费观的日益成熟,对养老机构软硬件要求也随之提高,传统服务理念下所提供的服务已经不能满足老年人的需求,服务要实现公平化、公开化、等值化,这样才能适应未来日益激烈的养老服务产业竞争格局。

(二)养老机构服务的管理理念

养老机构的服务管理需要从传统的行政化管理转变为制度化管理。管理方式要打破传统意义上的简单上下级命令与服从,而是根据具体的服务内容及要求,合理进行团队分工协作,根据员工所提供服务的质与量进行评价反馈。服务管理过程应将现场管理制度化、数据化、可视化以及工作过程手册化,进而做到机构内的信息共享,实现管理的公开、公正、透明。

(三)养老机构服务的服务理念

养老机构服务要以老年人这个服务对象为中心,具体表现为:必须由持有相应专业资格证的工作人员,包括护理员、护士、营养师、医生、社会工作者、作业疗法师、心理咨询师等专业人员构成的服务团队为老年人提供专业化整体化的服务;服务过程要实现依据相应具体化的服务指导手册进行标准化服务,关注老年人的个性化需求,赋予老年人自我选择与自身决定的权利;坚持无差别对待,维护老年人的尊严,维护老年人的隐私,服务过程以实现老年人的生活自理自立和其人生价值为目标。

三、养老机构服务管理的分类

一般而言,养老机构的管理层面可以分为质与量两个方面。在量的方面,根据我国《老年人社会福利机构基本规范》的行业标准,各地方政府所制定的养老机构管理和服务基本标准(如《浙江省养老机构服务与管理规范》《上海市养老机构管理和服务基本标准》)以及一些国际标准等,都已经有了相当明确的规定;在质的方面,在"以人为本"的服务宗旨下,各种养老机构也都致力于把机构内的生活塑造为容忍、接纳、温馨、亲近、谅解及老年人、亲属和机构工作人员互相尽职尽责的地方。就养老机构的具体服务管理工作而言,可分为直接服务和间接服务两个方面。

(一)养老机构的直接服务管理

直接服务管理也可以称为养老机构的业务管理,包括老年人的生活照料服务、医疗保健服务、护理服务、休闲娱乐服务、心理支持服务等内容。由于养老机构的直接服务是直接面向老年人的,其服务质量的高低决定了入住机构老年人的生活质量的高低。因此,对养老机构的直接服务管理应当是管理人员业务中非常重要的一个方面。

(二)养老机构的间接服务管理

间接服务虽然不是为入住养老机构的老年人直接提供服务,但其管理绩效的高低却直接影响到为老年人提供直接服务的质量。因此,对养老机构的间接服务管理也是管理人员业务中非常重要的一个方面。间接服务管理包括行政管理、财务管理、质量管理等内容。

第二节　养老机构的服务内容

机构养老作为一种最主要的社会化养老方式,其最重要的功能是为在养老机构如老年社会福利院、养老院、敬老院等场所的老年人提供生活、护理、医疗等方面的服务,从而提高老年人的晚年生活质量。根据 2013 年国家质量监督检验检疫总局、国家标准化管理委员会批准并发布的《养老机构基本规范》的规定,各类养老机构应当为机构内的老年人提供生活照料服务、膳食服务、康复服务、老年护理服务、心理/精神支持服务、医疗保健服务、文化娱乐服务、咨询服务、安全保护服务、清洁卫生服务、洗涤服务等11类服务,同时各类服务的要求也有相应的规定。本章主要介绍老年人的生活照料服务、膳食服务、护理服务、医疗保健服务、心理支持服务和文化娱乐服务。

一、生活照料服务

生活照料服务是指为老年人提供饮食、起居、清洁等服务的活动。生活照料服务能够满足老年人的基本需要,如食物的需要、排泄的需要、舒适的需要、活动和休息的需要、安全的需要、爱和归属的需要、尊重的需要和审美的需要等。

(一)老年人生活照料服务的内容

老年人生活照料服务的内容包括个人清洁卫生服务、穿衣服务、修饰服务、口腔清洁服务、饮食服务、排泄护理、皮肤清洁服务、压疮预防等。

1.个人清洁卫生服务 包括洗脸、洗手、洗头、洗脚,协助整理个人物品,清洁床铺,更换床单等。

2.穿衣服务 包括协助穿脱衣裤、更换衣物、整理衣物等。

3.修饰服务 包括洗头、洗脸、理发、梳头、化妆、修剪指甲、剃须等。

4.口腔清洁服务 包括刷牙、漱口、清洁口腔、保养和清洁假牙等。

5.饮食服务 包括协助进食、饮水或喂饭、管饲等。

6.排泄护理 包括定时提醒如厕、提供便器、协助排便或排尿,实施人工排便,清洗或更换尿布等。

7.皮肤清洁护理 包括擦洗身体、清洗会阴、沐浴和使用护肤用品等。

8.压疮预防 包括保持床单位干燥、清洁、平整;定时翻身、更换卧位,减轻皮肤受压状况,清洁皮肤及会阴部等。

(二)老年人生活照料服务的要求

1.生活照料应由养老护理人员承担,并根据老年人的具体需要提供相应的照料服务。

2.养老护理人员在提供生活照料服务的同时,贯彻尽可能维持和促进老年人自理能力的工作理念。

3.养老机构内应配备生活照料服务必要的设施与设备;用文字或图表说明提供个人生活照料服务的范围、内容、时间、地点、人员、服务须知等。

4.养老机构应制订各项生活照料服务规范,能根据老年人的生理、心理特点提供优质的服务。

5.养老机构应对老年人个人生活照料服务保留所提供服务的文件和记录,并定期根据检查程序对个人生活照料服务进行效果评估。

二、膳食服务

膳食服务是指根据老年人的实际健康状况,提供均衡营养饮食。膳食服务是养老机构最基本的服务之一,对老年人的生活有着至关重要的作用。科学合理的膳食不仅能够满足老年人对食物和营养的需求,同时有助于延缓或减轻老年人各种疾病的发生和发展。

(一)老年人膳食服务的内容

老年人膳食服务主要是指养老机构的服务人员对老年人进行的饮食服务,包括饮食环境的准备、饮食种类的选择、就餐时间的安排和就餐时的注意事项等。

1.饮食环境准备

(1)安全:保证老年人在就餐过程中的安全是工作人员的首要任务,应做到就餐处地面干燥,防滑;餐桌的桌边应圆滑,桌椅高度适宜,底部有防滑垫。

(2)整洁:环境整齐而干净可增加老年人的食欲。因此,就餐场所应定期消毒,设施布置合理有序;适当摆放绿色植物于室内,既可以清新空气又可以使老年人心情愉悦;桌面干净,餐具摆放整齐;餐具符合老年人的使用习惯,并定期消毒。

(3)舒适:就餐处灯光明亮但不刺眼;椅子上配有坐垫以增加老年人的舒适度;对于卧床老人应协助老人取舒适体位进餐;对于有认知障碍的老人,餐桌的布置应尽量简洁,避免使用有图案的桌布。

2.饮食种类选择

(1)普通饮食:适合于身体状况较好,对饮食没有特殊禁忌证的老年人。饮食宜清淡、易消化,荤素搭配得当,蛋白质以鱼肉、瘦肉等优质蛋白为主;注意烹饪方法及保证饮食色香味俱全。对于有口腔疾患、胃肠道疾患、消化不良的老年人可以根据情况为其提供半流质、流质饮食。

(2)特殊饮食:某些疾病对饮食有特殊的要求,对患有此类疾病的老人需要为其提供特殊饮食,主要有糖尿病饮食、低盐饮食和忌碘饮食。①糖尿病饮食:饮食控制是糖尿病患者一项重要的治疗措施,在为糖尿病老人提供饮食时,应该遵循糖尿病患者的饮食原则,控制饮食热量及甜食的摄入。②低盐饮食:患有高血压、肥胖、冠心病、肾功能不全的老人应严格控制钠的摄入,以延缓心血管功能的恶化。③忌碘饮食:甲状腺肿大的老人需要忌碘饮食,以免诱发甲亢或甲亢危象。因此,甲亢或甲状腺肿大的老人的饮食中应该严格控制碘的摄入。

3.就餐时间安排 除老年人因疾病原因或有特殊要求外,一般就餐时间应安排在下列时间段:07:00—09:00为早餐时间,12:00—13:00为午餐时间,17:00—18:00为晚餐时间。

4.就餐注意事项 老年人就餐时应注意以下几点:

(1)根据老年人身体状况、患病情况及饮食偏好等选择饮食种类、进餐次数。

(2)注意保持饮食多样性,过于单一的饮食种类会影响老年人食欲,同时不能使老年人得到丰富全面的营养。

(3)老人的就餐时间应相对固定,使老年人保持规律饮食,利于健康。

(4)鼓励老年人尽量离开床位,在欢快愉悦的氛围中进餐。

(5)就餐过程中注意倾听老人对饮食的意见,以便为老人提供最佳的饮食。

(二)老年人膳食服务的要求

1.膳食服务应遵循专业化、个性化、科学配餐和鼓励老年人自理自立的原则。

2.膳食服务的整体环节如食品的采购、加工、配送,食物的制作、分发等过程应安全、卫生,送餐用具应保温、密闭。

3.养老机构应根据老年人的身体状况及需求、地域特点、民族、宗教习惯等制定菜谱,提供均衡饮食。

4.膳食服务提供者,如食品采购员、厨师、配餐员、勤杂工等,均应由持有健康证并经过专业培训合格的人员承担。

5.养老机构内应配备提供膳食服务必要的设施与设备。

三、护理服务

护理服务是指为老年人提供促进身心健康的医疗照护的活动。护理服务是养老机构服务的主要内容之一,其目的是以照顾老年人日常生活起居为基础,用护理理念和护理技术辅助老年人尽量维持现有的生活能力和健康状况,最大限度地延长老年人自理自立生活的期限,尊重老年人的基本需求、心理需求以及自我实现的需求。老年人护理服务的内容包括基础护理、健康管理、健康教育、治疗护理、感染控制等。

(一)基础护理

1.生命体征的观察与护理

(1)体温:视老人情况定期测量体温。体温异常老人的护理:①密切观察病情,包括面色、脉搏、呼吸、血压及一些伴随症状,如有异常,立即与医生联系;②体温在39℃以上时进行物理降温,可用冷毛巾、冰袋在头部、大动脉处作局部冷敷,也可采用温水擦浴、酒精擦浴等方式;③体温在32~35℃为轻度体温下降,体温在30~32℃为中度体温下降,体温低于30℃为重度体温下降,严重体温下降可危及生命。对体温下降者要做好保暖,调节室温至22~24℃,给予衣物、毛毯、棉被、热水袋等保暖。

(2)脉搏:正常脉率为60~100次/分,脉律均匀,间隔时间相等。脉搏异常老人的护理:①加强观察脉搏的频率、节律、强弱及老人自觉症状,观察有无药物引起的不良反应,发现异常及时报告医生;②做好心理护理,控制情绪激动,消除紧张恐惧心理,稳定情绪;③注意休息与活动,避免剧烈活动,勿用力排便,戒烟限酒;④在医嘱指导下做好相关疾病护理。

(3)呼吸:安静状态下呼吸频率为16~20次/分。呼吸异常老人的护理:①评估老人目前健康状况,观察有无咳嗽、咳痰、气急及胸痛等症状,帮助有效咳嗽,保持呼吸道通畅,发现异常及时报告医生;②注意环境安静、空气清新,调节好室内的温度、湿度;③根据病情合理安排休息与活动,剧烈、频繁的咳嗽需取合适的体位卧床休息;④根据健康状况适当增加蛋白质与维生素摄入,给予充足的水分和热量;⑤保持心理安静,根据医嘱给予氧气吸入,半坐卧位,以改善呼吸困难情况。

(4)血压:正常成人安静状态下血压范围为:收缩压90~140mmHg,舒张压为60~90mmHg,脉压差为30~40mmHg。血压异常老人的护理:①要定部位、定时、按要求准确监测血压,教育老人遵医嘱用药,不可随意增减药量、停药或自行更换药物;②平时合理饮食、减重、限盐、戒烟限酒,有规律锻炼,保持心情舒畅,避免大喜大悲;③体位性低血压预防:老人从卧位、蹲位站立要慢,早晨起床先在床上活动半分钟、床上坐半分钟、床沿腿下垂坐半分钟,再慢慢站立。

2.饮食护理

(1)进食前护理:衣帽整洁,洗净双手,做好饮食选择,安排舒适的就餐环境,及时准确分发食物。

(2)进食时护理:观察老人进食,需要时协助老人进食,对不能自行进食的老人,应耐心喂食。

（3）进食后护理：及时撤去餐具，清理食物残渣，整理床单位，协助老人洗手、漱口，同时做好必要的记录。

（4）管饲护理：对不能经口进食的老人需要管饲饮食，要求如下：①管饲液应现用现配；②管饲之前先测温度，管饲液的温度在38℃左右；③根据医嘱选择、配制管饲液；④保持老人口腔清洁，定期更换胃管。

3．排泄护理

（1）尿量、尿液异常的护理：当老年人出现少尿、多尿、尿频，或尿急、尿痛、尿液颜色异常时，及时通知医生，多饮水；遵医嘱用药。

（2）尿潴留的护理：嘱老人放松，评估尿潴留的原因；采取诱导排尿措施；上述措施无效者，协助医护人员导尿，做好留置导尿的护理。

（3）尿失禁的护理：保持会阴部皮肤清洁干燥；多饮水，预防泌尿道感染；进行盆底肌肉功能锻炼，促进排尿功能恢复；做好心理护理，必要时引流尿液。

（4）便秘的护理：增加膳食纤维和水分的摄入；养成定时排便的习惯；提供适宜的排便环境；安置舒适的排便体位；腹部按摩促进排便；协助老人使用通便剂；必要时遵医嘱用药或协助灌肠。

（5）腹泻的护理：观察排便的性质、次数、大便量；必要时留取标本送检；保护老人肛周皮肤；观察脱水情况，及时补充水分和电解质；遵照医嘱用药。

（6）大便失禁的护理：保持皮肤清洁干燥，预防压疮；保持床褥、衣服清洁；维护老人尊严，做好心理护理；做好饮食管理；帮助老人重建控制排便的能力。

（二）老年人健康管理和健康教育

1．健康管理　老年人健康管理是对与老年人生活方式相关的健康危险因素进行全面管理，提供科学的健康指导、健康生活方式干预，从而调动其自觉性和主动性，同时有效地利用有限的资源来最大程度地改善老年人的健康状态，达到预防疾病发生、提高生命质量、降低医疗费用的目的。养老机构中老年人健康管理的内容包括：

（1）老年人健康信息采集：在老年人入住养老机构时应对老年人的基本信息进行采集和登记，主要包括老年人的基本情况（如性别、年龄、学历、医保情况等）、目前健康状况与疾病的控制情况、目前用药情况、既往健康史、疾病家族史、生活方式（是否抽烟、喝酒等）、一般社会状况（家庭支持情况、社会交往状况）以及入院时所做的各项体检项目。

（2）健康档案建立与管理：入住老人均需建立健康档案，将收集到的老年人资料建成一个档案，档案的建立应具有真实性、科学性、完整性、连续性及可用性。对某些不明确的地方可向家属求证后再登记，登记后不应随意修改。每位老人的健康档案应由专人管理并定期更新。

（3）健康体检：每年为入住老年人提供规范的健康体检一次，以发现潜在的健康问题。主要包括体格检查（测量血压、体重和身高、皮肤检查、淋巴结检查、乳腺检查）、实验室检查（如抽血检查血脂、血糖、肿瘤指标）、超声检查（腹部B超、脑部CT、胸片等）等，除了一些常规体检项目外还应针对老年人所患疾病情况进行重点检查。

（4）健康指导：告知老年人体检结果，帮助老年人分析存在的健康问题和健康危险因素，调动老年人维持自身健康的积极性，自觉采取有利于健康的行为和生活方式。

（5）健康干预：在医护人员的指导下，针对老年人情况进行健康干预。根据老人患病和健康危险因素评估情况,有针对性地指导、帮助老年人参加体育活动和康复锻炼,采取合理的膳食方案;组织老年人参与机构内的各类活动,娱乐身心;督促患有慢性病的老年人遵医嘱按时服药,定期复查以控制疾病。

2.健康教育　健康教育是通过有计划、有组织、有系统的社会教育活动,使人们自觉地采纳有益于健康的行为和生活方式,消除或减轻影响健康的危险因素,从而预防疾病,促进健康,提高生活质量。

(1)老年人健康教育的内容有:老年人运动、饮食指导,老年常见病发病危险因素及预防知识,老年人重要器官功能的常见退行性变化与防护,老年人常见意外损伤与自护,老年人常见慢性病的自我管理,老年人心理健康维护等。

(2)健康教育的形式有:个别辅导、集体讲座、实践、技能培训或应用图片、录像、宣传栏、图书资料等。老年人的健康教育应根据老年人的记忆特点,采用生动活泼、老年人共同参与的形式展开,以促进内化为老年人自身的意识和行为,同时也要注意发挥部分老年人的榜样作用,提高健康教育的效果。

(3)养老机构内老年人健康教育的要求:

1)有计划地定期开展健康教育工作,每次健康教育活动有明确的计划目标和实施方案,健康教育计划存档。

2)健康教育对象覆盖率达到80%以上。

3)健康教育对象对教育内容的知晓率达到50%以上,并能促进健康行为的建立。

(三)治疗护理

1.老年人身心情况观察　包括生命体征的观察,如体温、脉搏、呼吸、血压、瞳孔、意识等;一般情况的观察,如饮食状况、表情和面容、姿势和体位、皮肤黏膜、心理反应等的变化。

2.老年人常见疾病的护理　包括高血压、糖尿病、冠心病、慢性阻塞性肺部疾病、急性脑血管疾病、骨关节疾病、老年性痴呆等疾病的日常照顾和护理。

3.协助老年人正确服用药物　注意剂量正确、给药时间准确、给药途径正确,不得擅自给老年人服任何药品。给药时安排老人处于便于吞咽的体位,避免误吸,给予足够的水送服,以帮助药物顺利进入消化道;使用鼻饲管的,应将药物碾碎后注入胃管。

4.协助老年人使用助行器具　助行器具是为身体有残障或因疾病及高龄行动不方便者,提供保持身体平衡的措施,辅助老年人活动,保障老年人安全。老年人常见的助行器具有拐杖、手杖、步行器、轮椅和支架等。

5.协助老年人标本收集和送检　老年人由于疾病原因,经常需要进行标本检查,常见的有尿标本、大便标本、痰标本等。标本的收集和送检通常由护理员或护士协助完成。

6.协助老年人体位转移　包括协助老人移向床头、协助老人翻身侧卧、协助老人从床上转移至轮椅等。

(四)机构内感染控制

老年人抵抗力下降,是感染高发人群,可因污染的空气、水、食物、餐具、物品或相互接触及不当的护理而导致呼吸道、消化道、皮肤、泌尿道等全身各组织系统的感染性疾病,因此必须做好机构内的感染预防与控制。

1.成立机构内感染管理组,负责机构内感染管理工作,有效预防与控制机构内感染,采取预防性措施,监测及控制传染病的发生和流行。

2.完善清洁卫生制度、消毒隔离制度、污物处理制度及感染管理报告制度,以及消毒效果的监测等。

3.严格进行清洁、消毒工作;规范执行洗手技术,遵守各项操作规范;严格进行消毒效果的监测;按要求处理机构内的污水、污物等。

4.加强对全体人员机构内感染的知识教育,自觉执行有关规章制度。一旦发现机构内感染病例,应如实填写报表,查找感染源,及时送检,控制蔓延。

(五)临终护理

在老年人生命的最后阶段,护理人员应给予临终关怀和照顾,以提高老人的生命质量,维护其尊严,同时为临终老人家属提供必要的支持和帮助。

1.死亡教育　根据老年人的年龄、性格、受教育程度开展死亡教育,从而协助老年人树立科学、健康的死亡观,正确面对死亡,同时也可以为家属做好心理上的准备。

2.舒适护理　尽最大可能减轻临终老人生理及心理上的不适,提高尚存的生命质量,使老年人能在温馨的环境中安然度过最后的时光。

(1)疼痛护理:临终老人因疾病的影响多有疼痛等不舒适感,护理人员应尽可能采取措施减轻老人的疼痛。

1)心理护理:稳定老人情绪,并适当引导其转移注意力,从而减轻疼痛。

2)药物止痛:选择合适的药物及剂量,达到控制疼痛的目的。

3)其他方法:音乐疗法、按摩、放松技术、外周神经阻断术等。

(2)加强营养:根据老年人的饮食习惯,创造条件增加其食欲,必要时可采用鼻饲或完全胃肠外营养,保证营养的供给。

(3)改善呼吸:保持呼吸道的通畅,给予吸氧。

(4)其他:加强皮肤护理、口腔护理等,增进老年人舒适感。

3.家属支持　临终老人的家属在心理上承受着巨大的压力,因此护理人员应给予相应的帮助,如鼓励家属表达感情,释放心中的压力;在临终老人去世后给予同情与安慰,帮助家属顺利度过哀伤期。

四、医疗保健服务

医疗保健服务是指为老年人提供预防、保健、康复、医疗等方面的活动。健康的身体是老年人生活自理的基础,养老机构医疗保健服务的主要目的是维护及促进老年人的健康,提高老年人的生命质量。

(一)老年人医疗保健服务的内容

老年人医疗保健服务的主要内容包括老年人日常保健与护理、常见疾病的诊断、治疗和护理、突发疾病的救治与意外事件的处理、康复指导等。

1.老年人日常保健与护理

(1)健康评估:定期组织老年人体检,建立老年人健康档案,准确掌握老年人健康状况,为其实施个性化服务。对患病住院的老人应按照临床病历书写规范,书写并建立病历,详细记录老人的病情、诊断、治疗和护理经过。

(2)定期查房:医护人员每天深入老年人入住区或病房进行查房,为其提供日常生活保健指导,同时了解每位老人的健康状况、治疗效果、护理情况和存在的问题,适时调整诊疗和护理方案。

(3)日常诊疗和护理:根据医疗或护理操作规范,为老年人进行配药及用药指导、输液或注射、监测血压和血糖、吸氧或雾化治疗、灌肠、伤口处理、胃管和导尿管的维护等,以维持老年人正常的治疗。

2.老年人常见疾病的诊断、治疗和护理　医务人员应在卫生行政部门批准的服务范围内开展临床医疗服务工作。对现有技术条件下能够诊治的疾病,实行就地诊治;对于超出养老机构诊疗能力范围的疾病,应及时联系老年人亲属,转诊治疗;在紧急情况下,可以直接拨打"120"急救电话,寻求帮助。

3.老年人突发疾病的救治与意外事件的处理　医务人员应当了解养老机构常见突发性疾病、意外伤害事故的发生、发展规律和救助措施,在此基础上建立起应急处理预案,及时有效地处理老年人各种意外情况的发生。

4.老年人康复指导　由养老机构内的专业人员(如康复治疗师)为老年人提供康复指导,包括评估老年人的功能障碍情况、指导老年人使用助行器具、指导老年人进行康复功能训练,从而促进老年人日常生活活动能力的恢复,预防并发症和继发性残疾。

(二)老年人医疗保健服务的要求

1.老年人医疗保健服务应由内设医疗机构或委托医疗机构提供。

2.老年人医疗保健服务应由执业医师或康复师承担,符合多点执业要求。

3.养老机构应参照医疗机构设置要求配备设施与设备。

4.专业人员应运用综合康复手段,为老年人提供维护身心功能的康复服务。

5.医疗服务的开展应符合卫生行政主管部门有关诊疗科目及范围的规定。

6.医疗行为应参照临床诊疗常规。

五、心理支持服务

心理支持服务是指通过专业化手段,维护老年人心理健康,增强老年人社会适应性的活动。心理健康是衡量老年人健康的一个重要指标,入住养老机构的老年人较容易出现各种心理问题。因此,准确评估老年人的心理健康状况,及时采取相应的护理措施,有助于老年人摆脱不良心理的影响,提高生命质量。

(一)老年人心理支持服务的内容

老年人心理支持服务包括有效沟通、情绪疏导、心理咨询、危机干预等服务内容,其中心理咨询、危机干预应由专业心理咨询师、社会工作者承担。

1.与老年人进行有效沟通　养老机构护理人员需要通过观察、交谈来了解老年人的心理状况。与老年人有效沟通要做到以下几点:

(1)沟通的态度要真诚、友善,要有礼貌并以老年人习惯或喜欢的方式进行,使老年人感受到真诚、关注和尊重。

(2)倾听老年人诉说要专心、耐心,倾听时不要东张西望,心不在焉;在倾听中观察老年人说话的态度、表情和措辞,用心体会老年人的感受。

(3)与老年人说话要简短、清晰、温和,措辞准确,语调平和;与老年人谈话要注意以平等方式,切忌声音过高,以免伤害老年人的自尊心;语速不要过快,以便老年人听得清楚。

(4)善于借助表情、手势、姿势或实物,帮助老年人理解;善于采取核实、重复、移情、触摸、沉默、鼓励等沟通技巧,增强沟通效果;不要在老年人看得见的地方与其亲友或工作人员窃窃私语,以免产生误解,同时兼顾老年人的身体状态、疾病情况、心理特点、性格特征,做到轻松、愉快交流。

2.对老年人进行情绪疏导 当发现老年人出现焦虑、紧张、恐惧、失落、烦躁等消极情绪时,护理人员要及时对老年人进行心理疏导。有条件的养老机构,可设立"谈心室"或"聊天室"之类的单元,让有经验、有威望的高级养老护理员与老年人交谈,为老年人提供劝慰、支持和鼓励,使其在生活化的环境中得到心理疏导,消除不良情绪的影响。

3.老年人心理咨询 心理咨询是由专业的心理咨询师利用科学的心理学理论,委婉的话语,对求助者进行安慰、劝导,并为其提供信息、同情、支持、建议或忠告等帮助,以帮助求助者走出内心的阴影,协助其自助、自治的一个过程。心理咨询的常见形式包括电话咨询、门诊咨询、书信咨询、专栏咨询、现场咨询等,为老年人进行心理咨询应遵循保密性、信赖性、艺术性和坚持性的原则,养老机构可以根据条件或创造条件为老年人提供便利的咨询途径,以利于老年人能及时寻求帮助,尽早解决心理问题。

4.老年人危机干预 老年人常见心理问题有失落感、孤独感、焦虑、抑郁等,当上述情况比较严重时,可能会出现严重的心理危机,甚至导致自杀。因此,当发现有老年人出现精神状况异常,如独自流泪、唉声叹气、拒绝见任何人、面容紧绷、愁眉紧锁、坐立不安等,要引起高度重视,尽可能帮助解决引起心理危机的问题。除进行一般的劝说和疏导以外,应及时请心理医生进行诊疗,尽早实施危机干预,防止悲剧事件的发生。

(二)老年人心理支持服务的要求

1.养老机构内应配备心理或精神支持服务必要的环境、设施与设备。

2.老年人心理支持服务应由心理咨询师、社会工作者、医护人员或经过心理学相关培训的养老护理员承担。

3.养老护理人员应适时与老年人进行交谈,及时掌握老年人心理或精神的变化。

4.养老机构应安排专业人员制定心理咨询和危机干预工作程序,以及时有效地应对老年人心理问题的发生。

5.心理支持服务应充分保护老年人的隐私。

六、文化娱乐服务

文化娱乐服务是指根据老年人的身心状况,提供学习、放松休闲等方面的活动。老年人的文化生活是否丰富,是衡量一个社会物质生活水平高低和社会文明进步程度的一个标准。老年人的文化生活一般以修身养性、寄托精神、娱乐消遣为主要目的。丰富的文化生活有助于老年人缓解不良情绪,增强体质,减少疾病,提高健康水平,对老年人的健康十分有益。

(一)文化娱乐服务的内容

老年人因其自身的生理特点与所患疾病的影响,喜欢安静舒适的文化娱乐活动。因此,养老机构可以为老年人提供舒缓、有益身心健康的娱乐活动,所有的活动都应以保证老年人的安全为前提。

1.散步　这是一种最简单、最适合老年人的健身方式。这种活动对体质较弱,有高血压、心脏病及肥胖症,又不宜进行大运动量锻炼的老年人最合适。老年人可以选择在小区、附近的公园等环境安全、安静的地方散步,一般可在晨起后、晚饭后进行。

2.影视　影视观赏性比较强,内容丰富多彩,老年人可以在娱乐的同时学习新知识。养老机构内的老年人活动中心通常设有放映室,可以定期为老年人播放他们感兴趣的影片,既丰富了老年人的业余生活,也拉近了老年人之间的距离。

3.阅览　阅读不仅可以拓宽视野,也可以陶冶人的性情,吸引老年人的注意力与专心度。养老机构可以提供多种适宜老年人阅读的书籍,老年人可以根据自己的兴趣选择性阅读。

4.歌舞　歌舞不仅可以健脑、健身、锻炼协调能力,还能促进人际交往和沟通能力,减少孤独感。养老机构可以为感兴趣的老年人组织专门的舞蹈队或歌唱队,每日在老年人活动中心练习,丰富老年人的娱乐活动。

5.下棋　下棋可以锻炼老年人的大脑思维和逻辑推理能力,感兴趣的老年人可以自发组织进行。养老机构也可以定期举行下棋比赛,调动老年人的积极性,丰富老年人的精神生活。

6.拳操　包括太极拳、剑术、广播操等,既能健身,也较安全,适合高龄体弱的老年人,如高血压、冠心病患者。这些活动一般宜在晨起或晚饭后等天气凉爽时进行,活动场所可在附近的公园或社区内。养老机构也可以为感兴趣的老年人组织专门的队伍,鼓励老年人一起活动,拉近彼此的距离,增强老年人的社会支持。

7.书画　临摹或自由创作书画可以增强老年人的手指及手部的运用,增加对色彩的敏感性,培养美感,作品的展示也可以使老年人学习到欣赏美术作品的方法,从而静心养神、陶冶情操。

8.参与社会公益　养老机构内某些身体状况良好的老年人可以组成志愿者队伍,自愿为其他有需要的老年人提供帮助,不仅可以发挥老年人自身的社会价值,也可以使他们从中获得乐趣与成就感。

9.其他　包括编织、垂钓、种植花卉、养鸟等,这些活动可以充实生活,寻找乐趣。养老机构可组织相应的活动,组织感兴趣的老年人定期进行比赛,调动他们的积极性,让老年人自觉年轻有活力,感受到自身价值的存在。

(二)文化娱乐服务的要求

1.文化娱乐服务的活动应符合老年人的身心状况,养老机构应提供必要的安全防护措施,在安全的基础上保证娱乐活动的多样性、社会性和主动性。

2.文化娱乐服务的活动主要由养老护理员、社会工作者组织,可邀请专业人士或相关志愿者给予指导。

3.养老机构内应配备文化娱乐服务必要的环境、设施与设备。

第三节　养老机构的服务管理

护理、医疗、康复工作是养老机构工作的中心内容,也是养老机构服务管理的重要组成部分,它直接关系到入住老年人的生活质量与安危,关系到养老机构的风险与发展。加强入住老人的护理、医疗、康复及膳食服务管理,不断提高养老机构的护理与医疗服务质量,真正做到让老年人满意、让家属放心是养老机构服务管理的基本目标和中心任务。

一、护理服务管理

护理服务关系到老年人的健康与生命,完善的护理服务管理是良好护理服务质量的重要保障。护理服务接触老年人最多、服务时间最长,并且涉及养老机构的大多数工作人员,所以护理服务管理是养老机构服务管理的重要内容。养老机构的护理服务管理是指为了提高老年人的健康水平与生活质量,系统地利用护理人员的潜在能力和有关其他人员、设备及环境的社会活动过程,其范围涵盖了对护理人员的组织管理,对护理业务、技术、质量的管理,以及对护理信息、器材设备的管理等,是一个综合性的概念。养老机构护理服务管理的内容主要包括护理人员的管理、护理服务的组织管理、护理服务的质量管理等。

(一)养老机构护理人员的管理

养老机构护理人员的工作职责和任务分配直接影响为老年人提供的护理服务质量。因此,做好护理人员的任务分工与管理尤为重要。岗位职责制是对护理人员实施管理的有效方法,岗位职责制根据不同级别的护理人员,对其护理工作的职责和任务进行规定,目的在于明确护理人员的工作任务,使工作井然有序,保证护理服务的质量和效率。

1.总护理长主要岗位职责

(1)在院长(总经理)的领导下,负责组织实施养老机构的护理管理工作。

(2)负责组织养老机构的护理工作规划、年度工作计划和质量监测控制方案的制订、实施、检查和总结工作。

(3)指导护理工作,定期进行护理查房,检查、指导日常生活护理、护理文书书写、消毒隔离、老人物资保管等工作。

(4)定期召开护理长会议,分析护理质量,总结经验,发现问题,提出整改措施。

(5)掌握护理人员的流动情况,根据入住老人数量负责护理人员的临时调配。

(6)负责组织护理人员的业务培训和技术考核。

(7)运用国内外养老护理先进技术,组织开展新业务、新技术和养老护理科研。

(8)检查、督促养老机构护理人员履行职责,认真执行各项规章制度和护理操作常规,严防事故、差错的发生。

(9)掌握养老机构护理人员特别是护理长的思想、业务能力和工作表现,提出考核、晋升、奖惩、培养、使用意见。

2.护理长主要岗位职责

(1)在总护理长的领导下,负责入住老人的护理管理工作。

(2)制订老人入住区的护理工作计划,并实施、检查和总结。

(3)掌握老人入住区的护理工作情况,参加并指导危重老人的抢救护理,检查指导护理计划的制订和实施,并督促护理员严格执行各项规章制度和技术操作规程,严防差错事故的发生。

(4)组织老人入住区的查房和护理会诊,参加案例讨论会。

(5)积极开展按职业资格证上岗、责任制护理、百分制考评工作和以老人为中心的整体护理,检查、指导护理记录的书写。

(6)组织领导本居住区护理人员的业务学习、技术培训和考核工作。

(7)负责本区域老人物品和人员管理,合理安排人力资源;搞好房间消毒隔离,预防院内感染;负责急救物品管理制度的落实,确保急救设备的完好状态。

(8)负责本区域护理人员的思想政治工作,教育护理人员加强责任心,遵守劳动纪律,改善服务态度。

(9)组织并协调内外之间的工作。

(10)督促检查护理人员认真履行职责并进行质量评定。

(11)定期召开座谈会,听取老人对护理、饮食等方面的意见,不断改进工作。

3.责任组长主要岗位职责

(1)在护理长领导下,带领、指导本组护理员完成本组老人的各项护理工作。

(2)协助护理长对责任组护理工作进行检查及督导。

(3)运用护理程序开展工作,组织指导责任护理员实施日常生活护理,评估实施效果。

(4)指导责任护理员完成生活不能自理老人护理计划的制订与实施,协助组织急、危重老人的抢救。

(5)妥善安置新入住老人,指导责任护理员及时完成新入住老人的护理评估,并给予相应的处置。

(6)做好护理记录,负责检查、审核、修订责任护理员的护理记录。

(7)协助护理长做好护理质量改进,修改完善护理工作流程。

(8)组织或主持护理查房、危重老人的护理会诊以及护理个案讨论。

(9)负责老人的健康知识宣教,指导责任护理员实施,及时评估宣教效果。

(10)参与老人入住区的管理,确保老人入住区的环境整洁、舒适、安静。

(11)为老人制定安全防护措施(如防坠床、防跌倒、约束等)。

4.养老护理员主要岗位职责

(1)在护理长(班、组长)领导下和护士指导下进行工作,不断学习和更新老年人照护知识,积累工作经验。

(2)根据老人不同身体状况,按级别对老人进行24小时护理,保证工作程序的到位。

(3)树立全心全意为老人服务的思想,在服务工作中做到热情、周到、耐心、细心,照顾好老人的饮食起居,根据老人身体状况和需求订餐。

(4)承担老年人日常生活照料,包括生活起居,个人清洁卫生,如洗脸、漱口、刷牙、洗头、洗澡等,及时更换瘫痪老人的尿布、垫片,按时翻身擦洗。

(5)负责巡视老人入住区,观察老人有无不适及异常,保护老年人的安全,防止摔伤、烫伤、噎食、坠床等意外事故的发生。

(6)及时解决老年人日常生活遇到的问题,给生活不能自理的老人定时喂饭、喂水、送开水,了解饮食、如厕等情况;帮助卧床不起的老人翻身,递送便器,预防压疮。

(7)协助配餐员做好老年人房间内饮用水的供应及配膳工作。

(8)负责搞好老人被褥、家具的管理,定期清洁和消毒老人使用的脸盆、茶具、便器等物品,按时清点、送接老人所洗衣物。

(9)护送老人外出检查、治疗和康复,及时报告危重老人病情,并与家属取得联系。

（10）按照康复计划和要求，进行集体或个人的康复训练及娱乐活动，认真填写好24小时当班记录和特别护理记录，并做好交接班工作。

（11）随时巡视房间，密切观察危重老人的生命体征及病情变化，发现问题及时报告。

（12）经常和老人交谈，帮助老人了解自己的疾病情况和为恢复健康所采取的各项措施，鼓励老人发挥主观能动性战胜疾病，做好老人的健康教育及指导工作。

（13）为病故老人擦澡穿衣，协助处理后事，做好去世老人房间的物品消毒处理工作。

（二）护理服务的组织管理

养老机构护理组织的管理有多种模式，较大型的养老机构实行在主管院长的领导下，由护理部主任、护士长管理为主的两级护理管理模式；较小型的养老机构一般是以护理长管理为主的单级护理管理模式。护理管理还可以依据养老机构护理任务的比重，划分为以下三种模式：临床护理管理模式、非临床护理管理模式、混合型护理管理模式。

1.临床护理管理模式　采用此类管理模式的多是老年护理院、老年临终关怀机构以及其他养老机构中的老年护理病房和临终关怀病房。主要护理生活不能自理、长期患病卧床甚至临终的老人，因而，临床护理工作相对繁重。此类养老机构一般需取得卫生行政部门颁发的医疗服务资格，设有医院、病房，或本身就是医疗机构（如康复医院、老年病医院等），一切护理活动都是按照临床护理模式进行，其特点是医生配备相对较少，护士和养老护理人员配备相对较多，采取科主任领导下的护士长负责制，一个科室或中心主任可以管一个或多个病房，每个病房配备一名护士长，护士长具体负责该病房老人的临床护理、生活护理与病房管理工作。

2.非临床护理管理模式　此类养老机构照料的多是生活尚能自理的老人，或无须临床诊疗护理的老人，如老年公寓、养老院和农村敬老院等。主要任务是照顾老人的饮食起居，一般按住区、楼层组织护理工作。每个住区、楼层设一名护理长（或班组长、楼层长、楼栋长），其属下有若干养老护理人员，以此开展养老护理工作。此类机构可以安排数名医务人员以满足老年突发疾病急救及入住老人一般性医疗保健需求，较小的机构也可以不安排医务人员，委托附近的医疗机构，如社区保健站、社区医院、农村合作医疗机构承担养老机构的医疗服务。

3.混合型护理管理模式　此类养务机构接收的托养老人较为复杂，既有自理老人，也有介助和介护老人，一般按照入住老人的生活自理能力和患病情况划分为不同的护理区域。自理老人居住区采取非临床护理管理模式，生活不能自理、长期患病卧床、临终老人采取临床护理管理模式。自理老人患病或突发疾病、疾病发作可在养老机构附设的医院、门诊部进行诊治和救治，从而可以科学、合理地分配资源，保证养老机构安全、高效运行。

（三）护理服务的质量管理

护理服务的质量是指反映护理服务活动符合护理规范要求，满足护理服务对象需要的效果。护理服务质量管理的重点是为入住老人提供的生活照料服务、护理服务、环境卫生服务等，因此有必要针对以上服务制订质量管理的标准或方案。

1.养老机构常用护理质量控制标准

（1）日常生活照料服务质量控制标准：

1）提供生活照料的人员，其资质符合要求，有养老护理员职业资格证书。

2)有日常生活照料服务流程、程序、制度和人员职责。

3)有日常生活照料服务技术操作规范,按要求提供规范服务。

4)根据老年人的实际需求,制订日常生活照料计划,按需服务。

5)有文字或图片来说明提供个人生活照料服务的范围、内容、时间、地点、人员、服务须知。

6)对老年人提供日常照料服务应保留提供服务的文件和记录。

7)对老年人做到:"四无""五关心""六洁""七知道"。

8)对老年人居室做到:室内清洁、整齐,空气新鲜、无异味。

9)提供服务完成率为100%,老年人及其监护人满意率在80%以上。

知识链接

"四无""五关心""六洁""七知道"

(1)"四无":无压疮、无坠床、无烫伤、无跌伤。

(2)"五关心":关心老年人的安全、饮食、睡眠、卫生、排泄。

(3)"六洁":皮肤、口腔、脸、头发、指甲、会阴的清洁。

(4)"七知道":知道每位老年人的姓名、个人生活照料的重点、个人爱好、所患疾病情况、家庭情况、使用药品治疗情况、精神心理情况。

---

(2)老年护理技术服务质量控制标准:

1)老年护理技术服务人员的素质符合要求,有养老护理员职业资格证书。

2)有老年护理的各项服务流程、程序、人员职责和护理制度,有国家认可的护理技术操作常规。

3)有文字或图片来说明提供老年护理服务的范围、内容、时间、地点、人员、服务须知。

4)护理技术服务的设备数量符合养老机构执业许可范围要求。

5)老年护理服务范围符合养老机构的性质和入住老年人的需求,对老年人实施分类管理。

6)对入住老年人特别是对生活不能自理或半自理的老年人,有护理评估记录,有明确的护理目标,并落实各项护理措施。

7)观察老年人的各种反应,有定期记录,要求记录准确无误、符合行业要求。

8)完成健康教育指导,有计划、有落实、有实施记录。

9)对养老护理员工作有每周定期检查计划及记录、每月培训指导计划及记录。

(3)环境卫生质量控制标准:

1)提供环境卫生服务的人员资质符合要求,有养老护理员职业资格证书。

2)有环境卫生服务流程、程序、制度和人员职责。

3)有预防院内感染控制的规范和要求。

4)环境卫生做到:无积存垃圾、无卫生死角、无纸屑、无灰尘,物品摆放整齐。

5)有环境卫生检查及效果记录。

2.**养老护理技术操作规程管理**　护理技术操作规程管理是养老机构服务管理的重要标志,是护理管理的核心。通过规范具体的护理技术操作,对实施步骤作出统一规定,经过标准化控制,确保护理质量。

(1)护理技术操作规程主要包括:日常生活照料操作规程,如清洁卫生、睡眠照料、饮食照料、排泄照料、洗浴更衣、压疮预防等;老年护理技术操作规程,如生命体征的测定、给药等;特别护理技术操作规程,如老年人安全保护、搬运与移动、冷热应用、康复训练、急救、护理文书等。

(2)管理方法:

1)建立组织系统:技术管理组织要建立健全,职责明确,并拥有相应的权利。

2)重视质量标准:技术操作规程管理应重视质量标准,建立逐级检查制度,有目的、有计划地开展监督检查。

3)重视人员培训:人员培训应有计划、有目标,注重培养技术骨干,以适应养老护理工作的需要。

3.心理护理服务管理质量控制标准

(1)心理护理服务管理,要求提高护理人员心理素质,观察老人性格、情绪、态度,了解老人心理、思想、感情的变化。

(2)入住初期注重解除老人的顾虑、恐惧、猜疑、期望、拘谨和不适应心理,通过照顾减轻其焦虑。

(3)对不能自理的老人,在疾病发展期设法消除老人被动、依赖、忧郁心理以及不治之症老人的自怜、怨恨心理;对恢复期老人要耐心解释康复问题;对弥留老人要给予最大精神安慰并抚慰其家属亲友。

(4)完善心理护理程序,制定心理护理查房、病历书写、交接班和心理护理共管制度,并组织认真执行。

4.老人健康教育质量控制标准

(1)基本内容包括日常生活卫生常识、心理卫生常识、体育锻炼安全常识、老年疾病防治知识、合理用药知识、老年人的死亡教育等内容。

(2)常用方法包括健康咨询(含口头咨询、广播咨询、通信咨询)、老年保健讲座、老年保健健康教育宣传栏、卫生报刊、老年保健展览、放映老年保健电视电影、节日宣传(如高血压日、糖尿病日、爱眼日、爱耳日)、义诊、发放卫生宣传材料、宣传品等。

5.养老护理质量评定 定期进行养老护理质量的评定是护理质量管理的重要环节,主要方式有自评、互评和服务对象评定三种。

(1)自评:养老机构的护理人员每半年进行一次自评。自评的内容包括坚守岗位、规范服务、服务及时到位、落实职责、着装整齐、挂牌上岗、操作认真、语言文明、态度诚恳、责任区整洁有序等项目。

(2)互评:同行之间更容易发现问题,可以共同探讨,取长补短,相互评比,共同提高。

(3)服务对象评定:注意收集入住老人及其家属、社会监督员、养老评估机构等方面的反馈信息,促进各方面工作的持续改进。

(4)评定方式:

1)定期召集入住老人评选"最佳工作人员"。

2)定期召开入住老人座谈会和老年人家属座谈会,认真听取并更加重视批评意见而不是表扬意见。

3)定期进行"入住老年人满意度调查",满意度要达到90%以上。

4)设置"意见箱",并定期开箱取阅。

5)聘请社会监督员(如老年人家属、志愿者等),欢迎监督。

6)由入住老人推选"老年人管理委员会"委员,参与养老机构管理,监督服务人员工作。

(5)改进服务:通过对质量控制和评定,将效果与预期目标进行比较,找出差距和问题,针对问题和差距,制订改进方案,明确改进目标,实现持续改进。

二、医疗服务管理

医疗服务是老年人最需要的服务之一,也是养老机构的重要工作内容。除部分养老机构附设有医院外,多数养老机构只设医务室,主要满足入住老人基本医疗保健需求。医疗服务本身存在着较大的风险,为提高服务质量、规避风险,必须严格按照国家医疗机构管理办法和诊疗规范进行管理,并加强医疗服务质量监督。

(一)养老机构的医疗服务管理目标

1.维护或增进老人健康　定期向入住老人宣传疾病预防、卫生保健知识,指导老人调整心态,正确地选择健身项目和适量的运动,改变不良生活方式与习惯,正确、按时服药。

2.满足老人基本医疗保健需求　做到常见病、多发病、慢性病的常规治疗不出养老机构,重大、突发性疾病也能得到及时处置和院外就医协助。

3.杜绝医疗事故发生　及时处置老人突发疾病和突发意外伤害事件,化解养老机构经营风险。

(二)养老机构的医疗服务管理原则

1.依法行医　养老机构医疗服务需建立在合法经营、规范服务的基础之上。所有附设医院、医务室必须经过当地卫生行政部门(卫生厅、局)批准,取得合法行医资质,并在规定的范围内开展临床诊疗服务工作;所有医务人员(包括医生、护士、医技人员)必须具有执业资格,并在当地卫生行政部门注册。凡未取得合法资质,或超范围服务将视为违法或非法行医行为。

2.规范服务　养老机构开展医疗服务必须严格按照国家医疗机构管理办法进行管理,严格按照临床诊疗规范开展临床诊疗工作,自觉接受卫生行政部门监督和年审。

3.热情服务　身患疾病的老人更需要关爱,更需要热情周到的服务,不可冷落、歧视长期患病卧床、经济窘迫的老人。

4.时刻准备　医务人员实行24小时值班制度,定时查房;老人病情变化时,医师随呼随到。

(三)养老机构的医疗服务管理方法

管理的作用只有一个,就是防止失误的发生。养老机构管理者应根据自身的具体情况,制定相应的医疗管理方法。

1.建立健全临床医疗服务管理规章制度　仅设有医务室的养老机构应制定医务室职责、医生岗位职责、护士岗位职责、药剂师(士)岗位职责,制定出诊、接诊、转诊、留观管理制度、处方管理制度,药品管理制度,健康档案、病历书写规范与保管制度,药品代保管、代为发放制度,危重老人抢救处理制度,健康教育制度,消毒隔离制度等。附设有医院的养老机构

应制定以下制度:

(1)部门职责:包括医务科职责、护理部职责、质量监控办公室职责、临床诊疗科室职责、临床辅助科室职责等。

(2)岗位职责:包括医生岗位职责、护士岗位职责、药剂师(士)岗位职责、康复治疗师(士)岗位职责、其他医技人员岗位职责、临床科主任岗位职责、护士长岗位职责和主管医疗院长岗位职责。

(3)工作制度:包括医嘱、处方管理制度、普通药品管理制度、急救与麻醉药品管理制度、危重老人急救处理制度、事故差错报告等级制度、消毒隔离制度、医疗服务质量管理制度、病历和护理记录书写规范及管理制度、查房制度、会诊制度、医务人员交接班制度、传染病登记报告制度、医生值班室管理制度、护士值班室管理制度、药剂室管理制度、治疗室管理制度、换药室管理制度、手术室管理制度、门诊部管理制度、康复治疗室管理制度、留观室管理制度、检验科管理制度、放射科管理制度、医务人员继续教育制度和考核管理制度等。

2.利用养老机构信息化综合管理系统进行医疗服务管理　在该系统中,设有医疗服务模块和药政服务模块,管理者可以实时监控临床医疗服务情况与质量。

3.加强监督管理　养老机构应制定医疗服务质量标准,建立医疗服务监督管理机制,考核评价标准与管理办法,真正把医疗服务质量落到实处。

(四)养老机构的医疗岗位职责

在养老机构的医疗岗位中,应根据不同岗位的工作性质,制定相应的各级岗位职责。

1.医务部主任职责

(1)在院长领导下,带领部门医护人员努力完成养老机构的各项管理目标。

(2)负责安排调度医务人员的工作、休息和值班,加强对员工的管理。

(3)督促医护人员严格执行医疗规章制度和技术操作规程,定期盘点药房发药是否与药账相符。

(4)督促按时查房,定期召开部务会,研究、布置和总结工作。

(5)认真负责做好部室员工考勤记录和各项工作记录。

2.门诊部主任职责

(1)在医务部主任领导下,负责门诊部的医疗、护理、预防、教学、科研和行政管理工作。

(2)组织制订门诊部的工作计划,经院长、分管副院长批准后组织实施,经常督促检查,按期总结汇报。

(3)负责领导、组织、检查门诊病员的诊治和急诊、危重、疑难病员的会诊和抢救工作。

(4)定期召开门诊系统会议,协调各科关系,督促检查医务人员贯彻各项规章制度、医护常规技术操作规程;整顿门诊秩序,改进医疗作风,改善服务态度,简化各种手续,方便病员就诊,不断提高医疗服务质量,严防差错事故。

(5)负责组织门诊工作人员做好卫生宣教、清洁卫生、消毒隔离、疫情报告等工作。

(6)领导所属人员的业务训练,妥善安排进修、实习人员的工作。

(7)领导接待和处理门诊方面的群众来访、来信工作。

3.门诊部医师职责

(1)在医院门诊部主任领导下,负责门诊部的医疗、预防工作。

(2)负责门诊病员的诊治,危重、疑难病员的会诊和抢救工作。

(3)对病员进行检查、诊断、治疗、开医嘱并检查执行情况,按规定书写病历。

(4)向主治医师及时报告诊断、治疗上的困难,对所接诊病员全面负责,在下班前,做好交班工作。对需要特殊观察的重症病员,向接班医师交班。

(5)认真执行各项规章制度和技术操作常规,亲自操作或指导护士进行重要的检查和治疗,严防差错事故。

(6)认真学习,运用国内外的先进医学科学技术,积极开展新技术、新疗法,参加科研、培训等工作,及时总结经验。

4.住院部主任职责

(1)在医务部主任领导下,负责住院部的医疗、护理、预防、教学、科学研究和行政管理工作。

(2)组织制订住院部工作计划,经分管院长批准后组织实施,经常督促检查,按期总结汇报。

(3)领导住院部全体医护人员,对病员进行医疗护理工作,完成医疗诊治任务。

(4)定时查房,共同研究解决危重疑难病例诊断治疗上的问题。

(5)定期召开住院部系统工作会,督促本部人员认真执行各项规章制度和技术操作规程,严防并及时处理差错事故。

(6)改进医疗作风,不断提高医疗护理质量,组织住院部医护人员学习,并运用国内外医学先进经验。负责部门人员业务训练,安排进修、实习人员的工作。

(7)负责组织住院部工作人员做好卫生宣教、清洁卫生、消毒隔离、疫情报告等工作。

(8)参加会诊、出诊,决定住院部内病员的转科、转院和组织临床病例讨论。

(9)负责接待和处理住院部方面的群众来信、来访工作。

5.住院部医师职责

(1)在医院住院部主任领导下,负责住院部的医疗、预防工作。

(2)坚持查房制度,按照责任工作区,随时掌握病人的病情及变化,及时进行治疗和处置,详细做好病历记载。

(3)严格执行各项医疗规章制度和技术操作规程。

(4)做好医疗合同的签订工作,负责危重患者的抢救和治疗及转诊(院)、及时下达病危通知书和病情告知书。

(5)及时写好亡故老人的死亡报告。

(6)指导护理员做好患病老人的康复辅导工作。

三、康复服务管理

康复是指综合、协调地运用各种措施减轻身心和社会功能障碍,使患者得到整体康复而重返社会。养老机构中很多老年人都有老年病、慢性病和伤残,这些老人都迫切需要得到康复服务。目前国内开展康复服务的养老机构主要是设有老年病医院、老年康复医院等的大型养老机构,此类经过当地卫生部门批准的养老机构在开展康复服务上有较强的技术力量与设备优势,能较好地满足老人康复服务的需求。为此,有必要对这些养老机构提供的康复服务进行科学管理,从而充分发挥其现存的功能和优势。

(一)养老机构康复服务工作人员配置

养老机构附设医院的康复人员配置应按照临床医疗机构康复人员配置的原则进行配置,但需要考虑养老机构的性质、规模和实际需要。一般康复医师比例相对偏少,康复治疗师和护士比例相对偏高。设有医务室的养老机构可根据实际需要配置康复工作人员,可配置一名或多名康复医师,既从事康复医疗诊断,又进行康复治疗工作。

一般康复科室设有主任、副主任,物理治疗室、作业治疗室分别设有物理治疗师组长和作业治疗师组长,整个科室在主任的带领下开展工作。康复治疗工作常以小组形式开展,小组以患者为中心,小组成员由康复医师、物理治疗师、作业治疗师、护士等组成,当接诊患者后,小组共同对老人进行功能评定并制订康复目标和康复方案。

(二)养老机构康复服务工作流程

康复诊疗工作的过程大致为:老人前来康复科室就诊,康复医师对其进行诊断和功能评定,确定近期、中期和远期康复目标,制订康复方案,康复治疗师依据治疗处方进行相应治疗。由康复医师和治疗师共同完成入住老人的功能评定和康复治疗方案的制订。在治疗过程中,康复医师及治疗师定期再次进行康复评定,以观察康复疗效,修订治疗方案,继续治疗,整个康复工作如此进行,一直到老人康复。

(三)养老机构常见的康复服务项目管理

结合国内养老机构的实际情况,养老机构可为老人提供的康复服务项目有运动治疗、物理因子治疗(理疗)和作业治疗等。不同的康复治疗项目设立一间单独的治疗室。

1.运动治疗　运动治疗是通过器械、徒手或借助患者自身力量,利用物理学的力学原理来治疗和预防疾病、恢复功能,从而使患者全身或局部运动功能、感觉功能恢复的训练方法。运动治疗工作制度如下:

(1)凡需运动治疗的老人,由康复科的医生填写治疗申请单。

(2)运动治疗室的工作人员应根据老人疾病的特点和身体具体情况制订合适的运动治疗方案。

(3)对老人的功能状况进行定期评估,并做好详细记录,以确定老人的问题,拟订治疗目标、修正治疗方案。

(4)在治疗过程中需密切观察、了解老人的情况和反应,并向老人交代注意事项和自我观察的方法,取得老人合作。

(5)管理好运动治疗室的功能训练器械,经常维修、保养,确保治疗安全。

(6)运动治疗室工作人员要不断吸取国内外先进的治疗技术和方法,以提高治疗水平。

2.物理因子治疗(理疗)　物理因子治疗简称理疗,是应用光、电、声、磁、热、冷、机械物理因子来治疗疾病和进行功能恢复的方法。这些物理因子的物理能主要通过神经、体液、内分泌等生理调节机制作用于人体。物理因子治疗已广泛应用于临床,具有良好的消炎、消肿、止痛、解痉、促进神经再生等功能。

3.作业治疗　作业疗法是选用有目的的、经过选择的作业活动作为主要治疗手段,帮助因躯体、精神疾患或发育障碍造成的暂时性或永久性残疾者,最大限度地改善与提高生活、工作及娱乐等能力,提高生活质量,最终使之重新回归家庭与社会的康复治疗方法。作业活动既是作业疗法的治疗手段,又是作业疗法康复的目标。作业疗法一般可分为功能性作业疗法、心理性作业疗法、日常生活活动能力训练等。作业疗法的工作流程为:采集和分析入住老人资料——作业活动评价及作业活动影响因素的评价——找出问题——制订治疗计划——实施治疗计划——疗效评价——回归养老机构。

知识链接

理疗工作制度

(1)由康复医生检查后,确定需要进行的理疗种类与疗程。

(2)理疗室技术人员需严格执行相应制度和技术操作规程,治疗前要向老年人及其家属交代注意事项,治疗中细心观察,发现异常及时处理,治疗后认真记录。

(3)对不能搬动的老人,治疗后认真记录。

(4)疗程结束后,应及时进行小结,填好治疗卡并妥善保管,以供观察总结疗效;需继续治疗时应与康复医生联系确定下一步治疗方案,因故中断治疗应及时通知康复医生。

(5)进行高频治疗时,需要除去老人身上的金属物(如手表等),注意保持老人与地面隔离;老人和操作者在进行治疗时,切勿与砖墙、水管或潮湿地板接触;使用超高频治疗器械治疗前,必须检查导线接触是否良好,极板有无裂纹、破损,一切正常才能使用;大型超声波禁止使用单极法,治疗中老人不得触摸机器;下班时,应将所有理疗器械电源切断。

(6)爱护理疗仪器,使用前需对理疗仪器进行检查,使用后应擦拭干净,定期维修,应避免震动损坏电子管或紫外线灯管。理疗机器每次治疗后应有数分钟的间隔休息,不得连续使用。

(四)养老机构康复服务质量管理

为加强康复服务质量,应定期进行诊疗质量检测。康复医学诊疗应达到以下指标的要求:康复治疗有效率≥90%;年技术差错率≤1%;病历和诊疗记录书写合格率≥90%;住院患者康复功能评定率＞98%;应当保证各类康复设备维护良好,每3个月检查一次,并有相关记录,设备完好率＞90%。为提高养老机构康复医疗服务质量,需进行规范管理。

(五)养老机构康复服务工作制度管理

1.接诊制度　门诊医师负责接待老人患者、确定治疗方案、开处方和治疗单,并介绍老人到相关治疗室治疗。医师征询治疗师意见,确定治疗方案(包括康复治疗目标、康复治疗方案)、开医嘱、送交治疗单,安排老人到相关治疗室治疗,并请治疗师在医嘱单上签字。安排老人每日治疗时间,并告知注意事项。

2.医疗安全制度　医师必须向老人说明病情、诊疗计划及医保报销情况,让老人或家属签署自费协议书、授权委托书、特殊治疗知情同意书(如瘫痪患者知情同意书等);对有瘫痪、骨折、骨质疏松等感觉运动障碍的老人,必须在病历中强调老人应有专人陪护,以防跌倒、骨折、脑卒中等意外事故发生。主管医师每周一至周五随上级医师对本组新入院、疗效差(由主管医师提出)的老人查房;周一至周六早上由主管医师常规查房;对危重患者随时查房;下班前要再查房;每晚9点值班医师负责全科查房后方能就寝;星期日值班医师负责全科查房;实施小组工作制,各组医师按照分组带领本组相关治疗师,共同制定新入院和疗效差老人的临床诊断、功能诊断、康复治疗目标和方法。

3.交班制度　各组医师和值班医师必须参加每日晨交班,值班医师必须在交班时将本人记录本亲手移交给下一班值班医师。每日交班内容如下:

(1)新入住机构老人主诉、病史、临床诊断、功能诊断(重点评定内容)、康复治疗目标和方法。

(2)病情变化、治疗方案变动。

(3)因故临时停止治疗的老人。

4.修订医嘱制度　各组医师每日完成查房后,根据病情需要修订医嘱,并应及时通知护士和相关治疗师。

5.病情反馈制度　熟悉主管老人的病情,及时了解治疗后反应,并在病程记录中记录;及时将各种检查报告向老人和上级医师反馈并在病程记录中记录。对于疗效差者,应组织人员当天评定,并修订治疗方案,于次日实施。

6.参与治疗制度　医师查房、开医嘱结束后,需到治疗室了解所管老人的治疗情况,参与所管老人的治疗。

7.医疗组长排班制　医疗组长负责医师排班,上班、值班、查岗以排班表为准;若有特殊情况需要换班,应提前一天通知排班人员,持有代班人员签字同意的申请单交科室主任签字认可后,附在排班表上并更换值班人。

8.医师质量保证基本程序　为提高医疗质量,医师必须严格遵守以下质量保证程序:

(1)专题讲座日:每周一次,由科室主任统一安排。

(2)读书报告日:每周一次,由科室主任统一安排。

(3)定期康复评定:各组医师组织本组每周评定一次。具体要求:对各组住院一个月以上和疗效差的老人每周一次评估;各组新入住机构老人24小时内评定;各组出机构老人,出机构前24小时内评定;各组医师负责主持(主持人因故不在病房时,指定负责人),主管治疗师负责评定,并将评定结果记录在评估表和病历中。

(4)病历审核制度:由医疗组长审核所有病历,并负责签字。

四、膳食服务管理

养老机构膳食服务管理是指养老机构膳食服务部门管理人员对机构的膳食服务活动进行有效组织、计划、指挥、监控和调节的一系列职能的总称。有效的膳食服务制度能够为老人提供科学的膳食方案,使入住老人得到满意的膳食服务。养老机构膳食服务管理范围可分为对科室员工的管理和对科室具体工作的管理,科室具体工作管理又可分为员工技术管理(如老人食谱制定、食材采购及存储、食品加工制作等)、卫生管理、安全管理等。

(一)膳食科室人员配置

养老机构膳食服务科室常设有科室主任、营养师、厨师、采购员、保管员等。在科室主任领导下开展工作,另可设主管营养师、厨师长等。目前我国大多数养老机构没有专门的营养医师和营养技师,老人食谱的制定和具体饭菜制作都是由厨师完成的。对于有特殊疾病的老年人(如糖尿病、高血压等),很多养老机构都会有专门的"治疗餐",但也不是由专门的营养医师制定食谱的。膳食科室具体每类工作人员的数量可根据床位多少和养老机构实际需求来配置。养老机构膳食科室人员配置也可参照卫生部《临床营养科建设与管理指南(试行)》(2009 版):三级医院和具备条件的二级医院应设立临床营养科,营养医师人数与医院床位数之比应至少为 1:150,营养技师应按照与营养医师 1:1 的比例配备,厨师人数与床位比例为 1:25～1:30。

(二)膳食科室工作人员素质要求及工作职责

1.科室主任 带领全科室工作人员顺利完成膳食服务工作。作为科室主任,最好具备营养学、管理学或食品科学等相关专业学历背景;热爱本职工作,熟悉养老机构膳食服务工作的特点;能全心全意为老年人服务,以满足老年人的饮食需求为己任;应具有较强的组织管理和开拓创新能力。其工作职责主要有:

(1)负责制定各种规章制度,包括各类工作人员职责、工作制度、卫生检查标准等。

(2)制订科室工作计划,经养老机构院长批准后组织实施,经常督促检查,按时总结汇报。

(3)组织人员深入老年人群征询他们对饮食的意见和要求,努力为就餐者搞好饮食,提高饮食质量;做到合理配菜,减少成本,增加供应品种,并根据季节变化安排伙食供应。

(4)经常检查和督促膳食科规章制度、卫生制度和工作人员职责的落实情况,负责科室人员的调配,制定安全措施,保持室内外清洁卫生,饮食卫生安全。

(5)做好科室管理人员每月绩效考核。

2.营养师 应受过专业训练,掌握营养学的基本理论、基础知识和基本操作技术,具备独立工作能力。有条件的养老机构也可配备具有医师资格证的营养医师。营养医师应当具有临床执业医师资格,并通过营养专业教育或经过临床营养专业培训并考核合格;营养技师要求医学专业学历背景,经过临床营养学专业培训并考核合格。在养老服务机构,营养师要完成以下职责:

(1)对入住老人群体进行分类(如按年龄分类、按职业分类等),根据各类人群的营养要求和特点,分析各类人群的饮食倾向,遵循各地区或季节的饮食习惯,进行群体的膳食设计;为有疾病的老人熟练拟订营养治疗处方及制订各种疾病的营养治疗方案,评价老人营养状况。

(2)对每个菜肴进行营养标注,包括营养素含量、口味特点、适宜人群或不适宜人群,便于老人自行选择。

(3)点餐辅助,帮助老人选择营养全面、均衡合理的膳食。

(4)进行营养知识宣教,对厨师制作过程进行监督。

3.厨师 厨师根据营养师制定的食谱,按时烹饪老人的饭菜。作为养老机构的厨师,要求取得厨师职业资格证书。在工作中,具体需要完成以下职责:

(1)厨师负责供应养老机构全体老人及职工的饮食,应虚心听取老人意见,不断提高烹调技术和服务质量。

(2)根据食谱和老人疾病治疗需要,按质、按量制备膳食,保证按时供应,积极配合医疗;熟悉治疗饮食的种类,根据老人饮食计划,供应每顿饭菜。

(3)严格执行卫生制度,加强个人和环境卫生,接触熟食、分发饭菜前要先洗手、戴口罩和帽子。

4.采购员 采购员应懂得市场营销的相关知识,熟悉膳食采购业务;具备较好的社交、谈判及应变能力;具有较好的市场调研、分析能力;有较强的工作责任感,原则性强,工作细心。其具体工作职责为：

(1)在科室主任领导下,做好食堂各类物资采购、验收、交付工作,严格控制主、副食品和原材料的进货渠道,在中心定点的渠道或摊位采购,按中心定价进货,严禁个人收受"回扣"。

(2)严格执行财务管理和现金管理制度,做到收支有据有证,各类发票经保管员验收、中心主任签字后方可有效;妥善保管各类票据和现金,如有遗失或被盗后果自负;做好各类物资进货时间和金额的登记工作。

(3)不可假报各类物资价格、数量,采购物资时要做到物美价廉,严禁购进腐烂变质、质量差的物资和材料,一旦发现,膳食中心拒绝付款,同时给予同等金额的罚款。

(4)需配合保管员做好食堂的物资调配工作,及时购进食堂所急需的物品,杜绝积压浪费,要做到次日10点之前完成前一天的入库手续。

(5)每天下午固定时间到各食堂收取次日所需购进的食品和原材料清单。

5.保管员　保管员应具有丰富的物资知识,对所管物资要充分地熟悉,掌握它们的理化性质和保管要求,能针对性地采用管理措施;能充分掌握并利用仓储管理技术;能够合理、高效地安排使用仓储设备。其具体工作职责为:

(1)在中心主任领导下做好各类炊餐用具、劳保用品、米、面、油、副食品、杂物等物资的保管工作,遵照制度严格执行验收、入库、记账、领料、发料等工作。

(2)每天均参加对采购的主、副食品,肉、蛋等进行验收和过秤(验收过秤都应有两人以上在场),对米、面、油验收,不定期地进行抽查,按发票所开列的品种、数量、价格逐一核对记账入库。

(3)严禁接收变味、变质、腐烂的食品和原料,认真做好库房"防火、防盗、防潮湿"工作。

(4)经常清点库存物资,做到账物相符,及时向会计上报食品和物资消耗情况,库存物资月终盘点,将余额交会计处。

(5)库房需保持清洁,做到规范化操作,库内食品和炊餐具需合理分类、摆放整齐,确保不损失、不变质;库存实物做到"先进先出",未经科室主任同意不得外借或出售任何库内食品、炊餐具等。

(6)加强进货计划,保证供应,不得出现缺货或物资积压现象,若因工作马虎造成库房内食品积压而腐烂变质,均应由保管员赔偿。

(7)认真保管好各类票据,严禁做假账,若因工作失误造成票据丢失由本人负责。

(三)养老机构膳食服务一般工作流程

一般从营养师制定食谱开始,营养师所制定的食谱通过管理部主管营养师审核,并结合老人反馈的意见,将所需原材料告知采购部,由采购人员去采购原料,经质检入库后,厨师按食谱需要从库存中调出所需食材,进行食品加工制作,食品加工完成后为老人配餐并留样,同时收集老人本次用膳意见。如此循环,完成膳食服务工作。

(四)养老机构膳食服务管理工作的具体内容

在膳食服务工作过程中,管理人员需要做好的管理工作主要有以下六个部分。

1.食谱制作管理　老人食谱主要由营养师根据老人的健康状况、营养需求等结合所学专业知识而制定。

2.食材采购管理　良好的物资是做好膳食服务工作的物质保证,因此养老机构膳食服务部门必须加强物资管理,建立一整套从物资采购到消耗使用的管理措施。采购验收和采购必须按购货计划进行。采购回来的食品要有专人验收,并有记录,有条件的机构还可进行必要的检验。对于不符合食品卫生要求的食品要酌情妥善处理,不能使用质量差和有损健康的食品。具体流程如下:

按采购要求采购食材→对照采购明细表填写菜单明细表→管理部和保管员对报销单进行核对签字→采购员凭单据报销。

3. 食材保管管理

(1)食材入库流程:食材统一由保管员入库保管。采购来的食材由保管员依据签字确认后的《采购明细表》填写《食材出入库表》;采购员对照菜单明细表和采购食材,交给管理部,保管员审核菜单明细表,建立《食材出入库表》,登记存档。

(2)食材出库流程:每日厨师将所需食材名目、数量列出清单交给管理部,经管理部确认后去保管员处领取,并签字确认;保管员将所领用的食材明细登记在《食材出入库表》上,办理食材出库。若食材使用发生剩余,需交还至保管员处重新办理剩余食材入库手续,保管员须填写《食材出入库表》。保管员应在每笔出入库手续办理完毕后计算库存结余量,做到每笔账目不论大小均记录清晰,账物相符,一旦发现不符应及时核实更正。具体流程如下:

厨师告知管理部当日所需食材→管理部核实确认→厨师领取食材→保管员登记《食材出入库表》,办理出库。

(3)食材在仓库存储时的保管:入库保管过程中发生食材过期、霉变,保管员应立即告知科室管理部,如因个人疏忽而导致食材损失,应由保管员个人负责,并承担全部损失。

保管员要分别管理各种食材,不同的食材分开保管,防止变质或霉烂。至少应有以下几个库房:

1)主食库房:主要是放置米、面粉、豆类等食品。要单独设立,不能和其他食品混放。主食库房应选择干燥、通风的地方,室内温度要低,无直接阳光照射,并有防鼠和防蝇设备;主食库房四周要有1.20~1.50米的木墙板,地面应放离地15~30厘米的搁板;米袋和面粉袋不能紧靠墙放置。

2)调味品和干货库房:这种库房应选在干燥通风的地方,以防发霉导致变质。食品应分类放在货柜和桶、缸等容器内(其中散装的食品均应加盖),按进货先后次序放置,同时贴好各种食物的标签。

3)冷藏库:根据养老机构规模的大小,膳食部门配备相应的冷藏库和冰箱来存放荤素食品。冷冻室的温度应低于零下15℃。冷藏室温度一般为1~3℃;冷冻室中需分隔成多个小间或多个货架;鱼、肉、禽等各类食品要分开放置以防串味;各种食品在放置时不能堆叠、挤压。冷库需要定期进行清洁,最好配有两套机组;冰箱主要是用来放置熟食品和半成品,各种食品亦应分开存放;放入冷藏库的食品应有保鲜包装。

4)杂品库:此库房放置除食品外的物品。

4. 食品加工制作管理

(1)凉菜制作管理:凉菜操作间应严格遵守专人、专室、专具、专消毒、专冷藏,不准非本室人员进入,不准非半成品进入凉菜操作间。对半成品及调料进行严格的质检;超过两个小时才食用的冷菜必须放入冷藏冰柜中保存;液体调料使用瓶装酱油、醋或香醋;剩余食品或半成品应加保鲜膜遮盖后冷藏或冷冻,隔餐食用时需回锅热透;工作结束后应对凉菜间及用具、盛具、水池、设备等进行清洗,保持洁净。按照规定留样,并冷藏48小时。

(2)面食制作管理:面食制作前对台板、刀、棍棒等工具进行清洗、消毒。操作时,生熟原料和刀、砧板、容器、盛器必须生熟分开,并应有明显标记;加工时检查原料质量,发霉变质的不用,原料遵循先进先出的原则;工作前用肥皂水将手洗净并消毒;成品放在专用冰箱或食品橱里;废弃物放在有盖的垃圾桶内,当天的废物必须当天清除;每天定时进行紫外线灯消毒40分钟;个人卫生、冰箱使用、烹调尝味、循环油的处理应按制度规定执行;无关人员不准在食品加工区域逗留;掉落的原料及熟食必须丢弃;食品运送时工具必须清洁,有必要的保洁、防尘、防蝇等设备;剩余原料要妥善保管,正确贮存酵母、原料及辅料;工作结束后将操作区及用具、设备、盛具清洗干净并定位放置;加工设备使用前进行安全检查,加工时由专人按规定操作,不得离人,使用后注意保持清洁;按照规定留样,冷藏(或冷冻)48小时。

(3)烹制加工管理:在对菜肴加工以前,应对所有的原料、调料、副料进行质检。肉类、冷藏冷冻原料、剩余原料、调料、酱制卤制品等作为重点检查对象,颜色不正常的原料不加工,有异味的原料不加工,标志不清楚的调料不加工,没有彻底解冻的肉类不加工,不熟悉的鱼类和菌类不加工;上岗前须严格洗手;身体有切口或其他化脓性病灶的,一律不许上岗;拿放干净餐具、烹饪用具时,手不许与其内缘直接接触;持烹饪用具、餐具时,只许接触其柄、底部、边缘;试尝菜肴口味时,应使用小汤匙取汤在专用的小碗中,尝后应将余下的菜汁倒掉,不准倒回锅中;掉落的原料及熟食不可再用;防止餐具老化,盛装合理;烹制好的菜应倒入洁净熟食盆内离地放置;加工第二道菜时一定要将锅清洗干净;工作结束后将操作区及用具、炊具、灶具、盛具、水池等清洗打扫干净,并按规定放置。

5.卫生管理 膳食部门的卫生状况直接影响老年人的饮食质量,因此卫生管理是质量管理的一个重要内容。膳食部门食堂的配置、卫生及管理要求,食品与餐具的卫生要求以及对从业人员操作的管理要求,均须严格执行《中华人民共和国食品卫生法》和《餐饮业和集体用餐配送单位卫生规范》的规定。卫生管理包括建筑卫生、环境卫生、食品配置过程卫生和个人卫生管理。

(1)建筑卫生管理:建筑卫生管理主要包括三方面,即建筑位置、内部装饰和室内布局。

1)建筑位置:膳食部门的主要工作对象是养老机构的老年人,因此其位置应设在与老年人住宿联系方便、运送食品时不受气候干扰及采购食品出入方便的地区,但又要防止厨房油烟影响老人房间,还要远离污染源以防止污染和交叉感染。归纳起来有三种处理方法:①在离老人房间不远处选一合适位置建一独立的建筑,以地上或地下走廊与各老人住宿楼沟通。②建筑设在大楼底层,这种建筑紧靠老人住宿楼,联系方便,并可节省用地,缺点是通风较差,油烟气影响老人居住环境。在北方地区由于气候比较干燥,选用地下室的较多。③建筑设在大楼顶部,紧靠老人住宿房间,光线充足、通风良好、干扰因素较少,且易于管理,但需要解决垂直交通运输以及高层楼房的水、燃气、蒸汽等供应问题。

2)内部装饰:墙面,用油漆或各种面砖均可;地面,可用磨石子、马赛克或防滑地砖铺置,为了方便清洁,要设置有盖地沟,并应略有坡度;屋顶,用油漆并要装排烟气装置。

3)室内布局:应做到生熟食品分开,流水操作,符合食品卫生要求。膳食服务部门的建筑应设专用的交通通道和出入口,并设置洗涤、消毒、更衣、通风、冷藏、防蝇、防尘、防鼠、污水排放和废弃物存放等设施。操作间、厨房入口处必须设置洗手装置。

(2)环境卫生管理:应随时保持室内卫生,每日必须对操作台、各种物表及地面进行常规

清洁,必要时应用消毒液进行消毒,有污染时应立即消毒。具体应做到:

1)加强厨房清洁卫生管理,非膳食科室工作人员不得进入厨房,随时关好纱门、纱窗,一切污秽杂物不得随地丢弃,保持地面清洁,用具应放置整齐,设有多个水池,应分别使用不同的水池来洗荤食品和洗蔬菜、淘米,洗拖布、倒污物亦应有专用水池。

2)制定严格的卫生工作制度,进行卫生工作分工,坚持每天一小扫,每周一大扫。

3)每月对食堂工作人员的手、物表、餐具以及凉菜间的空气等环境进行微生物监测,不得检出致病菌。

4)售餐前,应对售餐区和操作区进行紫外线消毒40分钟。

(3)食品配置过程卫生管理:保持饮食卫生的关键是要做好食品配置过程的卫生,它包括以下内容:

1)食品检验:检验食品卫生质量的一种简便有效的方法是感官鉴定。有条件的地方可以开展必要的实验室检查,一旦发现有可能化学污染的食品应送实验室检测。

2)厨房设备卫生:厨房里应当有防蝇、防尘、防鼠、洗涤、消毒、污水排放和存放垃圾的设备,操作间的布置应当适宜流水作业。生的、未经洗涤的食物应由一端送进,经过操作,制备成餐后,再由另一端发出;生食品、熟食品、半成品、成品、食品、杂物及药物,均应分开存放,避免交叉污染。

3)用具卫生:切配和装菜应当实行双盘制。切配用的盘、碗在原料下锅后立即撤掉,换上消毒后的盘、碗装菜。一般用具如砧板、锅、铲、橱柜等,可用肥皂或洗涤剂洗刷干净;盛放食物的器皿、切熟食用的刀具、砧板等,除洗干净外,还应消毒。餐具清洗消毒须严格执行"一洗、二清、三消毒、四保洁"的工作程序,可使用消毒液浸泡消毒;消毒后的餐具应立即放入消毒保洁柜内,防止灰尘、虫爬等造成污染。

(4)个人卫生管理:膳食科室工作人员必须搞好个人卫生。应勤洗手、洗澡;勤理发、勤剪指甲;勤洗衣服,勤洗被褥,勤换工作服。除此之外,还要做到以下几点:

1)身体健康,无传染病,所有工作人员要经过健康检查,证实无传染病后才能参加膳食科室工作,以后每年都进行健康体检,建立健康档案。

2)每年至少应当进行一次体检和带菌检查。

3)应按期接种各种必要的预防疫苗,自觉培养良好的卫生习惯。

4)工作人员家属患有传染病时,要对该工作人员加强观察,并采取必要的预防和隔离措施。

5)服装应当清洁整齐,上班穿工作服,下班时要脱掉。

6)开饭时应戴口罩。

6.食堂安全管理 膳食服务部门承担着养老机构老年人的饮食任务,在养老机构中占据非常重要的位置,饮食安全问题直接关系到老年人的健康。食堂里员工的操作会直接接触煤、电、气等危险设备,因此做好安全管理是膳食服务部门管理人员非常重大的责任。

(1)食堂安全保卫工作由膳食科室管理人员实施监督,要定员定岗,责任落实到人。

(2)工作人员使用各种炊事机械设备时必须严格执行操作规程,并由专人保养。工作时应精力集中,不准说话聊天,必须戴袖套和工作帽、穿围裙,杜绝人身伤害事故的发生。

(3)要注意用电安全,机器使用完后必须切断总电源;人人应注意节电、节水;一旦发现问题要及时报告、及时处理,避免发生事故。

（4）使用燃气时要做到"火等气"，如发现漏气应及时修理。开着火时，人不准离开，以防火灾事故的发生；每位工作人员都要学会灭火器的使用方法，记住火警电话"119"。

（5）下班后，由专人检查燃气、水、电、门窗等是否关闭好，做好防火、防盗等安全工作。

（6）外来人员一律需严格审查登记。

（7）严格执行蔬菜农药检测"0制度"。

（8）每餐前均由专人（如营养师）对当餐所供应的所有食品进行试尝，每份不少于10克，试尝后30分钟如无异常反应方可向老人供餐。

（9）每餐、每样食品应由专人负责食品留样（起锅时提取）并做好记录，留样分量不少于200克，留样时间48小时。

第四节　养老机构社会工作介入

养老机构中的社会工作介入，就是将社会工作的理论、方法和技巧运用到养老机构内，协助老年人解决生理、生活、医疗、社会、经济、心理和宗教信仰等问题，改善老年人的生理、心理、社会、经济状况和生活环境，使其有尊严地、快乐地、有价值地度过晚年。养老机构的社会工作介入对于改变目前养老机构服务的单一模式，拓展服务范围，提高老年人的生活水平具有重要意义。

一、社会工作的概念和内容

社会工作是以利他主义为导向，以"助人自助"为宗旨，综合运用各种专业知识、科学方法进行助人活动和公益服务的职业工作。

（一）社会工作的概念

一般认为，社会工作即福利部门和服务机构针对个人、团体（家庭或小组）、社区、组织、社会等与其外在环境的不当互动而形成的弱势情况，利用专门的方法和技术，协助当事人改变或推动环境的改变，促进两者的适应性平衡。社会工作是社会工作者与服务对象互动的过程，作为一种专业助人活动，社会工作由服务对象、社会工作者、价值观念、工作方法和社会互动等几个基本要素构成。

1.服务对象　服务对象（也称受助者、案主或工作对象）是社会工作者直接服务或帮助的对象，他们遇到困难但自己不能解决，需要并愿意接受社会工作者的帮助。服务对象存在是社会工作得以发生的基本前提。社会工作的服务对象不只是个人，还可能是团体（家庭或小组）、社区、组织等。值得注意的是，服务对象不应被看作是被动接受帮助的人，而应该视为有主动性、有潜能的人。

2.社会工作者　没有社会工作者就没有社会工作，社会工作者与服务对象是社会工作两个缺一不可的要素。在社会工作过程中，社会工作者通过了解、评估服务对象的需要，设计和实施助人活动，通过与服务对象的合作，完成助人的过程，实现助人的目的。社会工作者是接受一定的专业教育或培训、从事职业化社会服务的人，其职业素质、能力和经验等直接影响社会工作的过程和效果。社会工作者不只是一个个体概念，它也可能是一个群体概念（即一个机构或一个团队）。

3.社会工作价值观　社会工作价值观是社会工作者所持有的助人观念,其核心是利他主义,即以帮助他人、服务他人、促进社会福利和社会公正作为自己行动的目标。价值观是社会工作的灵魂,社会工作作为专业的、职业性的助人活动,只有在牢固的价值观的指导下才能自觉地、持久地进行。社会工作是一种真心实意的服务,而不是社会工作者要行使手中的权力,所以利他主义的价值观十分重要。

4.专业助人方法　专业助人方法是社会工作达到助人目的的手段和措施,是经过实践检验后行之有效的做法,它们作为一种知识被社会工作者共享,并有效地支持着社会工作者的实践。科学的助人方法是现代社会工作的核心组成部分,特别是在微观社会工作中,助人方法更凸显出其重要性。从大的角度来说,社会工作方法包括个案工作、小组工作、社区工作等,它们之中的每一个又由多种具体的方法组成。专业助人方法是社会工作者区别于一般助人者的显著标志。

5.助人活动　助人活动是社会工作者依据其价值观向服务对象提供帮助或服务的行动,是社会工作者与服务对象互动及合作的过程。助人活动是社会工作最核心的部分,没有助人活动,只将各种要素连接起来就没有社会工作。当然,对于助人活动不能将其简单地理解为社会工作者对服务对象的单向支持,即不能认为它只是社会工作者简单地提供帮助的活动。实际上,助人活动是双方围绕解决困难和问题而展开的持续互动。在助人活动中,社会工作者经过分析求助者或服务对象的问题,选择科学的、适合受助者需要的服务方法,向对方提供服务。而受助者则根据自己的需要对来自社会工作者的帮助行为进行理解并作出反应。在这种互动过程中,双方互相理解对方的行动,相互合作,共同去达到克服困难、解决问题的目标。助人活动反映了价值观和工作方法,是社会工作的基本实践活动。

(二)老年社会工作的概念及内容

1.老年社会工作的概念　老年社会工作是指专业的社会工作者在专业价值理念的指导下,按照老年社会保障和社会福利的相关制度、政策,充分运用社会工作的理论和方法,通过专业的助人过程帮助老年人,尤其是那些遭受各种困难而暂时丧失社会功能的老年人,解决日常生活中的各种问题,帮助他们摆脱困境,以满足老年人的需求,促进其社会参与、增强其自主权利、提高其生活质量的过程。老年人的晚年生活更加充实,能够度过一个美好时光,这便是老年社会工作所努力的方向。而对于以老年人为服务对象,采用大型院舍模式所进行的家庭以外住宿照顾的养老机构而言,老年社会工作可以扮演非常重要的角色,它可以为养老机构中的老年人提供个案辅导、小组工作以及社区层面的工作,此外,还可以介入机构的行政管理、服务的制定和评估等工作。因此,完善养老机构的服务功能,老年社会工作是不可或缺的一环。

2.老年社会工作的主要内容　老年社会工作的内容有两大方面,一是帮助老年人解决困难;二是提供老年人需要的服务。老人社会工作的实施内容涵盖老年人社会生活的一切领域,可概括为以下八个方面:

(1)掌握有关老年期发展、老年医学和老人行为的最新学术成果,熟悉有关老年人权益的法律条文,运用个案工作、小组工作、社区工作、人类行为与社会环境、心理治疗和卫生保健等专业知识和技巧,为老年人提供适当的生活条件和机构照顾。

(2)协调各类老人福利、老人服务机构的工作,尤其是通过影响决策,安排好老年人的生活,使老年人的正当权益得到法律的保障。

（3）改变社会对老年人的偏见，使老年人自尊与独立地生活。一方面协助老年人发挥余热，鼓励他们继续为社会服务；另一方面向子女解释老年人的生活、需要和渴望，帮助子女履行赡养父母的义务，给予老人更多的生活照顾和细致的关心，在经济上、生活上、情感上为老人创造良好的生活环境。在家庭和婚姻观念比较保守的国家和地区，老年人社会工作者要启发老人的子女理解丧偶的父母再婚的要求和行为。老年人婚姻介绍所等组织也是纠正社会偏见，让老年人正常地参与社会生活的一种形式。

（4）协助老年人度过角色转换时期，适应退休后的新的社会角色。协助健康而且有才干的老年人获得更多的生活自决的机会，使他们独立地选择他们所追求的生活，较持久地保持他们对生活和工作的兴趣，参与国家建设，贡献于社会。引导老人群体，治疗社会不适症，并协助他们发展一支由老人及其家属组成的老人支持者队伍，改变社会、政府对老人的态度，从而影响政府决策，使其在财政上支持老年人参与社会服务。

（5）调动社会资源，协助解决老年人因丧失工作和长期患病而引起的经济贫困问题。

（6）为老年人提供家庭和机构两种形式的医疗卫生保健服务，开展咨询和教育服务，开设专供老人活动的场所。

（7）采用个案和团体的工作方法，协助老人面对死亡，即与他们共同探讨死亡的生理问题、宗教问题和哲学问题，使他们尽情倾吐对死亡的恐惧情绪。为临终老人提供临终关怀服务，协助老人接受死亡，而不致孤独地、恐惧地结束生命。

（8）社会工作者召集志愿工作者，实施训练计划，在红十字会、福利和社会机构中指导志愿者从事各种代理工作，解释服务的需要、发展计划等。志愿者工作包括购物、家教，为医院及其他机构的老人举办娱乐活动，以及提供各种专业与半专业的服务。

二、社会工作介入养老机构的作用和角色

社会工作强调对人的尊重，一切工作以服务对象为中心开展，而养老机构强调"以老年人为中心"提供各项服务，可见，社会工作与老人长期照料服务有一定的契合点，在养老机构中引入社会工作必然能够发挥其应有的作用。

（一）社会工作介入养老机构的作用

社会工作在机构养老体系中能够发挥其独特作用，主要表现在：

1.社会工作能够帮助老人适应环境变化　老人入住养老机构后，面临一个陌生的环境，对身边的各类人和事物都有陌生感，为了帮助老人尽快熟悉新的环境，及早投入到新的生活，需要对他们进行专门的指导和帮助。而目前养老机构中专门开展老人适应性辅导的却凤毛麟角，社会工作能够尽快整合老人周围资源，帮助其快速熟悉新环境。

2.社会工作能够帮助老人适应新的社会关系　老人性格各异，在面临机构群居生活的时候，通常都会出现各种摩擦，另外，老人与机构照料者之间也会有摩擦，子女、夫妻关系也有新的变化因素。有的养老机构曾出现老人之间、老人与照料者之间的纠纷，甚至出现打架斗殴等恶劣事件。社会工作者的介入能较好地解决老人入住适应困难、舍友关系不良、社会交往缺乏等方面的问题。

3.社会工作能够提升入住养老机构老人的生活质量　老人居家养老时面临的资源相对有限，入住养老机构后得到的专业服务增加。社会工作可以通过机构平台，由社会工作者整合多方资源，如社会爱心人士、各种社会组织，能帮助老人提供一些在其居家养老时难以接

受到的服务,提升老人生命质量,提高机构养老的价值。

4.个案和小组工作方式能够发挥最大效用　社会工作可以通过与医生、护士、管理人员等组成专业服务小组,建立完善的老人身心状况档案,对有身体、心理、情绪、行为问题的老人,能够及时进行咨询、辅导和干预。社会工作还可以运用小组工作的方式为有共同需要或有共同问题的老人开展小组活动,让老人在同伴群体中分享经历和感想,获得经验和成长。

(二)社会工作在养老机构服务中扮演的角色

在做个人、小组、家庭、组织和社区工作时,老年社会工作者可在养老机构中扮演如下角色:

1.辅导者　养老机构中的老年人同样也具有心理上的、社交上的以及家人感情维系方面的需要,对此,老年社会工作者可以扮演辅导者的角色,为受家庭、个人及社交问题困扰的老人及其家人提供指导和辅导服务,并举办支援小组和其他活动,协助老年人摆脱困扰。

2.使能者　老年社会工作者可以在养老机构服务中扮演使能者的角色,促使老年人完成被清楚界定的改变,协助案主发现改变环境的方法。比如协助老年人案主成立老年自助小组,通过组员之间的互动及协助,从而增强老年人的有能感。

3.咨询者　在养老机构中,老年社会工作者还可以扮演咨询者的角色。老年社工一般都接受过完整的老年学知识的培训,因此,就如何协助处理老年人的需要,可以向机构的管理层、专业人员、老年人及其家人等提供必要的咨询服务。

4.协调者　协调者是老年社工在老年服务机构中扮演的一个重要角色,通过协调和推动社区资源,让机构、老人及其家人受惠,同时还促进不同社会服务之间的联系,为机构提供支援。如联系社区的义工队、企业等机构进行服务上的合作。同时,合理安排来机构服务的志愿者服务时间。

当然,社会工作者在养老机构中还可以扮演其他的角色,但总体而言,辅导者、使能者、咨询者以及协调者应是社会工作者在老年机构中扮演的最为重要的角色。

三、社会工作介入养老机构的方式

社会工作专业拥有一套完整的助人方法,可以结合养老机构住养老人需求及养老机构情况,以个案、小组和社区等社会工作方法为基础,介入养老机构工作中,满足住养老人的个性需求。

(一)个案工作的介入

个案工作是社会工作专业中出现较早的方法之一,它是将心理、社会、行为和系统概念转化成技巧,通过直接的、面对面的关系,帮助个人和家庭解决内心问题、人际关系问题、社会经济问题和环境问题。结合养老机构中工作对象的特点,在实践中我们可以通过开展个案工作与老人建立良好的关系,通过主动与老人聊天,听他们倾诉,缓解他们的孤独感,同时也可以更深入地了解老人的需求,为我们进一步开展工作打下基础。此外,在养老机构中还可以采用个案工作方法在老人入住时建立个人资料档案,运用个案工作技巧与原则,与老人沟通,有针对性地开展工作,了解并满足老人心理层面的需求。

(二)小组工作的介入

小组工作是以群体为工作对象,它通过小组成员的支持,改善他们的态度、人际关系和他们应付实际生存环境的能力,这种方法强调通过小组过程及小组动力去影响案主的态度和行为。小组成员解决问题的能力和潜力通过成员间的分享、相互分担和互相支持而发挥出来,这其中需要小组工作者按照既定的目标进行指导。在养老机构中很多老人都有共同的需求,会面对许多共同的问题,比如有的老人比较孤僻,有的不能很好地适应机构的生活。针对这些情况,我们可以组织一些沟通小组、情感支持小组、互助小组及兴趣小组,运用小组工作的专业工作方法来为老人创造彼此交流、丰富生活、展示自我的机会,能够在养老机构中更好地安度晚年。而且在大多数养老机构中,有许多患有老年痴呆症的老人,这些老人大多数是一个人独处,这样的状况只会使他们的病情恶化的速度加快。而治疗模式的小组,对于老年痴呆症的防治及痴呆老人的康复是有一定帮助的,同时,利用互助小组、沟通小组等不同类型的小组还可以增进健康老人与患有老年痴呆症的老人间的认识与交流,从而减少患有老年痴呆症的老人受到排斥和伤害,也有利于老年痴呆症的防治。此外,小组工作方法还可以改善住养老人与家属的关系,为他们创造沟通与相互理解的机会与平台。

(三)社区工作的介入

社区工作是以社区及其成员整体为对象的社会工作介入手法,通过组织成员有计划地参与集体行动,解决社区问题、满足社区需要,在参与过程中,让成员建立对社区的归属感,培养自助、互助和自决的精神,加强其社区参与及影响决策的能力和意识,发挥成员的潜能。在养老机构中每逢过年过节,都会举办联欢会等文体活动,但这些活动大多数是由机构的工作人员组织实施的,绝大多数老人对于机构的活动与各项事务都是被动地接受,这不利于老人对于机构归属感的建立,进一步影响到老人的生活质量。通过社区工作方法的介入,可以提升老人的参与性与积极性。此外,一些养老机构正在尝试把养老服务扩展到社区,而且在老人长期生活的社区提供照料服务的社区养老模式更符合我国的养老传统,这也为我们指出了另外一个努力的方向。

总之,在我国正在进行的社会福利体制改革的大背景下,将社会工作专业介入到养老机构之中对于转变传统养老机构的理念,提升其服务质量,改善住养老人的生活品质具有重要意义。将社会工作专业引入传统的养老机构之中,通过专业工作方法、理论知识以及价值观的影响,可以为传统的养老机构注入生机与活力,使其成为现代的、专业的养老服务机构,从而更好地满足住养老人多层次的需求。

▪▪▪ 案例分析 ▪▪▪

案例1

杨某72岁,入住某养老院,因为先天智残,护理人员对他格外照顾。同年2月,杨某同屋的一位90岁的老人去世了,于是,养老院安排70多岁的张某与杨某同住。养老院明确规定不收住患有传染病和精神分裂症的人,接收每位老人都要进行入院体检。张某的家属在入院时没有说明张某患有精神病,因此养老院按"能自理的老人"将张某收入。入住几天后,护理人员很快发现张某不太正常,"略有老年痴呆""遇事犯糊涂、窜房、老说洗澡丢东西",于是,把他调至3层,离开杨某,但是张某坚持要住原处,他们只得又把他搬回。某晚,张某精神病发作,用刀将杨某刺死。

被害者家属认为,养老院明知张某是精神病患者,还让他与一个先天弱智的老人共居一室,有明显过错,养老院必须承担由此而引起的法律责任。

◆个案焦点：

养老院接纳了患有精神类疾病老人而致他人受损的，养老院应承担什么责任？

◆专家点评：

根据养老机构服务规范要求，老人入住前一定要做体格检查，同时规定不能收住有传染病史、精神病史的老人。本案中张某家人故意隐瞒老人的病史，但"入院不久，养老院的护理人员即发现老人精神不正常"，此时机构发现问题应及时采取措施：立即请精神病院的医生会诊，明确诊断后通知监护人，立即转院，使老人能及时得到治疗，同时保障同住老人的生命、健康安全。张某家属隐瞒老人患有精神疾病的情况，应承担责任。但因养老院未能积极采取预防措施，导致伤害结果发生，养老院也有一定责任。

此案中，养老院没有能力也没有资质为患有精神疾病的老人提供服务，不仅剥夺了该老人及时享受医疗的权利，更使公寓内其他老人受到伤害，这是一次血的教训！

案例 2

年过七旬的耿某被子女送到家里附近的一家日托站，白天老人在日托站有人照顾，子女也很安心，但是，28 天后老人在站内突然走失。托老站和耿某的四个子女到处寻找，但是，两年多过去了，耿父仍旧没有任何音讯。耿氏兄妹将日托站主管单位告上了法庭，要求被告赔偿精神损失费 8 万元，并承担为寻找老人支出的相关费用。日托站认为耿某当天情绪等各方面都很正常，如果没有其他原因老人即便出走，也应自己回来，因此怀疑老人是否患有记忆方面的疾病。但因日托站在接收老人时没有做过体检，没有任何依据。最后，原、被告双方在法庭达成调解协议，托老站主管单位赔偿寻人费用及精神抚慰金共 4 万元。

◆个案焦点：

日托站缺乏老人评估资料以及看护失误，是本案的焦点。

◆专家点评：

院方对入托老人负有保障生命、健康安全的义务，因院方过错导致老人走失，则院方应承担相应赔偿责任。特别是日托站既拿不出老人记忆方面患有疾病的评估材料，也没有服务过程控制中对己有利的书面证据，承担损失在所难免。从本案中应吸取的教训有：

第一，老人进入日托站，院方应有一套规范的评估办法，确认老人是否符合日托服务的条件。签订与老人、家属三方约定的协议书，明确三方的权利与义务关系。

第二，在日常服务过程中应有相应的服务人员和制度保障，比如本案例中对有行为能力的老人应有外出请假制度，对有限制行为能力老人建立监护护理制度，确保服务对象的安全和服务质量得以实现。

第三，在服务过程控制中还应建立服务记录，也可以降低服务风险。

第三章　养老机构的行政管理

本章要点

★养老机构的规章制度管理。

★养老机构的会议管理。

★养老机构的公文管理。

★养老机构的印章及证件管理。

★养老机构的档案管理。

★养老机构的物业管理。

行政管理是指一切社会组织、团体对有关事务的治理、管理和执行的社会活动。从管理过程来看,它主要有四项基本职能,包括计划、组织、协调和控制。养老机构的行政办公管理是机构能够正常运转不可或缺的重要方面,合理的计划、组织,完善的协调和控制工作,可以减少机构人力、物力、财力和时间的支出,避免管理能源的浪费,提高机构的效能和效率。

第一节　养老机构的规章制度管理

养老机构规章制度是机构人员共同遵守的行为准则。规章制度管理是养老机构管理的重要内容,通过建立规章制度,实行管理制度化、规范化,使机构员工工作的开展事有章程、言有依据、行有规约,提高工作效率,从而保证养老机构各项工作的顺利完成。

一、规章制度的制定

规章制度建设的首要任务是制定规章制度。规章制度不是越多越好,关键在于质量,在于实用性和可操作性,真正发挥制度的应有作用。

(一)制定的原则

养老机构规章制度的制定一般应坚持以下几项原则。

1.坚持服务性原则　养老机构属于老年福利事业组织,可以说为老年人服务是养老机构肩负的历史使命。养老机构的这种社会属性决定了它必须贯彻国家老年社会福利事业发展的方针政策,遵守政府法令、行业法规,坚持为老年人服务的办院宗旨,这是制定养老机构规章制度的出发点和基本原则,用制度保障将老年服务落到实处。

2.坚持规范性原则　制定规章制度的目的是使养老机构管理实现工作程序的规范化,

岗位责任的法规化,管理方法的科学化。因此,规章制度的制定必须以有关政策、法律、法令为依据,为养老机构员工的工作和活动提供可以遵循的依据。

3.坚持指导性原则　规章制度不仅包括养老机构的部门职能、岗位职责和工作制度,还包括服务标准、操作规程、工作流程,以及考核评价标准等,制度的描述语言、格式也有一定的规范。规章制度对相关人员的具体工作内容、如何开展工作都有提示和指导,同时也明确规定相关人员违章后的处罚措施,以促进养老机构各项工作协调一致,全面提高服务质量。

4.坚持可操作性原则　规章制度必须具有可操作性,否则再好的制度也不能发挥其应有的作用。因此,所制定的规章制度的条款必须责任明确、任务具体、条例清晰、描述准确、通俗易懂,使人一目了然,易于操作;反之,若模棱两可、含糊不清,就会使人无法实施,丧失规章制度应有的作用。

5.坚持稳定性原则　规章制度是现实工作客观规律的反映。任何一项规章制度的实施都有认识、熟悉、适应和掌握的过程,应保持相对的稳定性。如果朝令夕改,频繁更动,即使非常合理的规章制度,也难以实施,甚至会造成管理上的混乱。规章制度也不是一成不变的,应随着客观情况的变化,进行调整、增减,经过实践证明不合理和不完善的条款应按规定程序修订完善。

(二)制定方法

规章制度的制定方法有很多,总体上可以采取以下办法。

1.学习领会政策法规　国家政策法规和行业规范是制定规章制度的指引,制定养老机构各项规章制度时,必须首先学习领会、熟悉掌握相关领域的政策法规,如员工管理制度,要符合《劳动法》等相关劳动权益保障法规的精神;制定安全管理制度,应掌握《消防安全法》《食品卫生法》等相关法规。只有把相关法规消化弄通,才能使制定出来的规章制度具有科学性、实用性和可操作性。

2.总结工作中的有效经验　在经营与管理工作中,我们会经常对工作成效、经验做法、事故教训进行总结,这些对制定规章制度具有很好的参考作用,制定出的规章制度符合实际,而且操作性也较强。

3.充分调研,征求各方意见　制定规章制度必须充分进行调研,广泛听取各方意见,包括主管部门、专家和员工的意见,这样制定的规章制度,总体会比较完善健全,更容易被员工理解和接受,落实执行起来也比较顺利。

4.善于借鉴参考同类机构管理经验　"他山之石,可以攻玉",要善于利用吸收其他同类机构的管理经验,这样可以节省时间,提高效率,同时,要结合自身机构的实际情况,适当借鉴,合理引用。

(三)制度的主要类型及内容

规章制度是有权部门制定的、以书面形式表达的、并以一定方式公示的、非针对个别事务的处理的规范总称。凡是机构内所涉及的重复性或可能重复出现的工作都可以形成制度文件。养老机构目前主要涉及的规章制度类型和内容有以下几种。

1.部门职能　部门职能的主要目的是明确各部门的分工与任务、应履行的职责、承担的责任和享受的权限等,以避免各部门工作互相推诿。部门职能应根据各机构部门设置情况而定,一般可以划分为行政部门职能、后勤部门职能以及业务管理部门职能。每个部门职能一般由部门名称、上级部门、下级部门、主要职责以及主要任务等构成。

(1)行政部门职能:行政部门主要包括办公室、人事部门、财务部门等。

1)办公室职能:包括制定发布全院相关规章制度,协助院领导督促、检查各项制度的落实情况,牵头组织各种院务会、院长办公会议等各种会议,综合协调各部门、科室的工作,负责公文收发、起草、管理,负责全院工作动态的收集、审核及发布,负责机构网站的日常管理,负责各级领导和参观来宾的接待,做好来信来访、突发事件的协调处理等工作。

2)人事部门职能:包括组织架构的设计、岗位描述、人力规划编制、考勤管理的工作。员工的招聘、调配、教育培训,员工年度考核、评级、奖惩,员工劳动工资及待遇统计与管理,员工人事档案的管理等工作。

3)财务部门职能:包括机构财务、资金和资产管理,财务预算、成本核算、报账,入住老人收费及欠费的催缴等工作。

(2)后勤部门职能:包括全院设施设备维修与保养、物资采购与供应、食堂管理、园林绿化与保洁、安全卫生、车辆与消防管理等工作。

(3)业务管理部门职能:业务管理部门包括出入院管理部门、护理管理部门以及医务管理部门。

1)出入院管理部门职能:主要负责来访老人和亲属的接待,为老人办理出入院手续,协调相关部门为初次入住老人进行护理等级评估,协助处理入住老人档案管理等工作。

2)护理管理部门职能:老人的生活护理、康复护理、心理护理,护理人员的基础培训、工作考核,意外伤害事故的处理等工作。

3)医务管理部门职能:负责提供与管理老人临床医疗保健服务,医务人员的培训与考评,药品的管理,医疗事故的处理及转诊的协调等工作。

2.岗位职责 制定岗位职责的目的是明确各岗位的员工应当承担的工作任务、履行的职责和上下级的关系,使每一位员工知道该做什么、不该做什么,应当达到什么标准或要求,该对谁负责和该承担什么样的责任。岗位职责一般由岗位名称、上下级、本职工作、工作职责等部分构成。养老机构主要岗位职责,一般包括管理、技术以及工勤这三大类。

(1)管理类岗位职责:主要根据各养老机构管理岗位设置情况而定,如院长、书记、副院长、工会主席、办公室主任、人事部长、后勤部部长、科研室主任、班组等负责人的岗位职责。

(2)专业技术类岗位职责:如医生、护士、社工、财会以及其他专业技术职称系列岗位的职责。各专业技术职务可根据职称系列进一步分为高级、中级和初级专业技术职务岗位职责。

(3)工勤类岗位职责:如养老护理员、文印员、厨师、锅炉工、水电工、维修工、洗衣工、清洁工、绿化工和门卫等工勤类岗位职责。工勤类岗位也可根据职业资格等级进一步划分为高级、中级、初级和技师级岗位职责。

3.工作制度 主要依据养老机构实际工作需要制定出相应的工作制度、管理与服务规范,明确具体的工作目标、工作任务、工作方法、工作内容、工作程序等内容。工作制度大致包括以下五类:

(1)行政类工作制度:包括工作会议制度、人事管理工作制度、突发事件报告制度、行政查房制度、值班制度、接待来访工作制度、消防安全管理制度、食品安全管理制度等。

（2）业务类工作制度：包括老人入住管理、健康评估制度、护理等级评估制度、交接班制度、转诊制度、药品代保管与代发放制度、财务工作管理制度、医疗服务管理制度、护理服务管理制度、其他服务质量管理制度等。

（3）后勤服务类工作制度：包括物品采购、验收、储藏制度，车辆管理制度，维修管理制度，食堂服务管理制度等。

（4）技术操作规程与标准：一般参照国家、行业或地方制定的操作规程，包括服务诊疗规范、临床护理规范、生活护理规范、康复护理规范、营养配餐规范、突发事件应急处理预案、临床医疗及护理、康复服务质量标准等。

（5）考核、评价、奖惩制度：既可以参照行业协会标准，也可以根据自身情况进行制定，一般包括月度、季度、年度考核管理办法。

（四）制度制定过程中需要把握的几个问题

1. 要因地制宜、实事求是　符合实际才具有实用性，任何制度都要顺应我国的国情，符合本院的具体情况，合情合理，体现人性化，进而调动积极性和创造力。

2. 要与时俱进、不断完善　凡是制度总有一定的时效性，任何一种制度都不可能一劳永逸、一成不变，制度必须随着国家大政方针的调整而修订，随着机构的发展而不断完善健全。

3. 要大处着眼、小处着手　制定制度要着眼机构的整体建设要求，体现机构的发展方向，同时又要从每位员工的个体发展考虑，从细微之处体现制度的作用。

4. 要通俗易懂、简明扼要　制定的规章制度是需要全体员工落实执行的，由于员工文化程度、个人素质等的差异，制度的条文务必通俗易懂、简明扼要，使大家便于学习遵守。

5. 要方便操作、具体量化　制度有效落实的重要前提是方便操作，这就要求制度尽量具体化，能够量化，便于对照检查和考核评比。

二、规章制度的执行

规章制度制定是前提，是基础，关键在于贯彻落实。如果制度未切实执行，或执行不严格，或执行时区分三六九等，那制度的执行只会与初衷南辕北辙。因此，规章制度在执行过程中，必须注意以下几个方面：

（一）坚持人人平等，维护刚性

制度面前人人平等。在日常管理中，制度是尺子，无论是领导还是普通员工，所作所为均需经过"尺子"的度量，机构管理者要做到有法必依、执法必严、按章办事、按规处理，功过分明、奖罚严明，不徇私情、不为私利，敢抓、敢管，真正体现制度的严肃性和权威性。工作表现优秀突出，当奖则奖；工作出现纰漏差错，任谁都罚。有罚无奖，非管理的好手段；有罚有奖，才能让制度深入人心。

（二）坚持领导带头遵守制度

"其身正，不令而从；其身不正，虽令不从。"制定好规章制度后，管理者首先要带头执行制度，从我做起、从现在做起，凡是制度要求做到的自己先做到，这样才能把制度有效执行下去。

（三）坚持常抓不懈，不搞运动

形式主义是机构管理的大忌。制度本身是形式，有制度不执行就是形式主义。规章制度要经常讲,天天抓,制度执行管理不能时紧时松,不搞运动式管理、突击式推行,应常抓不懈,让遵守制度内化为习惯,成为一种文化。

第二节 养老机构的会议管理

会议管理是养老机构正常运转的重要制度。通过会议研究事关机构发展的重大事项,学习贯彻上级主管部门的重要精神,研究日常管理的医疗服务事务,研究人事工作和重大经济事项,研究解决实际工作中的困难及举措等。所以,会议管理对养老机构行政办公的规范化管理是必不可少的一项工作。

一、会议管理的原则

为避免会议过多或重复,养老机构正常性的会议一律纳入例会,原则上要按例行规定的时间、地点、内容组织召开,注重会议实效。

1.目的明确 会议的目的是沟通、管理还是决策,管理人员会前要明确会议的主题,围绕主题有的放矢地做好充分准备。

2.人员合适 根据会议选择合适的人员参加,会议中做到人人畅所欲言、各抒己见。

3.明确议程 办公室要在会议之前建立清楚的会议议程,并要在会前发给各参加会议的人员,使其有充分的时间准备相关的资料。

4.设定时间 会议要准时开始,并要对每个议程定个大致的时间限制,并准时结束。

5.做好记录 要有准确完整的会议记录,会议的各项决议必须要有具体执行人员及完成期限,如某项决议的完成需要多方资源,一定要在决议记录中明确说明,避免会后互相推诿,影响决议的完成。

6.会后追踪 要建立会议事后追踪程序,会议每项决议都要有跟踪,如有意外情况可及时发现,适时调整,确保各项会议内容落实到位。

二、会议管理的办法

养老机构的会议管理,应在遵守会议管理原则的基础上,制定务实的会议管理办法,通过会议的分类及组织对不同的会议进行安排和记录,切实保证行政工作的有序高效完成。

(一)会议分类及组织

具体来讲,主要有以下几种会议:

1.机构级会议 主要包括机构全体大会、养老机构干部会议、养老机构全体班组长会议、养老机构职工大会、养老机构技术人员大会及其他大会等。

2.专业会议 系全养老机构性的技术、业务综合会(如服务技术探讨会、服务质量分析会等)。

3.系统和部门工作会 各部门召开的工作会,如部门办公会。

4.班组会议 由各分部、中心或班组负责人决定并主持召开。

5.上级或外单位在本养老机构召开的会议(如报告会、现场会、办公会等)。

(二)会议安排

1.例会的安排 为避免会议过多或重复,养老机构正常性会议一律纳入例会制,原则上要按例行规定的时间、地点、内容组织召开。例行会议安排如下:

(1)院长办公会:研究、部署机构行政工作,讨论决定全养老机构的重大问题等。

(2)副院长办公会:总结评价机构当月行政工作情况,安排布置下月工作任务等。

(3)班组长以上干部大会(或全养老机构职工大会):总结机构上季度(半年、全年)工作情况,部署工作任务,表彰奖励先进集体、个人等。

(4)质量分析会:汇报、总结机构服务质量情况,讨论分析服务质量问题,研讨质量持续改进措施等。

(5)服务工作分析会:汇报、分析养老机构服务情况和经营活动成果,评价各方面工作情况,肯定成绩,寻找问题,提出改进措施,提高养老机构服务质量和经济效益等。

(6)安全工作会(含治安、消防工作):汇报、总结机构上季度安全、治安、消防工作情况,分析处理事故,检查分析事故隐患,研究确定安全防范措施等。

(7)技术工作会:汇报、总结机构为老服务技术应用情况,研究有关新技术的措施方案等。

(8)部门办公会:各部门例行检查、总结、布置工作等。

(9)分部、中心、班组会:各分部例行检查、总结、布置工作等。

2.其他会议的安排 凡涉及多个部门负责人参加的各种会议,均需于会议召开前由召集单位经部门或分管领导批准后,报养老机构院长办公室汇总,由办公室统一安排后召开。办公室已列入会议计划的会议,如需改期或遇特殊情况需安排新的其他会议时,召集单位应提前两天报请调整会议计划,未经办公室同意,任何人不得随意打乱正常的会议计划;对于参加人员相同、内容接近、时间相适的几个会议,办公室有权安排合并召开;各部门会期必须服从全院统一安排,各部门小会不应安排在全养老机构例会同期召开(与会人员不发生时间冲突除外),应坚持小会服从大会、局部服从整体的原则。

(三)会议的准备与记录

所有会议主持人和召集单位与会人员都应分别做好有关准备工作,包括拟好会议议程、提案、汇报、总结提纲、发言要点、工作计划草案、决议决定草案,落实会场、备好座位、茶具茶水,并及时通知与会人员等。会议召集人员应认真如实做好会议记录,并及时归档。

第三节 养老机构的公文管理

公文管理是养老机构行政办公日常工作中的重要职能,是落实上级要求、推动各项工作、指导业务工作、反映工作情况的重要载体。因此,完善相关各项制度,做好相关管理在养老机构的行政管理工作中尤为重要。

一、公文处理的原则

公文处理应当坚持实事求是、及时迅速、准确规范、精简高效、安全保密的原则。

二、常用公文的种类

养老机构的行政办公过程中,常用的文书类别包括备忘录、备忘单、签呈、报告、请示、通知、通报以及函等种类。文书类别的不同,其用途也有较大差别。

1.备忘录   在养老机构内部发布规章、规定、办法及较重要的通知、通告、通报等时使用。

2.备忘单   养老机构内部各平行部门之间进行业务接洽、协调、联络时使用。

3.签呈   需上报领导出面协调、授权、批示解决意见和办法时使用。

4.报告   适用于向上级机关汇报工作,反映情况,回复上级机关的询问。

5.请示   适用于向上级机关请求指示、批准事项。

6.通告   适用于在一定范围内公布应当遵守或者周知的事项。

7.通报   适用于表彰先进、批评错误、传达重要精神和告知重要情况。

8.通知   适用于发布、传达要求下级机关执行和有关单位周知或者执行的事项,批转、转发公文。

9.函   适用于兄弟单位之间商洽工作、询问和答复问题、请求批准和答复审批事项。

10.纪要   适用于记载机构各类重要会议主要情况和议定事项。

11.表格式公文   政府机关规定的表格式公文及养老机构特定工作需要而印制的默认格式使用公文。

12.传真   业务处理需以传真行文时使用。

三、公文处理的基本流程

公文处理的基本流程是指自收文或交办起至发文、归档止之全部流程。

(一)收文主要程序

1.签收   上级发文或参会人员带回文件,对收到的公文逐件清点,核对无误后签字或者盖章,并注明签收时间。

2.登记   对公文分类编号,主要信息和办理情况应当详细记载。

3.承办   经过初审后,报办公室主任审阅,报院领导传阅批示。

4.办理   根据领导批示,转有关部门办理。

5.办结   及时了解掌握公文的办理进展情况,督促承办部门按期办结,紧急公文或者重要公文应当由专人负责催办。

6.归档   文件办理后,送档案部门归档。

(二)发文主要程序

1.起草   职能或业务部门起草文件。

2.审核   部门主管领导审核修改。

3.签批   报院领导签批。

4.复核   办公室对公文的审批手续、内容、文种、格式等进行复核。

5.编号   对文件进行统一编号。

6.盖章   根据需要加盖相应的公章。

7.登记 对文件分送范围和印制份数进行详细记载。

8.印制 公文印制必须确保质量和时效,涉密公文应当在符合保密要求的场所印制。

9.核发 公文印制完毕,分别发文,底稿归档。

四、文件控制

1.编制文件控制 文件的格式、编号、标题、版式、字体、字号等要符合统一要求。

2.审批文件程序 相关部门起草编写后,填写《发文稿纸》,交由部门领导审核后,主管副院长会签。院长签发后,制作正式文件,把备查文件归档,最后上报或下发文件。

3.接收文件控制 接收内部或外部文件后,登记编号,由部门领导审阅后,交由机构领导传阅批示,再通知相关部门落实,接收的文件归档处理。

4.发放文件控制 外部文件审批后复制,登记编号后,下发职能或业务部门,签字后取回文件;内部文件审批后制作文件,登记编号后下发职能或业务部门,签字后领取文件。

5.文件归档控制 外部文件、内部形成的上报和下发文件、职能或业务部门的各类内部文档、资料、数据等,由相关人员分类整理后装订归档。

6.文件更改控制 文件更改必须由申请人或相关部门填写《文件修改申请单》,获得院长办公会批准后方可修改文件,更改后生效的新文件发布后,原文件废止。

7.文件借阅控制 借阅文件信息资料或文档时,文档管理员应填写《文件/资料借阅登记本》,借阅人使用后应当及时归还。

五、文书管理中的注意事项

养老机构在对外或对内行文时,首先应确定行文名义及签发权限,以避免文书传达错误。文书行文时,应注意以下几方面的问题:

1.属于政策性或影响机构重大权益的行文,应由机构院长签发。

2.对政府机关、业务主管机构等一般性公文应由相关部门起草交由院长,以机构名义行文,由机构院长签发。

3.以养老机构名义对外与独立法人团体、企业行文进行联系或发传真时,需要由机构院长签发。

4.机构内机要文件及绝密文件等由院长指派专人管理,与外界经常来往及内部一般文书由行政部门管理。

5.文书处理必须遵守一定的文书处理期限,根据不同类型的文书要求的期限进行处理,并且进行及时的催办,以免延误事情的处理和解决。

6.文书结案后,原件由文书管理部门专人按养老机构自行编制的《档案管理制度》负责归档,经办部门视情况可留存复印本。另外,档案分类目录及编号、保管原则,依据相关制度执行。

第四节 养老机构的印章及证件管理

印章是机构对内、对外行使权力的标志,具有法定性、权威性和效用性;证件是养老机构与外界从事业务时使用的凭证。为了防止养老机构因印章及证件的管理、使用不当而造成经济、信誉等损失,必须加强印章和证件的管理,按照分级管理的原则,严格制定印章及证件管理办法。

一、印章管理

(一)印章启用

由于机构变动或其他原因造成的启用、停用印章,必须按照规定报批后,由养老院院长签发正式启用通知书后使用。

(二)印章保管

应由办公室印章专管人员保管,不得随意委托别人代用印章,不得以任何理由超范围用印,不得回避印章保管员用印。印章用完后,应妥善予以保管。遗失、损坏印章必须立即向院领导及安全管理部门报告。印章刻制后,应将式样交存办公室备案。

(三)单位用印

印章保管人要熟知印章用途,协助领导把关。使用印章由经办人认真填写《用印审批单》,写明用印部门、用印时间、用印文别、发往单位、事由及印别等,审批单经院领导审核批准,经办人签字后用印。对不符合手续、不让看文件或介绍信内容以及空白、未填写内容的文件等,必须拒绝用印。特殊情况必须用印的,事后应补办用印手续或登记手续。

(四)医务用印

各种医疗诊断证明、转诊、转院、外购单和证明等必须由主管医师出具,印章保管人员登记留存后,才可以用印章。不符合规定且弄虚作假的,印章保管人应拒绝用印章。

(五)财务用印

根据财务管理规定进行用印。

二、证件管理

证件是养老机构与外界发生业务关系时使用的凭证,不得用作私人用途,应由行政部门管理。养老机构的各种证件的原件应交由养老机构行政部门档案管理员保管,各部门及个人不得私自保管,否则如出现丢失或与此证书、证件有关的问题,该当事人负全责。

由于工作需要使用原件或复印件时,需填写"证件使用申请单",逐级报批,经主管副院长(财务总监)以上领导批准后方可使用。证件的保管人员对证件、证书的使用要进行登记存档,并及时收回原件。

第五节　养老机构的档案管理

养老机构的档案是指机构过去和现在,在从事经营管理、科学技术、机构文化等活动中形成的对机构有保存价值的各种文字、图表、声像等历史记录。档案管理工作是维护养老机构经济利益和历史面貌的一项重要工作。根据《中华人民共和国档案法》的规定,养老机构必须有自己的档案管理制度,保证档案的完整、准确、系统、安全,提高机构档案工作效率和工作质量。

一、档案管理责任制

养老机构档案管理应遵循统一管理和归口分类相结合的基本原则,将档案的形成和积累纳入部门工作计划、工作流程,纳入管理人员岗位职责,通过对档案的收集、整理、鉴定、保管、统计、检索和编研,达到规范档案管理和确保档案完整、安全、便于综合利用的目的。各种不同档案实行分类分级管理,实行责任到人管理。办公室负责全院性各类档案资料的收集、整理、利用和归档管理;职能或业务科室分别负责本部门档案资料的收集、整理、利用和归档管理。

二、档案内容分类

养老机构的档案按照内容不同主要分为以下几类:

1. **报批与注册登记文件**　报批文件主要包括养老机构设立的项目建议书、可行性报告、设立和变更申请、主管部门的审批、养老机构的章程等;注册登记文件主要包括申请加入各类专业技术协会、养老机构主要负责人身份证明和住所、经营场所使用证明及营业执照等。

2. **管理性文件**　包括行政管理、经营管理及技术管理中所形成的文件。

(1)行政管理性文件:在政务、教育、法律事务等工作中形成的文件,主要包括以下文件:

1)院长会议记录纪要、决议。

2)院长办公会、经营分析会等会议记录纪要、决议。

3)养老机构大事记,包括重大庆典、市级以上重要领导或外宾视察和访问、重大新闻发布会、重大交接和签字仪式等。

4)养老机构中长期规划、年度工作计划、总结和报告。

5)养老机构已成形的各项规章管理制度及宣传画册、管理手册及宣传片(带)等。

6)上级主管机关颁布与本养老机构有关的各项法律法规性、政策性条文及养老机构上报上级机关的文件。

7)教育培训计划、总结、报告及员工接受专业技术、文化和思想教育等方面的文件材料等。

(2)经营管理文件:包括财会、统计、劳资和人事等方面文件。

1)财务、会计及其管理方面的文件材料:各种会计凭证、会计账簿、会计报表、审计报告及借贷款申请报告等。

2)统计文件:物资设备等采购、保管及供应中形成的各种重要文件、单据。

3)劳资人事方面:机构设置、定额、定员、劳动调配、工资福利和劳动保险、员工名册和人数、奖惩、辞退和除名及开除工作中形成的文件、报表和记录及员工个人人事档案。

(3)技术管理文件:包括质量管理、环境保护、检验测量及能源管理。

(4)质量和环保管理文件:建立的体系文件、产品质量分析报告、养老机构环保基本情况、服务质量工作计划和总结、审核报告、会议记录和报告、年度报表等。

三、档案管理分级办法

档案管理应在档案内容分类的前提下,进行分级管理,达到责权明确的目的。

1.报批与注册登记文件　统一由养老机构档案室保管,各部门需要使用时按核决权限申报,经批准后使用并必须在规定时间内交回。

2.管理性文件

(1)上级下达养老机构(不含直接对各部门)的各类文件,统一由养老机构档案室接收、登记后再按文件类别呈送养老机构相关领导,领导批示后存档,所批示的经办部门一律使用复印件。以养老机构名义上报上级机关(包括中、外方)的各类文件(最终稿),由主办部门直接上报并在十日内送存。

(2)院长会记录纪要、决议等及相关会议材料,会后由会议秘书(记录人)整理,主持人审核成文后每年定期交存档案室。

(3)养老机构的各项规章制度、经营政策、规划、年度培训计划,成文后一个月内送存。

(4)养老机构员工的人事档案统一由养老机构档案室保管,人力资源部负责专人协助管理。

(5)养老机构所属及所使用的房屋、设备、管道、电器等固定资产的文字文件及图纸,审核后每年定期交存档案室。

(6)工程项目申报及实施、购买过程中,应有专人负责各类文件、图纸的收集与保管工作,在项目完成投产之后三个月内,由物业部门管理部将档案材料整理立卷,移交养老机构档案室存档。

四、档案的密级和确认

养老机构的档案按其保密性程度和查询范围分为三级。

1.绝密级　指养老机构只有院长、副院长、决策辅助人员等少数人员才能接触的核心机密,如养老机构规划计划、发展战略、政策策略、预算决算、个别人员档案等。

2.机密级　指养老机构主要经营管理人员、涉及的部分院长级人员和因岗位工作需要的人员才能接触的档案,如养老机构发展决议决定、各类报表、薪资奖金、员工档案等。

3.普通级　养老机构科级以上主管和涉及的员工因工作需要而需接触的档案。

五、档案的存储保管

档案的存储保管期限分永久、长期和短期三种。

1.永久保管的档案　记录和反映政治活动、经济建设、科学研究和主要职能活动并需要长远利用的档案,无限期保管。

2.长期保管的档案　反映较长时间内管理与服务活动中有查考价值的档案,期限为16~50年。

3.短期保管的档案　指较短时间内一般管理与服务活动中需要查考利用的档案,期限一般为15年。

六、档案管理和安全

养老机构的档案管理和安全制度具体如下:

1.防火、防盗、防损　档案室应配备灭火器材,严禁烟火,不准存放易燃易爆物品,消除引发火灾的可能性。档案管理人员应熟悉火灾发生后的档案抢救方案与措施,离开档案室地点必须锁好档案室柜门和房间门窗,随身携带钥匙,防止失窃,搬动或运送档案过程中注意保护措施,避免丢失、磨损和污染。

2.防潮防害 科学控制档案室温度、湿度,保持档案整洁,存放环境避光、密封、防蛀、防尘、防鼠、防有害气体。

3.定期检查 档案应该经常定期或不定期检查,注意查看永久保存的档案,发现破损、字迹模糊应及时加以修补和复制。

4.保密安全 档案管理人员必须遵守保密原则和保密纪律,禁止无关人员随意浏览档案柜或翻阅档案资料,禁止在私人通信、电话、公共场所或与无关人员谈论工作中透露档案内容和档案机密,不携带任何档案外出。

5.档案安全 珍贵绝密档案必须存入保险柜,借出或归还的档案应仔细清点登记,不得擅自提供或复制保密资料。

七、档案查阅利用

档案应严格按照不同的密级进行查询和审批,具体如下:

1.绝密级 除院长外,其他人员要查询绝密文件需经院长(执行副院长)批准。

2.机密级 经档案主管部门主管和主管副院长批准后才可查询。

3.普通级 一般工作人员查询档案需经部门主管和档案主管部门主管批准后方可查询。

知识链接

档案借阅遵循的原则

(1)借阅档案必须办理借阅手续。一般情况下,查阅者应在档案管理部门内查阅,阅毕立即归还。

(2)领导和职能部门领导查阅各类档案或专业档案时可以外借,但借出时必须清点无误并办理借阅手续,在《文件/资料借阅登记本》上进行登记,告知借阅人保密和保护档案注意事项。

(3)借阅期限一般为三天,到期需要延用可以办理续借手续,但最多不超过一周。

(4)残旧、脆化、易损和特别珍贵档案只能提供复制本,零散文件、照片、影片、录像带、录音带不得借阅(遇到特殊情况时要逐件登记)。

(5)借用人对所借档案的完整和保密负完全责任,严禁在档案上涂抹、画线、标注符号。注意保密安全,不得转借他人。

(6)档案管理人要掌握档案借出情况,适时督促借阅者归还。收回借出档案时,对案卷的数量和卷内文件必须进行细致检查,当面注销借阅登记。如有遗失、损坏、涂改等当即提出并报告相关领导,随后将处理情况登记在案。

八、档案的销毁

养老机构的档案销毁制度具体如下:

1.保管期限已满的档案 是否延期或者销毁,必须由院办公室主任及档案室责任人组成鉴定小组进行最后的审核鉴定。历史档案资料禁止销毁。

2.经鉴定同意销毁的档案　必须逐件登记造册,办理正式审批手续,分别由鉴定人、法人和上级单位的审批人在销毁注册登记本上签字后方可销毁。

3.已经批准销毁的档案　应继续保存不少于一年时间。

4.销毁档案　材料必须注意保密,指定专人销毁和专人监销,销毁人和监销人应该在销毁登记本上签字。

第六节　养老机构的物业管理

养老机构提供的物业保障服务是指养老机构向入住老人提供除饮食服务、护理服务、健康管理服务以及娱乐服务以外的其他日常生活服务的总称,其内容主要包括联络、个人财产管理、代办代买、居室清扫等服务。物业保障服务在提升入住老人生活质量及实现在机构正常化生活等方面发挥着不可替代的作用,其服务的质量直接关系到养老机构的整体服务质量,完善的设备设施管理制度是养老机构的硬件条件,作为管理者,对两方面的管理都不可松懈。

一、物业保障服务的内容

现代养老机构的物业保障服务管理注重在养老理念、模式、服务方式等方面的创新,把现代服务业引入传统养老业,形成"物业服务＋养老服务"的双重服务模式,目前主要的物业服务保障内容包括环境卫生服务、洗衣服务、联络服务、安全保障以及个人财物管理等多方面。

(一)物业保洁服务

保洁服务是养老机构物业日常生活服务的基本内容之一。按《环境管理体系》相关要求,养老机构应为老年人提供舒适、清洁、安全的养老环境,主要卫生服务包括公共区域、室内以及院区外围保洁工作。养老机构卫生做到无积存垃圾,无卫生死角,无纸屑,无灰尘等。

(二)联络服务

为了预防服务过程中的各种事故以及养老纠纷的发生,养老机构开展及时而又准确的联络服务显得尤为重要。联络服务必须建立在相应的软硬件配置上,开展包括机构内部联络和机构外部联络的服务。

1.软硬件配置　养老机构内必要的软硬件配置是不可缺少的,养老机构应仿照医院护理模式设置呼叫装置,固定于如床头等老人易于拿取的地方,同时每一名与老人直接接触的工作人员都应随身配备呼叫机,一方面可即时接收老人发出的信号,另一方面也方便与需要的工作者之间的互相联系。经济条件许可的机构,可引入生活异常感知装置,如生活节奏敏感器,当入住老人的行动超出预定的行动时可向工作人员发出提醒。

2.机构内部联络服务　机构内部联络服务是指养老机构以向入住老人提供满足其需求的服务为中心,不断促进养老机构内各职能部门、相应职能部门及团队内部各个工作人员之间的信息交流与共享的过程。具体措施包括以下方面:

（1）养老机构内各职能部门、相应职能部门及团队内部各个工作人员之间的信息交流与共享，同时根据详细的工作指引手册来切实认真地履行相应的工作职责，注重分工与协作。

（2）向老人发放依据老人喜欢的样式而专门制作的"紧急情况联络卡"，卡片内容包括入住老人的姓名、照片、性别、出生年月、血型、现患有的疾病、护理责任人及其联系方式、护理等级、习惯的医院以及常年主治医师等基本信息，以实现当入住老人遭遇意外事件时能得到及时救助，将紧急事件造成的损失降到最低。

3. 机构外部联络服务 机构外部联络服务是指养老机构在向入住老人提供满足其需求的服务的同时，不断促进与入住老人的家属及其亲朋好友的沟通与交流的过程。联络服务内容包括公用电话、计算机网络、代办电报、书信代写与投寄等相关的服务，保持老人与外界的通信畅通、有效。

（三）洗衣服务

养老机构应具备为老年人提供洗衣服务的设施设备（洗涤机械等）和场地，定点收集衣物，对老年人衣物及时进行分类清洗，确保各类衣物清洁。

除了以上主要服务内容以外，养老机构可以根据老人的具体情况，协助老人妥善保管好个人财物、物品收发登记、代办代买、信息服务等服务内容。

二、物业保障服务制度

物业保障服务制度是高质量的物业服务的前提，管理者在制定服务制度的时候要本着服务性、规范性、可操作性、指导性和稳定性的原则。制度的贯彻落实是高质量服务的关键因素。

（一）物业保洁服务管理

管理人员应该对物业保洁应当承担的公共区域、室内区域和外围环境卫生的物业保洁员进行管理，明确环境卫生保洁的质量和要求，保持公共和室内环境卫生，使服务对象和员工满意。管理者应当制订日常保洁工作定期作业计划，并结合保洁区域现场实际现状制订出日、周、月、年保洁计划，统筹兼顾，合理安排保洁人员和时间，确保各项保洁服务有计划、有组织、有秩序地进行，消除卫生死角，提高保洁效率和质量。管理者要指定专人对物业公共区域和室内、院区外围的保洁效果进行监督检查，不符合要求的保洁部位，应做好检查记录，及时纠正。

1. 公共区域保洁管理制度

（1）公共区域地面保洁作业应确保每天及时清扫地面废弃物，保持地面无异物、无死角。

（2）地面拖擦每天不少于两次（早上、中午各一次），干净整洁。

（3）地面消毒使用消毒液进行拖擦，应根据业务科室和行政科室特点配置不同比例的84消毒液，以达到最佳消毒杀菌效果。

（4）楼内公共区域的地面清洗至少每月一次，应按操作要求使用各类清洗机械和清洁剂，防止磨损或烧蚀地面。

（5）院区公共设施（垃圾筒、旗杆座、喷水池台面等）应每天擦拭，并经常巡视检查情况，发现污渍及时清理。

（6）楼内各区的公共设施（桌、椅、开关盒、楼层扶手、楼道扶手、装饰物等）应每天清扫和擦拭,并经常巡视检查卫生情况,发现污渍、灰尘及时清理。

2.室内保洁管理制度

(1)室内保洁服务应结合业务科室实际需求进行,日常入室保洁每天定时清扫不少于一次,主要清扫和拖擦室内地面、墙壁、门窗、天棚,清洁整理卫生间和擦拭室内家具、陈设物品表面灰尘等,保持门窗洁净、玻璃明亮,确保不留死角。

(2)每周彻底清洁卫生间卫生死角一次,擦拭室内窗户和阳台玻璃一次。擦拭玻璃应注意安全防护,确保安全。

(3)定时或定期进行卫生保洁服务质量巡视,发现不清洁部位应立即清理,保持室内卫生干净整洁,无污物、无污渍、无异味,空气流通。

(4)入室保洁应严格执行"保洁工作流程",做到有计划、有要求、有检查、有记录。

3.院区外围保洁管理制度

(1)每日彻底清扫院区和外围地面不少于一次,清扫地面树叶、纸屑、丢弃物等,确保无垃圾等杂物存留。

(2)每日清洁运动器械、外围椅子、亭子及栏杆扶手等不少于一次,保持干净整洁。

(3)每日清运垃圾不少于两次(早、晚各一次),避免或减少各类生活垃圾留存造成的污染。

(4)每日随时进行院区和外围卫生保洁巡视,发现不清洁部位应立即清理,保持环境卫生状况符合随时接待内外宾的要求。

(5)保洁员应严格按照《保洁员指导书》的要求规范进行保洁操作,防止意外伤害的发生。

(6)遇刮风或雨雪等天气,所有保洁人员应按照物业保洁部门要求提前上岗,及时清理道路雨雪和杂物,确保服务对象和员工行走安全。

4.物业保洁检查制度

(1)物业管理部负责人应定期对保洁员的工作效率和质量进行检查和考核,具体考核评估按《保洁工作标准和检查计划》执行,并详细填写《保洁工作抽查记录》。

(2)物业保洁主管应随时对本院所属区域的保洁服务进行巡视检查,详细填写《保洁工作检查表》,并每月报送物业部负责人对考核评价结果复核批准。

(3)保洁领班应当对不同分工区域的保洁服务进行每日检查,按照《保洁工作日检查表》要求详细记录相关检查内容,检查结果每月报送,保洁主管对检查评价结果复核批准。

(二)联络服务制度

联络服务制度是养老机构物业保障服务的重要内容,制度的完善与否事关每个养老机构内老人安全需求的满足程度。具体制度制定如下:

1.每名入住老人的家属及其亲朋好友的联络方式都应记录在案,关键时刻便于联系,同时要将相应的联络方式周知老年人,同时保护老人相关信息的隐私与安全。

2.养老机构关于入住老人的入住状态,随时与老人的家属保持紧密沟通,定期向家属报告相应的情况,同时也要让老人的其他亲朋好友了解知晓,满足入住者自身的联络需求。

3.在入住老人的症状发生变化或者发生紧急事故等情况下,养老机构应立即联络老人的家属,在联络不上的情况下,根据机构与入住老人及其家属的合同协定,以保护入住老人为根本出发点,根据机构指定的应急救援指南采取相应的应对措施。

(三)洗衣服务管理制度

养老机构应提供服务对象优质的洗衣服务,对各类衣物进行分类清洗,要求达到管理标准,具体制度制定如下:

1.物业管理部应对洗衣房或外包服务的洗衣厂加强管理。洗衣服务必须按要求和标准定期对服务对象的被服等物品进行洗涤,洗涤过程中按规定使用消毒剂进行消毒。

2.被洗涤物品实行各科区定时送定时取,应按科区分别收集、检查破损、清点数量并交相关科区交接签字后确认;洗涤应分科区洗涤和消毒,防止污染。

3.洗涤后的物品叠放整齐,分类贮存;洗涤物品发放时应与相关科区清点数量后交接并签字。

4.被洗涤物品应检查洗涤质量,确保洗涤物品干净整齐,不符合质量要求的洗涤物品应收回重新洗涤。

5.在委托洗衣服务期间,运送洗涤物品的专车要定期消毒,防止交叉感染;委托洗衣服务后,应按洗衣房规模和要求完善洗衣服务管理规定。

(四)个人财物管理制度

老人由于记忆力衰退,特别是患有阿尔茨海默病的老人,对自己放置的物品忘记放什么地方,对发生了的事情记忆模糊等常有发生。因此,协助老人妥善保管好个人财物,对保障老年人财产权益、避免纠纷的发生十分重要。具体个人财务管理制度制定如下:

1.原则上不涉及入住老人的个人财产管理,入住老人的现金及银行卡的信用凭据由入住老人自己保管,原则上养老机构不受理寄存及管理。

2.财物管理特例　当出现以下两种情况之一时,养老机构可受理金钱等财物的管理:

(1)入住老人本人向养老机构提出委托。

(2)由于入住老人本人痴呆等原因被确认为没有足够的判断能力而不能恰当管理财物,得到送养人等许可。

3.委托手续　养老机构在符合上述两项条款的情况下可接受涉及入住老人个人财产的委托,同时申请方应依照规定的样式向养老机构提出书面的委托许可。

4.定期报告　在养老机构代管涉及入住老人个人财产的情况下,一方面应使所有收取过程都经由银行,做到存款账簿透明,另一方面实行每月一次向入住老人本人及其法定监护人等提交定期报告。

5.费用承担　在养老机构代管涉及入住老人个人财产的情况下,使用金融机构所产生的手续费用,由财产所有者也就是入住老人来承担。

6.贵重物品的保存　老年人的贵重物品是否接受养老机构的代管和协助保管,要尊重有完全民事行为能力老人的真实意愿。对于无完全民事行为能力的老年人,也要与家属或代理人做好配合,签订保管代理合同。

三、设施设备管理

养老机构的设施设备管理是机构做好各项服务工作的重要保障,特别是在目前养老机构意外事故频发之际,加强养老机构设施设备管理显得尤为重要。通过设施设备购置、验收、储存、保管、使用、养护、维修等各环节的质量管理,减低消耗,降低服务成本,提高设备利用率,提高服务效率,使机构的各项经营活动建立在最佳的物质技术基础之上,保证机构经营活动的顺利进行。

(一)养老机构设施设备的分类

根据《中华人民共和国行业标准》中有关"老年人社会福利机构基本规范"的解释,养老机构的设施设备可以分为两大类:日常设施设备和医护设施设备。

1.日常设施设备　日常设施设备主要包括老人居室的设备、老人饭厅的设备、老人洗手间及浴室设备、老人活动室设备、接待室、室外活动场所设备、保证水和电供应设备、消防、报警设备等。具体设施要求如下:

(1)老人居室的单人间使用面积不小于10平方米,双人间使用面积不小于14平方米,三人间使用面积不小于18平方米,合居型居室每张床位的使用面积不小于5平方米。根据老人实际需要,居室应配设单人床、床头柜、桌椅、衣柜、衣架、毛巾架、毯子、褥子、被子、床单、被罩、枕芯、枕套、枕巾、时钟、梳妆镜、洗脸盆、暖水瓶、痰盂、废纸桶、床头牌等,介助、介护老人的床头应安装呼叫铃,室内家具、各种设备应无尖角凸起部分。

(2)饭厅应配设餐桌、坐椅、时钟、公告栏、窗帘、消毒柜、洗漱池、废纸桶、防蝇设备等。

(3)洗手间及浴室应配备安装在墙上的尿池、坐便器、卫生纸、卫生纸专用夹、淋浴器、坐浴盆或浴池、防滑的浴池垫和淋浴垫、废纸桶、浴室温度计、换气扇等。

(4)有必备的洗衣设备,应有洗衣机、熨斗等。

(5)建有老人活动室,有供其阅读、写字、绘画、娱乐的场所,该场所应提供图书、报刊、电视机和棋牌。

(6)配置适合老人使用的健身、康复器械和设备的康复室和健身场所。

(7)有接待来访的场所,接待室配备桌椅、纸笔及相关介绍材料。

(8)室外活动场所不得少于150平方米,绿化面积达到60%以上。

(9)有一部可供老人使用的电话。

(10)公共区域应设有明显标志,方便识别。

(11)急救药箱和轮椅车等。不设医务室的养老机构应与专业医院签订合同,合同医院必须具备处理养老机构内各种突发性疾病和其他紧急情况的能力,并能够承担老年人常见病、多发病的日常诊疗任务。

(12)及时解决消防、照明、报警、取暖、通信、降温、排污等设施和生活设备出现的问题,严格执行相关规定,保证其随时处于正常状态。

(13)保证水、电供应,冬季室温不低于16℃,夏季不超过28℃。

(14)生活环境安静、清洁、优美,居室物品放置有序,天棚、墙面、地面、桌面、镜面、窗户、窗台洁净。

2.医疗护理设施设备

(1)医疗设施设备:养老机构的医疗设施设备主要有三大类,即诊断设备类、治疗设备类及辅助设备类。

1)诊断类设施设备:如X射线诊断设备、超声诊断设备、功能检查设备、实验诊断设备及病理诊断设备。

2)治疗类设施设备:病房护理设备(氧气瓶、无针注射器等)、放射治疗设备、激光设备、急救设备(人工呼吸机、超声雾化器等)、其他治疗设备。

3)辅助类设备:消毒灭菌设备、制冷设备、中心吸引及供氧系统、空调设备、医用数据处理设备、医用录像摄影设备等。

(2)护理类设施设备:养老机构的护理设备主要有轮椅、坐便椅、拐杖、助行器、护理床、防治压疮气垫、免蹲洗臀凳、卧式洗头盆、卧式大便器、各式接尿器等。

(二)养老机构设施设备管理机构

按照归口管理、分级负责的原则,大型养老机构的设施设备管理主要由各单位的后勤部门和医疗服务部门来负责,并分别设置相应的处、科,同时配备相应的管理和维修人员,明确各自职责范围。中小型的养老机构没有条件单独设立专管机构,一般归口总务部门管理,并指定人员专管或兼管这项工作。设施设备管理各部门职责明确如下:

1.后勤设施设备科职责

(1)在分管主任的领导下,具体负责内保、环境绿化、财产物资及后勤保障等管理工作。

(2)负责设施设备的采购、验收、强检与协助确认。

(3)负责对所有购置的设备进行登记、编号和标识。

(4)组织设施设备的安装和使用培训。

(5)负责全机构设施设备的维护、保养、维修和报废等工作;管理设施设备的报废过程和内部调拨过程,办理相关手续。

(6)监督设施设备使用部门对设备的维护和保养工作。

(7)组织设施设备故障的评估。

(8)保证全机构设施设备的安全、通畅,杜绝事故发生。

2.医疗护理部门职责

(1)医护部门主管负责医护设施设备各项程序的监督审核工作。

(2)各科主任、护士长负责提出医疗设备的申购、报废计划,定期统计医疗设备使用情况,参与新医疗设备的验收。

(3)负责指定设施设备的操作人员,并要求其参与新医疗设备验收、操作、培训及日常保养。

(4)后勤设施设备科管理人员协助医护专业负责人,负责医疗设备的审议、报批、验收、入库、维修及报废处理等工作。

3.日常维修工职责

(1)负责全机构上、下水管道,供暖、供气设施,家具、门窗等的检修,每季度清查插头一次,每周配合电工对机构内各房间进行一次水电安全检查,并做好记录。定期对所有消火栓进行检查,保证有效,随时能用。

(2)加强全机构机械设备管理,负责对机构内用电设备、机械、动力线路、照明线路的检查维修,联系、协助外来人员做好维修工作。

(3)负责一般设施的制作与安装,保证各种设施的正常使用。

(4)值班人员做到主动上门检查、及时维修、文明服务,维修时须随叫随到,及时解决问题。

(5)配合采购人员搞好专业物品购置,妥善保管专用工具和设备,节约使用原材料和零配件。

(6)严格执行安全生产、操作规程,对各种机械设备定期保养维护。

(7)协助医护专业维修人员,负责医疗设备的维修工作。

(三)设施设备购置管理

养老机构设施设备购置包括购置计划、购置批准和购置执行三个步骤。

1.养老机构的设施设备要根据需求购置,要制订购置计划。医护设备的申购计划要本着机构急需、财力允许、人才匹配的原则。机构急需是申购医护设备的前提,申购医护设备时要充分明确疗养院选择设备的必要性、迫切性及合理性;考虑日常医疗工作的实际、科研和发展方向的需要,以及上级部门制定的标准化管理的需要。设备的使用率、先进性、可靠性和灵活性是检验设备是否需要的量化指标。

2.设施设备的购置由使用部门申请,大型贵重医务设备应提交可行性论证方案并召开专家论证会。万元以下的小型设备或低值易耗品和消耗品等,经院长审核批准后按采购要求采购;万元以上的设备采购,必须经由院长办公会集体讨论并经院长签字后,按照大额资金使用规定和招标采购程序办理。

知识链接

申请设备购置的一般程序要求

物业部门首先根据服务性质与需要进行调研和了解设备功能,确定设备型号,查询政府采购价,撰写书面申请报告,主管领导审核同意后,送物业管理部复核,再送财务部进行资金审核,报院长办公会或院长审批。

物业部门申请资金后,按型号、标准和采购管理标准的要求,对厂商、产品进行资质审查、洽谈、选型等事务,然后订立购销合同。

设备到货后协同使用部门开箱验收并检查设备零配件和设备文件是否齐全;办理入库出库和固定资产管理手续后,安装调试设备,协同使用部门验收调试效果;最后,设备文件收集、登记、归档并建立设备固定资产档案。

整个过程物业部门要协同各部门配合设备购置的工作,确保采购质量。

3.养老机构设备购置应从实际出发,本着适用、合理、先进的原则,优先选择使用率高、投资回收快及科研项目急需的设备。首选质量能满足需要的国内生产的整机、零配件、消耗品等,确需引进的进口仪器设备,需做好购置仪器设备的充分论证,以便购置到适用、合理、经济的仪器设备。购置过程中要熟悉经济合同法,按照法规签订相应合同。购置设施设备按上级主管部门要求,可以采取公开招标、集中采购的方式,以保证质量,提高效益。

(四)设施设备使用管理

设施设备购置以后,使用过程必须有相应管理制度,保证设施设备能合理、安全使用。管理人员应保证严格实行责任管理制度,让员工按照基本职责认真开展工作,要熟练掌握并运用相关的技术知识,在工作中要责、权、利明确,并通过考核奖惩制度提高员工工作的积极性。

1.物业管理部门对各类设施设备分类建立设备管理档案,并通过设施设备管理档案掌握各类设备的维修基本技术参数,做好相关维修记录,使其发挥最大效益。

2.设备的保管和日常维护实行分级负责制,一般设备由使用部门明确专人负责,原则上谁使用谁负责。大型精密仪器应专用专管,使用人应按设备操作规程使用,不得违规使用,未经保管人和使用人同意,其他人不得动用设备。专管共用仪器应由专人管理,共同使用中应建立严格的使用登记制度。

3.大型精密仪器或特殊设备使用前应组织保管使用人进行管理与操作使用的专业技术培训,必须熟练掌握设备的构造、性能、用途、工作原理、各种参数技术、操作规程和使用维护方法。

4.设施设备使用中,操作人员要严格遵守仪器技术标准和操作规程,仪器或设备运转中不得擅自离开,发现运转异常或者发生意外故障时,应立即停止使用并立即向物业管理部和医务部报告,以便及时通知厂家查清原因和排除故障,待故障排除后方可继续使用。仪器设备发生损坏应立即查找原因,确定责任性质。使用中要注意做好使用、检查和维护记录。

5.设施设备使用人应爱护设备,定期做好日常维护工作,使设备经常处于良好状态,每次保养、检查、维修后应做好文字记录并存档。因维护保养不到位造成早期损坏以及发生经济损失的,按规定给予使用部门或使用人相应处罚、要求赔偿。未经允许,不得自行拆卸或维修设备。

6.设施设备都必须建立使用、操作和常规保养规程。使用部门应当结合本院的实际和设备特点,依据相关设备的说明书对所有设备编写操作规程,并将操作规程作为本院重要文件,纳入本院设施设备技术标准。设施设备还必须建立使用台账,及时记录设备使用率、运行状态、故障情况和修复情况等。

7.设施设备使用人员应严格按照规程使用和操作,违反操作规程或人为造成设施设备损坏,物业管理部应查明设备损坏的原因并向院领导报告。在申请设备维修的同时,填写《设备损坏报告单》报送院领导,按照院赔偿规定给予处罚。

8.办公和医务仪器等设备的调配必须经主管院长批准,因抢救老年患者需要发生科室之间临时互借设备时,必须有交接手续,用后及时归还。

9.电梯管理依据《特种设备质量监督与安全监察规定》,设电梯安全管理员一名,并建立设备技术档案,委托有质检资质许可的电梯专业维修保养单位对电梯设备进行维修、保养,保证电梯安全。

10.其他涉及生命安全、危险性较大的锅炉、压力容器(含气瓶)、压力管道等,应有检验合格许可证并按时完成年检。

11.物业管理部门应对各类设施设备的使用状况实施监管,并加强日常维护保养的技术指导,及时组织维修,使设备完好率达到98%以上,特种设备的强检覆盖率应达到100%。

四、设施设备维修管理

养老机构设施设备维修是指设施设备的维护及修理,是对设施设备的物质磨损进行补偿,主要包括维护保养、检查和修理三方面。

(一)设施设备维修

设施设备维修重在预防性保养,及时维护、保养可以减缓设施设备老化的速度,及时发现设备的故障,避免发生突发性故障,使设备具有最佳的运行效果,延长设施设备的使用年限。

(二)设施设备检查

设施设备检查的目的是了解设施设备劣化现象的程度,并根据劣化情况制定相应的补救措施。设施设备的检修有日常检修和定期检修两种。日常检修是一种养护性质的工作,通过养护工作,及时处理在运行过程中由于技术状态的发展变化而引起的常见问题,随时改善设备的使用条件与状况,延长设备的使用寿命,日常维修养护侧重于易出现故障的部位和薄弱环节。定期检修是指同设备修理相结合,按计划日程表由专业检修人员所实施的检查。定期检查侧重于操作系统易损、易磨、易动等的部位及步骤。通过定期检查,及时查明和消除设备的隐患,针对发现的问题拟定改进的工作措施,有目的地做好维修准备工作,提高维修质量和缩短维修时间。

知识链接

设备维修具体管理制度

有关设备维修的具体管理制度有:

(1)各类设施设备维修管理按维修服务程序来执行,首先由使用部门向物业管理部报修,物业管理部根据设备型号安排人员检测并维修,维修后由设备使用人在维修单上签字。维修费较高者或者不在维修计划内的设备故障,先撰写维修费用书面申请报告,由主管领导签字后维修。

(2)设备的一般维修与保养由物业管理部维修人员进行,特殊设备的大中修或部件的更换由生产商或维保厂商专业人员维修,使用者不得随意拆卸设备试图维修,以免造成难以修复的故障。

(3)各部门办公、膳食、医务等设备的使用人应当按照设备说明书规定的项目,定期对设备进行日常清洁保养,物业管理部负责履行监督检查的责任。

五、设施设备损坏遗失和报废管理

设施设备损坏遗失和报废管理是设备管理中一项必不可少的工作。设施设备的损坏遗失和报废要符合相关规章制度,对报废设备可利用的零部件要最大限度地回收利用,做到物尽其用。有关设备维修的具体管理制度有:

(一)设施设备发生损坏或遗失时

部门领导应及时查明损坏程度或遗失责任,组织员工讨论损坏或遗失原因,吸取教训,制定预防措施并填写设施损坏或遗失报告单送物业管理部备案,根据情节轻重提出处理意见,书面向主管院长和院长报告损坏设施设备的数量、经过和原因。

(二)损坏或遗失设施设备符合赔偿规定时

物业管理部门应会同责任部门提出赔偿意见,报主管副院长和院长批准后,由责任部门或责任人赔偿。

(三)其他情况时

根据实际情况确定赔偿条件,由于疏忽大意和不负责任、对设施设备不了解不熟悉而擅自使用或搬动、使用中未向患病老人说明注意事项等造成设施设备损坏的,由责任人按损坏程度赔偿;因工作中故意发泄私愤造成设施设备损坏的,由责任人照价赔偿;因交接手续不清造成设施设备损坏的,应查清责任人或由交接双方共同赔偿;患病老人已经了解使用方法而造成损坏的,由患病老人负责赔偿。

(四)下列情况列入不赔偿条件

因采购的设施设备质量原因而无法查出的、使用中的正常损耗、超出使用期限、紧急抢救患病老人中不可避免的设施设备损坏等。

(五)设施设备符合报废的条件

主要包括因缺少设备维修元器件不能维修,或因设备已经到更新淘汰期已无维修价值,或维修费用接近新购设备价值等。

(六)设施设备申请报废

设施设备申请报废要按规程来执行,设备的报废由使用部门提出可行性论证后送物业管理部审核,物业管理部逐级报请院长办公会讨论后与计划财务科协调制作资产报废表,经院长签署意见后,以正式文件报上级相关部门审核批准。报废的设备经上级部门审核批复后,履行规定的报废手续。报废设备由物业管理部统一处理,处理资金交计划财务科上账。

▓▓ 案例分析 ▓▓▓

案例1

吴老太,75 岁,孤老,患有阿尔茨海默病,入住养老机构已有两年,平常生活基本能自理,护理等级为三级。该老人住在养老院期间,都是其外甥女王某定期前来探望。

某天,吴老太突然在走廊上与清洁工人大声吵闹,情绪激动。护理人员询问得知该老人的一枚金戒指找不到了。吴老太说,这枚戒指是她故去的丈夫当年送给她的结婚戒指,多年来一直悉心带在身边,从来没丢过,昨天洗澡后整理用物的时候还在。护理人员一边安慰老人一边帮助寻找,房间里面衣物箱柜找了个遍,洗漱间也找了,但最后也没有找到,吴老太就怀疑有人拿了她的戒指,为此吵闹。

养老院方非常重视这件事情,对情况作了全面了解:这两天出入吴老太房间的除了同室的老人、护理员之外,其外甥女昨天来探望过她,当时吴老太正在整理衣物,外甥女边与她闲谈,边帮她一起整理了抽屉、柜子、衣柜等。吴老太认为外甥女对她挺好,不可能私自拿她东西,同室老人和护理员也表示没有看到过戒指,更不可能拿老人的东西,同时,院方联系了其外甥女,告诉了她戒指丢失的事情,外甥女说前天帮吴老太整理抽屉的时候还看见过她的抽屉里的戒指,是不是老太自己又忘记放哪里了。院方又让护理员再次帮她寻找,最终也没有找到。

吴老太为此情绪低落,并天天找院长要求找回她的金戒指。

院方认为:吴老太患有阿尔茨海默病,虽然基本日常生活自理能力尚好,属于三级护理,但有记忆障碍,不能安全保管好自己的物品。入住机构的时候,工作人员曾详细告知过老人和家属贵重物品的管理事项,建议老人不携带贵重物品或者办理托管手续,老人和家属没有选择托管手续。这次的戒指遗失的原因现无从查实,院方不予负责。对于此次的遗失事件,院方表示非常遗憾,只能继续做老人和家属的解释工作,安慰其情绪。

分析：

老人入住养老机构，经常会将一些自己心爱的贵重物品带入院中，由于养老机构的特殊环境和老人记忆力下降等因素，如无恰当的措施和制度，会给机构带来不必要的麻烦。一般认为，入住老人的贵重物品不宜带入院内，带入院内的贵重物品，原则上机构不涉及入住老人的个人财产管理，入住老人的贵重财物由入住老人自己保管，原则上养老机构不受理寄存及管理。当出现下列特殊情况之一时，养老机构可受理金钱等财物的管理：①入住老人本人向养老机构提出委托。②由于入住老人本人痴呆等原因被确认为没有足够的判断能力而不能恰当管理财物，得到送养人等许可。一般来讲，如老人不予托管，一旦遗失，机构不承担由此造成的后果。

该案例中的吴老太患有阿尔茨海默病，保管物品的能力有限，不建议其携带贵重物品入住养老机构，如确实有需要，需办理财物托管手续。

对于养老机构而言，为保障入住机构老人的权益，机构应建立完善管理制度，设立为老年人提供贵重物品保管服务。首先要做好入院物品管理宣教解释工作，必须通知入住老人带入机构内的贵重物品由自己保管的情况下养老机构没有管理责任，一旦丢失责任自负。如果由养老机构保管，要签订保管协议。机构制定的贵重物品保管制度，要在老人入住机构时及时告知，如老人不予委托，应明确告知，一旦遗失后果将自负。同时，制定的保管制度必须规范，执行必须严格，否则也会因保管不当而承担责任。

第四章　养老机构的人力资源管理

本章要点

★养老机构员工聘用的具体管理方法。

★养老机构人员劳动保护制度、员工培训管理。

★员工各种假期的待遇及审批程序。

★养老机构员工的健康管理。

★服务合同管理的具体内容和制度。

人力资源管理是指组织依据相关法律规定对其管辖范围的人力资源所进行的规划、获取、维持和开发等一系列管理活动。一个组织管理人力资源的方式会对组织的长期价值甚至最终生存能力产生至关重要的影响。人力资源管理职能给一个组织所带来的价值增值正被组织所逐步认识。人力资源管理的所有方面,包括如何获取、开发、利用以及报酬,如何设计和衡量工作等,都会影响组织迎接所面临的挑战以及创造价值,影响到组织是否能够创造价值和赢得竞争优势。人力资源是机构良性发展的智力资源,养老服务的人力资源管理直接决定着养老服务质量的高低和机构市场竞争力的大小,为此,养老机构的人力资源管理显得尤为重要。

第一节　养老机构的人员管理

养老机构的工作主要是提供服务,而服务主要依靠人力资本提供,所以人力资源是养老机构的第一资源,养老机构的人力资源管理对提升机构服务质量以及机构的生存发展至关重要。目前我国大多数养老机构人力资源的总体状况还不能满足养老机构的实际需要,养老机构要实现自身竞争力的最大化,必须充分发挥人力资源管理的作用,认真做好人力资源管理工作。

一、员工的聘用管理

为规范养老机构劳动人事管理制度,形成择优录用、奖罚分明、合理流动的用人用工制度,制定员工聘用和管理方法。

(一)员工招聘(在职员工)

1.人力资源部(科)每年年末根据编制情况及职能或业务部门书面用人需求,制订次年人力资源计划(含大中专毕业生、复转军人及社会用工等)并报院领导同意和上级审批后组织招聘新员工。

2.人力资源部(科)根据已批准的人力资源计划和毕业生指标通知相关用人部门,由用人部门对新招聘员工进行面试、笔试并写出书面意见报人力资源部(科)备案。人力资源部(科)负责对新招聘员工的人事档案、任职资格等情况进行审核并安排体检,择优录用,以保证新招聘员工的基本综合素质符合用人部门要求。

3.新招聘的员工应符合相应岗位的学历、专业技术等要求,其年龄限制由院长办公会决定,应届大中专毕业生应与本院签订服务期协议。

4.人力资源部(科)负责新招聘员工院规、院纪等方面的岗前培训和教育,用人部门负责新招聘员工上岗前的岗位职责和业务技能等方面的教育。

5.新聘用员工劳动合同期限三个月以上不满一年的,试工期不超过一个月,劳动合同期限一年以上不满三年的,试工期不超过两个月,三年以上固定期限和无固定期限的劳动合同,试工期不超过六个月(不含复转军人)。

(二)员工聘用合同签署

1.根据省、市、自治区劳动政策的有关规定,经甲乙双方平等协商,自愿签订合同,并共同遵守合同所列条款,具体聘用条款参照所在省(市、区)事业单位聘用合同书。

2.员工的聘用采取逐级聘用的原则,聘用后应当签订"聘用合同书",同时还应当每年签订"岗位协议书"。

(1)院长聘用副院职领导,副院职领导聘用分管职能或业务部门中层正职和副职,中层正职经院长授权后聘用本部门班组长和员工。

(2)聘用结果以签署的"岗位协议书"为准,"岗位协议书"一式两份,一份交由本人保管,一份交人力资源部(科)备案。

(3)"岗位协议书"每年签署,在期限届满前,人力资源部(科)提前 30 日将终止或者续订聘用意向书,以书面形式通知员工,协商办理终止或者续签手续。

(三)聘用合同管理

1."聘用合同书"一式两份,院方及受聘人各执一份,用人单位员工人事档案永久保存。

2.聘用合同的变更和解除遵照省、市、自治区劳动政策规定有关"聘用合同书"的内容。

3.员工要求解除聘用合同应提前一个月向本部门领导提交书面申请,所在部门领导签署意见后报人力资源部(科),由人力资源部(科)按政策审核后提出书面意见并上报,经院长办公会同意后,办理相关手续并解除合同。

4.员工有《劳动合同法》第三十九条所列情形的,单位应及时与员工解除合同,10 日内告知员工本人办理解除合同事宜,同时征得工会同意。

5.合同双方因履行合同发生争议的,应协商解决;协商无效的,当事人可向上级行政主管部门申请调解和处理或者向人事争议仲裁委员会申请仲裁,仲裁结果对争议双方具有约束力。

(四)员工管理

1.人力资源部(科)依据国家及地方有关规定,负责组织实施"事业单位工作员工年度考核"工作并将相关资料及时归档。

2.员工年度考核结果是员工合同续聘、解聘、终止以及调整岗位、职务升降、工资待遇和奖惩的重要依据,员工合同续聘、解聘、终止应依据相关规定办理。

3.员工个人或用人部门要求调整员工岗位时,应以书面形式提出申请,经主管领导审核签字并经院长办公会研究同意后,院长在书面申请上批示意见,人力资源部(科)接到书面批示意见后方可办理调整手续。

4.因故解聘、终止合同的员工应在规定的时间内,持人力资源部(科)开具的"物品交接通知单",在规定时间内做好工作交接工作(退还证件、标志、公物、公款、工具、劳保用品、图书等用物),然后到人力资源部(科)办理人事档案、工资、社保等关系转出手续。

二、员工的培训管理

养老机构应根据培训需求分析,对员工进行培训,使培训的内容能够充分体现老年人身心整体护理需求和特点,针对在岗人员培训意愿,开展不同内容和方式的培训,满足从业人员的工作需求。

(一)员工培训管理

根据员工专业技术技能情况及岗位需求,对员工进行教育和培训,提高员工的服务技能水平,全院员工应无一例外地参加院内组织的教育培训活动并通过考核。

(二)员工培训分类

1.新入院(参加工作)员工岗前教育。

2.在职员工专业技术知识和岗位操作技能等各类培训。

3.转岗培训。

(三)新招聘员工入职前教育

1.对新分配和新调入的员工进行入职前教育,未参加培训者不得上岗。

2.入职前进行集中培训,时间一般不少于三天。

3.入职前培训主要内容

(1)本院概况、院规、院纪教育。

(2)养老服务事业的方针、政策教育。

(3)行业文化理念、行业规范教育。

(4)院内工作制度、操作常规、岗位职责教育。

(5)安全教育。

4.入职前教育内容由人力资源部(科)进行考核,合格者方可上岗。

5.新来院员工岗前教育流程

(1)第一天:概况教育,使新员工了解本院发展史和基本情况,本院的中心工作任务和工作目标。

(2)第二天:行业文化理念教育,学习相关方针、政策及职业道德。

(3)第三天:学习本院标准化管理基本要求、相关制度规范,参加培训后进行书面考核。

(四)员工培训具体管理

1.培训部门　人力资源部(科)。

2.培训内容　培训内容上,应从管理和服务两个角度开展,以满足他们不同的知识需求。从管理角度看,在全方位培训内容中,应重点让管理者了解全球化的社会背景、我国的老年政策和相关法律法规、老年服务事业的现状和发展、养老机构的经营与管理、养老服务内容的拓展和服务水平的提高等方面的知识,以提高他们的管理和决策能力,改进服务意识和服务理念,提升服务质量和水平;护士以更新知识、完善知识结构为主,加强老年医学和老年护理学基本理论和技能的培训以及心理学、人际沟通等人文科学知识的学习,提高实施整体护理的能力;护理员则以基本的护理知识及生活照料培训为主,使他们在基本护理理论的指导下,为老年人提供规范、合理的日常生活照料。另外,培训应与人员晋升、转岗、工资调整等充分结合起来,避免培训对象单一、培训流于形式,应对培训效果进行评估,实现培训良性循环和人才开发的目标。

3. 培训方式　讲授、录像、工作研讨、经验介绍、参观学习、自学、小组讨论等相结合;技能培训可采用边讲解边演示,逐个逐项考核过关的方法。

4. 培训形式　应采用灵活多样的培训形式。如学习能力较强的年轻人,可开展为期1~2年的长期培训班,让他们系统地学习专业知识,不断提高自己的业务工作能力,为老年服务事业注入新的活力;针对年龄偏大的员工,适时开展1个月或3~6个月不等的短期培训班,使他们在兼顾工作、学习和家庭的情况下,提高自己的专业技能;还可以把业务水平较高的教师请到养老机构来,为养老机构员工举办专业的知识讲座,提高员工的专业知识水平。

(五)财务员工培训

1. 培训内容　按照地方财政局要求和规定进行法律法规、行业规范培训。

2. 培训形式

(1)上级主管部门组织的继续教育。

(2)本科室组织的学习培训、讨论。

(六)技工培训

1. 培训内容

(1)专业技能、操作规程。

(2)行业规范。

2. 培训形式　参加劳动局组织的相关工种的脱产或半脱产培训。

(七)员工外出进修、培训

1. 凡脱产学习半年以上(含半年)的员工,应根据《员工教育条例》相关规定与院方签订书面协议书。协议书中应明确员工学习后为本单位服务的年限以及违反协议应当承担的责任。

2. 员工学历学习、进修培训、晋升辅导有关的申报、审批及学费报销,参照《关于员工参加各类学习的有关规定》《关于专业技术员工职务晋升所需费用处理办法》执行。

(八)转岗员工培训

转岗员工应进行相应的转岗培训,由相关职能部门或用人部门组织进行,使之达到上岗基本要求。

(九)护理人员培训

1. 培训对象　护理专业应届毕业生、外单位调入或本院聘用的护士。

2.培训内容

(1)护理部培训内容:重点介绍护理部的组织机构、规模、功能、任务、目标及管理模式。

(2)部门培训内容:

1)规章制度、各班工作程序、人员职责。

2)基础护理操作技术:生命体征测量、肌内注射、导尿、吸氧、吸痰、口腔护理、无菌技术等项目。

3)护理文书:体温单、医嘱单、医务部交班报告书写方法和具体内容等。

3.培训方法 可以采取集中、分散方式。

(1)集中式即是由护理部统一组织负责岗前培训内容公共部分的介绍与训练。

(2)分散式即是由护理部主任安排师资负责岗前培训内容,各护理组根据本组工作情况分散学习和技能训练。

4.考核内容 护理部进行理论基础知识及基础护理操作考核。

三、员工的健康管理

员工健康管理则是养老机构的一项管理行为,它是通过养老机构自身或借助第三方的力量,应用现代医疗和信息技术从生理、心理角度对员工的健康状况进行跟踪、评估,系统维护员工的身心健康,降低医疗成本支出,提高养老机构整体效率的行为。

(一)健康安全与风险

1.职业健康安全 影响工作场所内员工、临时工作人员、合同方人员、访问者和其他人员健康和安全的条件和因素。

2.劳动防护用品 劳动者在生产过程中为免遭或减轻事故伤害和职业危害的个人随身穿(佩)戴用品。

3.风险 某一特定危险情况发生的可能性和后果的组合。

4.危险源 可能导致伤害或疾病、财产损失、工作环境破坏或这些情况组合的根源或状态。

5.危险源分类 依据《中华人民共和国职业病防治法》以及工作环境及其作业条件对职工健康的危险源主要有:

(1)传染病:常见的疾病有病毒性肝炎、肺结核、细菌性痢疾等。

(2)接触性皮炎:特别是由于药物和消毒剂引起的过敏性皮炎。

(3)化学因素所致疾病:人员接触有害化学物质,如防护不当时,易造成各种疾病。

(4)辐射因素:提供医疗放射所造成的X射线。

(5)其他因素:由各种劳动条件所致的医疗废弃物以及环境污染、职业暴露的防护不到位等。

6.有害因素限量要求

(1)有害因素限量标准:空气应符合室内空气质量标准的规定,不能有空气污染源,应保持室内外空气的新鲜和流通。周围环境不应有强噪音源,我国对安静区环境标准建议值:白天为45分贝,夜晚为35分贝,一般35～40分贝是老年人比较理想的声级范围。室内温湿度:冬季18～22℃,夏季28～30℃,相对湿度50%～60‰。

(2)生物危险保护(传染病):执行传染病防治法、职业病防治法的规定。

(3)对有害性物品使用处理要求:按照国家、行业以及相关标准对有害物品进行处理,对传染病的确诊应参照《中华人民共和国传染病防治法》规定管理的传染病诊断标准(试行)以及相关法律法规执行。医疗检验过程中产生的含菌培养基,需经高压(105.93kPa)、高温(134℃)灭菌3~5分钟后,按照医疗废物处理程序进行处理。

(二)工作场所的安全卫生

1.环境卫生、个人卫生的要求及相关设施

(1)作业场所的环境应符合相关规定的要求。

(2)特殊工种的作业场所应有符合相关标准的设施配备。

(3)营养保健部(科)应配备空调等降温设施,油烟净化装置应符合相关规定的要求,以减少高温、空气污染作业的伤害。

(4)为满足接触高温、生物传染源等有害因素的职业人员的防护要求,应配备必要的洗浴、消毒设施。

2.各岗位安全操作规范

(1)从事诊疗活动的所有医、护、技人员:执行规范洗手程序;用过的针应立即放入防刺、防渗漏的利器盒内,不要将针放入已经过满的利器盒中;在相关工作完成后,再脱掉手套;摘掉手套后或接触体液后立即洗手。

(2)微波辐射作业人员:穿戴微波防护服、防护镜作业,不在机旁逗留。

(3)放射作业人员:上岗作业必须佩带放射剂量测试笔,执行隔室作业避免辐射伤害,必要时穿戴铅防护服。

(4)检验作业人员:在使用生物安全柜时必须穿个人防护服,戴手套(手套应该套在隔离衣的外面),必要时戴口罩和帽子、防护镜、面罩。

(5)口腔作业人员:治疗前穿长袖工作服,戴工作帽、医用纱布口罩,必要时戴防护镜、面罩、着防护服,治疗结束后进行手部清洗和快速消毒。

(6)医疗废物回收人员:工作过程中应穿着工作服、工作鞋,戴工作帽、口罩、手套。

(三)劳动防护

1.劳动防护用品配置要求

(1)一般性劳动岗位的劳动防护用品执行通用配置标准。

(2)接触有害因素的职业人员执行特殊岗位防护用品的配置要求。

1)膳食作业人员:防滑鞋、橡胶手套、隔热手套。

2)从事医疗活动的所有医、护、技人员:工作服、工作帽、医用口罩、工作鞋。

3)放射作业人员:铅帽、铅屏风、铅衣和放射剂量测试笔。

4)微波辐射作业人员:微波防护镜、微波防护服。

5)口腔检验作业人员:防护服(非一次性)、防护镜、面罩、医用纱布口罩。

6)遇特殊疫情时按需要制定。

2.劳动防护措施

(1)员工每年体检一次,妇科体检一年两次,特殊岗位的从业人员应按需增设体检项目。

(2)员工每年度体检完成后,体检记录和各类检验单据应存入员工个人健康档案妥善保存,门诊部应及时汇总员工体检结果,并针对员工身体健康检查结果进行分析,向院长提交分析报告。

（3）特殊岗位人员的防护要求：从事医疗活动的所有医、护、技人员，在基本防护着装的基础上，可按风险程度递加使用防护用品，作业场所内配备摆式洗手龙头、抗菌洗手液、加盖污物桶。

（四）主要疾病应急预防

（1）职业暴露 HBV 后应急预防方法（表 4-1）。

表 4-1　职业暴露 HBV 后应急预防方法

被感染者的疫苗注射及抗 HBsAb 状态	如果患病老年人（感染源）HBsAb 阳性	如果患病老年人（感染源）HBsAb 不详
未注射疫苗者	注射乙型肝炎免疫球蛋白（HBIG）1 次并开始 HBV 疫苗注射系列	开始 HBV 疫苗注射系列
既往注射过 HBV 疫苗		
已知有反应者（HBsAb 阳性）	无须治疗	无须治疗
已知无反应者（HBsAb 阴性）	注射乙型肝炎免疫球蛋白（HBIG）1 次并开始再次 HBV 疫苗注射或注射乙型肝炎免疫球蛋白（HBIG）2 次（第 2 次在 1 个月之后）	如果所接触患病老年人系高危感染者，按（感染源）HBsAb 阳性处理
反应不明确者（抗 HBsAb 状态不详）	检测被感染者抗 HBs 状态，如抗 HBsAb 阳性，无须治疗；如抗 HBsAb 不足，予 HBIG 注射 1 次，并注射 HBV 疫苗 1 次	检测被感染者抗 HBs 状态，如抗 HBsAb 阳性，无须治疗；如抗 HBsAb 不足，予 HBIG 注射 1 次并注射 HBV 疫苗 1 次，并在注射疫苗 1～2 个月后再次检测 HBs 滴度

（2）HBV 在体液中的浓度（表 4-2）。

表 4-2　HBV 在体液中的浓度

高	中	低
血液	精液	尿
血清	阴道液	粪便
伤口渗出液	唾液	汗液、泪液、乳汁

（3）医护人员职业暴露感染 HBV 的风险（表 4-3）。

表 4-3　医护人员职业暴露感染 HBV 的风险

暴露途径	感染风险
经皮下	0.3%
黏膜	0.09%
破损皮肤	<0.1%

(4)职业暴露 HBV 后登记和报告:医务部登记的内容包括艾滋病病毒职业暴露发生的时间、地点及经过;暴露方式;暴露的具体部位及损伤程度;暴露源种类和含有艾滋病病毒的情况;处理方法及处理经过,如是否实施预防性用药、首次用药时间、药物毒副作用及用药的依从性情况;定期检测及随访情况,及时向当地 CDC 报告。

(5)护理人员发生针刺伤的应急预案(图 4-1)。

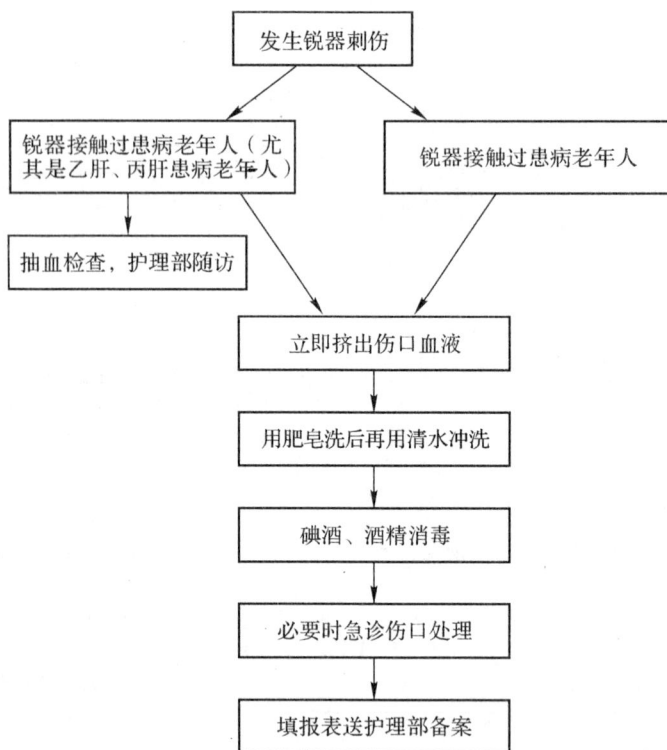

图 4-1　锐器刺伤应急预案

(6)职业禁忌病预防,员工年度身体健康检查中,如果发现肝功能传染性疾病,必须调离餐饮制作或餐饮服务岗位。

(7)确诊为患有精神疾病的员工应离岗,防止伤害性事件的发生。

第二节　养老机构的人事管理制度

养老机构的员工主要包括养老护理员、医务人员、行政人员、康复人员、膳食服务人员、后勤保障人员六大类。养老护理员包括护理长和护理员;医务人员包括医生、护士、药剂师;行政人员包括院长、副院长、办公室主管、人事部职员、财务部职员、办公室文员等;康复人员包括康复医师、物理治疗师、作业治疗师;膳食服务人员包括营养师、厨师、采购员;后勤保障人员包括水电维护工、保洁人员、洗衣工、门卫、绿化工、仓库保管员等。为了更好地使各岗位员工履行岗位职责,遵守各项规章制度,操作规范,依据服务流程开展服务,需要对员工进行相应的管理。

一、劳动保护制度

劳动保护制度是指以保护劳动者在劳动过程中的安全和健康为宗旨,以劳动安全卫生规则为内容的规范。

(一)员工劳动保护与职业健康

1.员工劳动保护(职业健康)的方针与目标

(1)劳动保护(职业健康)的方针:执行《中华人民共和国劳动法》规定,遵照《中华人民共和国职业病防治法》《中华人民共和国传染病防治法》和《中华人民共和国传染病防治法实施办法》等法律法规的要求和措施,落实劳动保护(职业健康)管理工作要求,积极开展劳动卫生与劳动防护,达到劳动保护、维护员工身心健康的目的。

(2)劳动保护(职业健康)目标:通过改善劳动环境条件和预防职业性疾病的发生,实现员工身心健康和提高工作效率的目标。员工年度体检覆盖率达到100%,女员工特检覆盖率100%。

2.职业健康指标　符合职业健康技术标准。

3.职业健康管理方案

(1)人力资源部(科)、各职能或业务部门应结合本专业特点,分析服务提供过程中危害从业人员健康的因素,确定职业健康管理要点并制订和提出相应的实施计划,报经主管院领导提请院长办公会审批后实施。

(2)职业健康教育培训:

1)内容:与员工岗位相关的职业健康防护教育或培训。

2)方法:实施岗前或日常职业健康教育一般采取培训、讲座、录像、现场观摩、防护演练等方法进行。

3)要求:对从事废物处置的员工或重点部门、特定岗位员工的职业健康教育,必须包含安全防护和紧急处置等知识内容。

4)记录:职业健康教育或培训采取实名制登记备案方式,作为责任部门完成或员工参加职业健康教育培训的依据。

5)考核:职业健康教育培训结束后应当进行测试,测试结果作为考核依据。

(3)劳动防护:

1)员工体检每年安排一次,女员工特定体检项目根据需要安排。

2)不符合职业要求的员工应安排其他岗位。

医务部应建立全院员工的职业健康档案。

(4)职业健康管理:

1)标准预防:认定患病老年人的血液、体液、分泌物、排泄物均具有传染性,不论是否有明显的血迹污染或是否接触非完整的皮肤与黏膜,接触上述物质者,必须采取防护措施。其基本要求为:既要防止血源性疾病的传播,也要防止非血源性疾病的传播,强调双向防护;根据主要传播途径,采取相应的隔离措施,包括接触隔离、空气隔离和微粒隔离。

2)标准预防的措施:

①洗手:接触患病老年人的血液、体液、分泌物、排泄物及其污染物品时,不论其是否戴手套,都必须洗手;遇有下述情况,如摘除手套后、可能污染环境或传染其他人时必须立即洗手。

②戴手套：接触患病老年人的血液、体液、分泌物、排泄物及其污染物品时，接触患病老年人黏膜和非完整皮肤前均应戴手套；对患病老年人既接触清洁部位，又接触污染部位时应更换手套。

③患病老年人的血液、体液、分泌物、排泄物有可能发生喷溅时，应戴眼罩和口罩，并穿防护衣，以防止医护人员皮肤、黏膜和衣服的污染。

④被患病老年人的血液、体液、分泌物、排泄物污染的医疗用品和仪器设备应及时处理；重复使用的医疗仪器设备应进行清洁和消毒。

⑤污染的床单需及时处理，防止接触患病老年人的皮肤与黏膜，以防污染衣物及微生物传播。

⑥锐利器具和针头应小心处理，用后及时置于利器盒内以防刺伤。

⑦医护人员进行各项医疗操作、清洁及环境表面消毒时，应严格遵守各项操作规程。

⑧污染环境或不能保持环境卫生的患病老年人应隔离。

3)医务人员的防护要求：要求从事医务活动的所有医、护、技人员，必须穿工作服、工作鞋，戴工作帽、医用口罩。

①基本防护：规范洗手内容，如"六步法"洗手、摆式洗手龙头或感应水龙头、抗菌洗手液、加盖污物桶。当接触血液、体液、排泄物、分泌物及破损的皮肤黏膜时应戴手套，戴手套是为了避免与任何可能引起感染的物质接触，其目的是双重性的，既保护医护人员，也保护患病老年人，防止医务人员把自己手上的菌群转移给患病老年人，也防止医务人员将从患病老年人或环境中获得的病原微生物在人群中传播。相关工作完成后，再脱掉手套，手套不能代替洗手，在两个患病老年人之间一定要更换手套，摘掉手套后或接触体液后立即洗手。

②应用操作控制是指将潜在的刺伤事故发生的可能性降至最低的一种操作模式，如用过的针应立即放入防刺、防渗漏的利器盒内，不要将针放入已经过满的利器盒中。

③戴口罩和护目镜可防止患病老年人的体液、血液、分泌物等传染性物质飞溅到医护人员眼睛、口腔及鼻腔黏膜。

④穿隔离衣可防止被传染性的血液、分泌物、渗出物、飞溅的水和大量的传染性材料污染自身，必要时可再外加塑料围裙；脱去隔离衣后应立即洗手，以免污染其他老年人和环境。

4)加强防护：进行体液或可疑污染物操作的医护人员，转运疑似诊断传染病的医护人员和司机，要求在基本防护的基础上，可按危险程度使用防护用品。进入传染区域时穿隔离衣；有体液或其他污染物喷溅的操作时戴防护镜；操作人员皮肤破损或接触体液或破损皮肤黏膜的操作时戴上手套；有可能被患病老年人的体液喷溅时使用面罩；进入传染区域时使用隔离袜子和鞋套。

5)严密防护：对老年人进行有创操作；进行气管插管、切开吸痰等操作的医务人员，在加强防护的基础上，应使用面罩。

(5)职业健康监控：

1)通过现场检查和检验，确保劳动防护用品的到位以及从业人员对防护措施的有效执行。

2)从业人员通过日常工作记录，确保各岗位职业安全操作规范的实施。

3)在服务过程中，突发职业健康危害性事件时，从业人员应执行应急事件报告程序。

(6)劳动防护服装和用品管理：

1)劳动防护服装和用品的使用管理要求：防护服装既是工作服装，也是特定的职业标志。员工使用防护服装应保持干净整洁，不得穿污浊肮脏的防护服装上岗；医疗、护理专业员工的防护服装应当体现岗位或责任区别，同时符合消毒隔离、防止交叉感染的要求；管理人员和工勤员工的防护服装应有符合岗位性质的要求，各岗位员工上岗应当按要求穿防护服装和使用防护用具，医疗、护理人员穿防护服装不得进入员工餐厅及公共场所，餐厅员工穿防护服装不得外出或穿回家，防止交叉感染；医疗、护理专业员工的防护服装应当定期清洗和消毒，餐厅员工的防护服装应当及时清洗，保持整洁，各岗位员工使用劳动防护用品应保持干净整洁和定期换洗，不得按本人喜好随意剪裁，以保证劳动防护用品的完整统一与岗位生产安全的适宜性。人力资源部（科）应当严格按照规定和标准发放劳动防护用品、消毒防护用品等，凡违反规定多发或少发劳动防护用品、消毒防护用品造成后果或不良影响的，要追究相关人员责任；采购部门应确保购入的各种劳动防护服装和用品符合相关标准与要求并负责建立健全《员工劳动保护用品领用登记台账》，确保账物相符。

2)劳动防护用品的有效使用：从事诊疗活动的所有医、护、技人员当接触血液、体液、排泄物、分泌物及破损的皮肤黏膜时应戴手套、面罩、防护镜、防护服，用于防止被有传染性的体液、血液、分泌物等液体物质感染；电波辐射作业人员、放射作业人员，在必要时穿戴特种防护服、防护镜进行作业；营养保健作业场所应配备必要的防滑用具、防烫伤用具，以及劳动作业所需要的其他用具。

3)劳动防护服装和用品的配备和领用：①在编员工、与院签订正式用工合同的聘用护士、技工、普工、养老护理员均享受相应的劳动防护服装和用品；②应届毕业生或新调入的员工一般应自到岗后的下一季度开始享受劳动防护服装或用品；应届毕业或新调入的医疗、护理、医技和餐厅员工，自到岗之日起可先领取防护服装，其他防护用品从下一季度起享受；③员工因工作岗位调整，应交回原岗位劳动防护服装和用品，换领新岗位劳动防护服装和用品。员工调离、辞职或被辞退前移交工作时，应当退还劳动防护用品，不退还的，由人力资源部（科）按使用年限折价并通知财务科收取费用后，再办理相关离院手续；④劳动防护服装和用品以旧换新；⑤特殊劳动防护用品、公用劳动防护用品、普通劳动防护物资和工具、设备的领用，需经部门领导报请主管院领导审批和院长同意并签字后领用；⑥因特殊情况需提高特定岗位的劳动防护用品发放标准，应由员工所在部门提出申请，逐级报请院长办公会审批后，方可按提高后的标准发放。

4)劳动防护服装和用品发放原则：①劳动保护用品的发放、使用、管理，必须贯彻"安全第一、预防为主"的方针，使发放的劳动保护用品确实起到保护劳动者安全、健康的作用；②劳动保护用品的发放，必须依据工作性质和劳动条件，对不同工种、不同劳动条件，发给不同的劳动保护用品，劳动保护用品是为劳动提供保护的必要物质条件，职工上岗作业必须按规定使用，劳动保护用品不得移作他用或领而不用；③劳动保护用品不是生活福利待遇，应按规定标准以实物形式发放给职工，不得以币代物发放，更不得以发放劳动保护用品的名义发放其他物资；④凡未列入和新出现的工种，由所在部门按上级有关规定结合本院实际拟定标准，院长批准，但发放标准及周期不得超过新规定中的主要工种。

5)劳动防护服装和用品的发放：①劳动保护用品的发放管理由人力资源部（科）负责，每年应对各岗位（工种）人员名单进行核实报主管副院长批准，并负责劳动保护用品的计划、采购、保管和发放工作;②发放劳动保护用品严格按规定和标准发放,不得违反规定多发或少发劳动保护用品,凡违反规定或造成其他不良影响的要追究有关人员的责任;③凡领取劳动保护用品的职工,因病事假、离职学习等超过三个月以上者,应在其劳动保护用品个人明细账上将其使用时间扣除,使用期相应延长;④新规定执行前发放的耐用劳动保护用品,使用不足原规定年限的可继续按原规定年限使用,到期后按新规定的标准配发。

(7)职业健康指导和预防:

1)医务部根据季节变化适时指导员工做好个人卫生、防暑降温、防寒保暖、疾病预防、传染病预防等,增进员工身体健康。

2)加强心理健康知识宣传,引导员工培养健全人格。

3)重视员工和老年人健康,发现餐饮员工患有职业禁忌病应及时向院领导报告,并调整其工作岗位。

(二)生产与技术安全

1.职能或业务部门应以国家或主管部门公布的法律法规和安全标准为依据,制定生产与技术安全的措施,杜绝员工的伤亡或中毒等事故发生。技术改进、新建设施、新购入的设备等应符合国家相关安全标准。

2.员工在工作或服务中应持证上岗并按要求严格遵守各项安全规定。

3.员工在工作或服务过程中,因本人违反劳动操作规程或违章造成本人和对他人伤害及财产损失,应当承担相应的法律责任。

二、员工假期制度

养老机构的假期一般有事假、病假、公假、年休假、婚假、生育假、丧假以及探亲假等,让员工了解各种假期审批程序、假期间工资奖金待遇等规定,使他们有计划合理使用假期,有利于各项工作的顺利开展。

(一)事假管理

1.员工有事应在事前请假,说明理由并填写"请假单",审批同意后方可休息。特殊情况不能事前请假者应尽可能在当日上班后2小时内电话告知本部门领导,事后补办请假手续,否则按旷工处理。

2.员工全年请事假累计15天以内的岗位工资照发,超过15天按日扣发30%岗位工资,其他待遇按院内相关规定执行。

3.事假期间员工患病(含在外地探亲的员工),应持相关医院急诊证明并经人力资源部审核认定后可按病假处理。

4.批准权限

(1)3天以内事假由部门领导批准。

(2)3天以上事假由部门领导审核,主管院长批准。

(3)中层干部请假由主管院长批准并报告院长;院级领导请假由上级领导批准;同级副职请假由正职批准。

(4)新员工在学徒或见习期间一般不准请事假,特殊情况应经部门领导批准并办理请假手续。

（二）病假管理

1.员工看病,应尽可能提前请假并依照公费医疗相关规定到指定医院就诊。

2.员工需要在上班时间就诊应经本部门领导同意后到指定医院就诊,每月一般不超过两个半天并凭挂号单或预约单销假,超过规定时间按事假处理。

3.员工病休,应持有指定医院病休证明或经批准的非指定医院病休证明或急诊证明。急诊病休每次不得超过3天,病休后未痊愈者,应到指定医院就诊。

4.员工病休应及时送交医院证明,否则按旷工处理。上班后补病休证明或非急诊证明或代开的病休证明一律无效。对伪造、涂改病假条等弄虚作假者,一经核实,均按旷工处理。

5.非正常情况就诊(如打架、斗殴、酗酒等),看病及病休时间按事假处理,医药费自理,工资、奖金等按事假处理。

6.员工病假期间工资待遇

(1)员工病假期间工资待遇参照《国家机关工作人员病假期间生活待遇的规定》(国发〔1981〕52号)和院相关要求执行。

(2)员工连续休病假跨年度时应连续计算病休时间。

(3)员工病休期间不得从事与病休无关的工作,应遵纪守法,病休期间来院,不记出勤,以确保员工恢复健康。

(4)员工长期病休(6个月以上)后要求上班时,应书面申请并提交指定医院出具的康复证明,经院领导同意后,方可上班并试工3个月(签订聘用合同及岗位协议书)。

(5)员工病休6个月以上领取病休工资者,仍需按规定每月送交请假条,确保日期的连续性,否则停发病休工资并按病休协议书条款解除聘用合同。

（三）公假管理

员工遇下列情况之一时,经本部门领导同意后准许休公假。公假不算事假,但要记入考勤。

1.员工为其子女开家长会,凭园、所、校证明给予公假半天。

2.员工凡因政府征地或危房改造或员工购房需搬迁时,凭征地、建设或小区物业部门证明,可给予一次性3天公假。

3.员工为子女打预防针,凭打针证明,可给予公假半天。

4.员工住房及其设施需维修时,凭房管或物业部门证明,可给予半天或1天公假,但全年不得超过2天。

5.员工休公假应办理请假手续,填写《请假单》,并由部门领导签字批准。

6.员工休各种公假3天(含)以内不影响工资、奖金等。全年累计3天以上,影响当月奖金。

（四）年休假管理

1.员工年假管理依据《全国年节及纪念日放假办法》及《员工带薪年休假条例》执行。员工累计工作已满1年不满10年的,年休假5天;累计工作满10年不满20年的,年休假10天;累计工作满20年的,年休假15天。员工休年假不影响工资、奖金等待遇的发放。

2.国家法定休假日、休息日不计入年休假的假期,休年假一般在本年度享用;不跨年度安排。

3.员工休年假应当持本人年休假假条办理请假手续,经本部门领导同意后才可休假。

中层干部休年假应经主管院领导同意,一次性休年假超过 3 天时,主管院领导应报告院长同意。

4.员工年休假一般应一次性休完。确因工作需要不能一次休完的,经部门领导同意方可分次休假(每次休假不得少于 1 天)。

5.依照国家相关规定,员工年假不得跨年度使用,当年有效,隔年作废。

6.每年 6 月 30 日以后调入的员工,不安排休年假。脱产 1 年以上学习的,不享受当年的年休假;毕业后回单位工作的,下年度再享受年休假。

7.年内连续病休超过 6 个月或事假累计超过 15 天的,不再享受当年的年休假待遇。本年度已享受年休假后再请病事假超过上述规定的,不享受下一年度的年休假。

8.按规定已享受探亲假、婚丧假、生育假、计划生育假的,仍可享受当年的年休假。

(五)婚假管理

1.员工结婚,可享受国家规定的婚假 3 天,符合晚婚条件(男 25 周岁,女 23 周岁以上初婚登记的为晚婚),可享受奖励婚假 7 天。

2.员工结婚时,双方有一方在外地工作的,可根据路程给予路程假并报销路费。

3.员工休婚假应事先办理请假手续,婚假应在婚期使用,否则无效,办理婚假应经本部门领导批准并报人力资源部(科)备案。

(六)生育假管理

1.女员工怀孕满 7 个月及婴儿未满 1 周岁时,一般不安排夜班,不参加重体力劳动。女员工生产前因保胎休假,按病假处理;员工带子女看病,按事假处理(不含用年休假或补休)。

2.女员工产假为 90 天,经个人申请并由所在部门认可,报院计生办备案;如继续休假至 6 个月,应本人书面申请,征得部门领导同意并经主管院领导批准后,到计生办备案,计生办应及时书面通知人力资源部(科)。

3.晚育女员工(已领独生子女证)增加奖励假 30 天,产妇护理确有困难时,奖励假也可由男方使用(应有女方单位证明)。

4.男女双方均不休晚育假的,女方应增加 1 个月工资。

5.未满周岁婴儿的母亲(婴儿不在身边的除外),每天可享受 1 小时的哺乳时间,双胞胎为 2 小时。

6.生育假从生产后第 2 个月开始计算。

7.其他有关计划生育假方面的奖励或处罚办法,按国家及地方政府有关规定执行。

(七)计划生育假管理

1.已婚孕龄员工采取长效避孕措施给予奖励假 3 天,此期间工资、津贴、补贴、奖金照发。

2.生育一个子女后做绝育手术的员工给予奖励假(女员工 15 天,男员工 7 天),此期间工资奖金等照发。

3.经医院证明长效避孕措施失败造成人工流产的女员工给予产假 14 天,此期间工资奖金等照发。

(八)丧假管理

1.在职员工的配偶、直系亲属以及一起生活的岳父母、公婆去世可以请丧假,假期一般不超过 5 天。赴外地奔丧,按实际路程给予路程假(不报销路费)。

2.员工请丧假应由本人办理请假手续并经本部门领导签字同意,赴外地奔丧请假应经主管院领导同意。

3.丧假期间工资照发,当月岗贴、津贴、补贴、奖金等按院相关规定执行。

(九)探亲假管理

1.工作满1年的正式员工方可享受探亲假,可按实际路程给予路程假。

2.与配偶分居两地的,每年可享受1次探亲假,时间为30天。

3.未婚员工与父、母分居两地的,每年可享受1次探亲假,时间为20天。如因工作需要并经领导批准,也可2年探亲1次,给假45天。

4.已婚员工与父、母分居两地的,每4年享受1次探亲假,时间为20天;已婚员工休探亲假,只限于探望父母;新婚员工当年不享受探亲假。

5.员工探亲期间患病,原探亲假时间不能顺延;员工因患急性重症,探亲假期满不能按时返回的应及时报告单位。其延长返回的时间根据县级以上医疗单位证明,按病假处理。探亲假期满仍需病休的,应及时通知单位,回院后即补办相关手续。凡不符合上述要求的,超过规定的时间按旷工处理。

6.员工休探亲假前应征得本部门领导同意,按要求填写请假单并在人力资源部(科)登记。

7.探亲假期间工资照发,津贴、补贴、岗贴和奖金等按院有关规定执行。

(十)假期管理规定补充规定

1.病假、生育假、路程假、探亲假均包括公休假日和法定假日在内。

2.婚假、丧假、事假均不包括公休假日和法定假日在内。

3.员工休事假、婚假、丧假、探亲假应事前填写请假单。如用倒休抵假,应在请假时将倒休条附在请假单上,休3天以上年休假,应在请假时上交年休假条,事后补交无效。请假单应按规定的项目逐级审批。

三、考核管理制度

养老机构建立完善考核制度,能充分调动员工积极性,规范管理,使管理者与员工有效沟通,有利于发挥员工的潜能,更好地为老年人服务,促进养老事业的发展。

(一)员工年度考核管理

1.考核人员组成

(1)由院长、书记、主管人力资源工作的院领导、人力资源部(科)长和各职能或业务部门负责人及两名员工代表组成非常设性的考核小组,负责全院员工的年度考核工作,考核组成员人数为单数。

(2)员工年度考核小组的日常工作由人力资源部(科)承担。

(3)员工年度考核小组应依照年度考核相关规定,依据与该岗位相关的工作标准、管理标准、技术标准实事求是地组织员工年度考核。对考核过程中徇私舞弊、打击报复、弄虚作假行为进行严肃处理。

(4)事业单位工作员工年度考核结果作为续聘、升职、调薪、奖惩的依据。

2.考核小组的主要任务

(1)依据相关规定制定本单位年度考核具体实施办法。

(2)组织、指导、监督本单位年度考核工作。

(3)审核主管领导人写出的考核评语以及提出的考核等次意见。

(4)受理员工对考核结果不服的复核申请。

(二)专业技术员工年度考核管理

1.考核人员组成

(1)由院长、书记、主管人力资源工作的院领导、人力资源部(科)长和各职能或业务部门负责人及质量委员会成员组成非常设性的专业技术员工年度考核小组,负责医疗、护理、财会、经济、工程、档案、政工等各类专业技术员工的年度考核,考核组成员人数为单数。

(2)各类专业技术员工的年度考核工作,由主管人力资源工作的院领导责成人力资源部(科)负责组织实施,各相关职能或业务部门负责具体落实。

(3)各类专业技术员工每年应填写《专业技术员工年度考核表》,所属职能或业务部门负责人应根据考核小组意见,并依据与该岗位相关的工作标准、管理标准、技术标准实事求是地写出评语并明确考核等次。

2.考核结果使用

(1)考核小组本着公平、公正的原则进行考核,考核结果由所属职能或业务部门告知本人并作为专业技术员工升职、调薪、奖惩和能否续聘或任命的依据。

(2)考核结果定为基本合格或不合格的,由所属职能或业务部门进行诫勉谈话并做记录。

(3)对考核结果定为不合格的专业技术员工,可实行高职低聘并相应调整工资待遇。

(三)专业技术职务聘任推荐委员会管理

1.考核原则及人员组成

(1)遵循以考代评,评聘分开的原则,加强对各类专业技术员工职务聘任的管理,规范工作程序。

(2)设立院长或书记为组长,医务副院长和人力资源部(科)长、财务科长、医务部主任、护理部主任以及参加专业技术职务推荐委员会的委员,组成非常设专业技术职务聘任推荐委员会。

2.考核内容

(1)考核小组的日常工作由人力资源部(科)承担。

(2)负责医、护、技、药、财会、经济、统计、工程、档案、社工、公共卫生、政工等专业技术员工聘任的推荐工作。

(3)专业技术职务聘任推荐委员会每年召开推荐会。

(4)专业技术职务聘任推荐委员会应严格按照国家有关政策,中、高级专业技术职务比例以及岗位需求进行聘任推荐。

第三节　养老机构的服务合同管理

一、服务合同管理制度

为加强合同管理,避免失误,提高经济效益,根据《中华人民共和国合同法》及其他有关法规的规定,结合养老机构的实际情况,制定制度。服务合同管理制度对养老机构的正常运行、优化管理具有重要作用。

(一)养老服务合同管理责任制

1.业务副院长负责老年人入住服务合同签订的审核管理工作。

2.业务部负责全院各服务区的床位使用情况,协调接收老年人入住,掌握服务合同的签订工作。

3.合同的起草由业务科室起草合同版本,院领导审核。

4.合同的评审

(1)合同评审组织:由院长组织业务副院长、业务科室进行具体评审工作;入住合同由院长办公会评审通过实行,院长委托业务科签订。

(2)评审内容:院务会对合同的合法性、可行性、条款齐全性、准确性、手续完备性进行评审。

(3)合同评审的协调、评审活动的方法:采取自我评审、单项评审和请专家评审的方法。

(二)合同书的签订程序

1.通知老年人及家属来院评估,告知老年人及家属入住所需费用等相关事宜,按照《老年人多维健康评估量表》对入住人员进行初步评估。

2.发放《老年人入住须知》,以便对方做好入住准备。

3.在体检当日引领入住老年人到门诊进行体检,并完成整体评估。

4.入住老年人及家属持《老年人多维健康评估量表》、体检合格证明,到业务科室签订入住合同及收养服务合同补充协议,根据老年人体检结果及健康评估情况收住相应科区。

5.及时将新入住老年人信息录入本院微机网络系统,满足科区的基本信息需求。

(三)合同文本的管理

签订合同文本一式三份,业务科、科区及担保人各持一份,专人管理保存。协议书合同,出院后自动失效,由院业务科室保存。

(四)合同纠纷的处理

1.双方协商。

2.法院协调,仲裁。

(五)合同的变更

双方协商有关事宜进行变更时,可选择口头、电话、电报、电传、电子邮件等,凡涉及各方权利、义务的,应随之以书面信件通知。

(六)合同的评估

1.试住期满后,符合本院收住条件的,履行入住协议,继续入住;不符合收住条件的,劝其出院。

2.老年人入住后将进行《老年人多维健康评估量表》例行评估与即时评估。

二、服务合同管理的内容

老年人入住养老机构都必须经过一定的程序,这对老人、托养人和养老机构权益的维护都非常重要,从入住到出院(包括老人辞世)的任何一个程序都必须做好服务工作,给老人及亲属留下一个好的印象。对老人实行入陪管理、入住护理管理和出院管理有助于养老机构规避服务与经营风险,取得良好的社会经济效益。

(一)入院管理

1.咨询 任何一位老年人入住之前,家属及老年人都会对养老机构进行考察,选择一所适合自己的养老机构。因此,养老机构应当重视并做好考察、来访接待工作,有条件的养老机构应设置接待厅或接待室,配备接待人员,接待室应悬挂宣传展板,提供养老机构宣传小册和入住指南或须知(包括服务宗旨、入住对象、服务设施、服务内容和收费标准),接待人员应热情、耐心、细致、如实地解答咨询的所有问题。

2.登记 老年人及其家属选定一所养老机构后,要进行登记。养老机构需提供一份较详细的入住申请登记表。入住申请表中要详细填写老年人及赡养人的信息,老年人信息包括老年人姓名、性别、出生年月、原工作单位名称、家庭住址、联系电话;赡养及担保人的信息包括亲属姓名、与老年人关系、住址、单位、联系电话等内容,并提供老年人单位或者社区证明、担保人的有效证件等。入院前委托人或担保人应如实通报老年人的健康状况、性格秉性、家庭情况、兴趣爱好等老年人的基本情况。

3.体检 每位老年人入住前,都应在市级及以上的医疗机构进行健康检查,检查的内容应包括内科、外科、五官科检查,胸透检查,心电图检查,验血、验便、血糖、血脂、肝肾功能等化验,骨密度检查等项目,并将体检报告提交给养老机构。

4.调查访问 养老机构在收到老年人入住申请、单位或社区证明和健康检查报告后,应向老年人所在社区或原单位核实老年人情况,并尽快对老年人的家庭进行访问,以进一步了解老年人家庭情况和生活状况等。家庭访问可以加深对老年人及其家庭的了解,防止推卸责任,而且可以让老年人及其家属进一步了解养老机构,打消老年人对入住养老机构的顾虑。

5.审批 每个养老机构都有自己的服务功能定位,并不是所有的老年人都可以被任何一所养老机构接纳。有的养老机构只接收能生活自理的老年人,有的养老机构专收长期患病、长期卧床、生活不能自理的老年人,但是大多数养老机构不接收患有传染病、严重精神病、严重心理障碍或不适合集体生活的老年人。养老机构应根据老年人的实际情况和机构的具体情况,认真分析、严格审批,确定老年人是否具有入住资格。

6.确定护理级别 养老机构应有护理级别评估小组或评估员,通过对老年人健康状况、生活自理能力和实地考察结果进行综合分析、评估,并征求老年人和托养人意见后确定老年人的护理等级。有的养老机构在老年人试住 7~15 天后,还要进行一次评估,以确定正式的护理等级。护理等级应随着老年人健康状况变化而做出及时调整。

7.签署入住协议　养老机构应与老年人和托养人签订入住服务协议(合同)。入住服务协议是一种委托服务协议,协议中应明确三方责任、权利和义务,以维护好入住老年人、托养人和养老机构的合法权益,确保入住老年人的生活质量以及养老机构正常工作。入住协议应包括以下条款:

(1)三方(养老机构、老年人、托养人)的姓名、住址、联系方式。

(2)三方责任和义务。

(3)违约责任。

(4)免责条款。

(5)服务内容和方式。

(6)服务收费标准及费用支付方式。

(7)服务期限。

(8)当事人三方约定的其他事项。

(9)合同变更、解除与终止的条件。

托养方与受托方联系方式发生变更时要及时通知对方,以便老年人发生突发疾病、意外或生命垂危时,及时联系,共同实施求助。老年人是一个生命脆弱的特殊群体,照顾老年人是一项高风险工作,明确三方的责任和义务,有助于保障老年人的生活质量,规避受托方的经营风险。

知识链接

某养老机构入住协议

甲方(养老院):＿＿＿＿＿＿＿＿＿＿＿＿＿＿＿

法定代表人:＿＿＿＿＿＿＿＿＿＿＿＿＿＿＿

住所地:＿＿＿＿＿＿＿＿＿＿＿＿＿＿＿

电话:＿＿＿＿＿＿＿＿＿＿＿＿＿＿＿

乙方(入住老年人)

姓名:＿＿＿＿＿＿＿＿＿＿＿＿＿＿＿

年龄:＿＿＿＿＿＿＿＿＿＿＿＿＿＿＿

性别:＿＿＿＿＿＿＿＿＿＿＿＿＿＿＿

身份证号:＿＿＿＿＿＿＿＿＿＿＿＿＿＿＿

原单位:＿＿＿＿＿＿＿＿＿＿＿＿＿＿＿

丙方(亲属或本市担保人)

亲属姓名:＿＿＿＿＿＿＿＿＿＿＿＿＿＿＿

与入住人的关系:＿＿＿＿＿＿＿＿＿＿＿＿＿＿＿

工作单位:＿＿＿＿＿＿＿＿＿＿＿＿＿＿＿

身份证号:＿＿＿＿＿＿＿＿＿＿＿＿＿＿＿

住所地：_____

联系电话：_____

担保人姓名：_____

协议总则

一、为满足老年人安度晚年的实际需要，实现"老有所养、老有所乐、老有所医、老有所学"，人人共享社会进步的成果，切实保护老年人的合法权益，为老人营造温馨、舒适的生活环境，充分体现党和政府对老年人的关怀，体现社会对老年人的关心，各方遵循《民法通则》《老年人权益保障法》《老年人社会福利机构基本规范》《养老机构管理办法》及国家其他法律法规，经平等协商，签订本协议。

二、各方签约表明：

甲方对乙方已进行体检，确信可以为乙方提供约定服务，并接受本协议的约束。

乙方对甲方提供服务的宗旨、内容、性质、工作流程及责任已充分了解，自愿接受甲方提供约定的服务，自主签约并接受本协议的约束。

丙方对甲、乙双方已有充分的了解，对乙方承担连带责任。

三方均确认，协议内容已仔细了解，对各方的情况均已了解并理解己方的权利和义务。

三、情形变迁时订立补充协议。

任何一方认为有必要，可订立补充条款。

协议分则

一、甲方的基本权利和义务

1. 提供与资质等级相应的服务设施和活动场所，生活起居、文化娱乐、康复训练、医疗保健等服务设施配套。配备与服务规模相适应的具有专业知识、技能的医疗护理人员和服务人员（无医务室的应有与其签约的专业医院负责老年人疾病的诊治）。老年人居室及文化娱乐活动场所的使用面积不低于《老年人社会福利机构基本规范》的规定，为老年人提供的生活设施和用品须是安全可靠的，有完善的管理规章和服务流程。提供住宿条件及日常生活设施，保障乙方生活环境舒适、洁净。

2. 生活照料的义务：按照入住老年人的身体状况（自理、介助、介护）提供相应的服务，注意营养，根据老年人的需要或遵医嘱合理配餐，对生活不能自理的老年人要喂水喂饭。要及时清扫房间，保持室内洁净。定期帮助老年人洗澡、理发、修剪指甲、更换衣物。照顾乙方的日常生活起居及一日三餐，实行科学配餐以满足老年人所需的营养均衡。

3. 医疗护理的义务：基于保护入住老年人生命权和健康权的需要，对偶患疾病或常年卧床的老年人要尽到诊治护理的义务，严格执行康复计划。老年人突发疾病，须尽快通知其亲属或单位，说明病情，提出治疗方案，对需抢救的，要先行抢救。对特护老年人制定护理方案并严格实行程序化个案护理，服务人员24小时值班，保障老年人生命财产安全，防止老年人意外伤害。对于潜在的危险和可能造成老年人伤害的，养老机构有告知和警示的义务。

　　4.满足老年人精神文化生活需要的义务:经常组织老年人进行必要的情感交流和社会交往,开展文体活动,对老年人进行保健知识教育,帮助老年人树立健康向上的老年价值观。帮助老年人进行心理调适和处理好老年人之间的关系。

　　5.对乙方需要的其他服务,由本协议三方另行补充并作为本协议附件。

　　二、乙方的基本权利和义务

　　1.遵守规章,接受管理。入住前要如实向养老机构反映老年人的情况,如脾气秉性、既往病史等,入住后要自觉遵守养老机构的规章制度,接受管理,爱护公物,外出要请假。老年人之间要搞好关系。

　　2.遵医嘱。医疗护理及康复训练的效果取决于双方的共同配合,因此入住老年人须按要求接受医疗护理及康复训练,还应在患病治疗期间遵守医嘱,配合治疗。

　　3.及时交纳费用:对偶发性费用如治疗、抢救费用等应随时结清。

　　4.乙方外出时应在甲方设定登记处进行登记或有丙方陪同。

　　5.家属及单位应经常与老年人沟通,保持联络,满足老年人的精神需求。家庭及单位地址、联系方式变更时,应及时通知养老机构,否则,应承担由此引起的一切后果。

　　三、丙方义务

　　1.丙方应保证至少_____星期探视乙方一次,否则,除非乙方明确反对,丙方应向甲方支付违约金_____元。

　　2.丙方应积极配合公寓做好工作,使乙方心情舒畅。

　　3.丙方未经甲方同意不得随意进入餐厅和为乙方选餐。

　　4.丙方如带乙方外出,所造成一切病情及事故,甲方不负责任。

　　5.丙方对乙方原因造成的损害负有连带赔偿责任。

　　四、三方安全义务

　　1.甲方在楼前设置门卫,外人入内均需登记,即使乙方亲自带入,如甲方认为需要仍可要求登记。

　　2.乙方的房间属于私人空间,除非甲方提供的设施状况不良造成的伤害,甲方不承担责任。

　　3.在丙方或乙方其他亲属探视期间,甲方不对乙方在这期间的非他人故意伤害承担责任。

　　4.未经甲方同意,乙方不得擅自在房间内装置其他设备。

　　5.乙方在发生如下情况时,均须向甲方及时说明并服从甲方安排,否则甲方对可能的伤害或损失不承担责任:

　　(1)在房间内保管贵重物品。

　　(2)会见可能有纠纷的客人。

　　(3)认为自身安全受到他人威胁。

　　(4)对自己的疾病及需要的护理内容,说明范围并不限于入院前查体的结果。

　　(5)服用自带药品、食品或使用自备小物品时有疑问。

　　(6)对某种器材或设备的使用方法不明。

6.甲方保持文体活动器材及路面状况良好,并在可能有危险性的区域设置警示标识。

7.甲方为保障乙方安全,有权劝阻乙方参与某项文体活动或服务,如乙方坚持参与,需乙方及丙方的共同同意。

8.甲方定期组织乙方查体,乙方对拒不参加的后果负责。

9.乙方突发传染性疾病,应听从甲方安排。

10.在乙方需送医院就诊时,甲方应通知丙方,并协助丙方办理有关手续。但如因丙方懈怠造成乙方病情加重,甲方不承担责任。

11.乙方在甲方入住期间病情加重或新发疾病,甲方采取急救措施并通知丙方,丙方应及时赶到;否则,甲方不承担责任。

12.非甲方原因突发停电造成意外,甲方不承担责任。

13.乙方已达到不能自理者,丙方应及时联系转院或甲方协助联系转院。若仍坚持留在甲方处而发生意外,甲方不承担责任。

五、服务费用

乙方需按双方约定的时间向甲方缴纳有关费用。缴纳地点:＿＿＿＿＿＿＿＿＿＿＿＿。

(一)乙方需向甲方支付如下固定费用:

1.床位费每月＿＿＿＿＿＿元。

2.伙食费每月＿＿＿＿＿＿元。

3.冬季取暖费每月＿＿＿＿＿＿元。

4.交纳押金＿＿＿＿＿＿元。

5.电费(指自带家用电器并经同意者),根据家电功率核定每月的收费。

6.其他约定的服务收费计＿＿＿＿＿＿元。

7.每月交纳的费用,如乙方原因不在寓内住宿,连续10天以上不在养老院内就餐,餐费按天退还,床位费不予退还。

(二)固定费用按月收费,须由乙方在费用发生5日前支付,乙方也可与甲方协商其他付费办法。

(三)乙方使用甲方提供的医疗服务所产生的医药费用,按实际发生额随时收取。

(四)乙方损坏甲方物品,应照价赔偿。

(五)乙方必须遵守甲方的各项规定和制度。

(六)在以下情况下发生的费用或赔偿,由乙方负担:

1.医疗费用;

2.丧葬费用;

3.违反已方义务,造成自身或他人伤害或损失。

(七)丙方对须由乙方负担的费用或赔偿负有连带责任。

协议附则

一、甲方协议解除

(一)以下情况下甲方可解除协议:

1.甲方认为乙方的病情发展超出了甲方的护理能力。

2. 乙方患传染性疾病或严重精神病。

3. 乙方有过度暴力、自残、盗窃、诈骗倾向或其他严重不良嗜好,并有多名老人投诉。

4. 乙方涉及刑事犯罪或损害社会公共利益。

5. 乙方未按时缴纳有关费用或赔偿金。

6. 乙方不遵守甲方规章,对甲方工作产生严重干扰。

(二)如甲方违反本协议中的甲方义务,乙方可解除协议。

(三)任何一方解除合同,须至少半个月前通知对方。

(四)合同解除后,甲方应按规定退还尚未发生但已预交的费用。

(五)如乙方因其他原因解除合同,已交费用不予退还。

(六)合同解除,并不影响甲方向乙方要求支付按《服务费用》一节发生的赔偿金。

二、违约责任

除本协议已明确约定违约责任的条款外,违约方应支付给对方违约金 _____ 元,因违约给对方造成损失的,应承担赔偿责任。

三、解决争议的办法

各方在履行本协议过程中发生纠纷时,由当事人协商解决,协商不成的,依法向甲方所在地人民法院起诉。在协商和诉讼期间,各方仍需履行本协议。

四、其他条款

(一)本协议一式三份,甲、乙、丙三方各执一份,同等效力。

(二)本协议未尽事宜,由各方协商,另订补充条款。

补充条款

(可附页)

甲方(盖章):_____

法定代表人:_____

委托人:_____

乙方(签名):_____

姓名:_____

丙方(亲属签名)_____

亲属姓名:_____

担保人姓名(签名):_____

签订时间:_____

目前,我国尚无统一、规范的养老机构入住协议范本,比较突出的问题是入住协议三方或双方的"责、权、利"不够清晰,免责条款过于霸道,不具有法律效力,一旦发生意外,引发矛盾纠纷,将被法庭视为无效协议,仍然要承担相应的法律责任。因此,建议养老机构在编制入住协议时,一定要征求法律专家的意见,确保签署的入住协议具有法律效力。

8.缴费　养老机构审批通过并签署入住协议,托养人收到入住通知书后,老年人或托养人应根据协议中的条款和收费标准到机构的财务部门缴纳相关费用。多数养老机构要求老人入住前缴纳一定数量押金或医疗保证金,以及首次入住费用。

9.入院　老年人和托养人应持入院通知书、相关缴费凭证,携带必要的生活物品到养老机构入住,事前应通知机构入住时间。养老机构工作人员应提前做好准备并热情接待,妥善安排好老人入住。行走不便、亲属无护送能力的老人,可委托养老机构派车上门迎接,不同的养老机构对入住老人携带的生活用品有不同的要求,机构应将相关的要求提前告知老人及其亲属。

(二)入住护理管理

1.安置　老人入住机构应做好房间的清洁,准备好相关居住生活用品,检查好房间设施的完好情况。接到老人入住的通知后,护理长或班组长要检查老人居室、用品准备情况;老人在亲属的护送下入院后,要热情做好接待工作,使入住老人感到机构的温馨,也使亲属放心。

2.接待　养老机构应热情做好接待、引导和护送工作,让老人顺利入住,同时向老人及家属介绍养老机构的居住环境、基本设施和规章制度,让老人尽快熟悉环境,共同遵守养老机构的各项规章制度;老人入住后,护理人员要及时查看老人入院前体检资料、入住协议书,询问老人的生活习惯、饮食习惯、健康状况、脾气性格及特殊要求等情况,观察老人的行为举止,进行健康评估,为制订护理计划、实行个性化护理奠定基础;身体状况不好的老人要及时通知医务人员查房,以便制订诊疗、护理方案,并提供诊疗、护理服务。

3.体检　对新入住老人,特别是患有急慢性疾病、有功能障碍以及高龄老人进行专项体检,检查的内容包括询问病史、体格检查和必要的化验以及其他特殊的检查;无条件的养老机构可不做专项体检,但应该认真阅读老人提交的体检报告,以便了解老人的健康状况,有的放矢开展护理工作。

4.评估　综合老人的入院前健康检查和入院后的专项体检对老人的健康状况进行整体评估,根据评估结果为老人建立健康档案或病历,以便制订初步的诊断、治疗、护理和康复计划。首次入院的老人应作为重点护理观察对象,应制定"7天跟进护理制度",即在首次入院7天内每天观察老人的生活习惯、生理、心理健康状况,并填写7天跟进护理记录。

知识链接

某市老年人自理能力评估标准

根据老年人身体自理能力和日常生活能力情况开展评估,评估结果分为三个等级:不能自理(高度依赖),得分41分以上;半自理(中度依赖),得分11~40分;自理(轻度依赖和正常),得分1~10分。具体评估指标如下:

一级指标	二级指标	评估标准
1 身 体 自 理 能 力	1.1 进食	1. 在合理时间内,独立使用餐具将食物送入口中,咀嚼、吞咽。(0分) 2. 需要别人协助,如切碎、搅拌等或只能使用汤匙进食。(3分) 3. 自己取食困难,完全需要别人帮助或耗费时间过长。(5分)
	1.2 个人卫生	1. 能独立完成洗头、洗脸、洗手、洗脚、刷牙、梳头、剃须等个人卫生活动。(0分) 2. 需要部分协助或只能完成部分卫生活动。(3分) 3. 完全需要帮助。(7分)
	1.3 洗澡	1. 能够独立洗澡。(0分) 2. 需要部分协助。(3分) 3. 完全需要帮助。(7分)
	1.4 穿脱衣裤	1. 能独立完成穿脱衣裤、鞋、袜。(0分) 2. 在别人的协助下,能完成一半以上的动作。(3分) 3. 完全需要帮助。(5分)
	1.5 如厕及大小便	1. 能独立完成如厕,大小便能自我控制。(0分) 2. 基本上能自行如厕和使用便盆,偶尔失禁(每周不超过一次)。(1分) 3. 大小便能自我控制,需要别人协助才能如厕或使用便盆。(3分) 4. 经常失禁,需要别人协助才能如厕或使用便盆。(5分) 5. 完全失禁,完全需要别人帮助。(10分)
	1.6 移动	1. 能独立完成站立、床椅转移、行走(45 米以上)、上下楼梯等。(0分) 2. 需要轻微辅助。(1分) 3. 需要用力辅助才能站立、转移、行走,不能上下楼梯。(5分) 4. 卧床不起,完全需要帮助才能移动。(10分)
2 日 常 生 活 能 力	2.1 使用电话	1. 独立使用电话,包括查电话簿、拨号等。(0分) 2. 仅能拨熟悉的电话号码。(1分) 3. 会接电话,但不能拨打电话。(2分) 4. 完全不会使用电话。(3分)
	2.2 外出购物	1. 独立完成所有购物需求。(0分) 2. 独立购买日常生活用品。(1分) 3. 每次外出购物都需要有人陪同。(2分) 4. 完全不会外出购物(3分)
	2.3 烹饪	1. 能独立计划、烹煮和摆设一顿适当的饭菜。(0分) 2. 如果提供材料,能独立烹饪。(1分) 3. 能将已经做好的饭菜加热。(2分) 4. 完全需要别人帮助。(3分)
	2.4 料理家务	1. 能做较繁重的家务或偶尔需要协助,如搬动家具、擦地板、擦窗户等。(0分) 2. 能做较简单的家务,如洗碗、铺床、叠被等。(1分) 3. 只能做较简单的家务,但达不到可接受的整洁程度。(2分) 4. 完全需要别人帮助。(3分)
	2.5 洗衣服	1. 能自己清洗所有衣物。(0分) 2. 只能自己清洗小件衣物。(1分) 3. 完全不能自己清洗衣物。(2分)

续表

一级指标	二级指标	评估标准
2 日常生活能力	2.6 外出	1. 能独立搭乘公交、出租车或自己开车、骑车外出。（0分） 2. 能独立搭乘出租车外出，但不便搭乘公交车外出。（1分） 3. 外出需要别人陪同协助。（2分） 4. 完全不能外出。（3分）
	2.7 服用药物	1. 能按照医嘱在正确时间正确服用药物。（0分） 2. 需要提醒或少许协助。（1分） 3. 如果别人事先准备好药物，能自行服用。（2分） 4. 不能自己服用药物。（3分）
	2.8 处理财务	1. 能独立理财。（0分） 2. 只会简单处理钱财。（1分） 3. 完全不能处理财务。（2分）

5. 试住期间的观察与记录　新入住的老人对生活环境、工作人员和同住的老人不熟悉，工作人员要主动、热情介绍周围环境和相关人员的情况，让老人尽快适应新的生活环境，同时应加强对新入住老人的巡视，多与老人交谈，加深对老人的了解。工作人员对新入住的老人必须进行首日交班，必须认真填写"7天跟进护理记录"或试住观察记录，试住期结束后，还要对老人是否合适居住和护理等级重新进行评估，以决定老人是否继续入住和护理等级是否合适，如发现老人病情严重、心理精神行为异常、不适合在本院居住，应向主管领导汇报，及时通知老人的亲属，尽快转院或接送回家。

6. 心理调适　初次入住的老人对新环境、新邻居和服务人员陌生，容易产生不适应以及无助感和孤独感，医生和护理人员应主动热情地与老人交谈，及时了解情况，满足老人的需求，消除顾虑。

7. 去世老人的善后处理　正常或因病去世的老人，院方应协助亲属料理遗体，如协助更衣、整理遗容、包裹遗体，填好三张"遗体识别卡"。养老机构医务人员应为去世老人开具死亡证明，做好死亡记录；护理人员应协助亲属整理遗物，结清账目，等待殡仪馆接送遗体；意外死亡的老人，如果涉及刑事案件，护理人员有责任保护好现场，待公安机关勘查完现场后，再移动遗体，料理后事。

(三)出院管理

入住老人可能出于种种原因而要求出院，如无特殊情况应同意老人出院或转院，工作人员应及时书写出院记录，协助老人及亲属整理物品、办理结账手续。出院、转院的老人应在当日的交接班日志上进行记录，写明出院的时间、原因、护送人及出院时老人的身体状况。

▌▌▌ 案例分析 ▌▌▌

新进养老护理员培训管理方法

某养老机构因工作需要新进一批养老护理员，上岗前需进行培训。根据养老护理员工作要求，由人力资源部(科)和护理部负责培训工作，第一天由人力资源部门指定专人介绍本院概况、院纪院规,全球老龄化背景、我国的老年政策和相关法律法规、养老服务事业的方针政策、老年服务事业的现状和发展,简单介绍养老机构的经营与管理、养老服务内容的拓展和服务水平的提高等方面的知识,以提高他(她)们的管理和决策能力,改进服务意识和服务理念,提升服务质量和水平,并组织理论书面考试。从第二天开始由护理部负责指定既有养老护理经验,又具有一定理论基础和授课技巧的养老护理工作者,采用多媒体投影、讲解、录像、操作演示、经验介绍、实地参观等方式对新进人员进行为期6天的养老护理知识、行业文化理念、相关理论和技能操作、老年人和自我安全知识教育,并给员工单独技能训练时间。培训结束后,护理部组织相关人员成立考核小组逐个进行技能操作考核,理论考试和技能操作考核成绩作为以后晋升、加工资依据之一。

具体培训内容和时间安排:

第一天:介绍本院概况、院纪院规、老年服务事业的现状和发展等。

第二天:生活照料基本知识一,清洁护理、睡眠照料。

第三天:生活照料基本知识二,饮食照料、排泄护理。

第四天:养老护理之一,安全护理、给药、观察、消毒。

第五天:养老护理之二,冷热应用、护理记录方法、临终护理。

第六天:常用养老护理技能操作训练。

第七天:书面考试、技能操作考核。

通过以上培训并考核合格后达到初级养老护理员标准,才能进入养老护理岗位,以后再根据工作需要和个人特点逐步制订培训计划,参加短期、长期培训班,让他(她)们系统地学习养老护理专业知识,不断提高自己的业务工作能力,培训与考证相结合,达到中、高级养老护理员的标准。

第五章　养老机构的安全与事故管理

本章要点

★养老机构常见安全问题和事故类型、影响入住老年人安全的因素、管理的难点。

★安全管理的原则和手段、安全防范制度和防范设备。

★安全管理组织体系、管理制度、安全评估系统、安全培训体系的建立。

★意外事件处置预案的制定、养老机构环境和设施建设。

★意外伤害事件造成的损失与危害。

★意外伤害事件的防范措施、意外事故纠纷的处理。

近几年来，入住养老机构的老年人数量逐年增加，随之而来的各类意外事故和纠纷也将会不断发生，老年人安全问题已成为影响老年人健康和生活质量的重要因素之一，也严重影响养老机构的服务质量。因此，养老机构的安全管理工作至关重要，管理人员应该了解机构的常见安全问题与事故，具备安全责任意识，知晓安全管理工作的内容和难点，掌握安全管理的原则和手段，养老机构应该建立健全安全防范制度，配备安全防护设备，全面落实安全管理措施。

第一节　养老机构的安全管理内容和难点

所谓安全，就是指平安、无危险、不受威胁、不出事故。养老机构的安全贯穿于养老护理服务活动的各个环节，包括饮食安全、住宿安全、交通安全、医疗安全、娱乐安全等。养老机构的服务对象是老年人，他们是疾病的高发人群，自理能力差，反应速度慢，遇到险境很难依靠自己脱险，同时养老机构又是一个特殊的服务场所，具有设施设备多、人员密度大、安全隐患多等特点，养老机构意外伤害事故具有发生频率高、种类多样、事故责任难以认定等特点，特别是发生火灾、触电、传染病、走失等事故，将会造成较严重的人员伤亡和经济损失，所以，养老机构管理和服务中，安全问题多，管理难度大。

一、养老机构常见的安全问题和事故类型

养老机构意外伤害事故是指在养老机构实施的活动中，在养老机构负有管理责任的院舍、场地及其他养老设施、生活设施内发生的，造成老年人人身伤害后果的事故。一般构成养老机构意外伤害事故必须具备五个要件：一是受害方必须是在养老机构的老年人；二是必须有导致养老人员意外伤害事故的行为；三是导致伤害结果的原因可能是管理人员或护理

人员的行为,也可能是养老人员自身及其他养老人员的行为;四是必须有伤害结果发生,导致伤、残,甚至死亡,也包括精神上的伤害;五是伤害行为或结果必须发生在养老机构对老年人负有管理、护理等职责期间和地域范围内。

常见的安全问题和意外伤害事故有:跌倒后骨折、呛噎与窒息、坠床、走失、误吸或误服、皮肤压疮、烫伤、自杀、自伤或他伤、突发疾病死亡(猝死)、社会安全事故、医疗事故等。

(一)跌倒后骨折

养老机构中最为常见的意外伤害事件是跌倒后骨折。据统计,跌倒后骨折占养老机构常见意外伤害事件的70%～80%。老年护理院中老年人的意外伤害与环境设施关系密切,34%发生在上下床过程中,20%发生在浴室,7%发生在坐下起立过程中;有80%以上的跌倒发生在夜间。

(二)呛噎与窒息

老年人会厌反射功能降低,咽缩肌活动减弱,容易产生吞咽困难、进食饮水呛咳;老年人视力、智力也出现不同程度的减退,常造成呛噎、误食误吸的发生;脑卒中后遗症老年人,因为疾病影响吞咽功能而易发生噎食。

(三)坠床

老年人发生坠床,主要与其平衡感觉的减退、纠正失衡自控力减弱、环境的改变有关,如病床过高、过窄、床栏陈旧等,也有痴呆老年人因躁动而发生坠床。

(四)走失

老年人记忆减退,或患老年痴呆症的老年人常有走失情况发生。

(五)误吸或误服

老年人嗅觉降低,短程记忆力欠佳,易误吸、误服各种药物。如用药剂量不正确、服用不明的院外私带药物,特别是服用抗高血压药物、降血糖药或注射胰岛素、服用镇静安眠药的老年人,误服药物和药物不良反应致害的风险性更大。

(六)皮肤压疮

常见于由于疾病的原因长期卧床的老年人,自主活动能力差,极容易引发压疮,其主要发生部位为尾骶部、足跟、臀部、肘部、耳廓等。

(七)烫伤

老年人感觉迟钝,反应能力下降,在使用频谱照射仪、热水袋、电热毯等时容易发生烫伤;患有移动障碍的老年人在泡脚时,如果热水温度过高,也容易发生烫伤。

> 案例
> 老年人躺在床上休息,伸手取床头柜上的热水瓶,欲倒水喝,导致手臂、前胸大面积烫伤的事件发生。

(八)自杀

引发个体消极情绪的负性生活事件是导致老年抑郁症、自杀发生的重要危险因素。常见于有长期慢性疾病致身体疼痛,或家庭矛盾影响,或带有厌世情绪等心理社会问题的老人。

> **案例**
>
> 　　一福利院的老年人,患脑梗死,讲话口齿不清,因其孙子结婚,家属没有让他参加喜宴,老年人闷闷不乐,一时想不通,第二天,独自一人走到院内的养鱼池旁,跳进鱼池中溺水身亡。

(九)自伤或他伤

相对其他安全问题,自伤或他伤行为比较少见。常见有痴呆老年人攻击同室老年人;烦躁老年人在使用防护性约束带后有情绪上抵触,用肢体撞击床栏,导致手臂皮肤血肿等。

(十)突发疾病死亡(猝死)

猝死常由老年人夜间突发心脏疾病引发,如患有冠心病、高血压、心律失常等疾病的老年人,往往因疾病发作突然,抢救无效而死亡。

(十一)社会安全事故

主要包括火灾、触电、传染病、老年人外出交通意外、群殴等,工作人员欺负、虐待、谩骂老年人等侵犯老年人权益的行为也可能导致事故,且较容易引发矛盾和纠纷。同时,养老机构不是一个封闭的场所,每天会有很多人出入养老机构,如老年人的访友或外出就诊、家属的探访、领导的视察、学生的参观、志愿者的服务等,往往人员较多且杂、流动频繁,给养老机构带来的安全隐患较多,容易发生财物丢失事件,给老年人造成经济损失和心理不安全感。老年人记忆力减退,个别有床上吸烟的不良习惯;养老机构部分设备设施、电线老化失修,有诱发漏电、发生火情的可能。在养老机构内,如果环境物体表面、工作人员的手、空气、餐具微生物的消毒不严格,容易引起微生物的传染。养老机构如果发生传染病,就具有感染途径多、感染病种复杂、感染范围大、后果严重等特点。

(十二)医疗差错、事故

老年人年老体虚,免疫能力较低,是疾病的高发人群,为此,大部分养老机构为入住的老年人提供医疗服务。在服务过程中,因个别医护人员工作上的不到位,有可能发生意外如气管套管脱出、输液差错、错误用药、过量用药、误诊等医疗差错事故。

二、影响入住老年人安全的因素

养老机构安全问题和意外伤害事故的发生由多方面的因素造成,如老年人自身的不安全因素、工作人员不安全因素、安全管理不安全因素、环境设施不安全因素等几个方面。

(一)老年人自身的不安全因素

1.生理因素　老年人是发生意外伤害事件的高危人群。由于老年人生理性衰老,不可避免地存在着组织器官功能衰退,并且这种衰退还将随着年龄增长而更加明显,成为影响老年人晚年生活安全的最大因素。老年人的视力、听力、嗅觉、皮肤感知冷、热、痛的能力下降,生理性姿势控制、维持身体平衡能力降低,肢体协调功能减弱,出现步态改变、脚抬不高、关节活动不灵活等,极易发生跌倒、烫伤、骨折等意外伤害。

2.疾病因素 大多数老年人伴有各种类型的急慢性疾病,如脑血管病及后遗症、高血压、肺部感染、心脏病、糖尿病等;基础的日常生活活动能力(BADL)受损,其中以如厕、翻身、洗澡受损率最高,常伴有运动障碍、步态失调、机体功能下降等;疾病加速了生理性衰老,肢体和脏器功能每况愈下,晚年生活的不安全因素增加,意外伤害事件发生的概率剧增,如老年人上厕所排便后起立,体位性低血压发作后跌倒,导致股骨颈骨折;脑卒中后留有肢体偏瘫的老年人,长期卧床可能会引起压疮的发生,锻炼时步态不稳也容易发生跌倒。

3.药物因素 老年人病理性老化导致老年疾病增多,某些疾病需要使用药物治疗,如老年人在服用降压药、降糖药、血管扩张药、强心剂、抗心律失常药时可诱发体位性低血压而致跌倒,特别是使用中枢神经系统的药物如镇静药、催眠药、抗精神病和麻醉镇痛药等,可显著削弱老年人的认知能力、平衡能力、反应速度等,增加了意外损伤发生的危险性。

4.社会心理因素 老年人由于心理和生理的老化,其承受和缓冲精神创伤的能力有所下降,特别是居住在养老机构的老年人,随着年龄的增加,面临较多的负性生活事件,如丧偶、收入减少、远离子女、失去亲人以及患躯体疾病等。有的老年人由于长期远离社会,与他人的交流减少,心理脆弱,容易想不开、产生偏激想法而引发恶性事件。有报道,抑郁症自杀患者的负性生活事件显著多于无自杀行为者。有的老年人与子女间联络少,很少有人来探望,与周围老年人的关系不融洽,产生孤独、抑郁情绪,甚至出现轻生念头。

(二)工作人员的不安全因素

目前,我国部分养老机构的护理人员主要以护工和养老护理员为主,大多数人员没有经过专业培训或培训不够,缺乏相关的理论和技能的学习,对老年人生理特点的认识和病理情况的判断、处理经验明显不足,对老年人安全指导知识知晓率普遍较低。养老机构工作人员缺乏责任心和安全意识、护工生活护理的专业技能、医生抢救水平、医护人员服务态度是工作人员不安全因素中较突出的问题,如护理员对高龄老年人严重的老化程度估计不足,像骨质疏松可能出现自发性骨折缺乏预见性;对痴呆老年人的意外躁动程度估计不足,最终导致跌倒、坠床的发生;压疮管理机制不完善、护理员的责任心不够、压疮防护知识缺乏或对压疮的防治没有引起足够的重视、护理不当,导致卧床老年人压疮的发生。

(三)安全管理的不安全因素

某些意外事故与养老机构疏于管理有密切关系,如存在工作人员的安全意识不强、对不安全的相关因素认知不高、安全防范措施针对性不强等。管理上的漏洞主要表现在制度不健全、管理不到位、不能保障老年人的入住安全,如老年人食堂熟食生食混放,导致老年人出现食物中毒的事件;有些私营养老机构没有与老年人及亲属签署入住协议,即使签订了入住协议,也没有明确责任条款,没有免责条款,因此发生入住意外事故时就显得十分被动;目前部分养老机构对医疗力量的投入不足,缺乏连续的动态管理和安全隐患识别机制,意外发生前无防范措施,意外发生后的应急处置措施不妥,急救措施缺乏记录,容易引发纠纷;养老机构消毒工作中有些工作人员消毒意识较为薄弱、消毒药械使用和消毒方法不够规范,容易导致疾病的流行,老年人免疫力和抵抗力低下,对病原微生物的易感性高,一旦有疾病传入,容易发生暴发流行。

(四)环境设施的不安全因素

近年来,新造老年公寓、福利院不断增加,居室环境基本能达到建设部和民政部发布的《老年人建筑设计规范》要求,但城乡敬老院、部分养老机构由于历史原因和建设资金等瓶颈问题,导致设施陈旧简陋、设备老化、环境改造不彻底,主要存在问题是:地面湿滑或不平、走廊无扶手、体质虚弱的老年人行走时缺少支撑物;房间里无床边呼叫器、没有求助门铃或电话等求助设施,当老年人有紧急情况时不能短时间内获得帮助;夜间无地灯,夜尿频繁的老年人易发生意外;老年用品缺乏安全设计元素:浴室内无防滑设施、沐浴椅子;老年人用的坐便器、凳子等缺乏科学设计,过于简便、不稳,无约束带等保护装置;护理车、轮椅、床等保护性设计仍达不到满足躁动或痴呆老年人的安全需要。养老机构硬件设施不完善、居住环境布局不合理、各种不安全的设备,如不适当的灯光、不平整的地面、稳定性差的家具等,都是发生跌倒的诱因。

三、安全管理的难点

养老机构安全管理的难点主要有以下几方面:

1.安全意识欠缺　目前,不少养老机构管理者,特别是农村敬老院的管理者没有受过专业教育,缺乏基本的安全理念,没有建立应急预案。有的养老机构的安全管理工作主要由养老机构自己建立的安全委员会负责,没有全体员工参与的意识。

2.安全服务技能不高　大部分养老机构的管理者和服务人员没有受过专业培训,或接受培训不系统、不经常,面对突发事件,不会处理,或处理后效果适得其反。

3.内部化倾向　由于种种原因,养老机构对所发生的意外事故和纠纷处理持"家丑不外扬"的态度,不太愿意多讲,忌讳外人知晓,没有起到经验教训资源共享或安全预警的作用。

4.法律不完善　养老机构意外事故处理还没有明确的法律规定,不能像医疗机构一样按照《医疗事故处理条例》进行处理,以至于常常变得复杂化。

第二节　养老机构的安全管理原则和手段

安全管理是养老机构管理的一个重要组成部分,它是以保护老年人安全为目的,履行有关安全管理工作的方针、决策、计划、组织、指挥、协调、控制等职能,合理有效地使用人力、财力、物力、时间和信息,为达到预定的安全防范目的而进行的各种活动的总和。

一、安全管理原则

(一)护理服务与安全管理统一的原则

安全管理寓于护理服务之中,并对护理服务的实施发挥促进与保证作用。安全管理是养老机构护理服务的重要组成部分,两者存在着密切的联系,护理服务与安全管理的目标、目的,表现出高度的一致和完全的统一。养老机构在提供护理服务的同时必须做好安全管理,对各级人员明确安全管理责任,建立和落实各级人员安全管理责任制度。

(二)坚持安全管理的目的性原则

安全管理的内容是对护理服务中的人、物、环境因素状态的掌控和管理,有效地控制人的不安全行为和物的不安全状态,以及环境中的不安全因素,消除或避免安全事故,达到保护老年人安全与健康的目的。没有明确目的的安全管理是一种盲目的行为。

(三)预防为主的原则

安全管理的方针是"安全第一、预防为主"。进行安全管理不是处理事故,而是在护理服务过程中,针对护理服务活动的特点采取管理措施,有效地控制不安全因素的发展与扩大,把可能发生的事故消灭在萌芽状态,以保证老年人的安全与健康。落实预防为主,要正确认识护理服务活动中的不安全因素,经常检查、及时发现不安全因素,正确评估,采取措施,明确责任,对可能出现的危险因素或安全隐患,及时采取措施予以消除。

(四)"四全"动态管理的原则

安全管理不是少数人和安全管理部门的事,而是一切与护理服务有关的人共同的事。缺乏全员的参与,安全管理达不到较好的管理效果,所以安全管理强调的是全员参与管理,养老机构的工作人员要树立机构的安全事关全体员工的理念。安全管理涉及护理服务的方方面面,涉及从老年人入住养老机构到老年人善终的整个过程,涉及全部一切变化着的各种影响因素。因此,护理服务中必须坚持全员、全过程、全方位、全天候的动态安全管理。

(五)前馈控制的原则

前馈控制又称事前控制或预先控制,是指在管理工作之前,对管理活动所产生的后果进行预测,并采取预防措施,使可能出现的偏差在事前可以避免的一种方法。应用前馈控制实施护理安全管理,可以把各种不安全的因素控制在实施护理措施之前,控制在护理技术操作之前,控制在下一次护理过程之前,消灭在本次护理过程之中,从而达到护理安全的目的。进行安全管理的目的是预防、消灭事故,防止或消除意外事故伤害,保护老年人的安全与健康。应用前馈控制实施安全管理,将重点放在预防。通过对意外事故原因的分析发现,在护理服务过程中,注意前馈控制,可以避免很多的意外伤害。

(六)在管理中发展、提高的原则

安全管理是在变化着的护理服务活动中的管理,是一种动态的管理。安全管理是不断发展、变化的,以适应变化的护理服务活动,消除新的危险因素,更为需要的是不间断地摸索新的规律,总结管理办法与经验,指导新的变化后的管理,从而使其不断上升到新的高度。

二、安全管理手段

(一)OEC 管理模式

OEC 管理模式的本质就是将企业核心目标量化到人,将每一个细小的目标责任落实到每一个员工身上。该管理模式由三个体系构成:目标体系、日清体系、激励机制。其主导思想是首先确立目标,而日清是完成目标的基础工作,日清的结果必须与正负激励挂钩才有效。

知识链接

OEC 管理模式

OEC 是下列英文单词的首字母，O：Overall，即全方位。E：①Everyone，每个人；②Everything，每件事；③Everyday，每一天。C：①Control，控制；②Clear，清理。OEC 指全方位对每个人每一天所做的每件事进行控制和清理。

OEC 管理模式是适应现代护理管理观的护理安全管理手段。通过确定护理目标责任、细化护理工作日清体系、落实护理人员的激励机制，使护理工作做到"事事有人管，人人都管事，管事凭效果，管人凭考核"，践行现代护理管理观，是实现提升护理服务效果的有效手段。运用 OEC 管理模式实施安全管理，目标是控制或消灭不安全因素、降低医疗纠纷以及提高安全护理管理的效果，力求使老年人安全得到保障、护理质量检查达标、全员满意度提高。

养老机构管理者首先要明确养老机构管理人员、每位养老护理员的安全管理目标责任，加强全员质量控制意识。重点监督抓好关键点，每年年初签订管理目标责任书，深入各疗区各项工作，调查研究、分析比较，根据实际情况细化目标责任，合理规范疗区内护理服务科流程，制定具有可操作性、针对性强的各项安全护理目标、措施及对策；对疗区内的护理服务工作按照既定的标准进行监控，管理人员每天坚持晨晚间走访，及时发现护理服务工作中存在的问题和隐患，诚恳接受老年人的表扬或抱怨，及时服务补救，消除老年人的不满情绪，做到防患于未然。

细化安全护理工作的日清体系，可以提高护理员的综合素质，规范流程细节，及时自我清理；规范各项护理工作流程，把工作各细节分解到每个岗、每个班、每个人。在具体的实施过程中，将工作流程细化，每个护理服务工作的每个细节在每时每刻都按预定计划进行，并将其标准量化、细化、透明化，做到"事事有人管，人人都管事，管事出效果"；每天进行自我清理，记录工作量；通过细化护理工作的日清体系，让每位护理员的工作绩效一目了然，实现了护理服务工作的"日事日毕、日清日高"，护士长（管理员）合理调配人力资源，更好地进行重点管理。

落实安全护理的激励机制，充分调动护理员的工作积极性。成立安全质控小组，考核公开、公平、公正；奖优惩劣，弘扬先进。由各层级护士长（管理员）组成的质控小组，设立科室信息本和个人考核本，对工作中发生的每件事，如工作流程调整、有关制度规定、护理员存在的问题和优点等都进行记录。对于出现的问题及时思考并组织人员讨论，首先考虑是否存在工作流程上的不合理并做出调整，属于个人责任心问题给予提醒，根据情节严重程度，扣除一定的考核分值。

OEC 管理的关键在于能否坚持，也就是反复抓，抓重点，使养老护理员的服务意识上升到主动服务模式。将护理服务工作目标责任落实到每个岗、每个养老护理员，明确每一项护理服务工作的细小标准，如养老护理员要对每一位老年人进行压疮、坠床或跌倒等高危因素的评估，并有相应的管理制度和标识。

(二)安全质量管理三级监控模式

加强安全质量监控能减少老年人意外事件的发生。安全质量监控注重评估和识别风险,寻求意外事件发生的根源,因而防护措施有针对性;管理层重视提高护理员安全意识和评估能力,加强了护理员的配置及老年人管理,注重前馈控制,防患于未然,因而可以降低老年人意外事件发生率。

安全质量管理文件化为老年人安全防护提供了切实可行的管理方案。实行质量管理文件化后,每个程序规定责权限分配、资源管理提供等,具体到做什么,由谁做,什么时候做,什么地方做,做到什么程度,达到什么标准,如何控制,形成什么样的记录,由谁记录,等等。明确规范了完成护理服务活动的途径、方法及职责,使护理服务工作条理清晰、职责分明,使护理员的每项服务、操作都有章可循、有法可依,保证老年人安全护理的技术、人员等各个环节、各种因素都处于受控状态,为老年人安全防护提供了保障。

加强安全质量监控能提高老年人对护理服务工作的满意度。加强安全质量监控后,不断规范护理员行为和改进护理服务工作流程,为老年人营造了更安全、更符合需要的疗养环境和护理氛围;注重环节质量监控,重视记录,预防了因护理服务不当而引发的医疗纠纷。

(三)安全管理持续质量改进模式(CQI)

持续质量改进包含确定根本原因、选择解决问题的方法、监控改进措施的执行、评价效果、得出结论、修订标准、巩固改进结果等。机构的安全管理小组成员定期进行一次全面的安全质量检查并记录,通过定期的安全会议进行质量反馈,讨论质量改进的措施,不断改进老年人护理服务流程。持续质量改进的模式关注安全管理质量督导的全过程,强调了在原有的质量基础上不断定位更高的标准,使安全管理的质量始终处于良性的循环轨道中,从而提高了老年人对护理服务工作的满意度。

(四)安全事件的非惩罚性自愿报告制度

建立不良事件内部上报系统,实施安全事件的非惩罚性自愿报告制度,是基于先进安全文化的护理安全管理模式。实践证明,医疗差错和不良事件报告系统能促进医疗质量和养老机构老年人的安全。鼓励自愿上报"不良事件",无惩罚、无责备;建立不良事件上报的激励机制,鼓励上报的积极性,根据上报数量,行政管理部门给予护理员个人或相关管理部门相应的物质和精神奖励。管理者应着眼于系统分析,对当事人避免单纯的批评责备和处罚,倡导主动报告护理过失和缺陷,使之形成风气,营造安全文化氛围,促进安全管理系统的持续质量改进。

(五)SHEL 事故分析法

事故分析法是近年由日本的医疗事故调查委员会提出来的,他们认为,医疗事故的形成主要受几个方面的影响,可以通过对这些因素的分析来找出医疗事故的原因,并制定相应的对策,以减少医疗事故的发生。

知识链接

SHEL 事故分析法

S:软件部分,包括护理人员的业务素质和能力;

H:硬件部分,指护士工作的场所;

E:临床环境;

L:当事人与他人。

SHEL 事故分析法同样适用于养老机构意外事件的管理。意外事故是护理服务质量形成过程中的一种失控现象,是质量管理缺陷造成的,它与人员素质、技术和管理水平密切相关,且受诸多因素的影响。分析和探讨意外事故发生的原因,从而制定相应的防范措施,以减少意外事故的发生。只有认真研究、查找造成当事人失误的原因,发现问题,才能找到避免事故发生的对策,解决问题,降低意外事件的发生,从而真正全面提高安全管理质量。

第三节　养老机构的安全防范制度和设备

养老机构是老年人长期居住的生活场所,也是服务安全问题集中多发的场所。完善安全管理机制,制定安全防范制度,保持环境和设施的安全,满足老年人对预防安全问题的服务需求。

一、安全防范制度

养老机构工作对象的特殊性给养老机构的服务人员提出了更高的要求,安全防范制度的制定,是保障老年人生命健康和生活质量的重要内容。

(一)入院评估、宣教制度

1.老年人入院时由注册护理员完成体检资料和医疗证明的核查,用各项"风险评估表"进行评估:坠床/跌倒危险、走失危险、皮肤压疮危险、骨折和心脑血管病意外等常见老年人意外风险的评估,以及肌力、行走功能、吞咽功能的评估,存在高风险者,需采取预防措施,并制订护理计划。

2.医护人员根据老年人身体情况和生活自理能力,确定并实施不同级别的护理。

3.提供安全知识指导,增强防护意识,做好相关宣教。对存在高风险因素的老年人在其床头挂警示牌。每周复评一次,如有情况突变随时评估。主管护士每天评估、书写记录。压疮高危老年人每班评估,跌倒危险老年人每周评估1～2次。

4.提供安全辅助用具,提高防范能力。

5.签风险告知书。

6.签订入住协议。

(二)老年人管理制度

老年人由于在生理、心理、情感、认知、社会等方面的特殊性,在临床工作中必须加以重视,以确保他们的安全。养老机构工作人员应关注老年人以下安全问题:

1.**防坠床**　通过使用床栏、加强陪护等措施防止坠床发生。

2.**防跌倒**　保持地面清洁干燥、无障碍;行动不便、视力欠佳者应加强陪伴。

3.**防走失**　将老年人活动范围分为小区活动、园内活动和自由出入活动,并用不同颜色胸牌显示,入园后登记是否准许出入,严格按老年人活动范围进行管理,必要时由专人陪护。制定老年人外出请假制度,入住期间,老年人不得擅自离院,若需要离院,则需履行相关请假制度并签字。

4.**防假牙误吸**　手术、气管插管、睡眠、病情危重等情况下,应取下活动性假牙。

5.转运过程的安全　转运老年人时,尽量使用轮椅和平车,并有专人陪护。

6.皮肤保护　老年人由于皮肤弹性差,末梢神经敏感性降低,对各种有害刺激的保护性反应降低,加之老年人不愿活动,所以很容易发生压疮、烫伤,应予以关注。

7.体位改变应缓慢　因老年人心血管系统调节能力差,体位变化过快易引起血流动力学改变。

8.准确服药　由于老年人记忆力下降,有时可能会漏服或多服,护理员应加强协助。

9.所有报警装置和呼叫系统始终处于功能状态。

(三)住院安全制度

1.物品固定放置,便于清点,保证老年人行动安全。

2.住房内禁止吸烟与饮酒,禁止使用电炉、酒精灯及点燃明火,以防失火。

3.加强对探视人员的管理。

4.贵重物品不要放在住房内,加强巡视,如发现可疑分子,及时通知保卫处;空住房要及时上锁。

5.晚九点应及时劝导住房内探视人员离开病区,并督促老年人休息。

6.按要求畅通防火通道,不堆、堵杂物;消防设施完好、齐全,上无杂物。

7.规范养老机构感染职能部门职责,设立专职感染管理人员,加强对养老机构人员感染知识的培训以及效果考核。

(四)意外事件的防范制度

1.加强对护理员的安全意识教育,进行法律、行政法规、规章制度和诊疗护理规范的培训和职业道德教育。

2.强化护理服务活动的规范化管理,制定护理服务规范的评价内容和评价标准,不断完善安全质量管理,使意外事件降低到最低限度。

3.加强对护理员的专业知识技能的训练和考核,提高护理员的业务素质。

4.建立养老机构安全自查制度,定期进行安全质量检查。对发现的不安全因素或隐患,在安全会议上进行分析、讨论,并提出整改意见。自查内容:①有无有章不循的现象;②有无制度执行不严和违反规章制度的情况;③日常护理操作规程执行情况;④是否存在制度管理的薄弱环节。

5.鼓励护理员主动报告护理安全隐患和不良事件。

6.医护人员在医疗活动中,必须严格遵守医疗卫生法律、行政法规、部门规章和诊疗护理规范,恪守医疗服务职业道德。

(五)坠床、跌倒的预防和管理制度

1.护理员每班评估老年人坠床/跌倒的安全预防措施,并进行交班。

2.对老年人及其家属进行安全预防措施教育,并记录。

3.老年人床头挂"防跌倒"警示牌。

4.安全预防措施:①指导老年人走动时穿防滑鞋;②指导老年人起床或久蹲、久坐后站立动作要缓慢,并有旁人协助;③指导老年人需要时及时请求帮助,如上厕所、起床;④保持居室通道和走廊无障碍物,斜坡、电梯、走廊沿墙设置扶手,床加护栏;⑤地面防滑处理,拖地后放警示牌提示注意地滑,及时清除地面上的积水、油、冰、水果皮等;⑥有台阶的地面用颜

色醒目标识;⑦转弯处有足够照明;⑧老年人能触及床边呼叫铃及必需品;⑨同时必须执行以下养老机构制度:病床/轮椅/平车的安全使用、老年人的管理、约束具使用。

5.老年人发生坠床/跌倒报告及处理

(1)护理人员应立即奔赴现场,评估周围环境,如地面是否潮湿、设施是否损坏,妥善处理,以免进一步的伤害。

(2)勿随意移动/搬动老年人,评估生命体征,有无损伤、骨折以及损伤部位,遭受意外后老年人的精神状态等;根据损伤情况采取合适的搬运方法;病情允许时将老年人移至床上或抢救室,按上床护栏。

(3)进一步检查老年人的情况,如测量血压、判断老年人意识、查看有无骨折等外伤情况,安排并陪护老年人做相应检查及治疗,安慰老年人。

(4)报告医生和护士长(管理员),根据需要按医嘱及时正确采取治疗和护理措施。

(5)通知家属。

(6)认真记录老年人坠床/摔倒的经过及抢救过程。在护理报告中记录坠床/跌倒时间、周围环境、老年人衣裤是否潮湿、生命体征及采取的措施等。

(7)填写意外事件报告表。

(六)皮肤压疮管理制度

通过制定压疮管理制度,实施压疮护理流程,客观量化评估压疮发生的危险因素,监控压疮防治措施的落实,达到科学管理,有效监控,从而降低压疮的发生率,提高压疮护理质量。

1.老年人入院时,注册护士应进行皮肤评估,按压疮危险因素 BRADEN 评分法进行评分,评分为 13～18 分(有危险)需每周评估一次;病情变化时及时评估;评分≤12 分应每天评估,采取预防措施,建翻身卡,使用防压疮气垫床。

2.对可能发生压疮的高危老年人(≤12 分),应积极采取措施密切观察皮肤变化,及时准确记录,并填写压疮高度危险及压疮报告表,交护理部备案。

3.发现压疮,无论是在院内发生还是院外带入均应登记,并在 24 小时内报告护理部,由质控护士到疗区核查,如隐瞒不报,一经发现按规定给予处理。

4.成立压疮质控管理小组,每个疗区设立一名压疮质控联络员,实施压疮会诊制度,压疮质控管理小组成员负责全院压疮的会诊。科室根据会诊组成员提出的意见,跟踪压疮情况,记录并评价结果。

(七)病床、轮椅和平车的安全使用制度

1.病床的使用和维护

(1)员工应掌握正确的使用病床的方法:推动电动病床时,须拔除电源并将电源线放置在合适的位置;抬高/降低整张病床或局部的高度至极限时,须立即停止操作,以免损坏病床。

(2)除治疗或操作需要外,病床在任何时候都须保持在最低水平;除转运状态下,床脚的轮子必须保持上锁状态。

(3)护理员须向老年人及家属解释使用床栏的目的及必要性,并记录床栏使用情况。如老年人及家属拒绝使用,须在护理记录单上注明,必要时由老年人及家属签字。

知识链接

需常规使用床栏的老年人

任何原因造成视觉障碍的、意识改变的、药物过量/药物中毒的、镇静或麻醉恢复阶段的、躯体/肢体移动障碍的、活动不便的、坠床/跌倒风险的老年人。

(4)维修部门应按要求定期到各使用部门进行预防性维修,对使用中发生故障的病床,应及时修理。

2.轮椅和平车的使用与维护

(1)员工应正确使用轮椅和平车。

(2)运送老年人前应将老年人安置在合适的体位,轮椅不要前倾,以防老年人摔倒,必要时用固定带固定老年人。

(3)转运前必须有工作人员陪同;进电梯时,工作人员先行,以后退方式将轮椅拉入电梯。

(4)用平车转运老年人时,必须有床栏保护。

(5)轮椅和平车应存放在指定的储存区域。

(6)维修部门应按要求定期到各使用部门进行预防性维修,及时修理破损的轮椅和平车。

(八)约束具使用制度

本制度所涉及的约束具主要指用于老年人身体及四肢的约束带。当老年人的选择和医疗安全的需要发生冲突时,考虑使用身体及四肢的约束带。对老年人实施约束必须严格掌握指征,只有当老年人的自主活动危及自身安全与诊疗操作安全时,或危及他人安全时,并在使用其他帮助性措施无效的情况下才能使用。

1.帮助性措施 止痛和安慰手段;在条件允许情况下,尽量将老年人移至靠近护理员站的房间;减少噪音;经常帮助老年人变换体位;安排家属陪伴老年人;为老年人提供教育。

2.使用约束的指征 保证必要的治疗通路的通畅;减少因意识改变造成的自我伤害,如坠床。

3.有关使用约束具的记录 使用前应由医师或护理员对病情进行评估,取得老年人或家属同意理解后,方可实施操作,注意保护老年人的隐私,并做好记录;使用过程中要密切观察预防并发症及意外情况的发生,至少每小时评估老年人一次,包括检查约束部位、血液循环情况并记录约束具使用的类型、部位、开始及终止时间;使用约束器具指征消失后及时解除并记录。

4.使用时注意事项

(1)如老年人/家属拒绝使用约束具,须在病历上注明,必要时由老年人/家属签字。

(2)为老年人实施约束时,必须有礼貌地对待老年人,向老年人和家属讲明使用约束具的目的和必要性,保护老年人隐私,为老年人提供安全、舒适的环境,以利于老年人更有效地得到治疗。

(3)正确使用约束具,在发生火灾或其他紧急状况时易于取下。

(4)定期接受正确使用约束具及如何护理约束老年人的教育。

(九)自杀/其他行为紊乱者防护制度

1.发现或怀疑老年人存在或有潜在的自杀意图时,应做到:

(1)报告护士长(管理员)/院长,备案。

(2)保持镇静,给老年人安抚、倾听、接纳、疏导情绪;给予安全范围内的镇静剂,必要时予软约束具;设专人24小时随身陪护;如果老年人出现过激行为,那么应撤离同室其他老年人,立即通知保卫处或相关部门,协助处理,以免老年人自伤或伤及他人,按病情考虑对老年人是否采取躯体束缚与行动限制,以防发生意外。

(3)安排精神科医生会诊;专科会诊后如实记录病情,进一步专科治疗。

(4)告知老年人家属或单位,并记录。

(5)提供持续的护理观察,以保护老年人及其他人员的安全,家属须陪伴老年人。

(6)提供安全的环境:住房内应尽可能避免危险或潜在危险性物品的存在,如剪刀、剃须刀片、火柴、玻璃和皮带等;检查房间的窗户,做好防坠落措施,锁好门窗,并在尊重老年人及事先通知的前提下采取安全措施,以尽可能取得老年人及家属的理解。

(7)详细交接班,在护理记录单上记录所有取下的物品并交给家属。

2.老年人自杀后的处理

(1)发现老年人自杀,应立即通知医护人员,携带必要的抢救物品及药品奔赴现场,立即开始抢救工作。

(2)抢救无效,保护现场(病房内及病房外现场)。

(3)立即通知家属,报告护士长(管理员)/院长,服从领导的安排处理。

(4)配合相关领导及有关部门的调查工作。

(5)做好各种记录。

(6)保证疗区常规工作的进行。

(十)离院/失踪管理制度

根据相关的管理条例,为保障老年人的安全,入住养老机构的老年人不得擅自离开机构。有的老年人事先没有通知护理员,自行离院或被发现失踪,有发生意外的可能,机构工作人员要做好相应的安全防范措施。

1.老年人入住时,护理员应该告知其入住期间不得擅自离院,并由其在住院须知上签名。

2.痴呆老年人佩带写有亲友和养老机构电话的联系卡,衣服里角印上老年人姓名、养老机构名称和电话。

3.护理员发现老年人无故不在住房1小时,就应该开始寻找并报告值班医生/管理员:老年人房号、床号、姓名、寻找的区域、寻找联系人、记录。

4.持续寻找老年人2小时无结果,应该报告院长:老年人姓名、特殊关注点、最后一次发现老年人的地方、老年人现在的家庭住址、任何有关老年人去向的线索、老年人的衣着情况及身体状况、记录。

5.与老年人家属联系,告知老年人自行离院情况,嘱其协助查找。

6.尽一切可能查找老年人去向,通知保安人员先在院内协助寻找老年人,院内不见老年人,家属亦联系不上时拨打"110"报警电话协助寻找。

7.老年人返回后立即通知护士长(管理员)、院长。

8.认真记录老年人外出及寻找经过与病程。记录内容如下:

(1)经寻找联系到老年人/家属,如属离院外出,则老年人回住房后予以评估并记录。

(2)当使用任何可能的方法寻找仍未能发现老年人行踪时称为老年人失踪,记录发现时间、处理经过、报告经过、结果;老年人物品须两人同时清点(贵重物品、现金需登记),妥善保管。

(十一)用药安全管理制度

1.养老机构根据实际情况和老年人的需要储备一定数量的常用药物,指定专人管理。药品应根据种类与性质,如针剂、内服、外用、剧毒药等分类定位放置,并应保证标识明显。定期检查药品质量,及时更替。

2.抢救药品必须放置在抢救车内,定量、定位放置,标签清楚,每日检查锁扣是否完好,保证随时急用。

3.注意给药安全,为避免给药错误,应严格执行用药原则,根据医嘱用药。严格执行"三查七对一注意",详细了解老年人有无过敏史,对已知过敏的药物严禁使用。

4.准时给药,发药时向老年人讲解清楚,指导其用药,发口服药时必须送药到口,以免误食,并注意观察用药后的反应;对自我记忆能力较差的老年人,建立服用药品备忘卡,帮助老年人对服药的执行。

5.有吞咽障碍或有噎食危险者,在不影响药效的情况下,可将药物分几次或切成小块后吞服,防止发生哽噎;有忧郁、自杀倾向的老年人,要防止老年人弃药、藏药或一次大量服药;癌痛者给予切实的止痛药物,用药后观察疗效并仔细辨别有无用药不良反应。

6.加强医护联系,认真交班。

(十二)老年人隐私保护制度

1.机构工作人员应将保护老年人隐私权作为职业道德、行为规范的重要项目,在执业过程中执行老年人隐私保护制度。

2.对所有老年人应本着人道主义、尊重人的尊严、爱护生命的原则,不分种族、社会地位、年龄,为来诊者提供人性化的护理服务。

3.在执业过程中,非治疗护理需要,不随便询问个人隐私问题,如因治疗护理需要而了解到的老年人隐私,应严守私密,不随意向外人泄露。

4.如因治疗需要,需向他人介绍隐私问题,须本着实事求是的原则,取得老年人或法定代理人同意后,方可介绍。

5.医护人员在为老年人隐私部位操作时,须采取遮挡措施,保持一人空间,未经老年人同意,不得围观或同时有等候的其他人员,为老年人保留私密空间。

6.在收治老年人时,非特殊情况,禁止男女混室。

7.凡因医护人员诊疗中不负责任地暴露老年人隐私或操作中未采取遮挡措施而引起法律纠纷,个人承担直接责任。

(十三)探视、陪伴制度

为促进养老机构工作有秩序进行,要尽可能减少陪伴。陪伴适用原则如下:

1.老年人病情严重、临终期、病情有可能突然发生严重并发症者。

2.各种原因造成的精神异常、意识障碍者;有自杀倾向者。

3.凡老年人需陪伴者,须经护士长(管理员)同意。

知识链接

陪伴者须遵守的规定

(1)与医护人员密切配合,在医护人员指导下照顾老年人。

(2)自觉遵守养老机构各项规章制度,不随地吐痰,不在院内吸烟,不串住房,不在住房里洗澡、洗头、洗衣服和蒸煮自带的食物,不得自带行军床、躺椅等。不吃老年人饮食,保持住房的安静和清洁卫生。

(3)探视和陪伴人员必须遵守院规,听从护士长(管理员)的指导,不得私自将老年人带离至院外。

(4)要保持住房整洁安静,不准吸烟。要爱护公物,节约水电,凡探视、陪伴人员损坏、丢失养老机构物品的,应负责赔偿。

(5)探视人员如违反院规或影响养老机构治安,经说服教育无效者,可停止其探视,并与有关部门联系处理。

(十四)手卫生规范与质量监管制度

在养老机构感染传播途径中,工作人员的手是造成养老机构内感染的重要原因。规范洗手及手消毒方法,加强手部卫生的监管力度,是控制养老机构感染的一项重要措施,也是对老年人和工作人员双向保护的有效手段。

1.洗手的指征

(1)进入或离开住房前必须洗手。

(2)处理清洁或无菌物品前;无菌技术操作前后。

(3)手上有污染物或与微生物污染的物品或体液接触后;接触老年人伤口前后;手与任何老年人接触(诊察、护理老年人之间)前后;在同一老年人身上,从污染部位操作转为清洁部位操作之间。

(4)戴手套之前,脱手套之后;戴脱口罩前后;穿脱隔离衣前后。

(5)使用厕所前后。

2.手消毒指征

(1)为老年人实施侵入性操作之前;诊察、护理、治疗免疫性功能低下的老年人之前。

(2)接触每一例传染病患者和多重耐药株定植或感染者之后;接触感染伤口和血液、体液之后;接触致病微生物所污染的物品之后。

(3)双手需保持较长时间的抗菌活性,如需戴手套时;接触每一例传染病患者后应进行手消毒;微生物检疫人员接触污物前应戴一次性手套或乳胶手套,脱手套后应进行手消毒。

3.手部卫生的监督管理

(1)严格按照洗手指征的要求进行规范洗手和手消毒;使用正确的洗手(六步洗手法)和手消毒方法,并保证足够的洗手时间。

(2)确保消毒剂的有效使用浓度。

(3)定期进行手的细菌学检测;定期与不定期监控护理员手卫生的依从性,对存在的问题提出改进意见。

(十五)健康教育制度

定期以各种形式向老年人及家属进行卫生宣教,通过健康教育,使老年人增加卫生知识,有利于防病和治病。健康教育的形式有以下几种:

1.个别指导 内容包括一般卫生知识,如个人卫生、公共卫生、饮食卫生;相关疾病知识;常见病、多发病、季节性传染病的防治知识;康复知识;简单的急救知识等。

2.集体讲解 按工作安排情况与老年人作息制度选定时间进行集体讲解,还可结合示范,配合幻灯、模型等,以加深印象。

3.文字宣传 利用宣传栏编写短文、专科性宣传图示或诗词等,标题要醒目,内容要通俗,要体现大多数老年人的保健需求。

4.卫生展览 如图片或实物展览,内容应定期更换。

5.卫生影视 利用老年人活动时间、出院时的宣教会进行宣教。

(十六)消防安全管理制度

养老机构应遵守国家消防安全相关法律法规的规定,建立相应的消防安全管理制度。按照《中华人民共和国消防法》的规定建立消防安全定期检查、自查自纠及第三方评估制度。对日常消防安全管理进行安全评价,并实施有效监控。

1.组织管理制度

(1)贯彻执行消防安全规章制度,做好消防宣传工作。

(2)负责消防安全的管理者定期进行防火安全检查,消除火灾隐患。

(3)机构工作人员熟悉单位的消防重点部位、各种消防器材的摆放位置和操作规程。

(4)机构工作人员积极参加扑救火灾和疏散人员工作并保护好现场。

(5)机构工作人员积极参加单位组织的各项消防培训。

(6)定期组织消防业务训练,熟练掌握灭火器材的使用。

(7)制定灭火和应急疏散预案,并定期进行演练。

(8)按照《中华人民共和国消防法》的规定建立消防安全定期检查、自查自纠及第三方评估制度。对日常消防安全管理进行安全评价,并实施有效监控。

2.消防设备器材维护管理制度

(1)消防设施、器材,由保卫处统一建档管理。

(2)定期组织人员对消防设施、器材进行检测、维护保养,确保完整好用。

(3)消防设施、器材的周围,不得堆放物品,要便于提取使用。

(4)未经管理部门许可,任何部门和个人不得擅自挪动或动用消防设施、器材。

(5)消防设施、器材使用后,要立即进行维护保养、更新,非正当使用损坏消防设施、器材的,要追究当事人责任。

3.安全疏散设备管理制度

(1)单位内的安全出口门、疏散楼梯、疏散走道的宽度必须按规范要求设置。

(2)所有的疏散出口、楼梯、走道必须配置相应的应急照明和疏散指示标识,并按规范要求设置。

(3)应保证疏散通道、安全出口畅通,安全出口不得上锁;卧室安装烟雾报警器。

(4)保持消防通道通畅,走廊通道无杂物堆放;防火门应保持常闭状态,并应向疏散方向开启。

(5)各部门负责人应定期检查疏散标识和应急照明等疏散设施,检查备用消防器材是否完好,并由专人负责维护。

4.用火、用电安全管理制度

(1)铺设电器线路、安装和维修电气设备,必须由正式电工承担,严禁擅自搭接临时电源线路。

(2)电器线路和设备由电工负责监管,定期检查。

(3)不允许私自带入易燃易爆物品。

(4)定期检查消防安全重点部位的管理情况,查看消防(控制室)值班情况和设施运行、记录情况;检查安全疏散通道、消防车通道、疏散指示标识、应急照明和安全出口、消防水源、灭火器材配置及有效情况;查看易燃易爆危险品和场所防火防爆措施的落实情况;检查火灾隐患的整改情况以及防范措施的落实情况;重点工作人员以及其他员工消防知识的掌握情况。

(5)发现火灾隐患,及时填写火灾隐患当场整改通知书和火灾隐患限期整改通知书,并督促整改;防火巡查应每2小时进行1次;防火巡查人员应及时纠正违章行为,妥善处置火灾隐患。

5.消防安全教育、培训制度

(1)下列人员应接受消防安全专门培训:单位的消防安全责任人、消防安全管理人、专兼职消防管理人员;消防控制室的值班、操作人员;其他依照规定应当接受消防安全知识专门培训的人员;消防监控室值班操作员应进行专业培训,考试合格持证上岗。

(2)单位全体员工每年进行2次培训,新上岗和进入新岗位的员工须进行上岗前的消防安全知识培训。

(3)邀请消防部门专业人员授课,结合本年度消防演练,组织全体员工的培训。

(4)培训内容:有关消防法规、消防安全制度和保障消防安全的操作规程;各部门、各岗位的火灾危险性和防火措施;有关消防设施的性能、灭火器材的使用方法;报火警、扑救初起火灾以及自救逃生的知识和技能;组织、引导在场宾客疏散的知识和技能。

(5)培训方式:机构有消防安全知识培训计划,每年组织员工进行1~2次灭火和应急疏散预案演练,并记录;定期对每位工作人员进行消防知识培训,并记录;通过制作墙报、宣传栏、贴图画等方式进行消防安全教育。

6.发生火灾的处理措施

(1)发现火情后立即呼叫周围人员组织灭火,同时报告保卫处及上级领导。夜间电话通知值班护士长(管理员)或院内消防中心。

(2)根据火势,应用现有的灭火器材和组织人员积极扑救。

(3)发现火情无法扑救,马上打"119"报警,并告知准确方位。

(4)关好邻近房间的门窗,以减慢火势扩散速度。

(5)将老年人撤离疏散到安全地带,组织老年人撤离时,不要乘坐电梯,可走安全通道。

(6)稳定老年人情绪,撤离时用湿毛巾、湿口罩或湿纱布罩住口鼻,尽可能以最低的姿势匍匐快速前进,防窒息。

(7)尽可能切断电源、撤出易燃易爆物品并抢救贵重仪器设备及重要科技资料。

(8)在公安消防、保卫部门的领导下积极协助调查火灾发生的原因。

(十七)事故处理与报告制度

1.发生意外或可能引发意外的过失行为后,应按要求逐级上报。

2.报告程序应符合下列要求:发现设施、服务过程或服务对象存在安全隐患,工作人员应向安全管理人员报告,安全管理人员应及时组织力量采取积极的措施,消除隐患,并向上级报告;发生安全事故后,工作人员应立即向安全管理人员报告,并进行事故详细记录;安全管理人员应迅速向安全责任人报告;安全责任人应按照有关规定及时向上级主管部门和相关行政主管部门报告。

3.发生重大疫情,应及时向机构属地疾病预防控制机构报告,特别重大或者重大突发事件发生后最迟不得超过4小时;在应急处置过程中,要及时续报有关情况;对重大突发事件不应瞒报、迟报、谎报或者授意他人瞒报、谎报,不应阻止他人报告。

4.当班护理员/护士根据要求填写老年人意外事件报告表,详细说明事件发生的经过,认真填写表格上的各项内容,报表填妥后交疗区护士长;护士长应及时组织科内成员讨论,分析原因,并提出整改措施;根据事件性质的严重程度,按规定时间上报护理部;护理部保存报告,并与疗区护士长一起讨论改进问题的方法,如有必要,核实经过情况,上报医院安全委员会。

二、安全防范设备

养老机构作为对老年人提供住养、生活护理等综合性服务的机构,承担着提供护理服务、确保老年人安全、提高老年人生活质量等多重任务,而随着高龄化明显扩大的趋势,高龄带来的老年人失能问题则对养老机构的专业化服务提出了更大的挑战,完善的设施设备系统是养老机构正常运营的基础和保障。

(一)设备设施安全要求

1.养老机构配套服务设施配置应按照《老年人居住建筑设计标准》执行,如公共区域应设置餐厅、卫生间、浴室、活动场所,应满足:餐厅布局合理,桌椅应完备、干净整洁;卫生间应设置坐式蹲位、残疾人蹲位,具有安全防护设施,通风良好、无异味;浴室应有安全防护措施,洗浴用水水温应可调节,温度适宜;活动场所应设置固定的健身设施、设备,应设置固定座椅,设施、设备应符合老年人的身体条件和特点;室内活动场所应光线充足,配有文化娱乐用品;应设置公共洗涤场所,配备洗涤用具;应配备老年人常用的康复器具;居室和卫生间应配置紧急呼叫设备。

2.养老机构建筑在正式投入使用之前,应通过公安消防机关的消防验收,其建筑防火设计、内部装修设计及使用装修材料的燃烧性能等级,应符合《养老机构基本规范》的相关规定,按规定设置火灾自动报警系统、自动灭火系统或室内外消火栓系统及防排烟设施,配置相应的灭火器材;消防安全标识牌及其照明灯具等应符合规定,定期检查与维修,至少半年检查1次,发现问题应及时修整、更换或重新设置。

3.任何单位、个人不应损坏、挪用或者擅自拆除、停用消防设施、器材,不应埋压、圈占、遮挡消火栓或者占用防火间距,不应占用、堵塞、封闭疏散通道、安全出口、消防车通道;人员密集场所的门窗不应有影响逃生和灭火救援的障碍物;消防设施、器材应定期组织检验维修,并对消防设施每年至少进行1次全面检测,确保完好有效。

4.正确选用各类用电产品的规格型号、容量和保护方式,用电产品的安装、使用及维修应符合规定,不应擅自更改用电产品的结构、原有配置的电气线路以及保护装置的整定值和保护元件的规格等;电器线路、电气设备的安装应由专业人员实施,依法进行检测;养老机构选择使用的燃气灶、热水器和壁挂炉等燃气器具应经有资质的检验机构检验合格,使用燃气的设备及场所应设可燃气体报警装置。

5.特种设备在投入使用前或者投入使用后30天内,养老机构应向特种设备安全监督管理部门登记;登记标识应置于该特种设备的显著位置;进行经常性日常维护保养,至少每月进行1次自行检查,并做出记录;安全检验合格有效期届满前1个月应向特种设备检验检测机构提出定期检验要求;电梯维护单位应至少每15天对养老机构在用电梯进行1次清洁、润滑、调整和检查,并做记录。

6.健身器材的安全注意事项和警示标识应设置在活动区显著位置;养老机构应定期对在用健身器材进行清洁、润滑、调整、检查并维护,并做记录,发现情况异常,应及时处理。

7.养老机构应对存在较大危险因素的部位和有关设备、设施设置安全标识,安全标识牌的型号选用、设置高度、颜色表征、使用要求应符合规定,对安全标志牌至少每半年检查1次,如发现有破损、变形、褪色等不符合要求的应及时修整或更换;对在紧急情况下使用的通信设备(这种通信设备应设在每个呼叫点和电话机所在位置)应使用安全标识醒目地标示,对设备的背景区域应标记或照亮;安全出口、疏散走道和楼梯口应设置灯光疏散指示标识,疏散指示标识应设在安全门顶部或疏散走道及其转角处距地面高度1米以下的墙面上,且疏散指示标识的间距不应大于20米;安全玻璃门、玻璃墙应有警示标识并设置在显著位置。

8.对于监控设备,应明确设备设施安全使用注意事项,并在显著位置公示;监控设备的设置做到重点公共区域全覆盖;设置监控系统的养老机构应有监控系统控制室,并应有专(兼)职人员24小时值班;值班人员要坚守岗位,做好运行和值班记录,执行交接班制度。

(二)目前常见的养老机构安全管理设备

1.电视监控系统 电视监控系统主要由摄像机、手动图像切换、电视屏幕等组成,一般安装在养老机构出入口、电梯内、楼房通道等地方,用于发现老年人日常生活中出现的突发情况和可疑人员或不正常现象,以便及时采取措施。

2.安全报警系统 在养老机构的消防通道、门卫、财务部等重要位置安装报警系统,以防止盗窃、抢劫、爆炸等事故的发生;在设有煤炉、燃气炉等设备的房间内,应该安装有害气体报警器,防止老年人中毒。

3.自动灭火系统 自动灭火系统由多种火灾报警器、灭火器、防火门、消防泵、正风送风机等组成,是养老机构安全必备的设施。

4.通信联络系统 通信联络系统是指以安全监控中心为指挥枢纽,通过呼唤机等无线通信器材而形成的联络网络,使养老机构的安全工作具有快速的反应能力。

5.电子门锁系统 电子门锁系统对养老机构的安全管理起到很好的作用。为加强对盗窃团伙的防范,目前的电子门锁系统已进步到在电子锁上安装自动破坏解码器的装置,当犯罪分子将解码器插入电子锁时,该装置就能将解码器毁坏并报警。有条件的养老机构还可以为老年人配备防走失系统,为老年人佩戴定位设备,在老年人未经登记批准程序离开养老机构时,报警器会自动提醒管理人员。在老年人走失后,也可以借助定位装置快速找到老年人。

6.安全防护辅助产品和辅助器具的配置　对于老年人而言,由于身体机能逐步衰退,自理及感知觉、沟通、社会适应等方面的能力显著下降,加上一些疾病后遗症,如脑卒中或精神系统疾病造成的躯体障碍影响,使得老年人的部分生活能力需要借助辅助器具或他人的帮助才得以维持。养老机构中失能老年人最常用的辅助器具多为站立行走架和防压疮床垫,这两种辅助器具是老年人安全和舒适的最基本保障。对于养老机构而言,辅助器具既是保证老年人安全,维持老年人功能的必备品,又是降低机构人力资源成本、缓解工作人员不足状况的有效途径。

知识链接

辅助产品

医用安全防护辅助产品有带锁扣的轮椅、防压疮的床垫、电子肺活量计、紫外线治疗仪、简易呼吸器、血液透析机等。

根据国家标准分类,辅助器具大概可以分为功能补偿类、生活辅助类、康复训练类和环境改造与控制类。

1.功能补偿类　个人移动辅助产品:站立行走架、受控电动轮椅车、伺服电力助动轮椅等。最常见的辅助器具如站立行走架、轮椅对于老年人的行走能力起到了极大的补充作用,保证了老年人的最基本的活动能力进而延缓衰老的进展,维持其他日常生活活动。

2.生活辅助类　通信和信息辅助产品有盲人电话、可视对讲门铃、智能扩音老年人电话、电动床等。例如,电动床对于促进老年人舒适、减少压疮发生起到了重要作用,同时在很大程度上降低了照顾者负担,也节约了养老机构的人力成本。

3.康复训练类　技能训练辅助产品如指环式鼠标、矫形器和假肢、截瘫支具、仿生臂等。

4.环境改造与控制类　家具及其配件,如可移动床桌、遥控开门器。

第四节　养老机构的安全管理措施和程序

老年人是意外事件的高发群体,在西方发达国家,与家庭、公共场所、交通运输等相比,约 21% 的老年人意外伤害事件发生在养老机构。因此,养老机构从业人员应该从老年人医疗护理安全方面的特点出发,探索行之有效的管理模式,落实安全管理的措施和程序,注重安全管理的效果,使老年人的安全得到进一步的保障。

一、建立安全管理组织体系

养老机构应依法建立安全管理部门,由安全责任人、安全管理人员、相关部门和具体实施安全工作的专(兼)职人员组成,逐级负责本机构的安全管理工作。养老机构的安全责任人应是机构法定代表人或主要负责人,主持制定各种意外事件应急预案和处理意外事件,召开安全会议。安全管理人员的要求及职责如下:

(一)安全管理人员要求

1.养老机构应按照机构总人数及服务内容配置相适应的专(兼)职安全管理人员。

2.安全管理相关工作人员应熟悉国家和地方与安全管理相关的法律法规及技术规范,并取得相关部门认可的资格证书,持证上岗,具备必要的组织协调能力和突发事件应变处置能力。

(二)各级安全管理人员职责

1.安全责任人应全面负责本机构的安全工作,依法开展安全管理工作;建立安全管理部门和组织(含义务消防组织);审查批准安全制度、组织制定并实施安全事故应急预案;定期研究、督导安全问题;及时、如实向上级主管部门报告安全事故。

2.安全管理人员应负责本机构主管范围内的安全工作;负责制定安全管理制度和年度安全工作计划,组织实施日常安全管理工作;督促、落实隐患整改工作;定期向安全责任人报告安全工作情况,及时报告涉及安全的重大问题。

二、完善安全管理制度

养老机构应根据老年人的特征制定相应的安全管理制度,并建立分级护理评估体系。

(一)制定安全管理制度

养老机构应遵守国家法律法规要求,建立健全各项安全管理制度。安全管理制度应明确相关部门及人员的职责、权限、工作内容、工作流程及要求。制度应包括但不限于安全责任制度、安全教育制度、安全操作规范或规程、安全检查制度、事故处理与报告制度、突发事件应急预案、医疗护理安全管理制度、考核与奖惩制度等。

(二)建立和规范老年人分级护理评估体系

养老机构应根据老年人的特征制定分级护理评估体系。老年人入院后,医护人员根据老年人身体情况和日常生活活动能力(ADL 能力)评分,确定并实施不同级别的护理。

三、落实安全防范措施

许多医疗纠纷的发生与规章制度不完善、操作规程不落实、医务人员责任心不强有关,所以需要加强医务人员责任心的培养,严格落实安全防护制度,确保入住老年人的安全。

(一)强化安全防范意识

养老机构管理者要利用各种形式对员工进行安全教育,增强员工的安全意识,可以举办各种安全讲座或讨论会,请老年人及家属参与安全管理,提高养老机构全体人员的安全意识,大家一起做好安全防护工作。

(二)落实安全防范措施

1.严格执行老年人用药安全管理规定 如利用固定图案、标签、醒目的颜色的药盒(如用红色、白色、黄色药杯)分装每日不同时间服用的药物;发药时"三查七对";对孤独感者给予更多的关注和看护;对有自杀倾向的老年人,注意老年人情绪变化,管理好刀剑等尖锐物品、绳子等;在痴呆老年人衣服里角印上老年人姓名、护理院名称和电话;吃饭有人观察,散步有人陪伴,沐浴给予防护性约束;对痴呆烦躁老年人、可能坠床或跌落轮椅者进行必要的约束,并向家属讲解约束的理由,取得认同;对意识不清、躁动及视力减退的老年人,热水瓶放于固定的安全的位置,避免取用时打翻而致烫伤。

2.落实饮食护理制度　对有呛噎的老年人可给予干稀搭配合理的饮食,喂食时每一口要多少适宜,速度不可过快,除治疗或操作需要外,病床任何时候都与地面保持最小距离,减少老年人坠床意外等。

3.落实质量检查制度　管理者应经常检查制度落实情况,检查工作人员是否按照安全操作流程、操作规范进行护理,把好各环节质量关,确保护理安全。护士长、护士每周对每位老年人的高危因素和潜在危险因素进行评估,检查防护措施是否落实,对房间内的呼叫系统、地面、厕所环境设施、老年人行走路线、扶手的稳定性等环节详细检查,及时发现并解决各种隐患;填写风险管理报表,将存在问题在每周小组讨论会上通报,分析原因,提出改进措施;每发生一次意外事件,都重新审视操作流程有无遗漏细节,增加操作设计中提醒意外事件好发环节的内容,提高安全意识、护理技能水平,尽量杜绝责任意外事件。

4.落实安全护理的激励机制　充分调动护士的工作积极性,成立科室安全质控小组,考核公开、公平、公正,奖优惩劣,弘扬先进;经常询问护理员对老年人安全的想法及哪些做法可改善老年人安全文化,对建议进行分析,并在可能的情况下做出改革;注重老年人身心健康发展,规范护患沟通行为,了解老年人的身心需求,耐心倾听老年人的诉说,多用解释性语言、耐心解答老年人的问题,鼓励老年人,以积极乐观的态度应对负性生活事件的打击;不要带着不良情绪与老年人交流,不要与老年人发生争执,不要谈论老年人的隐私,善待每一位老年人,思考老年人出现奇怪举动的原因,维护老年人的尊严,尊重老年人;经常举办一些有益于老年人身心健康的娱乐活动,让他们充分感觉到自己的价值,给老年人提供身体、心理、精神、文化等的全面支持;合理制订老年人的日常生活作息时间表,安排老年人进行适当的体育锻炼,锻炼有利于老年人肢体功能恢复,减少跌倒的发生。

四、建立安全培训体系

安全培训是安全管理的一项最基本的工作,也是确保入住老年人安全的前提条件。建立安全培训体系,强化全员安全意识、指导员工对意外事件的紧急处理方法,才能从根本上解决老年人护理安全中存在的隐患。

(一)入门培训

老年护理工作有其特殊性,养老护理员需要经过岗前培训后方能上岗。养老机构的管理者需要制订岗前培训计划,将安全管理相关知识、技能培训纳入岗前培训中,灌输热爱老年人、帮助老年人的高尚价值观,培养养老护理员的慎独精神。

(二)定期培训考核

养老服务是一个特殊的行业,医护人员的素质和能力与护理缺陷、事故的发生往往有着直接的联系,因此医护人员应具备针对老年人的专业服务技能,要保证入住养老机构老年人医疗护理工作的安全,一方面要抓好从业人员专业培训,走服务队伍专业化之路,另一方面要强化服务质量意识,完善服务,防患于未然;机构管理者要制订计划,定期培训和考核护理人员的老年护理理论和操作技能,外送护理人员出去参观学习、学术交流、开展课题研究等;为保证养老护理人员队伍的稳定,需要加强养老管理队伍建设及养老护理员的专业化培养,结合养老护理员的分级管理,提升工资待遇,提供专业发展机会;逐步建立养老护理员的职称评审体系,让专业队伍自身能够看到发展的远景,是专业队伍稳定的基础。

(三)意外事件紧急预案的模拟培训

据不完全统计,目前我国社会养老机构已超4万家,当养老机构成为营利性机构,其应该承担的责任显然不能局限于"替子女尽孝"。养老机构的医护人员除了应具备为老年人提供生理、心理、社会、文化等服务的基本素质外,还应具有在繁重的日常医疗护理工作中应对和处理突发意外事件的能力。但是目前有一些养老机构在实际工作中能做到的只有基础护理,包括老年人的清洁护理、饮食护理、排泄护理,远远达不到《养老机构服务质量标准》规定的老年专科疾病护理、老年心理护理、老年康复指导以及老年期健康教育,缺乏对突发事件紧急处理的能力。机构管理者可以将意外事件如骨折、烫伤、噎食、刮伤、走路跌伤、坠落、走失、自杀等典型案例进行分别剖析,或者将各种意外事件和紧急应对预案拍摄成情景短片,让工作人员模拟实训,熟悉紧急预案实施流程,真正发生意外时往往能最快、最科学地处置,避免继发损伤。养老机构也可以与各级医学护理院校合作,建立长效的合作机制,开展多种形式多途径的疾病护理和急救技能培训活动,形式可以是专题讲座、宣传咨询、集中教育培训、知识竞赛、模拟演练,培训内容主要包括老年人常见慢性疾病急性发作观察和处理、心跳骤停、食物哽噎、外伤骨折等意外的急救技能。

五、制定意外事件处置预案

减少意外事件的发生,预防是关键,意外紧急处置预案就显得必不可少。养老机构需要制定跌倒、烫伤、噎食、坠床、走失、自杀及火灾意外等的紧急预案,所有工作人员必须反复训练、熟练掌握,为抢救处置快速、有序、有效、科学打下良好的基础。意外事件发生后,启动"不良事件"自愿报告系统,组织讨论,分析原因,实施改进。

六、落实安全教育

(一)员工的安全教育与培训要求

1.根据民政部发布的《养老机构安全管理》行业标准,安全教育与培训内容至少应包括:安全工作所涉及的法律法规和规章;本部门或岗位的安全管理制度和操作规范或规程;设备设施、工具和劳动防护用品的使用、维护和保养知识;安全事故的防范意识、应急措施和自救互救知识;应急预案的演练;法律法规规定的其他内容。此外,还应包括《养老机构消防安全管理》制度的培训。

2.教育与培训的组织实施应符合下列要求:安全责任人负责对安全管理人员的教育和培训,使之全面掌握养老机构安全监测、控制、管理的理论、专业知识和技能,并能指导实际工作;安全管理人员应组织本机构工作人员的安全教育和培训,使之掌握安全知识和相关安全技能;应对老年人进行重点安全问题预防知识教育;可采取多种形式进行安全教育和培训;应对教育和培训效果进行检查和考核。

3.接受教育与培训的人员应包括:安全责任人、安全管理人员,每年应接受在岗安全教育与培训;新员工,上岗前应接受岗前安全教育与培训,并做好培训记录;换岗、离岗6个月以上的,以及采用新技术或者使用新设备的,均应接受岗前安全教育与培训。

4.养老机构应定期对工作人员进行职业病防范、工作防护的安全教育。

5.养老机构应对新员工或换岗人员进行上岗前职业健康安全教育。

(二)对老年人开展多种形式健康教育

养老机构应该定期开展多种形式的健康教育活动,根据老年人参与意识较强的特点做好老年人喜闻乐见、易于接受的安全防范的宣传指导工作。对老年人进行安全教育,可以提高老年人的安全意识,做好预防。实践证明,对高危人群实施针对性的健康教育,跌倒发生率和跌倒后严重程度下降显著。

安全指导的内容包括饮食指导、卧床护理指导、用药指导、预防跌倒措施等。最好的宣教方式是一对一的指导和讲课、发放教育手册,如《运动、饮食安全指导》《跌倒、压疮预防指导》《安全用药指导》《外出指导》《冷热疗、辅助用具指导》《食物哽噎紧急处理》《触电、中毒等意外处理》《烫伤、扭伤紧急处理》《疾病发作应急处理》《日常生活安全常识》《卧床护理指导》等,将老年人最容易发生的意外如骨折、烫伤、噎食、刮伤、走失等做成橱窗海报和小册子进行公众宣传,简单描述其原因、意外后果及预防要点,并配上插图,广而告之,以提醒老年人、老年人家属和工作人员。面对面交流的针对性强,灵活机动,可以随时询问,及时获得帮助和指导。对帕金森病、老年痴呆症、高血压病、糖尿病、夜间尿频、脑卒中后遗症等容易发生意外的老年人一对一进行健康教育。

举办老年人健康讲座,详细介绍老年人常见意外事件的发生机理、典型案例及预防的详细措施,增强防范意识,主动提供安全帮助,劝导老年人行走时不要穿拖鞋、戒烟戒酒,帮助老年人建立安全的生活方式。

七、完善养老机构环境和设施建设

有研究报道,65岁以上的老年人发生跌倒51.0%与环境因素有关。因此,养老机构应重视环境改造和评估,减少环境中的危险因素。意外伤害的发生与床铺、浴室、椅子等的设计缺陷,未充分考虑老年人生理特点,以及看护人员的疏忽密切相关。因此,养老机构在日常管理运作中,首先硬件设施要合格,符合《老年人建筑设计规范》,注意所有工作细节,比如走廊、卫生间安装扶手,地面防滑,窗台、楼道符合一定的标准等。养老机构的房间应该干净、整洁、宽敞、明亮、设施齐全、合理增设,室内物品摆放高度和摆放位置合理,洗手间增设把手,减少地面障碍物,设置夜视小灯,方便老年人起夜,在卫生间、开水间增加防滑垫;老年人房间的布置可根据个人意愿,整体让人感到家的温暖,尽量为老年人创造安全的环境,包括不同程度肢体功能障碍者使用的特别设施,如可升降的浴缸、方便左右侧肢体活动障碍的对称型洗手间、方便使用轮椅的无障碍走廊、洗手间的各种扶手、洗手间的呼叫器等。根据老年人的具体情况配备安全辅助用具,帮助老年人采取行之有效的措施来预防安全问题的发生,使安全防范措施真正落到实处,从而降低安全问题的发生率。

机构定人定期对环境和设施进行安全检查与维护。后勤管理部门应经常检查床、椅子、卫生间、走廊栏杆、电梯、扶手、电器电线、栏杆等基础设施的安全性,及时维修与更换;保证医疗设施工作状态良好,定时维修维护。护理人员正确使用保证疗效,护士操作前要检查器械安全性。未经允许,老年人不能使用电热毯、热水袋,如需使用,热水温度应设置上限。

加强城乡敬老院环境、设备适老工程改造,结合县、乡整体发展规划和财力情况,多形式、多渠道筹集资金,高起点建设和改造区域敬老院,确保敬老院科学化、标准化、规范化发展,更好地保障老年人的安全。

八、加快养老机构安全管理立法

目前,我国还未出台对在养老机构发生意外的界定、鉴定、赔偿、诉讼的法律规定,为了使养老机构安全体系有法可依,需加快养老机构安全管理的立法,普及老年意外保险,成立相关的组织,如养老机构安全管理协会的成立,支持养老机构提供更安全优质的养老服务。

第五节　养老机构意外伤害事件的防范与处理

预防入住老年人意外伤害事件发生,减少矛盾和纠纷,妥善处理意外事件,为老年人提供安全有效的疗养环境,是当前养老机构面临的重要课题。

一、意外伤害事件的防范措施

意外伤害事件包括意外伤害和事故。老年人在入住养老机构期间发生的、未曾预料的突发事件,通常导致老年人躯体和精神伤害,称为"意外伤害"。事故是指造成人员伤亡或重大财产损失的事件,一般分为意外事故和责任事故。意外伤害可以是轻微的,如轻微皮肤擦伤、磕伤、脚扭伤等,也可以是严重的伤害,如跌倒、噎食、窒息、坠床、烫伤、走失、自杀、自伤、他伤、突发疾病死亡(猝死)等。轻微意外伤害一般不太会引起纠纷与矛盾,较严重的意外伤害如果构成意外事故,容易发生矛盾和纠纷。意外事故是指由于老年人个人原因(如不适当的操作或活动、个人不注意、不小心等)和其他不可抗拒的原因(天灾人祸),非养老机构方面的原因造成的事故。在意外事故中养老机构工作人员没有过失行为,法律上不应追究养老机构和养老工作人员的责任。责任事故是指养老机构工作人员玩忽职守、违反规章制度和操作规程等失职行为所造成的事故。通常各种意外事故属于突发事件,无固定模式和地点。意外伤害的防范措施主要有以下几个方面:

(一)完善制度,加强行业督管

1.要加强管理,建立、健全事故的预防机制,强化事故预防,对于养老机构来说,为老年人提供良好的服务就是最有力的自我保护和事故预防措施。因此,贯彻和落实政府相关规定和标准,严格执行民政部和地方政府颁布的相关规定和标准,努力提高护理人员的技术水平和护理质量,加强护理工作流程的管理,健全老年人入住管理制度、护理登记评定制度、健康管理制度、员工管理制度、岗位职责及服务规范、操作标准等养老机构的各项规章制度,确保消防、食品、医疗服务、环境设施等各类安全措施的落实,从制度上保障入住老年人的安全。

2.政府对养老机构监管力度不够也是养老机构事故日益频发的重要原因,加强行业服务监控,建立一套有效的监控体系,实施统一的行业准入制度,政府应把养老机构纳入行政许可范围,建立起养老机构法制化资格审定制度;设定行业最低准入标准,从而加强养老机构行业入口的控制;修订完善管理法律法规,加强对养老机构运营的监控,使行业发展处于平稳上升的过程。

(二)完善硬件,加强安全防范

认真执行养老机构的设计和施工标准。在新建、改建和扩建中严格执行养老机构的设计和施工规定及标准,要充分考虑老年人的生理特点及其对设施、设备和场地的特殊要求,并且定期检查,消除隐患,最大程度地减少事故的发生。

(三)提高素质,增强员工意识

增强全员的法律意识、安全意识和自我保护意识。加强对管理人员和广大护理人员的法律法规及业务的培训,规范护理环节的书写记录。加强安全教育和宣传,提高防范意识;针对发现的安全隐患和苗头,认真分析原因,总结经验和教训;制定详细合理的入住协议书,对老年人及家庭的个案情况,在协商一致的基础上,补订相应的条款,作为协议的附件,以减少纠纷的发生。

(四)加强沟通,征得家属理解

目前,我国对养老机构的事故处理尚无专门的法律法规作指导。老年人入住养老机构时签订的入住协议,应明确规定相关的事故应对和赔偿办法,明确养老机构事故的定义、类型、处理原则、处理流程、鉴定标准,以及养老机构、入住老年人、监护人、家属、送养人、政府主管部门等相关主体的法律责任和赔偿要求、赔偿方式、赔偿标准等。按公开、公正、公平的事故定性与处理的法定程序,对事故的鉴定、赔偿、诉讼做出全面的法律规定,强化老年人和家属的沟通与联系,对老年人和其亲属子女加大宣传、沟通,增强亲和力,对老年人在养老机构内极易发生的事故应先告知,耐心解释,以得到社会、亲属和老年人对老年服务工作的理解和体谅,理性地看待伤害事故的风险,营造健康的舆论氛围与和睦的休养环境。

(五)建立常见事故处理预案和应急处理流程

养老机构应设立安全应急管理部门,应急处置责任人应由养老机构的安全责任人担任。安全应急管理部门负责组织、协调应急处置工作,担负信息汇总上传和综合协调的职责。

知识链接

老年人发生跌倒骨折时的处理流程

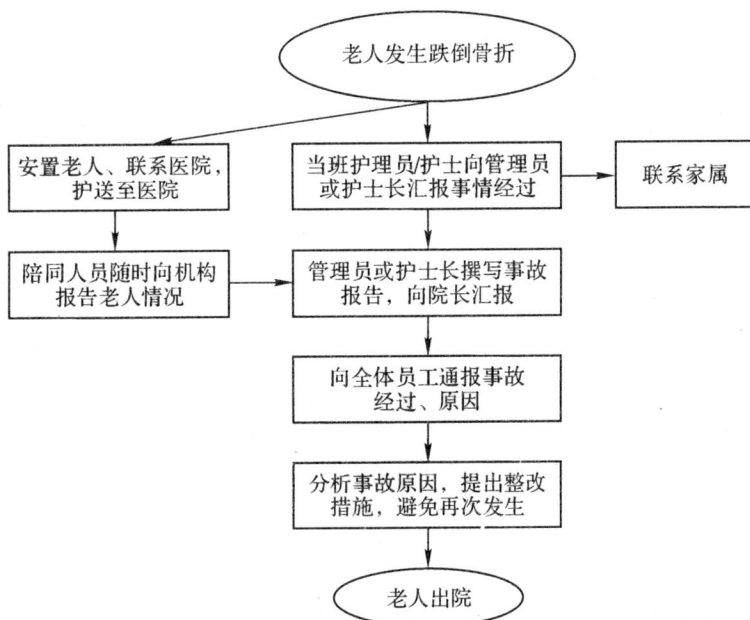

1.结合本机构实际情况,按照《国家突发公共事件总体应急预案》对突发事件的分类,制定应对自然灾害、事故灾难、公共卫生事件、社会安全事件等突发事件的应急预案,宜包括火灾处理预案、食物中毒处置预案、传染病处置预案以及机构认为有必要制定的其他预案。

2.应急预案的内容应至少包括指导思想、组织机构、职责分工、处置原则、预案等级、处置程序、工作要求。

3.安全管理部门应对可能发生的突发事件进行分析,按照应急预案的程序及时研究应对措施,做好应急准备。应急预案应至少每半年进行一次演练。

4.养老机构内全体工作人员应掌握应急预案内容并履行应急预案规定的岗位职责。

5.建立统一的安全突发事件监测、预警制度,完善监测、预警机制,加强对监测工作的管理和监督,保证监测质量。各类应急预案应根据实际情况变化不断补充、完善。

知识链接

老年人发生走失的紧急处理方法和流程

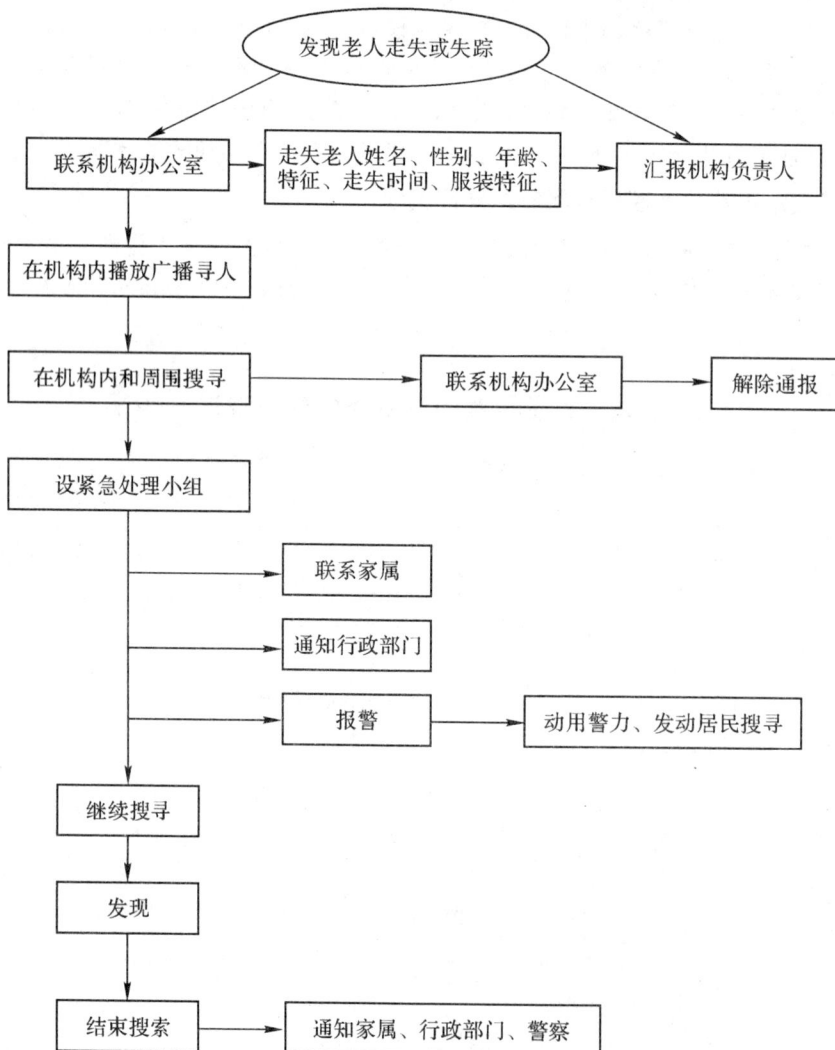

知识链接

发生火灾时,养老机构的紧急处理办法和流程

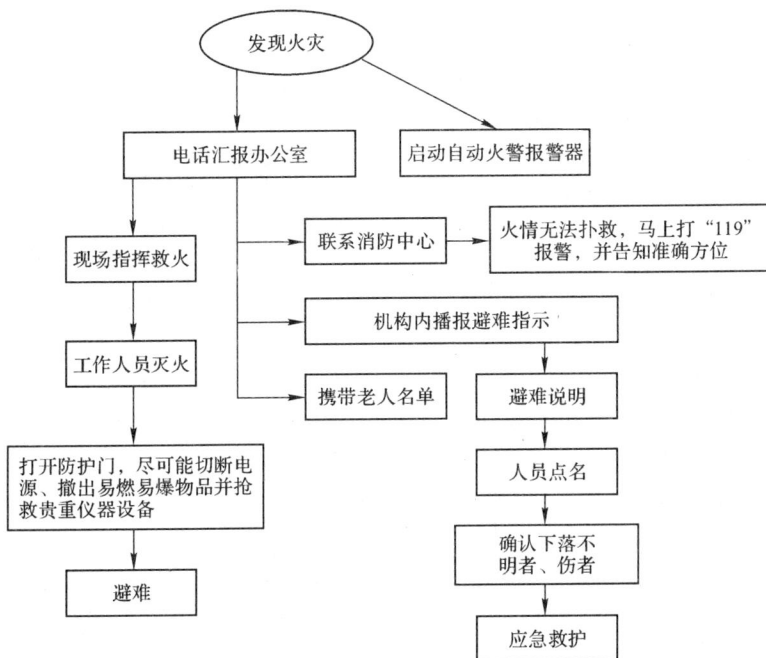

```
                          ┌──────────────┐
                          │   发现火灾    │
                          └──────────────┘
                           │            │
                           ▼            ▼
              ┌──────────────┐    ┌──────────────┐
              │  电话汇报办公室 │    │ 启动自动火警报警器 │
              └──────────────┘    └──────────────┘
               │
     ┌─────────┼──────────────────┐
     ▼         │                  ▼
┌──────────┐   │          ┌──────────────┐   ┌────────────────────────┐
│ 现场指挥救火 │   │          │  联系消防中心  │──▶│ 火情无法扑救,马上打"119" │
└──────────┘   │          └──────────────┘   │ 报警,并告知准确方位      │
     │         │                  ▼          └────────────────────────┘
     ▼         │          ┌──────────────────┐
┌──────────┐   │          │  机构内播报避难指示  │
│ 工作人员灭火 │   │          └──────────────────┘
└──────────┘   │                  │
     │         ▼                  ▼
     │   ┌──────────────┐   ┌──────────────┐
     │   │  携带老人名单   │   │   避难说明    │
     │   └──────────────┘   └──────────────┘
     ▼                            ▼
┌────────────────┐         ┌──────────────┐
│ 打开防护门,尽可能切断电 │         │   人员点名    │
│ 源、撤出易燃易爆物品并抢 │         └──────────────┘
│ 救贵重仪器设备        │                ▼
└────────────────┘         ┌──────────────┐
     │                     │  确认下落不     │
     ▼                     │  明者、伤者     │
┌──────────┐              └──────────────┘
│   避难    │                     ▼
└──────────┘              ┌──────────────┐
                          │   应急救护    │
                          └──────────────┘
```

知识链接

发现传染病老年人时,养老机构的紧急处理办法和流程

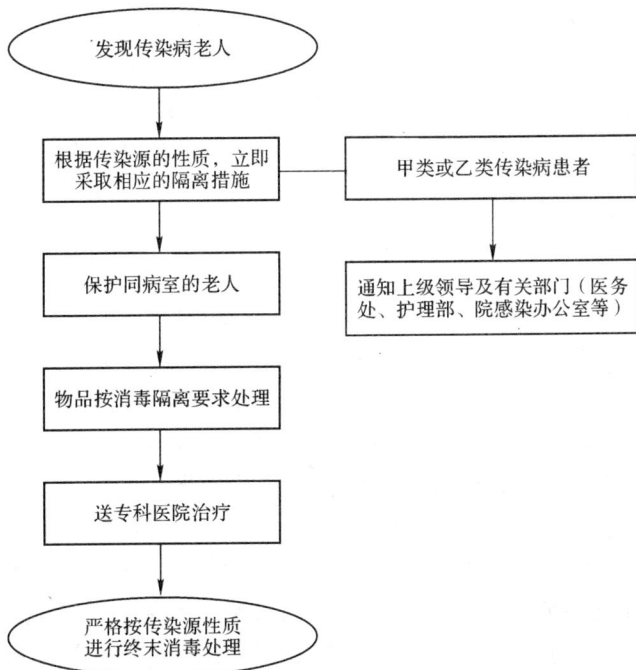

```
                    ┌──────────────────┐
                    │   发现传染病老人    │
                    └──────────────────┘
                             │
                             ▼
           ┌──────────────────┐      ┌──────────────────────┐
           │ 根据传染源的性质,立即 │─────▶│  甲类或乙类传染病患者    │
           │ 采取相应的隔离措施    │      └──────────────────────┘
           └──────────────────┘                 │
                    │                            ▼
                    ▼                  ┌──────────────────────────┐
           ┌──────────────────┐       │ 通知上级领导及有关部门(医务 │
           │  保护同病室的老人   │       │ 处、护理部、院感染办公室等)  │
           └──────────────────┘       └──────────────────────────┘
                    │
                    ▼
           ┌──────────────────┐
           │ 物品按消毒隔离要求处理 │
           └──────────────────┘
                    │
                    ▼
           ┌──────────────────┐
           │  送专科医院治疗     │
           └──────────────────┘
                    │
                    ▼
           ┌──────────────────┐
           │  严格按传染源性质     │
           │  进行终末消毒处理     │
           └──────────────────┘
```

二、意外事故纠纷的处理

意外事故发生后,如果能及时发现,妥善处理,不一定引起纠纷;如果处理不善,即使轻微的意外也有可能激化矛盾,引起纠纷。

近年来,政府以及养老机构的管理者,已经意识到意外伤害对养老机构带来的危害和对养老机构正常经营、服务所带来的影响。浙江等一些省(市)已经制定了《政策性养老机构综合责任保险裁定标准和裁定办法》。养老机构为入住的老年人投保,保险公司与养老机构签订综合责任保险合同,规避养老机构意外伤害事件所带来的影响和损失。意外伤害事件发生后,在保险期内,由省、市、县(市、区)民政部门组织成立的专门对养老机构综合责任保险争议事件进行裁定,根据合同规定是否符合保险责任范围、保险责任减免、保险责任免除、保险人不负责赔偿等相关条件进行裁定。对裁定发生争议时,当事人按隶属关系,向被保险人上一级业务主管民政部门的养老机构责任保险裁定小组提出书面裁定申请。养老机构责任保险裁定小组受理后,一般依据当事人双方的诉辩意见及提交的文字、影像资料进行裁定,在3个工作日内完成裁定,如确实不能当场即时裁定的,在7个工作日内完成裁定,并向当事人双方送达裁定意见。养老机构责任保险裁定小组遇重大疑难争议,无法裁定时,送交上一级养老机构责任保险裁定小组裁定。

养老机构发生意外事故后,首先要采取积极的处置措施。

1.立即启动应急预案 当事人应立即向班组、科室负责人、主管部门和院领导报告。有抢救机会的,应组织力量全力抢救。

2.及时通知老年人的亲属和原单位 情形严重的,应当及时向民政及有关部门报告。对于重大伤亡事故,主管部门应当按照有关规定及时向同级人民政府和上一级民政部门报告。

3.妥善保管第一手资料 保管好病历资料、护理记录及原始资料,或移交指定部门封存保管,家属需要复印病例资料时,应该按照正规程序办理复印手续。

4.保护现场或保留物样 抢救现场、老年人的尸体,由相关人员做好现场整理和记录后,最好让亲属目睹后,再将尸体移送殡仪馆保存。如果老年人自杀、他杀或自伤,要积极救治;如果老年人已经没有生还的可能,应该做好现场维护,不要移动,可以由公安部门来勘查现场;对引起老年人受伤、残疾、死亡的物品,以及残留的血液、呕吐物、药液等物证,要留样备查。

5.成立意外事故调查处理领导小组 各养老机构应及时成立意外事故调查处理领导小组,要以科学的态度,及时认真地做好事故调查与调解工作,力求定性正确,并写出调查报告。

6.家属工作 事故发生后,做好家属的来访接待工作,冷静、耐心、细致地与老年人家属进行沟通,避免受害人家属过激行为的发生,避免矛盾激化。

7.做好新闻媒体接待工作 事件的信息发布应当准确、客观、全面。在事故尚未得出定论前,原则上不接受采访,以免影响正常调查;新闻媒体要求调查,必须经过正规途径履行相关手续并经过院长同意,如接受媒体采访,养老机构需派专人接待新闻记者,对其介入持积极肯定的态度,做到实事求是,出言谨慎,坦诚地与新闻媒介沟通,避免不实报道。

8.依法维权 依法进行责任认定,需要养老机构承担责任的事故,在赔偿问题上,养老机构要注意依法进行。在赔偿处理中,受害人可能会提出一些无法律依据或不合情理的要求,赔偿应充分考虑机构的性质及可能带来的社会影响。

9.其他

(1)召开老年人及相关人员会议,进行安全再教育,稳定老年人情绪,做好事故后稳定和秩序维护工作。

(2)养老机构工作人员必须坚守各自岗位,未经允许,不得擅自发布误导信息,共同做好维护稳定工作。

(3)认真分析事故发生的原因、责任以及所产生的后果,对照目前养老机构的基本情况,进行必要的整改,避免类似事件的再次发生。

知识链接

以下情况养老机构将不承担法律责任

(1)地震、雷击、台风、洪水等不可抗力造成的。

(2)来自养老机构外部的突发性、偶发性侵害造成的。

(3)入住老年人有特异体质、特定疾病或者异常心理状态,养老机构不知道或者难以知道的。

(4)入住老年人入住时隐瞒特定疾病的。

(5)入住老年人的身体状况、行为、情绪等有异常情况,养老机构已经告知其亲属的。

(6)入住老年人的亲属在接送其途中发生意外伤害的。

(7)入住老年人自行外出发生意外伤害的。

(8)入住老年人之间发生的伤害等。

三、意外伤害保险

养老机构意外伤害保险属于商业保险范畴,是一种利用商业保险运行模式,分担养老机构意外伤害事件经济赔偿责任的险种。目前我国养老机构相关法律法规制度尚待完善,因此,养老机构事故的赔偿要借助社会化机制来解决。

1.建立养老机构意外伤害事故赔付基金,用于养老机构事故的责任赔付,基金可以通过财政、福利彩票公益金、社会募捐、养老机构出资等方式解决。

2.鼓励入住老年人参加养老机构意外伤害保险,解决老年人意外伤害事故处理的赔偿金问题。

3.民政部门或行业协会组织为其责任投保,组织辖区内养老机构参加保险。

知识链接

养老机构意外伤害风险

为加快构建全市"五位一体、城乡统筹"养老服务体系,提升养老机构的服务保障功能,提高养老机构发生意外伤害风险的善后处置能力,目前国内多个城市实施了养老机构意外伤害保险,很多城市出台文件,实施了养老机构意外伤害保险制度。通过政府引导,市场化运作方式,推行养老机构意外伤害保险,形成政府、养老机构、保险公司等各司其职、协调配合、合作共赢的良好机制,提升养老机构服务水平。养老机构自愿参与养老机构意外伤害保险,民政局按照"低保费、保床位"的原则,制定统一投保方案,使保障范围更加全面,保险费用更趋合理,确保养老机构所获赔付标准一致。在保险期限内,与养老机构签订入院住养协议的入住对象在养老机构管理区域内,因意外事故导致入住对象门诊,保险公司按照签订的保险合同赔付合理的医疗费用(符合医保政策);因意外事故导致入住对象住院,保险公司按照签订的保险合同赔付合理的医疗费用(符合医保政策)和意外住院津贴补助;因意外事故导致入住对象伤残的,经区级以上伤残鉴定机构鉴定达到残疾等级的,由保险公司根据签订的保险合同赔付意外伤残保险金及相关医疗费用等;因意外事故导致入住对象死亡的,保险公司按照签订的保险合同赔付丧葬费、身故保险金及相关医疗费用等。

尽管意外伤害事件所造成的经济损失可由保险公司承担,但是仍然需要对每一起意外伤害事件进行调查,分析明确责任,吸取教训。养老机构发生索赔案时,应第一时间向保险公司报案,保险公司对意外伤害事件进行调查时,养老机构必须配合。提出意外伤害事件索赔申请后,养老机构应按合同要求收集相关资料,齐备后提交保险公司审核,直至索赔兑现。对责任人一定要严肃处理,情节严重者将移送司法部门制裁,决不能姑息迁就。

案例分析

案例 1

◆事件经过

王某有五名子女,两名在国外定居,三名在国内从事个体经营业务。国外的子女无法照顾老年人,国内的子女们长期在外忙碌,也无暇照顾老年人。为了让老年人能安度晚年,一名子女把老年人送到某养老机构住养。入院时老年人患有多种疾病,大小便失禁,入院评估后护理等级为专护。老年人入住养老机构已三年,平时护理工作正常,子女及老年人都比较满意。2008年5月5日,是老年人的83岁生日,一天的期待,因为没有子女前来祝寿,老年人感到有些失望,虽然养老机构特意给老年人买了生日蛋糕并为其庆祝生日,但老年人的心情一直闷闷不乐。5月6日晚上,老年人砸开了装有敌敌畏的橱柜,把一瓶敌敌畏喝了,被随即赶来的服务人员发现,立即将老年人送到了医院,并通知其子女。虽经医院抢救,老年人最终还是离开了人世。

子女们很不理解这突来的事实,一怒之下,将养老机构告到法院,诉称:养老机构没有将敌敌畏放置到老年人无法拿到的安全位置,造成老年人服毒自杀,养老机构应承担相应责任和赔偿医疗费、护理费、误工费等各项费用计37010.97元。养老机构则辩称,老年人是因子女不孝顺,不给其过生日,一时想不开而自杀的,养老机构对老人的自杀行为无过错,故不应承担赔偿责任。后经法院调解,养老机构承担了老年人的部分医疗费,双方当事人最终握手言和。

◆个案焦点

老年人在机构服毒自杀,机构是否有责任?

◆原因分析和点评

1.该老年人系意识清楚,具有正常的认知和辨识能力。因此,老年人服毒的直接原因非机构所致,机构对老年人死亡无直接责任,但存有保管毒品不当、护理人员监护不力等问题,调解处理是较为合适的解决方式。

2.机构存在监管不力,为什么老年人居住的房间有农药敌敌畏?敌敌畏从何而来?护理人员平时对老年人居住环境的安全性是否了解?

3.护理人员经验不足,专业知识不够,对于"老年人的心情一直闷闷不乐"的状况未及时关注。设有专门的护理员,但在护理上存有疏漏的表现,所以院方应承担适当的责任。

4.该案例中,有一位专门护理员陪护的老年人能趁护理员不注意,砸开橱柜拿到敌敌畏,说明养老机构在敌敌畏放置位置以及对老年人的护理管理方面存在较大安全隐患。

◆教训与启示

1.机构对入住老年人的生命、健康负有保障其安全的义务,所提供的护理服务不能仅局限于对老年人的生活照料,还要注重老年人的心理护理。院方虽然特意给老年人买了生日蛋糕为其庆祝生日,但观察不够细致,没有深入了解老年人的心理,不明白老年人真正的心理需求,所以无法提供相应的心理支持。

2.老年人房间不应放置与生活无关或有毒有害的东西。机构要有安全督查制度,定期进行安全检查,及时发现和去除可能引起不安全的因素,加强院内巡视制度的落实,发现情况及时处理,尽量避免事故的发生,做好预见性防护。

3.本案中类似的老年人在养老机构中不少,特别是在当前社会空巢老年人、失独老年人增多,社会问题突出,老年人缺少家庭成员的关爱的现实情况下。为此,在今后的工作中,养老机构要改进服务,机构工作人员多关注陪伴老年人,经常与老年人谈心,疏导老年人的不良情绪;寻求社会支持,与社会团体定期联欢,鼓励社会团体献爱心活动的开展;对子女长年在外的服务对象,工作要更周到一些,如提前在老年人生日这一天通过电话善意地提醒其子女,若暂时联系不到子女,养老机构的工作人员要充当好其子女的角色,使老年人摆脱孤寂落寞的心情。

4.养老机构不应将敌敌畏放置在老年人可能拿到的位置。对消毒药品、杀虫剂这类物品应严格管理,专人保管,领取要严格履行手续。

案例2

◆事件经过

入住在某养老机构内的李老伯生性孤僻。2009年6月,养老机构附近的社区内有一位老年人在家中上吊自杀,此事在养老机构内传播开来,老年人议论纷纷。几天后的一个凌晨,护理员发现有一老年人在房间内上吊身亡。其同住室友说,老年人去世前几天一直情绪低落,曾说过:这样死也挺好的。老年人家属认为养老机构没有尽到看护的责任,没有及时通知家属老年人的心理状况,也没能及时制止老年人自杀,应当支付丧葬费、死亡赔偿金、精神损失费等。养老机构认为,院方平时也很注意该老年人的精神状态,但老年人自杀是院方无法预见的事,院方不应承担责任。后经双方协商,由院方支付若干丧葬费。

◆个案焦点

机构对老年人自杀是否不作为,应承担什么责任?

◆原因分析和点评

1.该老年人系自杀,既有自身性格上的因素,也有外界非理性行为的刺激,机构如能举证说明,则不应负有主要责任。

2.该老年人生性孤僻,有不合群的人格表现缺陷,与人交往缺少热情和活力。当该老年人听到一些负面消息后,极易产生自卑感,此时又缺乏很好的沟通对象,消极的不良情绪未能及时得到宣泄,自我更孤立,活着没意思的想法就油然而生,这是导致老年人自杀的直接原因。

3.机构在服务老年人的过程中,是否采取了以下相关措施,对是否承担次要责任,以及次要责任的大小,也会产生影响:第一,老年人具有性格及心理上的问题、障碍、异常,程度如何,是否具有权威判断,机构在入院评估和住院过程中是否有据可依;第二,机构在发现了老年人情绪、性格、心理方面异常后,是否采取了疏导、监护甚至外院治疗措施,是否与家属进行了紧密沟通,其过程是否有据可查;第三,老年人在院是否实行了分级护理,员工配备是否到位,自杀是否及时发现,机构能否举证说明。这可以视为机构是否有作为、是否有责任甚至法官倾斜度的分析参考。

◆教训与启示

1.该案例显示,机构需要更加重视老年人的心理、精神护理和社会关系的调整。老年人入住养老机构,是一个完整的个体,既有老年人的共性特征,也有个人生活背景、文化、心理、家庭关系等差异性因素。所以,老年人的多样化需求越来越需要机构提供多样化的服务、个性化的专业服务。或者是及时发现老年人的服务需求,通过转介到精神卫生中心或医院精神科而给予专业性较强的服务。实际上,机构需要对该老年人进行入院的精神评估、家属的沟通协调、精神危机干预预防服务。

2.该案例提醒机构应关注老年人非理性思维与服务风险,对这类问题,需要加强社会工作专业方法的介入。存在于老年人中的忧郁、焦虑、人际关系适应不良等精神状态,处理不好会带来伤害他人甚至自残、自杀等非理性言行。实际上,自杀具有"集体感染性",需要采取危机干预措施,了解会导致自杀的危险因素,疏导老年人的情绪,查找存有非理性言行的对象进行风险评估和个案护理等。

案例3

◆事件经过

老年人曹某,85岁,入住某区级养老机构。曹老子女众多,但老年人入住养老机构时只有大儿子作为监护人,给曹老提供了担保,其他子女均未留下联系方式。2005年7月某天,曹某因突发心肌梗死死于养老机构中。院方遂通知家属。但是,由于为老年人作担保的大儿子早已搬家,而且没有及时通知养老机构,院方始终无法联系到他,也无法联系老年人的其他家属,以致老年人曹某的尸体长时间停在养老机构的停尸房里。然而,由于条件有限,养老机构停尸房的空调设备较差,加之天气炎热,院方为了防止尸体变质,只得直接将老年人的遗体送往殡仪馆火化。事后,老年人子女来院探望,得知老年人已去世,且已火化,十分悲痛,要求养老机构给以精神赔偿。

◆个案焦点

养老机构是否能在未联系到家属的情况下擅自处置老年人尸体?

◆原因分析和点评

1.养老机构在老年人入住时与其监护人签订老年人住养协议时,应阐明监护人的职责和义务,"监护人改变居住地或改变通信地址、方式时应及时告知院方"。

2.老年人病故后,院方始终无法联系到老年人的监护人,也无法联系老年人的其他家属,只得直接将老年人的遗体送往殡仪馆火化,这样的做法确实不妥。

◆教训与启示

1.对老年人抢救的现场、死亡后的尸体,若条件允许应尽量让亲属目睹现场,由有关人员做好现场整理和记录后,将尸体移送至殡仪馆保存。对老年人有抢救希望可能的,按抢救需要移动老年人是合法的。

2.火化老年人尸体应取得家属同意,发生以上情况,养老机构可将老年人遗体送往殡仪馆冷藏,并向公安机构求援,请他们配合寻找家属,实在寻找无果,应由公安机关出具证明后方可火化。

3.养老机构因未能联系到家属而将老年人尸体火化,给老年人家属造成了精神损害,养老机构应承担一定赔偿责任;家属搬家后地址变更,未能及时告知院方,也应承担一定责任。

第六章　养老机构的质量管理与标准化建设

本章要点

★养老机构质量的内涵与特点；养老机构质量管理的范畴；养老机构质量管理的发展阶段；养老机构质量管理的八大原则和方法。

★养老机构标准化建设的意义、内容；养老机构标准体系的构建要素和构建模型。

★养老机构内部质量监督的内容与方法。

★养老机构外部质量监督的分类与内容。

★养老机构质量评估的对象、范畴、主体、标准和意义。

★养老机构质量评估的要求与方法、流程。

质量管理是管理科学中的一个重要分支，随着现代管理科学的发展，现代质量管理也已经发展成为一门独立的管理科学，并在各个领域得到广泛应用和飞速发展。目前国内外养老服务体系发展水平不一，但是"质量"已经成为养老服务质量评估与发展研究中的一个关键词。质量的好坏反映了养老机构服务水平的高低，也直接影响着老人的生活质量。科学高效的质量监督与评估是质量管理的核心，也是养老机构服务质量改善和提升的重要保障。

第一节　养老机构的质量管理概述

质量是产品、品牌的根本保证，产品没有质量就失去了生存的空间。养老机构提供的服务也是一种产品，劣质的服务质量，不仅满足不了老人及其家属的需要，甚至还可能威胁到老人的生命安全，从而影响养老机构的生存。所以，质量需要管理，除适用于企业对于生产线上产品的质量管理和监督外，更适用于需求越来越广泛的养老机构。

一、养老机构质量管理的基本概念

(一)质量

质量(quality)是指产品和服务的优劣程度。现代质量管理学认为："质量就是满足顾客期望的程度。"国际标准化组织(International Standardization Organization，ISO)则将质量定义为反映实体满足明确的或隐含需要的能力特性总和，包括产品质量和服务质量、明确规定的标准和用户潜在的需要、产品或服务的内在特性与外在特征等。

1.质量内涵　质量一般包含三个层次的含义。

(1)规定质量:指产品和服务达到预定标准。

(2)要求质量:指满足顾客的要求。

(3)魅力质量:指产品和服务的特性远超出顾客的期望。

2.质量的属性 现代关于质量的概念包括对社会性、经济性和系统性三方面的认识。

(1)质量的社会性:质量的好坏不仅从直接的用户,而是从整个社会的角度来评价,尤其关系到生产安全、环境污染、生态平衡等问题时更是如此。随着老龄化社会的发展,养老机构服务质量问题已成为社会普遍关注的话题。

(2)质量的经济性:质量不仅从某些技术指标来考虑,还从制造成本、价格、使用价值和消耗等几方面来综合评价。在确定质量水平或目标时,不能脱离社会的条件和需要,不能单纯追求技术上的先进性,还应考虑使用上的经济合理性,使质量和价格达到合理的平衡。

(3)质量的系统性:质量是一个受到设计、制造、使用等因素影响的复杂系统,产品的质量应该达到多维评价的目标。

3.质量的规律性 可以从以下三个方面来总结:

(1)客观制约性:产品或服务质量往往受客观因素的制约,如技术因素、经济因素和管理因素等。

(2)可分析性:无论是产品还是服务,其特性都是可以分析、区别、比较和鉴定的。

(3)统一性:质量虽有它自身形成的规律,但是会存在一定的范围,通过制定符合客观实际的质量标准,来提高质量水平。

(二)质量管理

我国目前对质量管理的认识为,在一定技术经济条件下,保证为社会或用户提供符合要求的产品质量而进行的一系列有效管理活动。所谓质量管理,就是向消费者提供高质量产品或服务的活动过程。

1.内涵 质量管理包括两个层次的含义。

(1)管理者主导:质量管理是各级管理者的职责,而且必须由最高管理者领导。

(2)全员参与:质量管理的实施涉及组织的所有成员,所以应全员参与。

2.范畴 质量管理,不仅要确定质量方针、目标和职责,还要在质量策划、质量控制、质量保证和质量改进等质量体系中实施其所有管理职能。

(1)质量策划(Quality Planning):确定质量以及采用质量体系要素的目标和要求的活动。

(2)质量控制(Quality Control):为达到质量要求所采取的作业技术和活动称为质量控制。质量控制是为了通过监控产品或服务质量形成过程,消除质量环节上所有阶段引起不合格或不满意效果的因素。

(3)质量保证(Quality Assurance):是对某一产品或服务能满足规定质量要求,提供适当信任所必需的全部有计划、有系统的活动。

(4)质量改进(Quality Improvement):质量改进为向本组织及其顾客提供增值效益,在整个组织范围内所采取的提高活动和过程的效果与效率的措施。质量改进是消除系统性的问题,对现有的质量水平在控制的基础上加以提高,使质量达到一个新水平。

(三)质量管理体系

质量管理是一项庞大的系统工程。ISO 提出了"质量管理体系"的概念,并制定了质量管理体系标准,即 ISO 9000 族标准,把建立质量体系标准作为达到全面质量管理的方法,为全球企业实施质量战略、品牌战略构筑了一个基本框架。质量管理体系是开展质量管理和质量保证的基础,是质量体系审核和质量认证的重要依据。

1.内涵 所谓质量管理体系,是指"在质量方面指挥和控制组织的管理体系"。它包括制定质量方针和质量目标以及质量策划、质量控制、质量保证和质量改进等活动。质量管理体系是运用系统学原理与方法,以保证和提高产品质量为目标,把企业各部门、各环节的生产经营活动严密地组织起来,规定它们在质量管理方面的职责、任务和权限,并建立统一协调这些活动的组织机构,在企业内形成一个完整的质量管理工作系统。

2.质量管理体系标准制定要求 ISO 9000 族标准体系具有八项共同的基本要求:①强调建立质量体系;②强调质量管理职责;③强调全过程控制;④强调全员参与;⑤强调预防性活动;⑥强调质量体系文件化;⑦强调质量体系审核、评审和评价;⑧强调持续质量改进。凡通过 ISO 9000 族标准体系认证的组织,均表明该组织对其产品质量已经做出了庄严承诺,所提供的产品质量有保障,将得到各国的承认或认可。目前,北京、上海、天津、江苏、浙江和广东等经济发达地区的国办社会福利机构都在积极推广 ISO 9000 族质量标准体系认证工作。通过 ISO 9000 族质量标准体系认证,可以帮助养老机构建立一套完整的被国际认可的质量管理体系,使其部门与岗位职责更加清晰,经营管理更加规范,服务质量得到全面提升,从而提高机构的竞争力。

二、养老机构质量管理的发展阶段

质量管理是随着现代工业生产的发展逐步形成、发展和完善的。根据质量管理所依据的手段、方式和管理范围不同,分为质量检验(QC)、统计质量控制(SQC)、全面质量管理(TQM)和质量管理国际规范化(ISO 9000)4 个阶段。

(一)质量检验阶段

20 世纪前,产品质量主要依靠操作者本人的技艺水平和经验来保证,属于"操作者的质量管理"。20 世纪初,在泰勒的科学管理理论指导下,早期的质量管理把质量检验从生产过程中分离出来,对产品质量进行有组织的、由专职人员执行的检查。专职检验对于保证产品质量、提高工作效率起到了一定的作用,但是这种质量控制是事后检验和质量评价,无法预防和控制不合格产品的产生,企业必然会有所损失。

(二)统计质量控制阶段

1924 年,美国数理统计学家休哈特提出控制和预防缺陷的概念。他运用数理统计原理提出在生产过程中控制产品质量的"6σ"法,绘制出第一张控制图并建立了一套统计卡片。与此同时,美国贝尔研究所提出关于抽样检验的概念及其实施方案,成为运用数理统计理论解决质量问题的先驱,但当时并未被普遍接受。到 20 世纪 40 年代后期,随着数理统计原理的运用,质量管理开始实施统计质量控制方法,即在生产过程中,通过抽样检验控制质量。质量管理过程提前到生产过程,改"事后把关"为"事先预防",可以杜绝大量不合格产品的生产,大大减少产品成本。

统计质量管理着重于应用统计方法控制生产过程质量,发挥预防性管理作用,从而保证产品质量。然而,产品质量的形成过程不仅与生产过程有关,还与其他许多过程、许多环节和因素相关联,这不是单纯依靠统计质量管理所能解决的。统计质量控制方法过分强调数理统计方法,忽视了组织、计划等管理工作,其推广也受到一定的影响。

(三)全面质量管理阶段

20 世纪 50 年代末,随着生产力的迅速发展和科学技术的日新月异,人们对产品的质量从注重产品的一般性能发展为注重产品的耐用性、可靠性、安全性、维修性和经济性等;在生产技术和企业管理中要求运用系统的观点来研究质量问题;在管理理论上也有新的发展,重视人的因素,强调依靠企业全体人员的努力来保证质量;此外,还有"保护消费者利益"运动的兴起,企业之间市场竞争越来越激烈。

于是,美国费根鲍姆于 20 世纪 60 年代初提出了全面质量管理的概念,指出全面质量管理是"为了能够在最经济的水平上,并考虑到充分满足顾客要求的条件下进行生产和提供服务,并把企业各部门在研制质量、维持质量和提高质量方面的活动构成一体的一种有效体系"。全面质量管理的理论和方法在全球的应用获得了极大的成功,使质量管理迎来了新阶段,被誉为 20 世纪管理科学最杰出的成就之一。

质量管理发展到全面质量管理,是质量管理工作的又一个大的进步。全面质量管理相对更加适应现代化大生产对质量管理整体性、综合性的客观要求,从过去限于局部性的管理进一步走向全面性、系统性的管理,从而表现出其"三全"的管理特点。

1.全面的质量管理　包括与产品质量相关的各项直接和间接的工作,以良好的工程质量和工作质量来保证产品质量。

2.全程的质量管理　产品质量有自身的形成过程,必须对质量形成的全过程都进行质量管理。

3.全员参与质量管理　要求从上至下全体人员都参与质量管理活动,不仅仅是质量管理部门或少数专业人员的事。

(四)质量管理国际规范化阶段

随着生产社会化和经济全球化的发展,产品和服务的质量将越来越具有社会化和国际化的性质;社会质量监督系统和质量法规将更加完善和严密,相应的国际性质量管理组织将发挥更大的作用。质量管理国际化的主要标志是 ISO 9000《质量管理和质量保证》系列标准的发布和推广,质量将随着政治、经济、科技、文化的发展而同步发展。该系列标准是在总结全面质量管理实践经验的基础上,吸收全面质量管理的核心内容而产生的。

全面质量管理与 ISO 9000 族标准的理论和指导原则是基本一致的,方法可相互兼容。因此,用一者替代另一者或互相排斥都是不对的。推行 ISO 9000 族标准可以促进全面质量管理的发展并使之规范化,并在质量体系认证方面,还可以与国际有关组织取得互认或多边认可;另一方面,ISO 9000 族标准也可从全面质量管理中吸取先进的管理思想和技术,不断完善 ISO 9000 族标准,质量管理国际标准化、规范化进程才能顺利发展。

三、养老机构质量管理的原则与方法

为了成功地领导和运作一个组织,需要采用一种系统和透明的方式进行管理,针对所有相关的需求,实施能持续改进其业绩的管理体系,可使组织获得成功。这种工作方式就是质量管理,其成功的秘诀就是质量管理的原则与方法。

(一)质量管理原则

质量管理原则是质量管理最基本、最通用的一般性规律,适用于所有类型的产品或服务,是质量管理的理论基础,也是有效实施质量管理工作必须遵循的原则。

1."以顾客为核心"的原则　老人及其家属是养老机构最主要的服务对象,因此,机构应当理解老人及其家属当前和未来的需求,满足老人及其家属的要求并争取超越顾客期望。顾客的满意是机构服务质量管理的最终目的。老人及其家属的要求是不断变化的,机构应当按照马斯洛的"需要层次理论",不断地识别、理解并提供超越老人期望的服务,提高老人及其家属的满意度。

2."发挥领导作用"的原则　领导者的职责是确立机构统一的宗旨及方向,并制定富有挑战性的目标。质量方针、质量目标是机构宗旨的组成部分,即预期实现的目标,而机构的产品及有关的活动形成了机构的运作方向。运作方向与机构的目标相一致时,才能实现机构宗旨。为此,在管理活动中,领导者的作用体现在能否将机构的运作方向与机构宗旨统一,并创造一个全体员工能参与实现机构目标的内部环境,充分调动员工的积极性,发挥员工的主观能动性。

3."以人为本、全员参与"的原则　人是管理的第一要素。机构的质量管理是通过组织内部全体员工参与服务提供的全过程来实施的。各级管理者和一线员工的工作状态和行为直接影响着服务质量。养老机构的主要员工是养老护理员,我国目前这支队伍素质普遍不高,社会地位低,待遇差,工作时间又长,所以流动性大。在机构服务质量管理过程中,一定要重视人的作用,尤其是护理员的积极性和参与性,引导她们参与质量管理过程,使质量管理成为全员自觉自愿的行为。

4."重过程方法、预防为主"的原则　养老机构提供的养老服务是一个复杂的系统,包括入院过程、出院过程、日常生活照料过程、医疗服务过程、膳食服务过程和后勤服务过程等。任何一个过程或环节在管理和服务上不到位,都可能造成服务上的差错或留下安全隐患,甚至造成入住老人和养老机构的损失。系统地识别和管理机构所运作的过程,特别是过程之间的相互衔接作用与接口,称为"过程方法"。采用过程方法的好处在于对于每个过程都给予恰当的考虑和安排,从而有效地使用资源、降低成本。所以,机构服务质量管理必须坚持"重过程方法、预防为主"的原则,对服务质量的产生、形成和实现的全过程的各个环节都充分重视,防患于未然。坚持预防为主,一要做到"防止再发生",其基本程式是"问题—分析—对策—规范";二是"第一次就把事情做好",基本程式是"实控—预测—对策—规范"。作为管理者,要树立"三级预防"的观念,一级预防为争取不发生质量问题;二级预防为把质量问题消灭在萌芽状态;三级预防为减少质量问题的不良影响和损害。

5."管理的系统方法"的原则　为了成功地领导和运作一个养老机构,需要采用一种系统和透明的方式进行管理。质量管理体系的构成要素是过程,一组完备、相互关联的过程有机组合构成了一个系统。对构成系统的过程予以识别,理解并管理系统,可以帮助机构提高实现目标的有效性及效率,这是一种管理的系统方法,其优点是可使过程相互协调,最大限度地实现预期的结果。

管理的系统方法与过程方法在研究对象、关注焦点和目的等方面有一定的相似性,但两者的最大区别就是系统与要素的关系,过程方法侧重于研究单个的过程,即过程的输入、输出活动及所需的资源,以及该过程和与其相关过程的关系;管理的系统方法侧重于研究若干个过程乃至过程网络组成的体系,以及体系运作如何有效地实现机构的目标,所以过程方法是管理的系统方法的基础。管理的系统方法是将相关若干个有效运作过程构筑成一个有效运行体系,从而高效地实现机构的目标。

6.“持续改进”的原则　质量改进是质量管理的灵魂。要满足老人日益增长和不断变化的需求,必须遵循持续质量改进的原则。机构管理者和广大员工应对影响质量的相关因素有敏锐的洞察力、分析能力和反省能力,以适应入住老人不断提升的需求变化,并将持续改进作为一个永恒的目标,才能持续改进服务质量,实现总体业绩的增长和竞争力的提升,吸引和留住更多的老人。

以养老机构的服务过程为例,按照 PDCA 方法进行服务质量持续改进,其流程如图 6-1 所示。

PDCA 是四个英文单词的缩写,即 Plan(计划)、Do(实施)、Check(检查)和 Action(处理)。PDCA 循环反映了质量管理过程的四个必经阶段,是全面做好养老机构服务质量管理最基本的思想方法和工作程序,是持续改进业绩的重要工具。

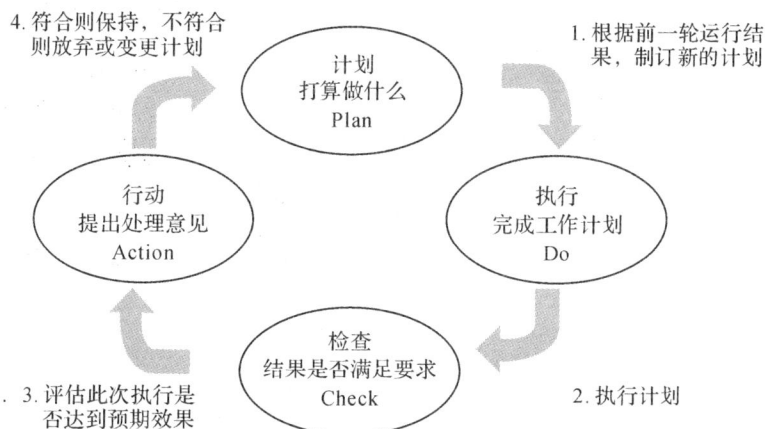

图 6-1　养老机构服务质量改进流程(PDCA 循环)

7.“基于事实的决策方法”的原则　事实和数据是判断质量和认识质量形成规律的重要依据,也是质量管理科学性的体现。科学的决策应建立在现实工作的数据采集和信息分析的基础上。就养老机构而言,集计算机技术、通信技术和管理科学为一体的养老机构信息化管理系统是基于事实决策的最好工具。目前,养老机构信息化管理系统主要涵盖业务管理、医护管理、投药管理、行政管理、总务管理、就餐管理、财务管理、院长决策和系统维护等内容,涉及养老机构经营、服务和管理的各个方面。作为部门管理者,可以通过该信息平台提供的数据分析,对部门工作中存在的问题进行及时分析、处理和改善;作为养老机构的最高管理者,可以借助该系统实时监控养老机构的运行状况和老人的需求变化,进行重大问题或事件的科学决策。

8.“与供方互利的关系”的原则　随着生产社会化的不断发展,各种分工越来越细,专业化程度也越来越高。一个产品从原料加工到销售使用,往往通过多个组织或机构的分工协作来完成。这就是“供应链”,即任何一个机构都有其供方或合作伙伴,而且机构与供方之间是相互依存的、互利的关系,对双方创造价值的能力都有一定的促进作用。供方或合作伙伴提供了高质量的产品,机构为顾客提供高质量的产品或服务就有了保证;机构的市场不断扩大,则为供方或合作伙伴增加了提供更多产品的机会。机构与供方的良好合作交流,不仅能优化成本和资源,还能迅速应对市场需求变化,最终增强双方创造价值的能力,同时获得效益。

(二)质量管理方法

1.建立健全质量管理机构　其主要任务是进行质量教育,树立质量意识。按照"管理的系统方法"原则,养老机构应成立由院领导和各职能、业务部门负责人组成的质量管理领导小组,负责本机构服务质量方针、目标的设计和制定,建立健全质量管理制度、保障机制和实施措施。规模较大的养老机构还应设置专门的质量管理部门,具体负责全院养老服务质量的组织、实施、评估、监督和管理。

2.完善质量管理制度　质量管理制度是质量管理的基础和保障。建立健全质量管理制度,明确质量职责,使员工和管理者在服务与管理过程中有章可循、有据可依是至关重要的。完善的质量管理制度,应包括各项规章制度、各级人员岗位职责(表6-1)、各种操作规程、各类工作质量标准和质量评价标准(表6-2)等。在质量管理过程中遵循这些规定,才能使管理科学化和规范化。

表6-1　护理员工作职责

岗位	工作职责
护理员	1.服务态度好,安心本职工作。 2.积极配合护士做好临床护理,尤其是危重、一级护理老年人的护理。 3.关心、协助、帮助老年人饮食,送饭送水到床头,及时喂水喂食。 4.做好生活护理工作,做到"六无":无压疮、无坠床、无烫伤、无跌伤、无窒息、无管道脱落。"五关心":关心老年人的饮食、卫生、安全、睡眠、排泄。"六洁":头发、口腔、皮肤、手足、会阴、肛门清洁。"七知道":知道每位老年人的姓名、个人生活照料重点、个人爱好、所患疾病情况、家庭情况、使用药物治疗情况、精神心理情况。 5.保持床单平整、干燥、无皱无迹。 6.对卧床被动体位的老年人协助护士定时翻身,做好压疮预防护理,杜绝因护理不当而发生的压疮。 7.协助护士观察补液情况,对不合作的老年人注意保护,防止针头拔出或滑出,不可随意调节滴速,保持输液管无扭曲,确保滴注通畅。 8.保持各种管道无扭曲、受压,如在护理时导管脱落及时通知护士。 9.协助护士观察病情变化,有情况及时通知护士。 10.如发生老年人意外(如跌倒、出走、烫伤等),及时向护士汇报。 11.做好病室内的清洁卫生,执行每日工作重点,保持病室整洁、空气清新、无异味。 12.提供服务完成率100%,压疮发生率为0,老年人和家属的满意率在85%以上。

3.推行服务质量目标管理　目标管理是现代企业管理模式中比较流行、比较实用的管理方式之一。它的最大特征就是方向明确,非常有利于把整个团队的思想和行动统一到同一个目标、同一个理想上来,是企业提高工作效率、实现快速发展的有效手段之一。经典管理理论对目标管理的定义为:目标管理是以目标为导向,以人为中心,以成果为标准,使组织和个人取得最佳业绩的现代管理方法。目标管理亦称"成果管理",俗称责任制。

(1)主要特点:目标管理强调根据既定的目标来进行管理,企业自上而下地确定工作目标,个体职工则积极参与,并在工作中实行"自我控制",保证目标的实现。其特点包括:

1)重视目的:强调活动的目的性,重视未来发展研究和目标体系的设置。

表 6-2　病区环境管理制度标准

分类	具体内容	评价指标
一、清洁卫生标准	病区走廊、室内外、楼梯无灰尘、无蜘蛛网、无杂物、无死角,并有制度要求。	1. 实行分片包干,定期打扫形成制度,每日一小扫,每周一大扫。 2. 门窗、玻璃保持清洁、明亮,每周擦 1 次。 3. 走廊、楼梯、墙围每周抹 1 次,无污垢、无痕迹、无杂物。 4. 厕所每天至少打扫 2 次,随脏随扫,无污垢、无异味。 5. 大小便器随脏随倒,每周彻底消毒 2 次。 6. 地面每日至少用 1∶1000 含氯消毒液湿式打扫 2 次,随脏随打扫,无积水,病室每日消毒 1 次。
二、安静标准	养老机构内外环境应保持安静,适宜老人居住。	1. 一般病区噪声应控制在 50 分贝内。 2. 严禁在病室内喧哗,保持病区肃静,做到"五轻":走路轻、说话轻、操作轻、拿放物品轻、开关门窗轻。 3. 所有人员一律穿软底鞋。 4. 尽量减少不必要的巡回路线,减少陪客和探视时间。
三、整齐标准	包括机构内部物品、设备以及人员的穿着等都要遵循整齐原则。	1. 病区所有物品定点放置,陈设统一,墙壁除规定外,不张贴宣传品。 2. 病室、治疗室、办公室等,陈设应有统一规范要求。 3. 老年人衣着适中、整洁,无长指(趾)甲,按时理发、刮胡须。 4. 室内光线柔和、色调适合,被褥适宜,有条件的病房可以摆设盆景。

2)强调整体和统一:强调用目标来统一和指导全体员工的思想和行动,以保证组织的整体性和行动的一致性。

3)系统管理:强调根据目标进行系统管理,使管理过程、员工、方法和工作安排都围绕目标运行。

4)重视员工的参与:强调发挥人的积极性、主动性和创造性,按照目标要求实行自主管理和自我控制,以提高适应环境变化的能力。

5)重视成果:强调根据目标来考核绩效,以保证管理活动获得满意的效果。

(2)具体步骤:目标管理过程包括四个步骤。

1)建立一套完整的目标体系:目标管理使机构的整体管理、运营得当,显著提高养老机构的经营效益,关键还要看责任目标定得是否合理、恰当。所以实行目标管理,首先要建立一套完整的目标体系(表 6-3),这是目标管理最重要的阶段。目标的设置总是从企业的最高主管部门开始,由上而下地逐级确定。通常,养老服务行业的主管部门——民政厅(局)会与属下的养老机构协商并签署目标责任,这就是养老机构及领导的主要工作目标和责任义务。

2)明确责任:目标体系应与组织结构相吻合,从而使每个部门都有明确的目标,每个目标都有明确负责人。机构领导在接到行业主管部门下达的目标责任后,经过研究、协商将机构的总体目标分解到各部门或科室,由院长与部门或科室负责人签订目标责任书,其内容包括年度(或季度、月度)经济责任指标、床位利用率、服务质量、老人的满意度、差错与事故控制、能耗与物资消耗等指标。各科室负责人还可以把科室目标进一步分解到住区或班组,形成层层工作有目标责任、层层抓目标落实的局面。各级领导考核下属部门目标完成情况,以决定各部门工作业绩以及工作分配、奖金发放和年度评优奖励。

表 6-3　养老机构服务质量管理目标体系

指标名称	达标值
①提供服务完成率	①100％
②顾客满意率	②≥85％
③基础护理合格率	③≥90％
④护理及照料人员技术操作合格率	④≥90％
⑤食物中毒发生率	⑤0
⑥Ⅱ度压疮发生率	⑥0
⑦医疗事故发生率	⑦0
⑧院内感染发生率	⑧≤15％
⑨常规物品消毒合格率	⑨100％
⑩各种记录合格率	⑩≥90％
⑪处方合格率	⑪≥90％
⑫老年人每年体检率	⑫100％
⑬炊事人员每年体检率	⑬100％
⑭各种设备完好率	⑭≥90％

3)组织实施:目标管理重视结果,强调自主、自治和自觉,并不等于领导可以放手不管;相反,由于形成了目标体系,一环失误,就会牵动全局。因此,领导在目标实施过程中的管理是不可缺少的,主要表现为:①进行定期检查,利用双方经常接触的机会和信息反馈渠道自然地进行;②向下级通报进度,便于互相协调;③帮助下级解决工作中出现的困难问题,当出现意外或不可预测事件严重影响组织目标实现时,可以通过一定的手续,修改原定的目标。

4)检查和评价:对各级目标的完成情况,要事先规定出期限,定期进行检查。检查的方法可灵活地采用自检、互检和责成专门的部门进行检查。检查的依据就是事先确定的目标,以及根据目标建立的一系列评价标准;经过评价,使得目标管理进入下一轮循环过程;养老机构应依据目标责任实现情况考核责任主体的工作绩效;对于最终结果,应当根据目标进行评价,并根据评价结果进行奖罚;如果目标没有完成,应分析原因总结教训,为制订下一阶段目标做好准备。

4.推行“5S”质量管理　“5S”起源于日本,是指在生产现场中对人员、机器、材料、方法等生产要素进行有效的管理,这是日本企业独特的一种管理办法。1955 年开始推行前两个 S,后发展到“3S(清扫、清洁、素养)”,到 1986 年,日本“5S”著作问世,从而在世界范围内引起了推广“5S”质量管理的热潮。

(1)内容:“5S”是整理(Seiri)、整顿(Seiton)、清扫(Seiso)、清洁(Seikeetsu)和素养(Shitsuke)这 5 个词的缩写。因为这 5 个词日语中罗马拼音的第一个字母都是“S”,所以简称为“5S”。开展以整理、整顿、清扫、清洁和素养为内容的活动,称为“5S”活动。

1)整理:把要与不要的人、事、物分开,再将不需要的人、事、物加以处理,这是开始改善生产现场的第一步。

2）整顿：把需要的人、事、物加以定量、定位。

3）清扫：把工作场所打扫干净，设备异常时马上修理，使之恢复正常。

4）清洁：整理、整顿、清扫之后要认真维护，使现场保持完美和最佳状态。

5）素养：努力提高人员的修养，养成严格遵守规章制度的习惯和作风，这是"5S"活动的核心。

（2）推行"5S"的作用："5S"是现场管理的基础，是全员参与的生产安全的前提，是全面品质管理的第一步，也是ISO 9000有效推行的保证。其主要作用包括：①提高企业形象；②提高生产效率；③提高库存周转率；④减少故障，保障品质；⑤加强安全，减少安全隐患；⑥养成节约的习惯，降低生产成本；⑦缩短作业周期，保证交货期；⑧改善企业精神面貌，形成良好企业文化。

第二节　养老机构服务的标准化建设概述

养老服务业的快速发展，对服务质量、管理水平提出了更高的要求，建立养老机构的管理规范与质量标准成为摆在我们面前的重要任务。2014年年初，民政部联合五部门出台《关于加强养老服务标准化工作的指导意见》，提出行业标准和市场规范是推进养老服务工作的重要基石，是更好地提供为老服务、加强行业管理的准则和依据，并要求各级有关部门将标准化建设作为创新社会管理、积极应对人口老龄化的重要方面，加紧制定完善养老服务标准，开展服务质量评估和服务行为监管，健全市场规范，促进养老服务业标准化、规范化发展。

一、养老机构标准化建设的内涵

标准化是维护服务对象权益、提升管理水平与服务质量的重要技术手段。开展养老服务业标准体系研究，建立科学合理的养老机构质量标准体系，不仅可以推动行业标准化建设的进程，更为开展养老机构质量管理指明方向，提供依据，是规范养老服务业发展所需要的基础性工作和必要前提。

（一）养老机构服务标准化建设的意义

养老机构服务标准化建设的意义可以从标准本身、标准化管理和服务标准化管理三方面进行阐述。

1.标准对养老服务的意义　标准以科学、技术和经验的综合成果为基础，是养老服务活动中各种标准、协议、技术规范、规范性文件、法律法规等的集合。养老服务是政府提供的公共服务项目之一，直接关系到老人健康和生命财产安全，是特殊的社会福利服务产品。推行养老服务标准化是完善社会福利服务体系的重要内容，是规范养老服务行为、提高养老服务质量的重要手段。

2.标准化管理对养老服务的作用　标准化管理已经成为养老服务业现代化管理的重要组成部分和技术基础。标准化管理是组织现代化养老服务社会化、专业化管理的必要条件，有利于加快和提高这项公共服务的效率和经济效益，成为稳定和提高养老服务产品质量的重要保证，从而保障养老服务安全，促进建立完善的信息系统，充分利用信息技术，实现养老服务业的技术进步,通过标准化管理的手段建立"一套规则"即标准来规范养老服务。

3.服务标准化管理是养老机构现代化管理的标志 养老机构标准化管理是指建立健全养老机构的国家标准或行业标准,按照老年人的自身情况和个人需求,让老年人享受到标准化的服务。北京市通过制定养老服务业服务质量标准体系,规定了养老机构的设施设备、服务项目、服务流程、服务质量指标、服务人员资质、管理制度等多项标准,其中有些标准是强制性标准。这些标准的制定,使养老机构知道应为服务对象提供什么服务、如何提供服务、服务到什么程度,同时也为入住机构的老年人提供了维护自己合法权益的依据。目前,北京市在养老机构中全面开展星级评定工作,从五星级到一星级,数字越大代表服务水平和等级越高。通过星级评定,养老机构的服务质量有了显著的提高,服务纠纷也明显减少。因此从某种程度上讲,标准化是养老服务业发展的关键,而标准化管理水平则是衡量一个服务机构技术水平和管理水平的尺度,是养老机构实现现代化、科学化、专业化管理的重要标志。

(二)养老机构标准化建设内容

养老机构标准制定与实施将对提高养老机构的服务质量和管理水平,推动老龄事业的规范化和现代化建设发挥重要作用。养老机构标准化建设可以用"健全制度、完善标准、注重细节、优化管理、规范服务、建设队伍"来概括,探索建立健全养老服务管理标准化体系,关系到养老服务提供能力的提高和服务质量的优化,关系到养老福利事业发展和养老产业的市场秩序的规范,关系到养老服务质量和幸福感的提高。养老机构标准化包括服务质量、服务价格、质量保证、服务管理、服务监督、服务投诉等的标准化,具体可以从以下 5 个方面进行建设。

1.服务要求 养老机构的核心内容就是给老人提供各种服务。对于机构而言,其服务质量的高低,一方面是从服务项目的种类、内容等来评价,另一方面则可以从服务的效果、满意度上去衡量。所以,为保证高水平的服务质量,还要对服务过程涉及的环节和要素进行标准化建设。

知识链接

关于服务项目的质量标准规定

——以北京市地方标准《养老服务机构服务质量规范》为例

5.1 服务内容

5.1.1 个人生活照料服务

5.1.1.1 提供个人生活照料服务,为入住的老人提供持续性照顾,以确保老人享有舒适、清洁、安全的日常生活。

5.1.1.2 服务范围,包括老人个人清洁卫生、穿衣、修饰、饮食、如厕、口腔清洁、皮肤清洁护理、压疮预防、便溺护理。

5.1.1.3 个人清洁卫生,包括洗脸、洗手、洗头(包括床上洗头)、洗脚、按摩、拍背、协助整理个人物品、清洁平整床铺、更换床单位。

......

5.1.1.11　便溺护理,包括协助大小便失禁、尿潴留或便秘、腹泻的老人排便、排尿,实施人工排便、清洗、更换尿布。

......

5.2　质量控制

5.2.1　个人生活照料服务

5.2.1.1　依据 DB 11/T 305,通过评估制订个人生活照料计划,按需服务。

5.2.1.2　对老人做到:

a)四无:无压疮、无坠床、无烫伤、无跌伤。

b)五关心:关心老人的饮食、卫生、安全、睡眠、排泄。

c)六洁:皮肤、口腔、头发、手足、指(趾)甲、会阴部清洁。

d)七知道:知道每位老人的姓名、个人生活照料的重点、个人爱好、所患疾病情况、家庭情况、使用药品治疗情况、精神心理情况。

e)老人居室做到室内清洁、整齐,空气新鲜、无异味。提供服务完成率100%,Ⅱ°压疮发生率0,老人和家属满意率≥80%。

5.2.1.3　应做到每日自查、每周重点检查、每月进行效果评估。

2.人员要求　养老机构应根据工作岗位的不同,将人员进行分类。养老机构人员应分为管理人员、生活照料人员、老年护理人员、膳食服务人员、心理护理人员、医疗保健人员等。针对不同的人员,根据国家相关的规定,明确其从业资格和条件,如老年护理人员,应持有国家注册护士证书,每位注册护士有技术档案和继续教育学分册,每年参加继续教育学分不少于25分,做到按期注册;心理护理人员,应由社会工作者、医护人员或高级护理员担任,有相关专业证书或高级养老护理员职业证书。此外,养老机构还应建立培训机制,定期开展针对养老机构中的工作人员的职业技能和业务培训,不断提升养老服务队伍人员素质和养老服务水平。

3.设施要求　养老机构设施除应符合国家相关规定外,还应完备且符合老年人的特殊需求。养老机构设施应包括基础设施、接待设施、服务设施和无障碍设施。

(1)基础设施:一般是指水、电、路,即包括交通、水电、通信、环卫、消防和标识等设施。基础设施是构建一家养老机构的物质基础,必须满足养老服务与管理的基本需求。比如消防建设,应充分考虑老年人反应慢、行动不便等特点,可以在疏散路线和安全出口处设置火灾事故应急照明和灯光疏散指示标识,疏散指示标识选用大尺寸等。

(2)接待设施:狭义的接待设施是指保障老年人入住需求的基本设施,包括住宿、餐饮和文化娱乐等。如《老年人社会福利机构基本规范》(MZ 008—2001)中,对老人居室的面积、配置的家具等进行了详细的规定,还指明介助、介护老人应在其床头配备紧急呼叫系统。

(3)服务设施:指与养老机构服务功能相关的设施,范围较接待设施广。除住宿、餐饮、文化娱乐以外,还包括健身、医疗、康复和教育等设施设备,提供促进健康养老、智慧养老和文化养老相关的照护服务。比如养老机构为长期卧床老人配置电动气垫床,为偏瘫老人提供康复训练器材与场地,为老人心理健康建设心理咨询中心,配置心理健康测评仪、失眠治疗仪等。

(4)无障碍设施:是指方便残疾人、老年人等行动不便或有视力障碍者使用的安全设施。根据国家《养老设施建筑设计规范》(GB 50867—2013)、《无障碍设计规范》(GB 50763—

2012)的规定,养老建筑内部及其周围的室外场地,包括主要出入口、通道、停车场,以及生活用房、公共活动用房和医疗保健用房等区域,应有无障碍设计。如不设台阶的无障碍通道,走廊的防摔扶手,卫生间的无障碍设施(如无障碍厕位、沐浴凳、安全抓杆等),以及醒目的无障碍标识和盲文标识等。

4.安全要求　养老机构属于人员密集场所,老年人、残疾人比较集中,平均年龄都在70岁以上,多数老人体弱多病、行动不便、身体抵抗力低,遇到紧急突发事件,其逃生和自救能力差,很容易出现意外。近年来,国内外养老机构发生重特大事故的实例不胜枚举,因此养老机构应建立完善的安全要求机制,切实保障老年人的人身、财物安全。安全要求应包括消防安全、治安安全、食品安全、环卫安全和医疗安全等,可参见民政部行业标准《养老机构安全管理》(MZ/T 032—2012)中的相关规定。

5.服务评价　完善养老机构标准化建设内容,还应建立科学的服务评价机制,详见本章第四节。

(1)评价过程:通过对养老机构服务工作的行为表现状况的测量,评定养老机构服务质量,帮助养老机构发现问题,有针对性地采取措施,并为进一步提高服务质量和水平提供切实可行的建议。

1)评价小组成立:成立综合管理机构的考核评价小组,小组应包括综合管理机构、相关行业管理部门、质量技术监督部门、其他有关专家等。

2)组织评价:评价主要依据法律、法规、标准及相关管理部门有关规定进行。机构应根据法律、法规以及相关的国家、行业和地方标准与本机构的经营宗旨、目标,制定评价方法和程序,定期组织内部评价并确认问题和不符合项,采取纠正措施进行改进。

3)评价反馈:机构应公布各项内部考核评价标准,设立意见簿、意见箱,供老年人、相关第三方和特聘服务质量监督员对机构服务质量提出建议和投诉,意见簿、意见箱中信息应由专人负责定期收集、整理,做出处理意见并及时向负责人汇报,向服务人员公布,同时建议、投诉的处理结果及时反馈给建议人、投诉人。

(2)评价与考核内容:主要考核评价机构人员、设施、服务、安全、服务评价等要求是否健全;相关制度贯彻执行情况是否良好;机构内部考核相关记录是否齐全等。对考评合格的机构,可授牌认可颁发服务标准达标证书。发证、授牌后,定期复查,不合格者限期整改。

(三)养老机构标准体系构建要素

养老服务业标准体系是通过运用系统管理的原理和方法,对养老服务业发展中相互关联、相互作用的标准化要素进行识别和搭建形成的有机整体,是标准级别、标准分布领域和标准类别相配套的协调统一体系。其构建要素包括:

1.构建依据　应将国家法律、政策以及相关标准等作为构建的主要依据。

(1)法律法规:包括《中华人民共和国标准化法》《中华人民共和国老年人权益保障法》。

(2)国家、部门规范性文件:包括《关于支持社会力量兴办社会福利机构的意见》(民发〔2005〕170号)、《关于加快发展养老服务业的意见》(国办发〔2006〕6号)、《关于全面推进居家养老服务工作的意见》(全国老龄办发〔2008〕4号)、《关于加快发展家庭服务业的指导意见》(国办发〔2010〕43号)、《国务院关于加快发展养老服务业的若干意见》(国办发〔2013〕35号)等。

(3)相关规划及标准:包括《国民经济和社会发展"十二五"规划纲要》《中国老龄事业发展"十二五"规划》《民政事业发展第十二个五年规划》《社会养老服务体系建设规划(2011—

2015年)》《全国服务业标准2009—2013年发展规划》《全国民政标准化"十二五"发展规划》《国民经济行业分类》(GB/T 4754—2011)、《标准体系表编制原则和要求》(GB/T 13016—2009)、《服务标准制定导则 考虑消费者需求》(GB/T 24620—2009)等。

2.构建原则 构建养老服务业标准体系应遵循以下原则:

(1)全面系统,重点突出:立足养老服务业各业务领域,把握当前和今后一个时期内养老服务业标准化建设工作的重点任务,确保养老服务业标准体系的结构完整和重点突出。

(2)层次清晰,避免交叉:基于对养老服务业的科学分类,按照体系协调、职责明确、管理有序的原则编制养老服务业标准体系,确保总体系与子体系之间、各子体系之间、标准之间的相互协调,避免交叉与重复。

(3)开放兼容,动态优化:保持标准体系的开放性和可扩充性,为新的标准项目预留空间,同时结合养老服务业的发展形势需求,定期对标准体系进行修改完善,提高养老服务业标准体系的适用性。

(4)基于现实,适度超前:立足养老服务业对于标准化的现实需求,分析未来发展趋势,建立适度超前、具有可操作性的标准体系。

3.构建方法 可采用过程法和分类法相结合的方法,如通过对养老服务业标准化对象进行分析研究,形成一整套养老服务业标准体系开发方法,共同构建养老服务业标准体系。

4.要素选择 按照GB/T 20000.1—2014《标准化工作指南 第1部分:标准化和相关活动的通用术语》,"标准"是"为了在一定范围内获得最佳秩序,经协商一致制定并由公认机构批准,共同使用和重复使用的一种规范性文件",因此,标准化的对象是某个范围内共同使用和重复使用的事物。养老服务业标准化的对象,即养老服务业标准体系的组成要素,应包括服务机构、服务人员、服务行为、服务质量、服务环境与场所、设施设备等。

(四)养老机构标准体系模型构建

根据系统工程原理,养老服务业标准体系模型可以从分布领域、标准类别、标准级别、标准约束力4个维度进行构建(图6-2)。国内养老服务业已构建的标准体系可参见附录。

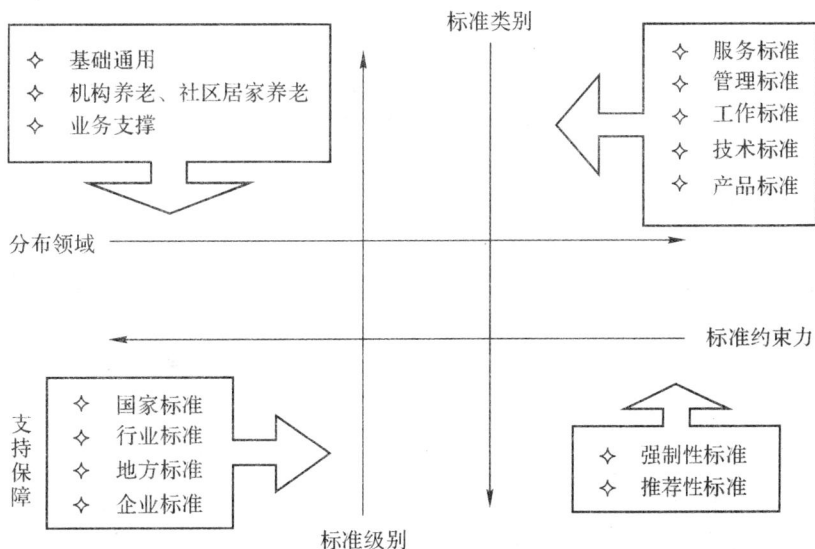

图 6-2 标准体系模型图

1.分布领域　我国目前没有关于"养老服务业"业务领域划分的明确表述。按照立足本国实际、适当参考国际的原则,暂将养老服务业标准划分为三大领域,具体包括:

(1)基础通用标准:在养老服务业范围内,作为其他标准的基础并普遍使用的、具有广泛指导意义的标准。

(2)服务管理标准:按照提供服务地点和方式的不同,分为机构标准和社区居家标准,用于规范政府和社会力量为老年人提供养老服务的标准。

(3)支撑保障标准:用于支撑养老服务业开展各项业务活动的标准。

2.标准类别　从标准类别角度而言,养老服务业标准体系应包括5类标准。

(1)服务标准:针对与服务对象接触面上的各项养老服务工作而制定的标准。

(2)管理标准:针对养老服务业中需要协调统一的管理事项制定的标准。

(3)工作标准:为实现整个工作过程的协调,提高工作质量和工作效率,针对工作岗位、作业方法、人员资质要求等制定的标准。

(4)技术标准:针对养老服务业标准化领域中需要协调统一的技术事项所制定的标准。

(5)产品标准:针对支撑养老服务业发展的硬件产品而制定的标准。

3.标准级别　从标准级别角度而言,养老服务业标准体系应由国家标准、行业标准、地方标准、企业标准4类标准组成。与养老服务业相关的各类标准的英文缩写见表6-4所示。

表6-4　国内各类标准英文缩写表

英文缩写	标准种类	举例
GB	国家标准	GB/T 50340—2003《老年人居住建筑设计标准》
GA	公共安全行业标准	GA587—2005《建筑消防设施的维护管理》
JG、JGJ	建筑行业标准	JGJ 122—99《老年人建筑设计规范》
MZ	民政行业标准	MZ 2012—T—011《养老机构设施设备配置》
DB××/T	地方标准(××为省份代码;××××为城市代码)	DB11/T 219—2004 北京市《养老机构服务质量星级划分与评定》 DB 3301/T19—2008 杭州市《居家养老服务与管理规范》

(1)国家标准:对于需要在全国范围内统一的技术要求,应制定国家标准。

(2)行业标准:对于没有国家标准而又需要在养老服务行业中统一的技术要求,可以制定行业标准。

(3)地方标准:除国家标准与行业标准之外,为满足各地区养老服务业特殊需求,可在充分考虑地方经济社会发展现状与当地养老服务业特点的基础上,制定地方标准。

(4)企业标准:养老机构可针对本单位管理与服务需求,开展标准化建设工作,制定企业标准。

4.标准约束力　从标准约束力角度而言,养老服务业标准体系由强制性标准和推荐性标准两类标准组成。保障人体健康,人身、财产安全的标准和法律、行政法规规定强制执行的标准是强制性标准,其他标准是推荐性标准。强制性标准是所有相关方都必须严格遵守的,而推荐性标准则是鼓励各相关方积极采用。作为服务类标准体系,养老服务业标准体系应以推荐性标准为主,其中对于保障老年人身体健康、财产安全的内容则应制定强制性标准。

二、国外养老机构的标准化建设

目前,无论国际标准化组织还是发达国家标准化组织都在养老服务领域进行着积极的探索,这将为我国开展养老服务业标准化建设工作提供宝贵的经验借鉴。

(一)国外养老服务业标准化建设的共同特点

1.养老服务业标准化建设步伐加快　　与其他领域的标准化建设工作比较,养老服务业标准化建设工作起步较晚。在国家层面,世界各国养老服务业国家标准数量较少;在国际层面,亦未成立专门的养老服务业标准化技术组织。随着全球老龄化时代的来临,对建立养老服务国际标准的呼声日益强烈,发达国家都在不断加强养老服务体系建设,养老服务业标准化也已成为国际标准化建设工作的重要领域之一。

2.养老服务标准中的服务要素日益凸显　　服务是无形的,具有区别于商品交换的特殊属性,因此服务标准与产品标准亦有所区别。国外现有的与养老服务相关的标准主要集中于技术、安全以及考虑老年人生活特殊需求等方面。随着服务标准化的不断发展,各国都已围绕养老服务提供者、设施设备、服务环境、服务人员、服务交付、沟通等方面逐渐开展了标准化研究与标准制定,服务要素在养老服务标准中的比重正在逐渐提升。

3.养老服务认证与养老服务标准制定工作协调开展　　制定养老服务标准不是目的,通过标准的有效实施规范养老服务业健康有序发展、保护老年人利益是养老服务业标准化建设工作的出发点和落脚点。目前,澳大利亚、英国等国家在开展养老服务标准制定、实施工作的同时,已经依据标准广泛开展了养老机构的认证工作,以此来推动养老服务业发展。随着养老服务业标准化建设工作的深入开展,养老服务认证已成为养老服务业标准化建设工作中不可缺少的一部分。

4.国外先进养老服务标准互相采用　　通过调研分析国外养老服务相关标准时可以发现,一些养老服务相关标准是由国际标准或国外先进标准转化为国家标准的。这种转化的范围目前主要集中在产品标准中,标准内容主要涉及的是技术层面的规定。随着服务标准化建设工作的深入开展,国际层面制定的养老服务标准已被许多国家所采用,同时一些国家制定的先进的养老服务标准亦已被其他国家所采用。

(二)国际养老服务业的标准化建设

1.国际标准化组织(ISO)　　作为目前世界上最大、最权威的国际标准化专门机构,ISO的主要活动是制定国际标准,协调世界范围的标准化建设工作,组织各成员国和技术委员会进行信息交流,以及与其他国际组织共同研究有关标准化问题。与工业、农业或其他服务业标准化领域相比,养老服务业是 ISO 工作的新兴领域。随着国际服务标准化的快速发展,作为服务标准化建设工作的一个重要领域,养老服务业国际标准化必将受到越来越多的重视。ISO目前共发布实施了12项养老服务业国际标准,主要涉及信息技术在服务老年人方面的应用以及如何在制定标准时考虑老年人的需求等方面。ISO 标准作为全球范围内通用的标准,具有广泛的普适性,与国家或行业标准相比,所提出的要求原则性较强,对其他国家构建各自的养老服务业标准有一定的借鉴和参考价值。

2.欧盟国际化组织　　伴随着出生率的不断下降和人均寿命的不断提高,欧盟的人口老龄化问题日益严峻,以瑞典、丹麦、芬兰等国为代表的欧盟国家非常重视养老服务业,对养老机构建设投入巨大。欧洲的标准化机构,包括欧洲标准化委员会(简称 CEN)、欧洲电工标准化委员会、欧洲电信标准协会、欧洲各国的国家标准机构以及一些行业和协会标准团体,在养老服务业标准化方面开展了许多工作,包括已发布 5 项养老服务业标准,并在 CEN 内部成立了一个养老服务业技术委员会——CEN/TC 385"老年人住房服务"项目委员会,开展了相关工作。

(三)发达国家养老服务业的标准化建设

1.美国　早在 20 世纪 40 年代,美国便跨入老年型国家行列。在已持续 70 年的老龄化社会发展过程中,美国在应对人口老龄化问题、提供养老服务方面积累了丰富的经验,制定了一系列法律法规、政策文件,建立了完善的社会养老保障制度,已形成由 10000 多所养老机构组成的养老机构服务网络,吸纳美国 5%～7% 的老人居住在养老机构。作为世界上养老保险最发达的国家之一,美国在标准化实践方面具有丰富的经验。

(1)养老机构准入及报告制度:早在 1997 年,美国政府就开始对所有提供照料服务的养老机构实行准入及标准化报告制度,用于获取顾客满意度,评价和检测照料机构的服务质量。

(2)养老服务国家标准:美国卫生部医疗保险和医疗救助中心发布实施了两项养老服务标准,分别规定了养老服务的传统和新兴评价指标,作为对于养老机构监督检查的手段和依据。

(3)养老机构企业标准:经过长期的经验积累,美国各养老机构都制定了各自的服务标准,涉及服务流程、服务规范、服务技术、设备设施和质量监控等方面的要求。

(4)养老机构评定工作:美国医疗保险计划针对服务质量开展了养老机构五星级评估工作,评估内容主要包括服务质量管理、从业人员、老年人健康检查等方面,根据评估结果对养老机构评等定级,作为消费者选择养老机构的依据之一。

2.英国　英国是世界上老年人口比例较高的国家,也是世界上最早实行社会保障制度的国家。作为典型的福利国家,英国逐步完善了以社区养老服务为主的养老服务模式,其养老服务业标准化建设工作方面的成就主要体现在以下几个方面:

(1)制度与规范建设:英国政府对于养老服务提供机构的服务质量控制和监督管理主要依照由英国财政部等颁布的家庭生活标准、居家服务机构指南、老年居家服务标准指南、残疾人居家服务标准指南、健康技术备忘录等规范性文件进行。内容主要涉及服务质量(包括护理质量、生活质量等)、服务机构要求(包括场所、环境、设施设备)、针对养老机构的评估规范(包括评估流程、评估内容、评估人员要求)等方面。

(2)国家标准建设:英国的养老服务业国家标准不多,目前仅发布实施 3 项相关标准,分别是 BS 4467:1991《考虑老年人的住宅设计指南》、PD ISO/IEC Guide 71:2001《标准制定考虑老年人及残疾人的需求》、BIP 2072—2005《老年人家庭看护质量》。

(3)行业标准:英国标准化协会是世界最老牌的标准化专业机构之一,主导研制了 ISO 9000 等世界著名的国际标准,提出了居家养老、社区养老和机构养老等分类开展标准化工作的理念;不足的是其在开展服务标准化尤其是养老服务业标准化工作方面略逊一筹。

3.德国　德国是欧洲地区老龄化程度最高的国家之一,在目前德国 8300 万人口中,60岁以上的老年人约占 23%。德国政府十分重视服务业标准化建设工作,是较早开展服务业标准化建设工作的国家之一,且承担了 ISO 大部分服务业标准化技术委员会秘书处工作。

在德国,ISO 9000 管理体系标准与服务标准配合得相当默契,养老服务业中亦不例外——管理体系标准和服务标准共同构成了德国养老服务业标准化工作的基础框架,从管理体系和服务提供两个维度对养老服务业进行规范,使得德国养老服务业标准化建设工作得到深入发展。

(1)国家标准层面:德国发布了 2 项养老服务业标准,分别是 DIN 77800《老年人生活辅助提供者的质量要求》、DIN SPEC 1104 * DIN-Fachbericht CEN/TR 15894《建筑五金——考虑儿童、老年人及残疾人的住宅和公共建筑上门配件的使用》德文版指南。

(2)服务标准和服务质量管理方面:德国中央长期照料社会保险基金联合会和联邦长期照料服务机构联合会根据法律共同制定了养老服务的原则和标准,对服务质量、质量担保及措施、机构内服务质量管理制度等给出具体规定。德国各州均建立了养老院护理质量监督机构,负责监督养老机构的服务质量。

4.澳大利亚　作为高福利国家,澳大利亚有着比较完善的养老体系,并专门成立负责老年事务的服务机构来保障养老服务的有效提供,使澳大利亚老年人"老有所养、老有所助"。尽管目前由澳大利亚政府发布的养老服务业国家标准仅有 1 项,即 AS 2999—1989《老年人及其他人员在危急时的报警系统》,但澳大利亚仍非常重视借助标准化手段来推动养老服务业的健康发展。

(1)养老机构认证标准化:由澳大利亚健康与老年部指定的老年服务标准和认证代理有限公司(Aged Care Standards and Accreditation Agency Ltd.)来专门从事养老机构资格的认证工作,根据管理体系、人员配置、组织发展,健康服务和人员服务,老年人的居住生活方式,实际环境和安全系统 4 项标准共 44 项要求对养老机构进行质量认证。

(2)老年人评估标准化:由老年服务评估小组(Aged Care Assessment Team)根据医疗状况、身体状况、认知与行为能力、社会因素、物理环境因素、个人选择等指标对老年人需求进行全面评估,以确定其是否适合接受社区或机构养老服务,同时审批老年人能否享受由澳大利亚政府补贴的养老服务。2008 年,澳大利亚政府依据《老年人护理法》出台了《老年人的能力评估标准》。这些标准的实施有力地引导了养老服务业的健康发展,保护了老年人的权益。

(3)其他标准:除了上述评估与认证标准外,澳大利亚开展了养老服务相关的立法及政策制定工作,在养老机构的认证申请、养老机构对不合格服务的持续改进、养老机构的服务记录等方面均有相关标准。澳大利亚政府通过第三方机构开展的服务质量测评和机构认证工作,有效规范了相关认证市场,保证了服务质量。

5.日本　伴随着日益严重的老龄化和少子化问题以及家庭养老模式的不断退化,日本早在 20 世纪 60 年代开始就着力推进养老服务建设工作,经过不断发展和完善,目前已形成包括《老人福利法》《老人保健法》《介护保险法》《高龄老人保健福利推进 10 年战略计划》在内的较为完善的政策和法律支持体系。日本在养老服务业标准化建设工作方面成绩突出,共发布实施 29 项养老服务业国家标准,不过与其他国家一样,这些标准亦多集中于技术和产品领域,且精细化特点显著,如在养老服务业标准化与评价方面,日本主要实施由厚生省老人保健福祉局制定的养老服务评价标准,涉及日常生活服务、特殊服务、其他服务、与相关业务单位的协作、设施设备与环境、经营管理六方面内容,根据这六方面设定各种问题,组成服务评价项目(表 6-5)。

表 6-5　日本养老服务评价标准要素汇总表

内容	细目	项目数量	内容	细目	项目数量
日常生活服务	膳食	6	其他服务	入院及出院服务	6
	沐浴	4		居家帮助	2
	排泄	5	与相关业务单位的协作	医疗机构	4
	避免长期卧床	3		区域性福祉机构	3
	自力协助	2		其他机构	2
	外出或外宿协助	2		宣传活动	2
	交流	2	设施设备与环境	设施设备	8
	娱乐活动	3		环境	3
	为痴呆老人提供的服务	6	经营管理	职工培训	6
				记录与检查	2
	使用者指定的评价项目	6		私生活	2
				应急预案	1
特殊服务	护理/介护	8		会议	1
	康复	5			
	社会服务	5		突发事件应对	1

三、国内养老机构的标准化建设

我国自 1999 年步入老龄化社会,是全球唯一老年人口过亿的国家,养老问题因而也成为了中国式一大难题。作为提高服务质量、提升管理效能的技术手段与技术保证,"标准化"能够有效实现养老服务业的科学发展。近几年,养老服务业标准化建设工作受到了党中央、国务院的高度重视,并不断得以推进(表 6-6)。

表 6-6　我国养老服务产业政策与标准推进节点

时间节点	相关政策与标准
2014 年	《关于加强养老服务标准化工作的指导意见》对外发布。
2013 年	《国务院关于加快发展养老服务业的若干意见》印发,提出到 2020 年全面建成以居家为基础、社区为依托、机构为支撑的,功能完善、规模适度、覆盖城乡的养老服务体系。
2012 年	《社会管理和公共服务标准化工作"十二五"行动纲要》发布;对包括《老年人能力评估》在内的四项核心标准草案进行了讨论修改。
2011 年	国务院发布《社会养老服务体系建设规划(2011—2015 年)》,民政部修订《中国养老服务机构基本规范》《养老服务等级评定》《老年人能力评估》和《安全养老规范和国家标准》。

续表

时间节点	相关政策与标准
2005—2008 年	民政部等部委先后颁布《关于开展养老服务社会化示范活动的通知》《关于加快发展养老服务业的意见》《关于全面推进居家养老服务工作的意见》,强调要促进养老服务质量和水平的提升。
2002 年	颁布《养老护理员国家职业标准》,要求所有提供养老护理服务工作的人员必须经过专业化培训,通过考试取得资格才能上岗,该标准后来得到进一步的修订与完善。

(一)养老服务业标准制(修)订工作稳步开展

我国在养老服务领域的标准研制始于民政领域开展的标准体系研究与实践。2011 年,民政部加大了养老服务业标准制(修)订的工作力度,采用彩票公益金专项资助方式,委托全国社会福利服务技术标准化委员会和中国社会福利协会行业标准化委员会、国家标准化研究院共同合作,推动养老服务业标准化建设。这些标准的制定与实施,成为规范全国养老服务行业、提高养老服务质量、加强行业管理的基础依据。

1.国家与行业标准　截至 2012 年底,我国已发布养老服务业国家标准 2 项,正在制定国家标准 8 项;已发布行业标准 4 项,正在制定行业标准 1 项(如表 6-7 所示)。

2.地方标准　各省、市在推进地区养老服务体系建设中,也积极组织开展了标准化建设,据不完全统计,已发布地方标准 19 项(如表 6-8 所示)。

表 6-7　我国养老服务业国家标准、行业标准汇总表(按标准号/计划号排序)

序号	标准号(计划号)	标准名称	标准性质	标准级别	状态	分布领域
1	GB/T 50340—2003	《老年人居住建筑设计标准》	推荐性	国家标准	已发布	支撑保障
2	GB/T 29353—2012	《养老机构基本规范》	推荐性	国家标准	已发布	服务管理
3	20076440-T-314	《养老机构服务标准体系要求、评价与改进》	推荐性	国家标准	制定中	服务管理
4	20076441-T-314	《养老机构服务标准体系》	推荐性	国家标准	制定中	服务管理
5	20076442-T-314	《养老机构等级划分与评定》	推荐性	国家标准	制定中	服务管理
6	20076443-T-314	《养老机构老年人健康评估服务规范》	推荐性	国家标准	制定中	服务管理
7	20076444-T-314	《养老机构医务室服务质量控制规范》	推荐性	国家标准	制定中	服务管理
8	20076445-T-314	《养老机构院内感染控制规范》	推荐性	国家标准	制定中	服务管理
9	20090119-T-314	《社区居家养老服务基本规范》	推荐性	国家标准	制定中	服务管理
10	MZ 008—2001	《老年人社会福利机构基本规范》	强制性	行业标准	已发布	服务管理
11	MZ/T 032—2012	《养老机构安全管理》	推荐性	行业标准	已发布	服务管理
12	MZ/T 001—2013	《老年人能力评估》	推荐性	行业标准	已发布	基础通用
13	JGJ 122—99	《老年人建筑设计规范》	强制性	行业标准	已发布	支撑保障

序号	标准号（计划号）	标准名称	标准性质	标准级别	状态	分布领域
14	20120699-T-314	《养老机构分类与命名》	推荐性	国家标准	制定中	基础通用
15	MZ 2012—T—011	《养老机构设施设备配置》	推荐性	行业标准	制定中	支撑保障
16	建标 143—2010	《社区老年人日间照料中心建设标准》	推荐性	行业标准	已发布	支撑保障
17	建标 144—2010	《老年养护院建设标准》	推荐性	行业标准	已发布	支撑保障

表 6-8　我国养老服务业地方标准汇总表（不完全统计）（按照标准号排序）

序号	标准号	标准名称	发布地区	标准性质	状态	分布领域
1	DB11/T 148—2008	《养老机构服务质量规范》	北京市	推荐性	已发布	服务管理
2	DB11/T 149—2008	《养老机构院内感染控制规范》	北京市	推荐性	已发布	服务管理
3	DB11/T 219—2004	《养老机构服务质量星级划分与评定》	北京市	推荐性	已发布	服务管理
4	DB11/T 220—2004	《养老机构医务室服务质量控制规范》	北京市	推荐性	已发布	服务管理
5	DB11/T 303—2005	《养老机构标准体系要求、评价与改进》	北京市	推荐性	已发布	服务管理
6	DB11/T 304—2005	《养老机构标准体系技术标准、管理标准和工作标准》	北京市	推荐性	已发布	服务管理
7	DB11/T 305—2005	《养老机构老年人健康评估服务规范》	北京市	推荐性	已发布	服务管理
8	DB13/T 1194—2010	《医院、养老院、福利院、幼儿园消防安全"四个能力"建设指南》	河北省	推荐性	已发布	服务管理
9	DB13/T 1185—2010	《养老机构服务质量规范》	河北省	推荐性	已发布	服务管理
10	DB31/T 461—2009	《社区居家养老服务规范》	上海市	推荐性	已发布	服务管理
11	DB32/T 482—2001	《社区服务养老服务规范》	江苏省	推荐性	已发布	服务管理
12	DB32/T 1644—2010	《居家养老服务规范》	江苏省	推荐性	已发布	服务管理
13	DB3301/T19—2008	《居家养老服务与管理规范》	杭州市	推荐性	已发布	服务管理
14	DB35/T 1104—2011	《社区居家养老服务规范》	福建省	推荐性	已发布	服务管理
15	DB37/T 1111—2008	《家政服务居家养老服务质量规范》	山东省	推荐性	已发布	服务管理
16	DB37/T 1598.1—2010	《家政培训服务规范　第 1 部分：居家养老》	山东省	推荐性	已发布	服务管理
17	DB41/T 595—2009	《养老护理员等级规定及服务规范》	河南省	推荐性	已发布	基础通用
18	DB63/944.5—2010	《消防安全四个能力建设　第 5 部分：医院、养老院、福利院、幼儿园》	青海省	推荐性	已发布	服务管理
19	DB64/T 592—2010	《医院、养老院、福利院、幼儿园消防安全"四个能力"建设标准》	宁夏回族自治区	推荐性	已发布	服务管理

(二)一批养老服务业基础核心标准发布实施

从国务院到民政部等各部门,从中央到地方各省(市、自治区),积极参与养老服务业标准建设工作,并陆续发布相关标准及文件。

1. 建筑标准　2011 年,民政部组织编制,经住房和城乡建设部、国家发展改革委批准的《社区老年人日间照料中心建设标准》(建标 143—2010)、《老年养护院建设标准》(建标 144—2010)两项养老服务业建筑标准发布实施,明确了针对社区老年人日间照料中心和老年养护院的建设要求,为养老服务设施建设提供了基本依据,也为社会力量参与养老服务体系建设明确了最基本的设施建设条件。

2. 国家或行业标准　2012 年 3 月,发布了行业标准《养老机构安全管理》(MZ/T 032—2012),首次以标准形式从养老机构的安全管理体系建设、设施设备安全、食品安全、消防安全、突发事件应急管理及安全教育与培训等 10 个方面对安全管理进行了统一规范和要求。2012 年底,推荐性国家标准《养老机构基本规范》(GB/T 29353—2012)发布,于 2013 年 5 月实施。2013 年 8 月,推荐性行业标准《老年人能力评估》(MZ/T 001—2013)发布,于 2013 年10 月 1 日起实施。

3. 地方规范性文件　国内多个省(市、自治区)也在充分调研本地实际的基础上,颁布实施了一批养老服务业的规范性文件(表 6-9),积极开展标准化建设工作。

表 6-9　部分地区养老服务规范性文件标准汇总表(不完全统计)

序号	地区	发文单位	文件名称
1	上海市	上海市民政局	《上海市养老机构管理和服务基本标准(暂行)》
2	江苏省	江苏省民政厅	《江苏省示范性养老机构评估细则(暂行)》
3		无锡市民政局	《无锡市养老机构规范化建设基本标准(试行)》
4		无锡市民政局	《无锡市居家养老机构规范化建设基本标准(试行)》
5	浙江省	浙江省老年服务业协会	《养老护理分级标准》
6		杭州市民政局	《杭州市养老机构服务标准(试行)》
7		杭州市民政局	《杭州市国办养老机构准入评估办法(试行)》
8	辽宁省	沈阳市民政局	《沈阳市星级社会福利机构评定细则(试行)》
9		大连市民政局	《大连市城乡社区养老服务中心建设标准(试行)》
10		丹东市民政局、丹东市养老服务行业协会	《星级养老机构和星级护理员评选条件》
11		抚顺市民政局	《抚顺市社会福利机构等级评定标准(试行)》
12	山东省	青岛市民政局	《青岛市社区养老服务场所规范化管理暂行办法》
13		青岛市民政局	《青岛市养老机构等级管理办法(试行)》
14		淄博市民政局、淄博市老龄委员会办公室、淄博市财政局	《淄博市社会养老机构星级管理办法》

续表

序号	地区	发文单位	文件名称
15	湖北省	湖北省民政厅	《湖北省农村合格福利院标准》
16			《湖北省农村模范福利院标准》
17	新疆维吾尔自治区	乌鲁木齐市民政局	《乌鲁木齐市星级社会福利机构评定标准及奖励办法(试行)》

(三)养老服务业标准化技术组织建设

2009 年,全国社会福利服务标准化技术委员会(SAC/TC315)获批成立,主要负责全国社会福利领域标准化建设工作。该委员会先后组织开展了"老年社会福利机构分类研究""老年社会福利机构安全卫生通用要求""老年人社会福利机构设施设备配置要求"等研究项目,推动了养老服务业标准化建设工作的发展。据统计,目前该技术委员会归口的已立项国家、行业标准共 15 项(表 6-10)。

表 6-10　全国社会福利服务标准化技术委员会归口标准汇总表(按照标准号/计划号排序)

序号	标准号(计划号)	标准名称
1	MZ 008—2001	《老年人社会福利机构基本规范》
2	MZ 009—2001	《残疾人社会福利机构基本规范》
3	MZ 010—2001	《儿童社会福利机构基本规范》
4	MZ/T 032—2012	《养老机构安全管理》
5	MZ/T 001—2013	《老年人能力评估》
6	GB/T 29353—2012	《养老机构基本规范》
7	20090119-T-314	《社区居家养老服务基本规范》
8	20076440-T-314	《养老机构服务标准体系要求、评价与改进》
9	20076441-T-314	《养老机构服务标准体系》
10	20076442-T-314	《养老机构等级划分与评定》
11	20076443-T-314	《养老机构老年人健康评估服务规范》
12	20076444-T-314	《养老机构医务室服务质量控制规范》
13	20076445-T-314	《养老机构院内感染控制规范》
14	20120699-T-314	《养老机构分类与命名》
15	MZ 2012—T—011	《养老机构设施设备配置》

(四)相关行业组织的积极配合与研发工作

中国社会福利协会 2011 年设立了"福怡助老专项基金",从社会募集资金 550 万元,用于组织国家相关专业院校、科研机构开展养老服务与管理课题研究,设立了十大应用型研究课题,如老年人康复服务、护理服务、中医保健服务、精神文化服务模式,这些研究成果为推进养老服务相关技术标准及职业技能培训标准的制(修)订打下了良好基础。

(五)养老服务业标准化建设实践力度不断加大

随着我国养老服务业标准化建设工作的逐步开展,各地养老服务业标准实施力度不断加强。

1.国家层面 北京市、江苏省、安徽省等地已先后开展了养老服务业领域国家级服务业标准化试点建设,其中北京"四季青镇敬老院养老服务业标准化试点"已于 2011 年顺利通过验收。

2.地方层面 很多省(市、自治区)都启动了养老服务业标准化建设工作,开展了丰富多彩的活动。北京市率先开展了养老机构星级评定及养老服务业地方标准制(修)订工作;黑龙江省在全省范围开展了养老机构等级达标活动;天津、上海市大力推进养老服务标准化建设;江苏省加强养老服务设施设备建设,规范行业服务标准。

(六)我国养老机构护理服务的标准化建设初具规模

设立养老机构的服务标准有助于规范养老机构的管理,提高其服务质量水平。目前,北京、上海、广州等城市已经建立了统一的养老机构服务标准,多数养老机构根据自身的实际情况基本形成了一套合理的护理等级划分标准,对养老机构的经营管理起到了十分有效的作用。

1.护理等级及划分标准 目前多数养老机构依据入住老人的健康状况、生活自理能力和年龄,并参照临床医疗护理等级,将入住老人划分为自理等级(相当于临床三级护理)、半护理等级(相当于临床二级护理)、全护理等级(相当于临床一级护理)和特别护理等级;有的划分为普一级、普二级、特一级、特二级和专护级;有的养老机构还将护理等级进一步细化为偏瘫护理、老年痴呆护理和临终护理等。不论采用什么样的护理分级,其目的都是为了实现养老机构的最佳管理和服务。

(1)自理等级护理(主要照护生活自理老人,相当于临床三级护理):凡符合下列条件之一者,可为自理等级护理:

1)健康老人;

2)思维功能轻度障碍,举止言行有一定影响的老人;

3)年老体弱,但衣食起居等日常生活能基本自理的老人。

(2)半护理等级护理(主要照护介助老人,相当于临床二级护理):凡符合下列条件之一者,为半护理等级护理:

1)在护理人员指导和帮助下,饮食起居能基本自理的老人;

2)思维功能中度障碍,生活规律有时失常,自理生活有一定困难的老人;

3)患有多种疾病,但病情比较稳定,日常生活需给予相应护理的老人;

4)年龄在 80 岁以上的老人。

(3)全护理等级护理(主要照护介护老人,相当于临床一级护理):凡符合下列条件之一者,为全护理等级护理:

1)一日三餐需护理员帮助的老人;

2)思维功能有较严重障碍,言行不能自控及大小便需他人帮助的老人;

3)视觉严重模糊不清或肢体功能障碍、行动困难的老人;

4)患有两种以上较重疾患,行动困难的老人;

5)年龄在90岁以上者。

(4)特别护理(又称为"专门护理",相当于临床特级护理):凡符合下列条件之一者,为特别护理:

1)不能自行饮食,一日三餐需护理人员帮助的老人;

2)思维功能有较严重障碍,完全不能自控和料理大小便的老人;

3)因种种原因长期卧床不起,不能下地行走的老人;

4)患有严重疾患,病情正处于活动期且必须绝对卧床的老人;

5)病情严重,生命体征不稳定,随时会出现病情变化而需要密切观察或监护抢救治疗的老人;

6)双眼失明或肢体残疾,功能严重丧失,生活需要特殊照顾的老人;

7)90岁以上,患有一种严重疾患的老人;

8)入院者及家属要求提高护理等级,在生活上和医疗服务方面给予特殊照顾的老人。

需要指出的是符合以上特征两条及以上者可上升一个护理等级。

一般的养老机构不接收患有严重精神疾病、传染病的老人。这部分老人在精神病、传染病医疗机构治疗痊愈后,方可入住养老机构。

2.服务内容与要求 根据《老年人社会福利机构基本规范》,结合国内多数养老机构的做法,不同护理等级的护理内容和要求如下:

(1)自理等级护理:包括个人卫生、膳食、居室卫生和医疗康复等。

1)个人卫生护理:①每日定时督促老年人漱口、洗脸、洗手、梳头、洗臀部、洗脚;②督促老年人洗头、理发剃须、剪指(趾)甲;③夏季每周督促老年人至少洗澡两次,其他各季每周洗澡一次;④提供干净、得体的服装并定期换洗,冬、春、秋季每周换洗一次,夏季衣服应经常换洗。

2)膳食护理:①尊重老人饮食习惯,提供新鲜、可口、合理的营养饮食;②细心观察老年人的饮食情况,发现异常报告医生处理。

3)居室卫生护理:①每日清扫房间一次,室内应无蝇、无蚊、无鼠、无蟑螂、无臭虫等;②定期开启门窗,保持室内空气新鲜,无异味;③协助老年人整理床铺、更换衣裤和床单,帮助老人翻晒被褥;④每周换洗一次床单、被套、枕套、枕巾(必要时随时换洗);⑤每日拖地板并擦拭床、桌椅和门窗,要做到地面、桌椅、门窗和墙壁无积灰;每周大扫除一次;厕所清洁,无异味。

4)医疗康复护理:①医生每日查房两次(上、下午各一次),遇急诊病例随叫随到,及时处理,给药、注射到床头;②督促老年人按时起床、休息、活动,参加院内组织的各种群众性的保健康复活动;③老年人体格检查每年一次,平时做好卫生保健指导工作。

5)其他:服务人员24小时值班,实行程序化个案护理,视情况调整护理方案。

(2)半护理等级护理:在做好自理老人的全套服务项目以外,还应做到如下方面:

1)个人卫生护理:①为无力梳洗的老年人梳洗,并协助洗浴;②搀扶老年人上厕所;③夏季每日给老年人擦洗一次;④定期给老年人修剪指(趾)甲;⑤发现老年人异常情况,及时报告医生处理;⑥定期上门理发、剃须,保持老人仪表端正。

2)饮食起居护理:①饭菜、茶水供应到居室;②协助医生观察老年人病情变化,用药反应,发现异常情况及时报告医生处理;③协助老人整理床铺,每周换洗一次被罩、床单、枕巾;

(必要时随时换洗)④毛巾、洗脸盆必须经常清洗,便器每周消毒一次。

3)居室卫生护理:①餐具和茶杯应每周消毒一次;②做好心理护理及卫生宣教;③每周洗涤内衣一次(夏季每日洗),每周洗涤外衣一次,每月清洗床上用品一次。

4)医疗康复护理:①实行医护人员24小时值班制,做好查房,给药、注射到床头;②帮助并指导老年人开展个体康复活动。

(3)全护理等级护理:在做好介助老人的全套服务项目之外,还应做到如下方面:

1)个人卫生护理:①每日为老年人在室内或床上进行晨间、晚间的全套护理服务;②每周给老年人修剪一次指(趾)甲,定期理发、剃须;③应为大小便失禁或发生呕吐的老年人更换清洗衣物;④加强基础护理,防止并发症的发生。

2)饮食起居护理:按时喂饭、喂水、喂药,严密观察病情变化并做好记录,密切注意特殊治疗,每隔30分钟巡视一次。

3)居室卫生护理:被褥、气垫、被单保持清洁、平整、干燥、柔软。

4)医疗康复护理:①每隔2小时为卧床不起的老年人翻一次身,变换体位,检查皮肤受压的情况,严防压疮的发生;②做好心理护理和卫生宣教工作;③对易发生坠床、座椅意外者提供床栏、座椅加绳托等安全保护器具,确保安全,不发生事故。

(4)特别护理:在做好介护老人护理的全套服务以外,还应做到如下方面:

1)个人卫生护理:①对大小便失禁和卧床不起的老年人做到勤查看、勤换尿布、勤擦洗下身,及时更换衣服,每周洗澡一次,夏季酌情增加次数,每日不少于一次;②及时帮助老年人大小便,为插导尿管者换尿袋和清洗导尿管。

2)饮食起居护理:每隔15~30分钟至少巡视一次,防止老人随意外出和发生意外。

3)居室卫生护理:床褥、被单保持清洁、平整、干燥,柔软无碎屑。

4)医疗康复护理:①保证24小时都有指定人员护理,密切注意老年人的病情变化;②确保各项治疗护理措施的落实,保证正常输液及引流管通畅;③根据特护对象病情需要,配备各种医疗监护抢救设备和急救药品,随时准备配合抢救;④每隔1~2小时为卧床老年人翻身一次、变换体位,检查其皮肤受压情况,严防压疮发生。

3.收费标准　养老机构收费标准是入住老人及其亲属必须考虑的问题。收费标准过高,或者收费不合理,超出老人及亲属的经济和心理承受能力,就难以吸引老人入住。反之,收费过低,将导致服务质量的降低,甚至有可能影响养老机构的正常经营。因此,制定一套合理的收费标准十分必要。

(1)制定原则:养老机构收费标准的制定应严格按照国家、地方法规和物价部门规定,做好充分的市场调查和论证工作,不仅要让多数老人经济上能够承受,又要保证有一定的、合理的利润空间。

1)应当考虑当地居民经济收入水平和物价水平:农村养老机构收费标准要低于城镇,经济欠发达地区要低于经济较发达地区。

2)应当考虑养老机构的地理位置、居住条件、硬件设施等因素,如楼层、户型、面积、朝向、装修和配套设施等。

3)应当考虑护理等级、护理难度和老人及亲属特殊要求等因素。

(2)养老机构收费的构成:大多数养老机构的入住费用包括床位费、服务费(即护理费)和伙食费。医疗服务费用、采暖空调费用则按照实际使用情况或季节另外收取。经院方同意老人自带家用电器的,也可根据家电功率核收电费。有的养老机构还收取一定数额的押金,主要用于老人发生特殊情况时。

知识链接

我国养老服务业标准化建设存在的问题

与我国日益增长的现实需求和发达国家现状相比,我国机构养老服务仍处于起步阶段,存在提供养老服务内容单一、社会养老队伍人员管理不规范、养老机构设施建设不完备和养老机构管理机制不健全等不足,影响了我国养老机构标准建设化的进程。

1.养老服务业标准体系尚未建立 建立科学、合理的标准体系是有效开展标准化建设工作的重要基础。目前,养老服务业尚未建立统一、协调、科学的标准体系,应尽快从国家层面形成统一的标准体系,指导全国养老服务业标准化工作的有序开展。

2.标准化建设理论研究滞后 目前,我国在养老服务业标准化基础理论和工作方法、重要领域国际标准跟踪、标准实施推广机制等方面尚缺乏系统深入的研究,制约了标准化建设工作的开展,无法满足养老服务业标准化工作的现实需求。

3.以机构养老标准为主,标准总量与质量有待提高 现有养老服务业标准布局不够均衡、结构不够科学。从分布领域来看,主要集中在机构养老领域;就标准类型而言,现有标准以管理和技术标准为主,服务标准少;从标准层次来看,国家标准尚在研发中,已出台的较少;就总量而言,我国已发布的养老服务业核心标准较少,已发布的国家标准只有2项,行业标准4项;个别标准标龄较长,针对性不强。

4.技术组织与人才匮乏、资金保障不足 养老服务业标准化建设工作具有业务领域众多、业务类型复杂的特点,现有的标准化技术组织和人才队伍难以有效支撑养老服务业标准化建设工作,亟需进一步壮大我国养老服务业标准化技术组织,培养一批既懂专业又懂标准化的复合型人才。标准化经费投入不够,标准化长效运行与保障机制尚待健全。

第三节　养老机构的服务质量监督

养老机构服务质量需要监督。世界卫生组织提出,老年人长期照护质量监控的内容应包括护理人员培训、对护理提供者的监督、服务对象信息系统的建立、服务标准的设定等,同时还明确了政府、地区和社区在保证老年照护质量中的责任。以德国、英国、澳大利亚、美国和日本等为代表的国家都已经建立了较完善的质量监督体系。一套完善的服务质量监督体系是保证老年人生活质量的根本,老年人可以通过法律法规来监督政府、相关养老机构和服务人员为其提供高质量的服务。服务质量监督实行机构监管、员工自律和社会监督相结合的机制,主要分为外部监督和内部监督。本节也将从这两个方面阐述养老机构服务质量的监督和管理。

一、养老机构的内部质量监督

养老机构管理工作涉及面广,内容很多,比如员工的培训管理、服务质量考核管理、老人入住档案资料管理、机构财务成本核算管理和消防安全、公共卫生安全及突发事件处理的综合管理等。监督是管理的需要、内容与手段,养老机构服务质量需要监督,所以服务质量监督就是一项长抓不放的重要工作。其中内部质量监督的意义和作用更大,通过机构内部的自查与自纠,院领导和职能管理部门的监督、检查及考核,保证服务质量不断改进并稳步提高。

(一)监督内容

质量管理是向消费者提供高质量产品或服务的活动过程,监督服务过程就是保障服务质量的过程,具体内容可包括养老服务中涉及老人的生活起居、医疗护理服务和安全相关的各项工作,且有所侧重。

1.护理质量监督 其监督内容应包括生活照料在内的各项护理服务,并依据护理规范、流程、服务质量与考核评价标准进行检查评估。

(1)服务场所清洁卫生:可以运用"5S"质量管理方法检查机构内部的硬件设施和居住环境,包括老人居室、楼层地面、门窗墙壁、家具电器和卫生间等,观察是否符合卫生条件,特别要注意的是地面是否积水湿滑、房间有无异味、居室和楼层是否整洁、有无乱堆乱放等。

(2)老人生活护理:主要检查老年人的营养与饮食护理、排泄护理、清洁照料护理、体位变换与移动护理、衣着护理、休息与睡眠护理、早晚间护理和服药护理等是否符合相关质量标准。如营养与饮食护理,主要可以从治疗膳食是否规范、定期评价入住老人的营养状况、是否建立老人进食护理规范、统计噎食的发生率等各方面进行质量监督。

(3)老人心理护理:养老机构应当根据需要为老年人提供情绪疏导、心理咨询、危机干预等精神慰藉服务,所以在进行质量检查时,主要围绕是否针对老人常见的心理问题实施心理指导、是否有心理护理记录以及效果评价等进行评估。

(4)老人康复护理:主要针对高龄、长期卧床、脑血管意外等造成的偏瘫等老人的康复护理进行检查和监督,如康复体位护理、主动或被动运动和压疮护理,组织老人进行团体康复训练等。

(5)老人临床护理:老人患病期间,各项护理操作,如基础护理、专科护理、临终护理等是否规范、准确等。

(6)老人安全护理:老年人的安全护理重点是防范意外的发生,可以针对老年人比较常见的意外事件进行监督考核,如防火、防盗、防噎食、防烫伤、防跌倒、防坠床和防走失等措施是否落实,是否存在安全隐患等。

(7)护理交接班及护理记录:针对重点看护老人是否实行了床旁交接班,检查护理文书记录与保管是否规范等。

2.医疗服务质量监督 医疗服务质量监督的内容是监督医务人员的医疗服务工作,检查医务人员的执业情况,其重点应放在具体的医疗工作环节上,注重工作流程中的质量监督。整个监督过程应依据医疗机构管理办法、临床诊疗规范制定的服务与考核标准进行检查评估。

(1)执业资格:包括养老机构的行医执照是否进行了年审,医务人员是否具有执业资格以及是否注册。

(2)诊疗操作:监督和教育医务人员应认真履行工作职责,严格执行各项医疗卫生管理法律、行政法规、部门规章和诊疗护理规范,严格遵守职业道德。检查的内容可涉及病历、医嘱、处方书写和临床诊疗操作是否符合规范,护士用药是否严格执行了"三查七对",护理操作是否娴熟、规范等。医疗机构在监督过程中应当对医务人员的违法行为及时纠正和处理。

(3)诊疗效果:诊疗效果可以从疾病诊断的准确率、误诊或漏诊率,治疗的有效率、治愈率、差错与事故率等几个方面进行检查评估。

3.膳食服务质量监督 养老机构的膳食管理既要保障营养均衡,又要满足不同老人的需求,所以会有不同的供餐原则、标准和形式等。但是不论提供的膳食服务如何多样化,其服务质量监督都要依据食品卫生管理办法制定的服务与考核评价标准来进行。

(1)员工的健康与职业资格:包括员工是否体检及有健康证明,厨师岗位的员工是否具有职业资格证书等。

(2)员工着装与个人卫生:是否按要求统一着装、佩戴工作牌,工作服是否整洁,是否做到"四勤"——勤洗手洗澡、勤理发修面、勤换洗衣服、勤修剪指甲,是否有不良的卫生行为等。

(3)食堂环境清洁卫生且安全:食堂、餐厅及周边环境是否符合卫生清洁要求,是否做到了无苍蝇、蟑螂、鼠害等,餐厅地面是否湿滑,是否有安全提醒或放置警示牌等。

(4)食品采购、存储、加工与制作:采购流程是否规范,是否采购腐烂变质、霉变原料和过期食品,是否有采购验收记录;食物原料是否彻底清洗,加工过程是否卫生,保管是否规范;食物是否按规定留样等。

(5)餐具清洗和消毒:餐具清洗和消毒是否符合规范,消毒过程及方法是否有效,餐具洗涤、消毒和保管是否专人负责等。

(6)膳食服务效果:发放膳食是否准确到位,就餐是否有序,老人对伙食及食堂工作是否满意,老人噎食、摔倒等与就餐相关的意外事件的发生率等。

(7)食堂账目:食堂账目记录是否清晰,支出是否合理,收支是否平衡,是否定期公布账目等。

4.财务管理监督 所有检查内容主要依据会计法和财务工作管理条例规定的服务质量与评价标准进行监督。养老机构财务管理的内容和制度详见本书第七章。

(1)财务制度建立与执行情况:是否建立相关财务制度,是否存在违规操作。

(2)账目管理:财务账目记录是否清楚,是否存在漏记、错记、重复记等现象。

(3)现金管理:现金支取、报账是否规范,保管是否符合财务规定。

(4)支票管理:支票使用、管理是否规范。

(5)资金管理:固定资金(资产)是否及时登记,流动资金使用是否规范,账目是否清楚,专项资金是否被挤占、挪用等。

(6)捐赠管理:捐赠钱物是否有登记,使用是否符合捐赠者意愿,程序是否规范等。

5.行政及后勤保障服务质量监督 行政及后勤保障服务质量监督主要依据相关的规章制度进行。

(1)行政文书及资料管理:主要涉及与老人健康档案、入住信息等相关的文书及资料是否妥善管理,记录是否完整,是否有遗失、泄漏等。

（2）后勤保障服务质量监督：除膳食服务、财务管理外，还包括以下几个方面的后勤保障服务质量监督：

1）物资采购管理：物资采购计划、审批是否符合规定，质量是否符合要求，价格是否合理，大宗采购是否有招标投标程序，是否有验收记录。

2）维修管理：水电及设施、设备维修是否及时有效，操作是否安全规范，超范围的维修是否及时审批、上报，是否及时联系有关单位和部门。

3）车辆管理：提供交通服务且有自备车辆的养老机构，应对相应车辆的使用和保管进行质量监督，比如车辆是否定时有效地保养，使用是否符合规定，有无交通违纪或事故发生等。

（二）监督方法

养老机构内部服务质量的监督和管理，主要针对的是内部各部门、各岗位的服务工作，可分为自我监督和他人监督。

1.部门的自查与自纠　各部门要把服务质量检查变为经常性工作，定期自查与自纠，不断改进服务质量。

2.院领导和职能部门的监督　院长和职能部门负责人应经常深入到基层进行定期和不定期检查监督，定期向入住老人及亲属发放服务质量满意度调查表，及时发现存在的服务质量问题，督促整改。

3.加强部门和员工的考核　通过月度、季度和年度服务质量评价及考核，督促部门和员工重视服务质量。评价考核的结果应与部门的奖金挂钩，应与员工的工资分配、评优、续聘等挂钩。

4.老人及其亲属的监督　老人及其亲属为养老机构的服务对象，应属于外部监督范畴，但此处的老人即入住养老机构的老年客户，所以可以归属于内部监督；养老机构应设立意见箱、投诉箱，公开投诉电话，自觉接受老人及亲属的监督；对老人及其提出的建议和投诉予以高度重视，并及时向老人及亲属反馈意见。

二、养老机构的院外质量监督

养老机构外部质量监督的目的是督促养老机构依法经营，提高服务质量。按质量监督执行主体的不同，外部质量监督可以分为行政监督、行业监督和社会监督三类。国务院民政部2013年颁布的《养老机构管理办法》中规定，民政部门负责全国养老机构的指导、监督和管理，县级以上地方人民政府民政部门负责本行政区域内养老机构的指导、监督和管理，其他有关部门依照职责分工对养老机构实施监督。所以，由政府部门实施的"行政监督"是最主要的监督形式。

（一）行政监督

养老机构从经营许可到开展业务，以及服务质量等，都要接受政府部门的监督和管理。所以，政府对养老机构服务质量的监督应涉及民政、消防安全、医疗卫生、卫生防疫、工商税务和环境保护等政府职能部门。政府通过与行业及社会的协同管理和监督，发现并督促改善养老机构经营、服务与管理过程中存在的不规范之处，帮助养老机构依法经营、规范服务，从而提高其服务质量。

1.各级民政部门　地方养老机构业务管理归口于地方民政部门，所以民政部门往往兼具行政监督和行业监督双重职能。其主要监督内容包括养老机构论证、申报、审批、注册登记、经营管理和年度审查等工作,具有很强的业务指导性,管理者应当主动接受民政部门牵头的行业监督。

2.卫生防疫监督　卫生监督是加强卫生管理的重要手段。养老机构为入住老人提供集体住宿、统一膳食、颐养环境等服务,应主动接受地方卫生防疫部门的监督检查。卫生防疫部门主要针对与卫生相关的法规、条例、标准、办法等实施情况进行检查,以达到保护环境、预防疾病和促进人们身心健康的作用。

1)环境卫生:包括机构内部环境的卫生状况,尤其是公共区域基本卫生设施是否具备、安全等。

2)食品卫生:卫生制度是否建立、健全及执行情况;从业人员的健康证是否合格;日常食品、饮用水的检验检测是否正常;食品消毒流程是否正确;消毒设施是否健全、完好及其运行情况等。

3)疾病预防:除环境卫生、食品卫生外,还可以从医疗执业是否规范、医疗废弃物处置是否合理等方面进行传染性疾病的防控和监督。

养老机构对检查出来的食品卫生、环境卫生和疾病预防等方面的问题,要制定措施,加强整改,限期达标。

3.医疗服务监督　开展临床医疗和医疗保健服务的养老机构要接受地方卫生行政部门,即卫生局/厅的监督和技术指导。在卫生部门的监督和指导下,养老机构应该在医疗服务设施、医疗服务行为等方面进行完善和提高,杜绝医疗差错与事故的发生,确保医疗服务安全。

4.消防安全监督　养老机构是消防工作的重点单位,特别是环境差、设备陈旧老化的养老机构更要重视消防安全监督。要积极配合消防安全部门查找隐患、制定措施、加强整改,加强对老人和员工消防安全意识教育和消防设备使用培训,确保消防安全落到实处。

5.财务审计监督　养老机构财务监督多纳入行业年度审查范畴,养老机构应如实汇报机构财务管理情况、经济运行状况,自觉接受行业主管部门、工商税收部门的审计监督,保证养老机构财务管理规范,经济运行有序。

(二)行业监督

除地方民政部门肩负着行业监督重任外,养老服务行业协会以社会组织的形式协助政府执行行业监督职能。养老服务行业协会是由养老机构、社会团体及个人自愿组成的行业性、非营利性的社会组织,一般经各地民政部门批准成立,作为联系政府与养老机构之间的桥梁和纽带,协助政府对养老服务业进行专业化管理,承担行业自律、指导和服务质量监督等职责。因此,养老机构除了积极参加行业协会外,还要主动接受协会的指导与监督。

(三)社会监督

社会对养老机构服务质量的监督主要涉及公众监督和舆论监督两个方面。公众监督包括内部员工、入住老人及其家属在内的社会大众,通过批评、建议、检举、揭发、申诉、控告等基本方式对养老机构及其工作人员权力行使行为的合法性与合理性进行监督。舆论监督是指社会利用各种传播媒介和采取多种形式,表达和传导有一定倾向的议论、意见及看法,以实现对政府及养老机构中偏差行为的矫正和控制。养老机构应规范经营、科学管理,不断从服务老人、稳定社会的角度出发,提供优质的养老服务,自觉接受公众及舆论的监督,弘扬中华民族尊老、爱老、敬老的传统美德。

第四节　养老机构的服务质量评估

养老机构服务质量的评估不仅可以帮助管理者方便、准确地分析、测量、控制、评价其服务质量状况,而且可以有效推进和保障养老服务质量的全面管理。养老机构服务质量评估由相互联系、相互制约、相互作用的评估要素构成,包括评估目标、评估原则、评估内容和评估方法等,具有整体性、系统性、协调性的内涵特征。

一、养老机构服务质量评估概述

随着福利社会化政策的实施与发展,机构养老已成为重要的养老模式,同时也促进了各类养老机构的迅速发展。而国内养老机构的发展速度远快于养老机构管理规范化、标准化的进程,结果导致由于缺乏管理规范和质量评价标准造成的养老机构法律纠纷占了大多数。服务质量是养老机构的核心要素,也是衡量机构整体质量的重要标准。政策在鼓励发展养老服务事业的同时,如何对其服务质量进行科学、系统的评估必然成为需要关注的问题。

(一)养老机构服务质量评估的目的

养老机构服务质量评估是质量管理工作的重要环节,其目的是为了规范养老机构服务体系,进一步提高养老服务水平和质量,提高老年人晚年的生活质量。通过质量评估活动,养老机构可以检验服务标准是否运行有效,检查被评估对象承担社会责任和提高老人晚年生活的质量,并对评价效果或问题进行分析研究,制定纠正和预防措施。所以整个评价活动必须遵照客观、独立、公正、效率的原则进行,以保证评估活动的准确性和有效性。

(二)养老机构服务质量的评估对象

养老机构服务质量的评估对象可以分成养老机构、服务项目和服务成效三个层次。

1.养老机构　养老机构是机构养老服务的主要承担者。作为提供养老服务的专业机构,必须接受对其服务质量的评估。这类评估主要针对养老机构的机构素质、能力和为老服务质量等方面。

2.服务项目　服务项目是提供养老服务最主要的形式和载体,所以也是评估的最主要对象。养老机构的服务是由养老机构的服务者直接提供或通过其组织而提供的。

(1)综合评估:服务项目评估包括服务对象的需求评估、方案评估、过程评估和效果评估,也包括对项目服务团队的评估。在服务项目中,包括对基础设施、服务队伍、管理制度的整体评估。

(2)单项评估:养老机构的服务队伍也可作为独立的评估对象。对养老机构服务者的评估包括资质和服务两个方面。养老机构服务队伍的评估是对其服务方法、过程及效果的评估。

3.服务成效　服务成效评估是评估的主要目的。养老机构服务质量评估体系可以从服务提供、活动开展、设施建设等方面提高老人的生活质量,使老人真正体会到养老机构的优势。

(三)养老机构服务质量的评估范畴

1.评估内容　养老机构服务质量评估必须围绕养老服务工作的整个过程和整体成效来开展,包括养老机构工作体系建设、养老机构服务成效和服务对象满意度测评等。

2.评估阶段　养老机构服务质量评估分为三个阶段,包括服务前评估、服务中评估和服务后评估。

(1)服务前评估:主要侧重在服务开始之前,对服务对象所需的服务类型进行评估。

(2)服务中评估:是为了更加有效地开展养老服务而进行的评估,包括对服务对象、服务方案和服务过程的评估。

(3)服务后评估:对已开展的养老相关服务进行评估,是对服务的结果、效果和影响的评估。

(四)养老机构服务质量的评估主体

养老机构服务质量评估是人们对养老机构相关服务工作进行了解、测试和评价的一种活动,从事这方面活动的人或机构就是养老机构服务质量评估的主体。在养老机构服务领域中,评估的主体主要有养老机构、养老机构设立许可机关或管理机关和第三方。

1.养老机构　养老机构服务者是养老机构服务的提供者,所以应该作为质量评估自我监督和审查的主体,积极开展质量评估工作,及时反馈服务效果,把好机构服务质量的第一关。

(1)服务对象需求评估:是指养老机构服务者或服务机构开展的关于潜在的或现实的服务对象的需求评估。养老机构或养老机构服务者要提供有效服务,必须评估服务对象的需求,包括服务之前的评估和服务过程中需求变化导致的进一步评估两种。

(2)服务方案评估:在初步提出可供选择的服务方案之后,要对它们进行比较和评价,以选出适宜者。

(3)服务过程评估:养老机构服务者要了解和把握服务的进度,发现问题及时处理。

(4)结果评估:养老机构服务者对服务结果进行评估和总结,或用于结束工作和总结经验。

2.养老机构设立许可机关或管理机关　指对养老机构有设立许可权、管理权、监督执法权的政府及其相关职能部门。政府是养老机构的资助者和支持者,同时又代表社会和服务对象的公共利益,所以政府有关部门要对养老机构的运行及服务状况进行监督、检查和管理,也包括评估这一项。

3.第三方评估　所谓第三方,是指与政府及服务机构没有利益关系,相对独立的一方,可以是行业中有资质又专业的调查、研究和评估机构,也可以是专门组成的专家组,这类由专门评估机构或专家组执行的养老机构服务质量评估称为第三方评估,具有相对独立、科学和客观的特点。第三方评估因为要从老年群体的需求和感观出发,来判断养老机构服务水准的高低,其评价结果往往更容易得到老年人的信任,并作为老人选择养老机构的重要依据。

(五)养老机构服务质量评估标准

1.客户服务质量评估标准　是衡量客户服务质量的一种有效方法,又称为 RATER 指数。RATER 分别代表信赖度(reliability)、专业度(assurance)、有形度(tangibles)、同理度

(empathy)、反应度(responsiveness),代表影响客户满意度评价的五大要素。

(1)信赖度:是指一个企业是否能够始终如一地履行自己对客户所做出的承诺,当这个企业真正做到这一点的时候,就会拥有良好的口碑,赢得客户的信赖。

(2)专业度:是指企业的服务人员所具备的专业知识、技能和职业素质。包括提供优质服务的能力、对客户的礼貌和尊敬及与客户有效沟通的技巧。

(3)有形度:是指有形的服务设施、环境、服务人员的仪表以及对客户的帮助和关怀的有形表现。服务本身是一种无形的产品,但是整洁的服务环境、餐厅里为幼儿提供的专用座椅、麦当劳快餐店里带领小朋友载歌载舞的服务小姐等,都能使服务这一无形产品变得有形。

(4)同理度:是指服务人员能够随时设身处地地为客户着想,真正地同情理解客户的处境,了解客户的需求。

(5)反应度:是指服务人员对于客户的需求给予及时反应并能迅速提供服务的愿望。当服务出现问题时,马上回应、迅速解决能够给服务质量带来积极的影响。作为客户,需要的是积极主动的服务态度。

2.养老机构服务质量评估指标体系 服务质量评估指标体系是综合考察质量从形成到实现的全过程的工具,由服务能力、服务过程和服务绩效三类指标组成,各类指标的设计方法如表6-11所示,评价考核表举例见表6-12。

表6-11 服务质量评估指标分类及评价设计

指标类别	设计思路	评估方法
1.服务能力指标	1.企业通过对服务质量要素、服务质量职能部门、服务质量意识水平进行多维综合内部评价,比较目前状况与最优状态,设置服务质量能力指标。	1.专家评价:如果由企业内部员工来评价服务能力,将更倾向于给予正面评价,从而掩饰存在的问题;企业应借助于专家评价,有利于防止以上因素造成的虚假信息。
2.服务过程指标	2.服务质量过程指标作为对服务过程的测量结果,通过服务设计对服务流程进行分析,寻找服务触点,并运用扩展的 GAP 模型(服务质量差距模型)设置服务质量过程指标。	2.企业评价:企业作为服务提供方,对于其所提供的服务是否符合自身的承诺也有着自我认识;服务流程中的每一个步骤都为下一个步骤提供支持,因此将过程评价引入企业内部,将有助于发现导致问题产生的根源。
3.服务绩效指标	3.服务质量绩效测量的是服务质量的结果,它取决于服务内容、提供服务质量的水平能力与客户对服务质量的需求和期望。企业可运用 SERVQUAL 法,结合为客户提供的服务内容,以及提供服务质量水平的客观数据和客户对服务质量的主观感受,设计服务质量绩效指标。	3.客户评价:客户在各个服务接触点上产生对于服务质量的感知认识,因此有能力对于服务质量进行评价,评价的信息可以作为企业从外部出发改善服务过程的依据。

表 6-12　生活照料质量标准及考核评分表

标准	标准分	评分标准	扣分原因及扣分	得分
1.按规定着装,整洁规范,挂牌上岗。	5	未穿工作服扣3分; 不整洁扣2分。		
2.病室整洁有序,无异味。 (1)床头柜上只放洗漱用品及茶杯,床上无渣屑和废物,尿布覆盖橡皮单。 (2)床下物品上架,无杂物。	8	病房有异味扣3分; 床头柜物品放置不规范扣1分; 床单位不整洁扣1分。		
3.生活照料规范,质量达标。 (1)对老年人要做到五勤:勤翻身,勤擦洗,勤按摩,勤整理,勤更换。 (2)六无:无压疮,无坠床,无烫伤,无跌伤,无走失,无管道脱落。 (3)六洁:皮肤,口腔,脸,头发,指(趾)甲,会阴。	17	未做到五勤每项扣1分; 未做到六无每项扣2分; 未做到六洁每项扣1分; 约束老人松紧不适宜,出现肢体青紫扣2分。		
4.饮食护理:严格按医嘱执行饮食的种类,且要采取正确的进餐姿势,避免呛咳、窒息。具体包括: (1)自理的老年人进餐时上半身要挺直,身体稍向前倾,以利于食物顺利进入胃内。 (2)对能下床的老年人采用坐位或半坐位,身体背后及周围用棉被、软枕或支架加以固定,再协助进餐。 (3)对坐起有困难的老年人,可抬高床头30°~50°,以利于老年人吞咽。 (4)对不能抬高上半身的老年人,应尽可能为老年人采取侧卧位,并使头部向前倾斜。 (5)喂食速度不可过快,以免呛食和窒息,食物不可过烫。 (6)保证老年人每日饮水量,以1000ml左右为宜。 (7)餐具每日及时清洗和消毒。	18	未按医嘱执行饮食种类扣3分; 喂食过快或姿势不正确引起呛咳甚至窒息者扣3分; 每日不给老年人适度喂水扣2分; 餐具未及时清洗消毒扣3分。		
5.严格遵循人性化的服务理念,一切以患者为中心,尽量满足老人的需求。要求做到:语言文明,态度诚恳;对患者有爱心,有耐心,做事细心、尽心;严禁体罚谩骂老人;服务及时到位,患者及家属反映良好。	19	老人及家属投诉扣2分; 体罚老人一次扣10分; 谩骂老人一次扣5分; 服务不及时扣2分。		
6.遵守劳动纪律,坚守岗位,不迟到,不早退,上班时不串岗,不扎堆聊天,不看电视及吃东西。严禁夜班睡觉,巡视寝室,保持寝室安静。	7	迟到或早退一次扣1分; 串岗聊天一次扣1分; 夜班未按时巡视寝室扣5分。		
7.维持和谐的人际关系。尊重领导和医护人员,服从领导和管理,工作配合度良好。同事间无吵架现象。	5	不尊重领导扣1分; 不服从管理扣2分; 吵架一次扣2分。		

续表

标准	标准分	评分标准	扣分原因及扣分	得分
8.陪夜制度: (1)负责所陪护老人的生活照料与安全。 (2)认真履行职责,在岗在位。 (3)按时熄灯。	13			
9.积极维护护理院的利益,有主人翁的责任感。严禁说损害护理院利益和形象的话,做损害护理院利益的事。同时注重勤俭节约,不开无人灯,无长流水现象。	8	有损害护理院利益和形象言行扣5分; 开无人灯一次扣1分; 长流水一次扣2分。		
合计	100			

备注:认真对照以上标准,指导护理员的工作。总分为100分,未达到90分的,扣除当月绩效工资10%,未达到85分的,扣除15%

(六)养老机构服务质量评估的作用

养老机构服务质量评估工作的开展不仅完善了养老机构服务质量管理体系,也对促进养老机构发展,提升养老服务质量,拓展养老服务队伍有着积极的推动作用。

1.促进我国养老机构的服务发展 评估是一项贯穿养老机构服务全程的活动,科学的评估会积极地促进养老机构的服务发展,进而在总体上增进服务效果。养老机构要树立为老人服务的理念,应用专业的服务方法,借评估过程来不断提升机构的服务水平。

2.完善养老机构质量管理体系 养老机构服务质量评估的构建可以进一步完善养老机构质量管理体系。质量评估从老年人实际需要出发,多方监督实施评价的过程,划分养老机构等级的同时,又能促进服务质量的提升,使得政府、机构和老年人均能获益,真正充实养老机构质量管理体系。

3.养老机构服务提供者的发展 养老机构服务质量评估可以暴露服务过程中的问题并呈现最后的服务效果,这些对于服务提供者而言有极大的参考价值。养老机构的服务需要不断发展和创新,养老机构服务提供者也需要不断成长,只有不断进步才能适应不断变化的服务需求。养老机构服务质量评估则提供了变化的依据、变化的方向和变化的方法等。

二、质量评估的要求与方法

开展养老机构服务工作评估,是巩固深化养老机构服务工作成果,全面推进机构养老服务事业发展的一项重要举措。要充分认识开展养老机构服务质量评估的积极意义,遵循科学方法,统筹安排,加强组织,确保评估工作顺利完成,共同促进机构养老服务事业健康有序发展。

(一)质量评估的要求

在养老机构服务质量评估过程中,应注意做到以下几点:

1.评估态度的积极性 养老机构服务质量评估过程中,评估者端正积极的评估态度是评估工作顺利进行的关键。积极正确的评估态度,不仅能科学评估老年人的实际需要,而且便于政府科学管理养老机构,更有助于合理分配养老资源,使老年人能享受到更适合自身的服务。

2.评估方法的准确性　评估方法是养老机构服务质量评估的核心部分,因为没有科学的、与被评估对象相适应的评估方法,就不可能有科学的评估结果。不能进行科学评估就会使评估失去意义,更严重者会误导养老机构服务的开展,甚至将其引入歧途。

3.评估结果的合理性　养老机构服务质量评估既包括服务中的评估,也包括服务结束后的评估。前者是为了有效开展服务而进行的评估,包括对服务对象需求的评估,对于服务方案的评估及选择,以及对服务过程的评估;后者是对已开展的服务进行的评估,是对服务的结果、效果和影响的评估。无论哪一种评估,合理地评价评估结果,并且把结果进行总结归纳,才能更好地指导养老机构服务的继续开展。

(二)养老机构服务质量的评估方法

评估方法是养老机构服务质量评估的核心部分,要与评估对象的特质相符合,如在对服务机构进行评估时,评估方法要考虑到评估的全面性,否则就会导致对服务成效的评价不足;在对老人服务项目进行评估时,评估方法就应该考虑到老人的个人特征,如果接受服务的老人不喜欢和不接受某种评估方式,他们就无法合适地表达想法、感受和意见,这就会影响评估的有效性。

评估首先要获得有关评估对象的信息。评估方法由信息载体和信息内容组成。信息载体是指用什么形式去获取信息,如问卷、访谈对话、服务对象举止都可能承载某些信息。信息内容指上述言语、符号包含的评估所需的意义。养老机构服务质量评估要选择能获得丰富内容的信息载体去搜集信息,以保证评估的科学性和有效性。由此可见,评估方法的选择至关重要。

知识链接

养老机构服务质量评估中最常用的两种评估方法

1.问卷调查法　在评估过程中,有时需要通过对服务对象或机构的问卷调查来了解服务的效果。随着社会科学中系统观察、抽样、数据分析技术的快速发展,问卷调查在养老机构服务质量评估中得到了广泛应用。

(1)问卷的类型:问卷调查就是采用自填式问卷或结构式访问的方法,系统地、直接地从一个取自某种社会群体的样本那里搜集资料,并通过对资料的统计分析来认识社会现象及其规律的社会研究方式。问卷根据填答或使用方式的不同分为自填问卷和访问问卷两种类型。问题的形式主要有开放式和封闭式两种。开放式问题,就是不为回答者提供具体答案,回答者自由回答;封闭式问题,就是在提出问题的同时还给出若干个答案,要求回答者根据自己的情况进行选择填答。

(2)问卷设计的原则:依托问卷调查获得养老机构服务质量评估的成功,其基础是科学合理的问卷设计。问卷设计有其基本原则和一般步骤,只有全面把握其实质,才能形成高质量的调查问卷。设计问卷旨在利用问卷搜集研究所需的相关资料,所以问卷设计必须满足研究的需要。在设计问卷时还应该尽量从被调查者角度出发,因为被评估者是问卷的实际填写者,问题只有在被调查者做了真实有效的回答的情况下才能发挥应有的作用。

2.访谈法　又称晤谈法,是指调查者依据调查提纲与调查对象直接交谈,搜集语言资料的方法,是一种口头交流式的调查方法。整个访谈过程是调查者与被调查者相互影响、相互作用的过程,较观察法、问卷法能获得更多有价值、更深层次的心理特征信息。

(1)访谈类型:根据访谈对象的数量,可以分为集体访谈法和个别访谈法;根据层次,可以分为常规访谈法和深度访谈法;根据媒介,可以分为当面访谈法和电话访谈法;根据访谈进程,可以分为结构型和非结构型访谈法。

(2)访谈步骤:访谈的一般步骤包括:①设计访谈提纲;②恰当进行提问;③准确捕捉信息,及时搜集有关资料;④适当地做出回应;⑤及时做好访谈记录,一般还要录音或录像。访谈之前,必须做好充分的准备工作,包括确定访谈对象、选拔并培训访谈员、工具准备等。同时,访谈计划的编制、问题设计、过程实施、结果整理与分析都要按科学原则进行。

(3)访谈注意事项:访谈过程中调查者与被调查者之间建立的信任与合作关系、调查者的素质和访谈技巧等都是影响访谈质量的关键因素,所以实施访谈时,需要注意以下几点:

1)在访谈中,调查者要保持中立的态度,不要把自己的意见暗示给被调查者,否则会影响资料的真实性。

2)要把握访谈的方向和主题焦点,防止谈话偏离调查主题,以免影响效率。

3)使用的语言要简明扼要。

4)根据被调查者的特点,灵活掌握问题的提法和口气。

三、质量评估的流程

从服务优化循环图(见图6-3)中可以看出,养老机构服务质量评估是不断完善和优化服务标准的必经阶段。从一个服务项目的确立,到开展服务活动、评价服务质量,最后,借鉴评估的结果进行改善,从而策划新的服务项目。根据PDCA环形成的不断循环,使得服务越来越趋于合理化和正规化。一般而言,养老机构服务质量评估整个过程,遵循社会研究的一般过程和步骤,其过程大致分为三大阶段:开始准备阶段、实施阶段、总结与应用阶段。当然,这三个阶段未必是一种单向线性过程,因为评估过程在一定程度上可以是互动的,在评估过程中,三个阶段有时也可以同时进行。

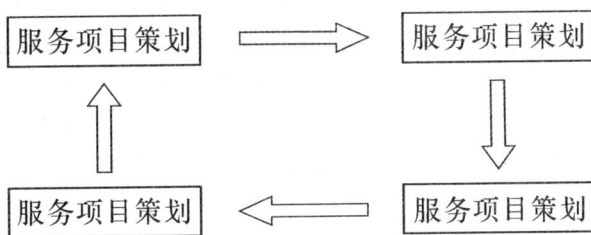

图6-3　服务优化循环图

(一)开始准备阶段

在养老机构服务质量评估的开始准备阶段,要明确谁来评估、为什么评估、评估什么以及如何评估等一系列问题。此阶段最重要的是制订一份科学可行的评估计划。

1.接受委托和明确评估目的 养老机构服务质量评估研究一般源自委托方的评估需要。其中,委托方包括养老机构服务或项目的监管者和执行者等多类主体,委托方的需求表现不同,就会有相应的评估目的,评估者需要与评估委托者共同明确评估目的,在接受评估委托后,评估者应明确此次评估的目的,因为只有明确为什么评估,才能决定评估什么、如何评估。一般而言,评估目的大致分为两种:一是改进服务或项目;二是总结判断服务。

2.明确评估问题 在接受委托和明确评估目的后,评估者应在初步了解被评估项目情况的基础上,与评估委托方或项目方讨论确定评估焦点,提出清晰的评估问题。一般的养老机构服务质量评估可以有以下五个焦点:

(1)评估服务对象需求:养老机构服务的基本理念之一就是通过服务回应服务对象的需求。

(2)评估服务项目的理论与设计:对养老机构服务项目或服务所依据的理论进行评估,判断其是否有效,可以用于指导服务项目的设计,并产生预期的效果。

(3)评估服务项目过程:评估养老机构服务项目的执行是否按照预先设计的进行,以用于过程或流程控制。

(4)评估服务项目结果:评估养老机构服务项目是否具有影响,一般指项目所服务的对象在行为、态度和认知等方面是否发生了预期改变。

(5)评估服务项目的效率:对养老机构服务项目的投入—产出比进行评估,以判断项目是否善用资源,通过有限投入获得最大产出。在明确评估焦点后,评估者应结合被评估项目的实际情况,与被评估方共同讨论研究,提出清晰的评估问题,这一点对于养老机构服务质量评估尤为重要。

总的来说,好的评估问题应该具备以下特征:①切中性,即评估问题应该与评估目的、焦点或者有关服务理论紧密关联,通过对问题答案的整理,可以得到一些有价值的结论。②可行性,一个评估问题再切中要害,如果无法回答,实际上也是缺乏价值的,无法指导评估研究。③清晰性,即评估问题的陈述应清晰明了,不会引起歧义。

3.制订评估计划 在明确谁来评估、为什么评估、评估什么之后,评估者应思考如何评估的问题,即在分析各项可用资源后制订出兼顾科学性和操作性的评估计划。

(1)评估方法:养老机构服务质量评估可以采用定性和定量的研究方法。定量研究是指搜集用数量表示的资料或信息,并对数据进行量化处理、检验和分析,从而获得有意义结论的研究过程;定性研究是根据社会现象或事物所具有的属性和在运动中的矛盾变化,从事物的内在规定性来研究事物的一种方法或角度。定性研究着重事物"质"的方面;定量研究着重事物"量"的方面。定性研究是定量研究的基础,是它的指南,但只有同时运用定量研究,才能在精确定量的前提下准确定性。

(2)评估设计:确定评估方法后,结合评估策略进行相应的评估设计,确定评估的细节,如制订紧凑有序的评估时间进度表、制订合理的经费预算、合理分配人力资源等,缺一不可。评估者在制订评估计划时还应该考虑如何协调和组织人力、物力和财力以在规定的时间内完成评估等。

(二)实施阶段

评估者在实施阶段的任务是将在前一阶段制订的评估计划付诸执行,主要工作包括进入现场、搜集和分析评估所需资料。

养老机构服务质量评估不是在书斋里就可以完成的,它需要评估者进入现场,与各方进行沟通互动,通过观察、访谈等方法搜集有关资料,并对此加以分析和组织。因此,成功地进入现场决定着今后评估研究的成败。

成功进入现场后,评估者应该依照评估着手搜集和分析有关资料。其中,有三个问题比较重要:选取资料搜集对象(抽样)、明确资料搜集方法、确定资料分析方法。

知识链接

需求评估的实施过程

需求评估是养老机构服务的出发点和归宿点。要说明何谓需求评估,就必须首先说明何谓需求、如何评估需求,然后对需求评估中的原因机制有总体把握。

1.需求类型 对于何谓需求,众说纷纭。要比较全面地领悟需求,有必要对一般需求、特殊需求、社会需求的特性等有所把握。

(1)一般需求:指那些人类共有的、对其生存和发展而言最为基础的需求。

(2)特殊需求:每个社会人都是一个独特的个体,特殊需求是一般需求与个体特性的整合产物,是一般需求在某个或某些个体上的特别体现。养老机构服务注重人的特殊需求,因为这很好地体现了养老机构服务强调个别化、平等、尊重、独特性的价值伦理。特殊需求也往往成为养老机构服务者开展工作的出发点。

(3)社会需求:是由社会因素引发从而诸多个人都具有的个人需求,其原意是社会引发的需求。一般而言,养老机构服务对象也会具有各种各样的社会需求。

2.需求主体 在养老机构服务中,需求主体主要是指服务对象,我们可以根据一些科学的评估方法结合服务对象的自身情况对其进行评估,从而确定其是否成为养老机构的服务接受者,以及属于哪一类型的服务接受者。

3.需求评估的任务 需求评估要解决的任务包括界定养老机构服务问题、评估养老机构服务问题范围、确定干预对象三个方面。

(1)界定养老机构服务问题:即通过对需求主体的了解,最终界定他们所面临的具体问题。这些问题会最终被社会重视,成为社会政策要解决的目标。

(2)明确干预对象:如果评估对象不确定,不但无法实现评估目标,而且可能造成社会资源的浪费。准确确定养老机构服务的干预对象是需要评估的一项重要任务,直接影响到服务的成效和成本开支。

(3)揭示需要特征:在明确了前两个任务之后,还要分析目标对象的需要特征,特别是造成其需要不能满足或者造成社会问题的原因,从而使其提供的养老服务真正起到缓解危机的效果。

知识链接

过程评估的实施过程

养老机构服务过程评估有助于提高服务实施效果,而且有助于揭示服务影响机制,从而加深对项目干预实现的因果关系的认识,有助于我们清晰辨别服务成功或不成功的真正原因,从而为其他服务提供借鉴。过程评估主要包括对服务执行过程的监控和对服务影响机制的分析两个部分。

(1)服务执行监控:是为了保证各项服务活动的合法性、合理性和有效性,及时纠正各个环节中出现的偏差,提高目标实现的程度,而对服务方案实施过程各个环节进行的检查、督促、指导与纠偏。

(2)服务影响机制分析:是对相关服务项目提供或实施干预产生的影响或结果进行的分析。影响机制是指服务项目的干预是如何实现服务目标的。

(三)总结和应用阶段

评估者完成评估资料的搜集和分析工作后,就可以进入评估的总结和应用阶段。在这个阶段,评估者需要对经过分析的资料进行组织,形成评估报告,并对评估报告加以运用。

1. 撰写评估报告　养老机构服务质量评估的一个成果是形成书面的评估报告。根据评估目的,评估报告将会提交给评估委托方或者养老机构自身,甚至有时还会以适当形式予以公开。一般而言,评估报告应包括以下内容:

(1)标题:一般包含被评估项目名称以及评估的焦点。

(2)摘要:一般简要陈述评估目的和问题,介绍评估方法,总结评估发现以及结论与对策建议。

(3)目录。

(4)导言:一般介绍评估的背景以及目的,陈述评估问题。一些评估报告的导言还会简要介绍整篇评估报告的结构。

(5)评估方法:介绍评估采用的研究策略以及具体方法。

(6)评估发现:详细陈述评估的发现。

(7)评估图片:可以把相关图片附在报告中,使评估更具有说服力。

(8)结论与对策建议:对评估发现进行总结,并据此提出相关对策建议。

(9)参考文献:罗列评估中所参考的各项文献名称。

(10)附录:一些评估报告还可以将评估中涉及的重要文献、评估工具等内容作为报告的附录。

以上内容并不是固定版本与格式,可以根据各种评估的不同而增加或删减内容。

2. 应用评估结果　养老机构服务质量评估的优点在于应用性。一是通过评估来改善养老机构服务或项目,间接地提升服务对象的福利,完成养老机构服务的使命;二是通过评估对养老机构服务或项目进行总结判断,并以此决定服务或项目的存废及发展方向,优化资源的使用。

评估者可以与评估委托方或项目方共同讨论评估结论和对策建议,在达成共识的基础上依据评估建议改善养老机构服务,这项工作未必在评估实施阶段结束或评估报告撰写好以后进行,完全可以在评估实施过程中就不断与评估委托方或项目方进行沟通互动,以评促改、边评边改。

案例分析

案例1

南京市出台新规:养老服务人员一年内三次遭投诉取消资格

◆事件经过

由南京市民政局编制的《南京市社区居家养老服务实施办法》(以下简称《实施办法》)出台,从 2013 年 12 月 1 日起执行。该办法规定,养老服务人员一年内三次遭投诉取消资格。

社区居家养老服务是指依托社区养老服务资源,为 60 周岁及以上有生活照料需求的社区居家老年人提供或协助提供家政、助餐、助医、康复辅助、精神慰藉、日间照料、休闲娱乐等服务。该市这个办法所指的服务对象,主要为政府购买服务对象。

如果养老机构或企业从事居家养老服务,一年内受到服务对象四次以上投诉或媒体曝光批评,经查证属实的,三年内不得承担政府购买居家养老服务项目;养老服务人员一年内受到服务对象三次及以上投诉或媒体曝光批评,经查证属实的,取消其养老护理员资格。

◆个案焦点

由养老服务对象来评价服务水平和质量,是否合理?

◆分析和点评

1.养老服务对象作为养老服务的直接接受者,应该具备评价养老服务水平和质量的资格。

2.不管是政府购买养老服务,还是老人及其家属出钱购买,服务对象都有权利要求获得满意的养老服务。当然,在服务效果不能达到其需求时,服务对象有提出申诉的权利。

3.养老机构一年内受到服务对象四次以上投诉或媒体曝光批评,养老护理员在一年内受到服务对象三次及以上投诉或媒体曝光批评,经查证属实的将接受惩罚。惩罚不是最终目的,对机构或个人来说,应该在第一次出现服务效果不理想时就及时分析原因并积极改进,从而提升服务水平,保证服务对象满意。

◆教训与启示

1.无论哪种形式的养老模式,养老服务质量都将直接影响老人的生活质量。

2.作为养老机构,或者养老服务提供者,都应该重视养老服务质量,并注重服务对象的满意度评价。

3.服务对象的满意度评价不仅反映服务质量,同时也是质量监督的一种形式,将直接决定机构或养老服务提供者是否具备服务资格。

案例2

食堂服务外包后,食品质量由谁来负责?

◆事件经过

某日养老机构中的老人出现不同程度的腹泻现象,经过检查发现该日早餐食物中混有变质食品。后进一步调查发现该养老机构的食堂承包给了个人,承包人受利益驱使,在食品采购和保管中均存在不少问题,事情发生后,有关部门吊销了食堂的食品卫生许可证,对有关涉案人员进行了行政处罚。

◆个案焦点

食堂服务外包后,食品质量应该由谁来负责?

◆分析和点评

1.“衣食住行”中的“食”与“住”是养老机构为老人服务的两大内容,服务的好坏直接关系到老人的生活质量。

2.老人食堂社会化后,机构仍要对食堂予以监管,并要督促建立制度予以保证,对食品的质量要严格控制,不仅要保证老人的营养需求,更要杜绝食物中毒事故的发生。

3.食堂尽管承包给个人,但由于餐饮服务仍属于养老院提供,故养老院应承担责任。

◆教训与启示

1.食品卫生至关重要,作为机构管理者,要依照《中华人民共和国食品卫生法》,加强日常管理,把好机构食品质量关。

2.膳食服务质量管理是养老机构服务质量管理的一部分,即使选择老人食堂社会化的运作模式,也要继续承担食品质量监督的职责,保证信誉好且有良好资质的餐饮机构为老人提供服务,绝不能图价廉而随意选择服务机构和放松监督管理。

第七章 养老机构的财务管理

本章要点

★养老机构财务管理的原则及管理内容。

★养老机构财务分析的原则和方法。

★养老机构财务预算的编制方法。

★养老机构财务控制的相关制度。

现阶段由于政府投入不足、优惠政策难以落到实处、老年人支付能力低以及资金筹措困难等原因,加强养老机构的财务管理,如何使有限的资金效益最大化日益受到机构管理者的关注。财务管理是养老机构管理的重要组成部分,对规范养老机构的管理行为产生深远的影响,同时,养老机构的财务管理是否有序,直接影响到机构管理的质量和效果。

第一节 养老机构的财务管理概述

美国财务学博士罗伯特·希金斯教授在其经典著作《财务管理分析》一书中说:"不完全懂得会计和财务管理工作的经营者,就好比是一个投篮而不得分的球手。"这一形象比喻充分说明了财务管理在现代养老服务机构资源配置和价值创造中的核心作用。加强养老机构财务管理对提高资金使用效率、提高管理水平、促进服务事业发展有着重要的意义。

一、养老机构的财务管理概念

财务活动是指经营实体涉及资金的活动,即开展生产经营活动所涉及的筹集、运用和分配资金的活动。财务管理是基于企业再生产过程中客观存在的财务活动和财务关系而产生的,是利用价值形式对再生产过程(经营过程)进行的管理,是组织财务活动、处理财务关系的一项综合性的管理工作,是为提高其整体管理水平和整体服务价值的一项经济管理工作。

养老机构财务是指养老机构在提供养老服务的过程中所形成的各种财务活动以及由此形成的各种财务关系。财务管理是针对这种财务活动和财务关系所运用的各种管理方法和手段,即养老机构的财务管理是养老机构根据有关财务法规制度,按照财务管理的原则,正确组织财务活动,处理财务关系的一项经济管理活动。养老机构的财务管理是养老机构为实现良好的经济效益,在机构的财务活动及财务关系处理过程中所进行的科学预测、决策、计划、控制、协调、核算、分析和考核等一系列经济管理工作。

二、养老机构的财务管理特点

养老机构具有社会福利性质,同时又具有市场化特征,这就决定了在财务管理上具有自身特征。加深对财务管理的认识和理解,加强养老机构的财务管理,关系到养老机构的持续、健康、科学发展。

(一)政策性强

养老机构的财务活动,在一定程度上体现了国家的财政方针政策,以及政府对养老服务支持的意图,其收支情况带有较强的政策性。因此,在办理各项收支业务时,应严格执行有关的收支范围和收支标准,严格执行各项财务规章制度及财经纪律,依法理财,合理有效地使用每一项资金,以保证各项服务事业的顺利开展。

(二)综合性强

财务管理主要是利用价值形式对养老机构经营活动进行管理,通过资金的收付及流动的价值形态,把机构的物质条件、经营过程和经营结果合理地加以规划和控制,实现机构效益不断提高的目的。财务管理可以及时全面地反映养老机构经营运行状况,渗透于包括服务、供应、消费等每个环节和人、财、物各个要素,是养老机构管理的一个重要环节。

(三)涉及面广

在养老机构中涉及资金的收支活动都将纳入财务管理的范围,机构各部门几乎都与资金有着不同程度的联系,每一部门也都在合理使用资金、节约资金支出等方面接受财务部门的指导,并受到财务制度的约束。在严格执行国家统一财务制度的前提下,根据各养老机构的实际情况和实际需要,应因地制宜地制定一套符合自身特色的财务管理办法,并根据其机构类型的不同有选择性地采用不同的方法进行财务管理。

(四)灵敏度高

在养老机构管理过程中,决策是否得当、经营是否合理、服务是否满意等都可在机构财务指标中得到反映。例如,如果养老机构的服务质量优良可靠,则可带动经营发展,实现资金周转加快、盈利能力增强,这一切都可以通过各种财务指标迅速地反映出来。财务部门通过对财务指标的计算、整理和分析,掌握机构各方面的动态信息,及时提出财务方面的意见,以此提高机构的决策水平。

三、养老机构的财务管理原则

养老机构财务管理的原则是机构组织财务活动、处理财务关系所必须遵循的基本要求和行为规范,反映了财务活动的内在要求。为确保实现养老机构财务目标的实现,财务管理的原则一般包括以下四方面。

(一)资金效率最大化的原则

养老服务是带有一定福利性质的公益服务,养老机构财务管理不能以利润最大或以结余最大化为目标,但这并不意味着不需要开展切实有效的财务管理。我国现有的养老机构存在着资源投入不足和浪费并存的现象。因此,需要通过资金活动的组织和协调对资金进行合理配置,保证养老机构内部的各项资源具有相对最优的结构比例关系,以提高资金的使用效率。

（二）成本效益的原则

成本效益原则是指对养老机构经营活动中的所费与所得进行比较分析,使收益和成本得到相比之下最优配置的原则。财务活动中收入是取得利润的基本前提,收入一定时成本的高低直接决定利润的数额。在经营过程中应随时注意将经营成本与投资收益相联系,成本效益原则是养老机构财务管理的基本原则。

（三）资金收支平衡的原则

要保证养老机构资金周转的正常进行,应尽可能使资金流量在数量和时间上达到平衡。如果收入小于支出,必然会使经营资金不能正常运转,造成资金链的中断或停滞。控制财务活动的过程就是追求资金运动平衡的过程,只有资金收支达到平衡,财务管理的目标才能得以实现。

（四）利益关系协调的原则

养老机构在组织财务活动的过程中,会与有关各方发生相应的利益关系,如国家、其他法人单位、所有者及机构员工等。在处理机构与相关利益者的关系时,必须在保证机构财务目标实现的同时,注意维护有关各方的合法权益,只有尽力均衡机构及其相关利益者的利润分配,尽可能地减少各相关者的利益冲突,才能保证更好地实现机构财务管理的目标。

四、养老机构的财务管理目标

养老机构财务管理的目标是机构财务实践、财务决策的出发点和归宿,也是机构财务管理的行为导向,养老机构的所有财务活动都是围绕目标而进行的。

（一）保证养老机构财务与资金操作的规范、安全、良性运行

为了降低成本,提高养老服务的效率、效果和质量,应推行目标化、定量化、指标化的服务理念和方式,不断完善养老机构的各项工作标准,重视人力资源管理、成本—效率分析、全面质量管理等。养老机构的财务管理在保证资金合理筹集、规范、安全、良性地运行等方面起着关键性作用,为机构正常运营和良性发展提供可靠保证。

（二）协助做好成本核算、经济运行分析、资产管理

随着养老服务市场竞争的加剧,标准化管理将越来越受到管理者的重视并不断地进行深化,标准应更具有人性化、科学性、可行性、实用性和可操作性,实现过程管理和质量监控的并举,保证服务质量的不断提高,吸收更多的老年人入住养老机构。因此,财务人员应做好成本核算、经济运行分析和各类资产的管理等,提高资金和资产的利用效率。

五、养老机构的财务管理内容

根据财务管理制度和财务管理的基本要求,养老机构财务管理的主要内容包括预算管理、融资决策管理、投资决策管理、项目管理和资产管理等方面。

（一）预算管理

财务预算管理即财务计划,也称计划预算,是根据事业发展计划和任务编制对未来一定时期(如 1 年、6 个月、3 个月等)编制的财务收支计划。财务预算既是养老机构经济活动的出发点,又是监督和检查机构收支情况的依据,同时也是考核经济效益的标准。

(二)融资决策管理

融资是指资金的来源和渠道。在市场经济环境下,养老服务行业竞争日益激烈,政府财政拨款已不能满足机构的费用支出。同时,由于养老机构属于微利型产业,融资难是养老机构的最大问题。如何取得机构所需要的资金、从哪里筹资、如何筹资、筹集多少资金才能保证养老机构的发展和使用等问题成为经营者需要考虑的重要问题。因此,融资决策管理日显重要,成为财务管理中的首要问题。

(三)投资决策管理

投资是以收回现金并取得收益为目的而发生的现金流量。在资金有限的前提下,如何选择、如何投资才能发挥资金最大效益是投资决策的核心内容。如养老机构的一笔资金可以购买设备、增加新的养老服务项目等,考虑投资哪种项目才能发挥最大效益时需要对投资进行分析,研究投资决策的可行性、合理性和实用性,才可做出合理的投资决策。

(四)项目管理

养老机构的投资管理有时以项目的方式存在,项目管理的内容包括项目周期、项目投资总费用、项目投资分析等。项目管理需要大量的基础信息,并采用一定的技术方法,这是项目投资决策成功的关键,因此越来越引起管理者的重视。

(五)资产管理

养老机构的资产表明其经济实力和发展潜力,固定资产体现了机构的规模,流动资产体现了机构的运行状况。养老机构应合理规划固定资产和流动资产的比例,同时还要对流动资产和非流动资产进行分类管理。资产管理是否具有成效,决定着养老机构发展的规模和效果。

六、养老机构的财务管理环节

养老机构的财务管理环节是指养老机构财务管理的工作步骤与一般工作程序。一般而言,财务管理主要包括以下几个环节:

(一)财务预算

财务预算是一系列专门反映机构未来一定期限内预计财务状况和经营成果,以及现金收支等价值指标的各种预算的总称,包括现金预算、预计利润表和预计资产负债表等内容。编制财务预算是养老机构财务管理的一项重要内容。财务预算必须服从机构决策目标的要求,使决策目标具体化、系统化和定量化。

(二)财务控制

养老机构财务控制是指在养老服务经营活动过程中,以计划和各项指标为依据,对资金的收入、支出、占用、耗费进行日常的计算和审核,使之按预定目标运行,提高经济效益的过程。

实行财务控制是落实计划任务,保证计划实现的有效措施。为了保证财务管理工作任务的完成和财务计划目标的实现,养老机构财务部门必须加强日常财务控制工作,以财务制度为依据,以财务计划为目标,以财务定额为标准,并与经济责任制相结合,明确各科室、各部门和有关人员的责权关系,使财务控制工作岗位化、具体化。

(三)财务分析

养老机构财务分析是以养老机构会计核算资料、账簿记录和其他有关资料为依据,对一定时期单位财务状况、收支情况和现金流量进行比较、分析和研究,或与同类养老机构相应指标进行比较,总结经验、做出正确评价的一种方法,用来帮助评价机构业务绩效,预测未来财务状况、业务活动结果以及现金流量等。

第二节 养老机构的财务预算

养老机构财务预算具有全员性、全程性和全方位等全面性特征,其出发点是通过预算来强化内部管理,使预算成为一种管理上的制度安排。以战略为导向的财务预算管理才能对机构发展起到全方位的支持作用,是机构战略目标的具体实施规划。

一、养老机构的财务预算作用

养老机构财务预算是机构各级各部门工作的最终目标和协调工具,也是控制的依据和考核的标准,其作用归纳起来主要有以下几方面:

(一)财务预算使决策目标具体化、系统化和定量化

财务预算能全面、综合地协调、规划养老机构内部各部门、各层次的经济关系与职能,使之统一服从于未来经营总体目标的要求,同时,财务预算又能使决策目标具体化、系统化和定量化,能够明确规定养老机构有关生产经营人员各自职责及相应的奋斗目标。

(二)协调各部门的工作

财务预算把整个养老机构各方面工作严密地组织起来,将各部门的各项工作和经济活动都统一于养老机构的总体目标之下,使机构内部上下左右协调一致,减少和消除可能出现的各种矛盾冲突,使之成为一个围绕总体目标而有序运转的有机整体。

(三)作为控制的依据

财务预算是控制养老机构日常业务、经济活动的依据和衡量其合理性的标准。在预算执行过程中,各级各部门应定期(每月或每季度)将执行情况通过与预算进行对比,及时发现偏差、分析原因,采取必要措施,以保证整体目标的顺利完成。

(四)有助于财务目标的顺利实现

通过财务预算,可以建立评价养老机构财务状况的标准。将实际数与预算数对比,可及时发现问题和调整偏差,使机构的经济活动按预定的目标进行,从而实现机构的财务目标。财务预算表达的主要是资金、收入、成本、费用和利润之间的关系,各级部门须根据具体的财务目标安排各自的经营活动,使机构总体目标得到保障。

二、养老机构的财务预算编制原则

财务预算是养老机构财务管理的重要内容。财务预算应按照上级主管部门交给的工作任务,结合本机构的具体情况和有关规定进行编制。预算应明确体现或反映出养老机构整

体经营目标,并使经营目标数量化、具体化。因此,在编制过程中应遵循以下几条原则:

(一)加强编制预算前的调研,充分获取有关数据资料

财务预算的正确编制及其有效执行,在相当程度上要受到数据资料完备与否的制约。因此,要编制好财务预算,就应该在现有会计核算资料的基础上,开展广泛、深入的调查,尽其所能充分、全面获取与本养老机构未来经营活动相关资料,作为编制财务预算的基础。

(二)预算的编制要全面、完整

在编制预算过程中应结合上年度预算执行情况进行综合考虑、全面分析并避免预算缺乏周密、详尽的考虑,有关预算指标之间要相互衔接,要有明确的钩稽关系,保证整个预算的综合平衡和可靠完整。

(三)领导重视、群众支持,坚持勤俭办院的方针

财务预算的编制和执行,需要各级领导的重视和员工的支持与合作,两者缺一不可。同时,在编制财务计划、预算过程中,防止"宽打窄用",原则上不搞赤字,预算强调开源节流、精打细算,提倡少花钱、多办事,充分发挥预算资金的使用效果。

(四)财务预算的编制要有科学性、合理性,留有余地

在充分考虑养老机构自身条件的基础上进行科学、合理的预算编制,过高或过低的预算指标都不利于预算管理方法的指导和控制。同时,经营活动过程中出现的不确定因素要求预算指标具有一定的灵活性和应变余地,以切实保证养老机构经营目标的实现。

三、养老机构的财务预算编制方法

预算编制方法多种多样,各种预算方法各有其优缺点,应该根据养老机构自身的业务特点和需要,针对不同预算项目选择适宜的方法进行预算编制,尤其应该注意各种方法的结合应用。

(一)固定预算与弹性预算

编制预算的方法按业务量基础的数量特征不同,可分为固定预算和弹性预算。

1. 固定预算　固定预算又称静态预算,是一种传统的预算编制方法。根据预算期内正常的、可实现的某一业务量水平编制,一般适用于经营业务稳定、能准确预测成本的固定费用或者数额比较稳定的预算项目。由于固定预算是根据某一业务量水平为基础编制的,无论预算期内业务量水平是否发生变动,该方法均按事先确定的某一业务量水平作为编制预算的基础,因此,缺乏一定的灵活性。但由于固定预算具有编制过程简单、易理解、易掌握、省时省力的优点,并能体现预算编制的基本理论,是目前被广泛采用的一种方法。

2. 弹性预算　弹性预算又称变动预算,是在不能准确预测业务量的情况下,以业务量、成本和利润之间的有规律的依存关系为依据,按一系列业务量水平编制的具有伸缩性的预算。弹性预算在一定程度上弥补了固定预算当中实际业务量与计划业务量发生差异时费用的实际数与预算数缺乏可比性这一缺陷。弹性预算的主要用途是作为成本支出的工具。在计划期开始时,提供控制成本所需要的数据;在计划期结束后,可用于评价和考核实际成本。

知识链接

变动成本和固定成本

弹性预算将经营成本划分为变动成本和固定成本两部分,其中固定成本在一定范围内总额保持不变,而变动成本则随业务量的变动而成正比例变动,建立起总成本与变动成本、固定成本及业务量之间的数量关系、利润与成本及业务量之间的数量关系后,即可利用这种关系制订出不同业务量水平下的相应预算。

在编制弹性成本费用预算之前,首先需选择适当的业务量水平,并确定其可能的变动幅度(可按历史资料或正常产量的70%~120%确定),也可以历史上最高业务量和最低业务量为上下限;其次,根据该业务量范围内有关成本费用项目之间的内在联系进行编制。

弹性成本费用预算的基本公式如下:

成本费用预算＝固定成本预算＋业务量×单位变动成本预算

(二)增量预算与零基预算

根据预算编制的基础不同,可分为增量预算和零基预算。

1.增量预算 增量预算是指以基期成本费用水平为基础,结合预算期业务量水平及有关降低成本的措施,通过调整有关原有费用项目而编制预算的方法,是一种传统的预算编制方法。

2.零基预算 零基预算是指在编制预算时,对任何一种费用的开支数,不是以现有费用开支水平为基础,即不考虑以往水平,而是一切以零为起点,根据其必要性来确定预算期内费用支出数额的大小。但是零基预算不是一切从零开始,其深层含义是一种建立在对预算期内意欲实施的事项进行严格审核、评估基础上编制预算的方法。

知识链接

零基预算的编制程序

零基预算的编制程序包括:

第一,确定预算目标。由机构提出总体目标,机构内部各有关部门根据总目标和各部门的责任目标,详细讨论预算期内需要发生的费用项目,并对每一项费用具体说明其性质、目的、作用及所需要的支出数额。

第二,对费用开支进行分析。机构需成立预算审核委员会,按成本—效益原则逐项审核各项业务开支的必要性,将预算项目分为不可避免项目和可避免项目,对不可避免项目必须保证资金供应;对可避免项目采用对比的方法,即将其所费与所得进行对比,权衡各项费用开支的轻重缓急,并结合所需资金的多少分成等级,确定各项费用的优先顺序。

第三,分配资金,落实预算。在严格审核的基础上,根据机构预算期内可能获得的收入、实现的利润以及筹集资金的能力,按照第二步骤所确定的顺序分配资金,将预算落实。

(三)定期预算与滚动预算

编制预算的方法按照其选择预算期的时间特征不同,可分为定期预算和滚动预算。

1.定期预算　定期预算是与会计年度相配合,定期编制预算的方法。该种预算的预算期间与会计期间相吻合,便于考核和评价预算的执行效果。养老机构的经营预算和财务预算通常定期(如一年)编制。但是,定期预算也存在着如下缺点:第一,远期指导性差。定期预算一般是在上一年末的最后一个季度或年初编制,因此它对预算年度的经营活动难以作出准确的预测,缺乏远期指导性。第二,灵活性差。预算中所规划的各种经营活动在预算期内往往发生变化,而定期预算却不能及时调整,从而使原有的预算缺乏灵活性。第三,连续性差。在预算执行过程中,由于受预算期的限制,管理人员的决策视野局限于剩余的预算期间的活动,从而不利于企业长期稳定的持续发展。

2.滚动预算　滚动预算又称永续预算或连续预算,是在预算有效期内随时间的推移和市场条件的变化而自行延伸并进行同步调整的预算。在编制预算时,将预算期与会计年度脱离,随着预算的执行不断延伸补充预算,逐期向后滚动,使预算期永远保持为一个固定期间(一般为一年)的一种预算编制方法。滚动预算能与经营活动有机结合,保持预算本身的连续性和稳定性,使预算真正指导和控制养老服务机构活动。

四、养老机构的财务预算编制流程

预算管理流程如图7-1所示,由财务部门汇总各部门预算执行情况,然后根据实际情况修改预算,并上报给上级部门审批。

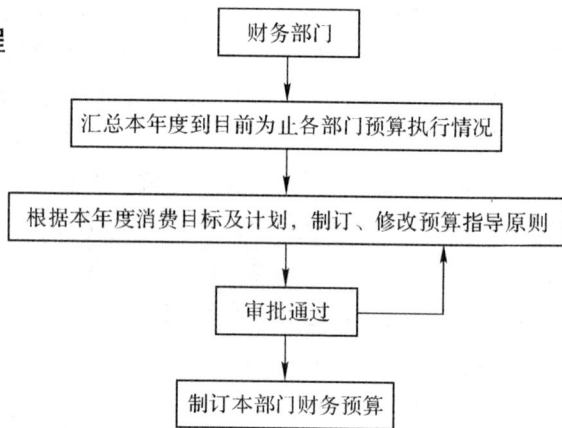

图7-1　预算管理流程

五、养老机构的财务预算执行与调整

养老机构财务预算一经批复下达,各级责任部门应以预算为目标,根据预算来组织、安排和控制全部经营活动,以形成全方位的财务预算执行责任体系。

财务预算的执行是预算目标实现与否的关键,是财务预算管理过程的核心环节。养老机构一旦正式下达执行的财务预算,一般不予调整。如在执行过程中由于市场环境、经营条件、政策法规等发生重大变化,致使财务预算的编制基础不成立,或者将导致财务预算执行结果产生重大偏差的,为了保证预算的科学性、严肃性与可操作性,对预算进行适当的调整是必要的。

(一)财务预算的执行

财务预算的执行是预算目标实现与否的关键,是财务预算管理过程的核心环节。为了使预算管理真正发挥其作用,在外部环境瞬息多变的今天,养老机构在实行预算管理时应做到刚柔相济,相辅相成,这样才能增强养老机构预算管理系统对环境变化的快速反应能力,提高预算管理的效果,从而实现经营目标。

在财务预算的执行过程中,为了充分发挥养老机构内部各级责任主体的主观能动性,应根据各责任主体的具体活动内容,明确规定其应承担的经济责任,形成一个从上到下人人有责的多层责任网络。同时,应该根据各级预算责任主体的经营活动的范围和特点,给予相应明确的权和利。只有将权、责、利有机地结合,预算责任主体才能真正具有"生命力"。

养老机构应当建立财务预算报告制度,要求各预算执行单位定期报告财务预算的执行情况。财务管理部门应利用财务报表监控财务预算的执行情况,及时向预算执行单位、机构财务预算委员会或经理办公会提供财务预算的执行进度、执行差异及其对机构财务预算目标的影响等财务信息,促进机构完成财务预算目标。

(二)财务预算的调整

养老机构应当建立内部弹性预算机制,对于不影响财务预算目标的业务预算、资本预算、筹资预算之间的调整,机构可以按照内部授权批准制度执行,鼓励预算执行单位及时采取有效的经营管理对策,保证财务预算目标的实现。财务预算调整必须按照预算管理制度中规定的调整原则进行调整,一般应当遵循以下原则:

1. 合理性原则 申请调整预算的部门必须有合理的调整理由,在书面调整申请中具体说明调整预算的目的以及调整后的预算方案比原方案的合理性。同时,预算调整事项不能偏离机构发展战略和年度财务预算目标,调整方案应当在经济上能够实现最优化。

2. 审慎性原则 财务预算管理部门应该严格界定预算调整的范围,只有出现不可控的因素变化或因预算技术问题导致预算严重失准时才允许调整预算。如国家养老服务相关政策发生重大变化、市场养老服务需求或价格发生重大变化、医疗护理设备购置维修发生变化等问题出现时才允许调整预算。

3. 重要性原则 在预算调整过程中,重点应当放在财务预算执行过程中出现的重要的、非正常的、不符合常规的关键性差异方面。

4. 权限性原则 预算的调整同预算的制订一样,是预算管理的一个重要、严肃的环节。因此,对于确需调整的预算项目,应由相应的责任单位提出申请,依照预算调整程序经具有相应权限的预算管理部门审批后,才能予以调整。对于重大的调整必须经预算管理委员会集体讨论通过后才能进行。

第三节 养老机构的财务控制

控制是指掌握对象不使其任意活动或超出范围,或使其按控制者的意愿活动。财务控制是指按照一定的程序与方法,对养老机构资金的投入及收益过程和结果进行衡量与校正,确保机构和人员全面落实和实现财务预算的过程。

一、养老机构的财务控制作用

养老机构财务控制是内部控制的一个重要组成部分,是内部控制的核心,是内部控制在资金和价值方面的体现。养老机构财务控制的作用具体表现在以下几个方面:

(一)财务控制是实现和执行财务计划的基本手段

切实可行的财务计划为养老机构经营活动指明了方向、提供了依据,为了保证财务计划的有效实现,必须加以控制。财务控制就是对养老机构具体实施过程进行必要的约束和调节,使它符合预订的计划,实现预期目标。因此,可以说没有财务控制,任何预测和计划都没有实际意义。

(二)财务控制是实现财务管理目标的有效途径

财务控制是利用价值手段对养老机构经营活动实施控制,是一种连续的、系统的、综合的经营行为。在整个控制系统中处于举足轻重的地位,发挥着保证、促进、监督和协调等重要功能,是实现机构财务管理目标的有效途径。

二、养老机构的财务控制特征

财务控制是对资金的筹集、投放、耗费与收入分配的控制。养老机构财务控制的特征有:

(一)以价值控制为手段

财务控制是全面落实和实现财务预算的过程,以实现财务预算为目标,其控制标准是财务预算中的各项指标。财务预算所包含的现金预算、预计利润表、预计现金流量表等都以价值形式予以反映,因此,财务控制是一种以价值手段来完成控制活动的过程。

(二)以综合经济业务为控制对象

由于财务控制是以价值形式为手段,因此它不仅可以将各种性质不同的业务综合在一起进行控制,也可以将不同部门、不同层次、不同岗位的业务综合起来进行控制,体现了财务控制的全面性。

(三)以现金流量作为日常控制的重心

由于养老机构日常的财务活动是现金流入流出的过程,因此财务控制应以控制现金流量为重点,保证现金流入流出量的相对平衡。加强现金流量控制是养老机构生存的基本要求,能够保证机构健康、稳定地发展,有效提高机构的竞争力。

三、养老机构的财务控制原则

财务控制是经济控制系统的重要组成部分。进行财务控制时必须遵循以下两个原则:

(一)目的明确

财务控制是养老机构财务管理工作不可缺少的环节,是有目的的财务管理活动,所以必须明确财务管理的目标,按照一定的财务管理标准,进行财务控制。在财务控制过程中,应注意具体问题具体分析,将原则性和灵活性结合起来。从实际出发,按照机构财务管理的目的进行财务控制。

(二)保证财务预算指标的实现

养老机构财务控制的目的是从增加营业收入或降低营业成本入手,主要采取的措施是加强资金支出的日常管理。当出现实际指标与预算指标不相符合的情况时,应及时查明原因,纠正偏差。

四、养老机构的财务控制分类

养老机构财务控制主要按照控制的时间、对象、手段进行分类。

(一)按控制的时间分类

养老机构财务控制按控制的时间,可分为事前财务控制、事中财务控制和事后财务控制。事前财务控制是指养老机构财务收支活动尚未发生之前所进行的控制,如财务收支活动发生之前的申报审批制度等;事中财务控制是指财务收支活动发生过程中所进行的控制,如财务预算要求监督预算的执行过程、对各项收入的去向和支出的用途进行监督等;事后财务控制是指对财务收支活动的结果进行考核及相应的奖惩,如按财务预算的要求对各项财务收支结果进行评价,并以此为标准实施奖惩。

(二)按控制的对象分类

养老机构财务控制按控制的对象,可分为财务收支控制和现金控制。财务收支控制是依照财务收支计划对养老机构财务收入与支出活动所进行的控制,目的是实现财务收支的相对平衡;现金控制是依据现金预算对养老机构的现金流入与流出活动所进行的控制。通过现金控制应力求实现现金流入流出的基本平衡,既要防止因现金短缺而可能出现的财务危机,也要防止因现金闲置而可能出现的机会成本增加。

(三)按控制的手段分类

养老机构财务控制按控制的手段,可分为定额控制和定率控制,也可称为绝对控制和相对控制。定额控制是指对机构的财务指标采用绝对额进行控制;定率控制是指对财务指标采用相对比率进行控制。定率控制具有投入与产出对比、开源与节流并重的特征。定额控制没有弹性,定率控制则具有一定灵活性。

五、养老机构的财务控制主要方法

财务控制的方法多种多样,应根据客观环境的变化采用不同的方法加以应对。养老机构服务常用的财务控制方法主要包括以下五种:

(一)组织架构控制法

养老机构在控制目标过程中应设立控制的组织架构。合理的组织架构控制是保证经济业务按照机构既定方针执行,提高经营效率,保护资产,增强会计数据可靠性的重要条件。根据财务控制的要求,养老机构在确定和完善财务组织架构的过程中,应明确不相容职务相分离的要求,即一个人不能兼任同一部门财务活动的不同职务。如有权批准采购的人员不能直接从事采购业务,从事采购业务的人员不得从事入库业务。

(二)授权批准控制法

养老机构授权批准控制是规定机构各级员工的职责范围和业务处理权限,各级人员必须获得批准或授权,才能实施决策或执行业务,严格禁止越权办理。授权管理的方法是通过授权通知书来明确授权事项和使用资金的限额。进行授权批准控制,第一,要求养老机构内部有授权环节并明确各环节的授权者;第二,授权级别应与授权者地位相适应;第三,授权人应该是称职的人员,对于不能胜任的人不得授权;第四,各级人员应严格按所授权权限办事,对在授权范围内的行为给予充分信任,对其超越权限外的行为不予认可;第五,无论采取什么样的授权方式,都应有文件记录。

(三)预算控制法

预算控制法是以预先编制的财务预算为标准来实施控制的方法。养老机构预算管理工作部门应加强与各预算执行单位的沟通,运用财务信息和其他相关资料监控预算执行情况,采用恰当方式及时向决策机构和各预算执行单位报告、反馈预算执行进度、执行差异及其对预算目标的影响,促进养老机构全面预算目标的实现。

(四)措施控制法

1.政策制度控制法　主要指养老机构以国家有关方针政策为依据,结合机构自身特点而进行的财务控制。养老机构财务管理人员应及时掌握相关制度,以制度为标准,严格进行控制。

2.文件记录控制法　文件记录法在养老机构财务控制中具有重要的地位,为了保证文件记录的有效性,应进行可靠性控制。会计档案是机构在经济活动中形成的、记录和反映经济业务的重要史料和证据,应加强对会计档案工作的管理。会计档案工作的日常管理应由财务部主管负责。对已形成的会计档案,由财务部负责整理、立卷、登记。

(五)责任控制法

岗位责任制是养老机构实现财务控制的组织保证。只有贯彻岗位责任制,才能保证各部门对经济活动和资金运作进行相应控制。为了保证责任制的实施,首先应实行分组分口核算,保证每个员工都有明确的核算目标;其次,应明确各部门甚至个人的责任权限,加强审核,责任到人,使各部门和员工明确自己的工作权限,便于核查。

六、养老机构的财务控制编制程序

财务控制作为养老机构财务管理的基本环节,应严格遵循以下编制程序:

(一)事前确认控制标准

养老机构财务控制的关键是要确认控制标准。最高一级的标准由中央或地方有关部门制定;其次由主管部门制定;再次,养老机构可以按照有关规定制定自己的内部标准。确立可供考核的控制标准,财务控制就具有一定的可操作性。

(二)对比标准,纠正偏差

养老机构财务控制主要通过实际与计划或预算进行比较,监督实际执行情况。根据对比数据,了解实际与计划或预算是否存在差异。对有利的差异,应认真总结经验,肯定成绩;对不利的差异,要找出存在差异的原因,制定纠正差异的措施,以减少损失。对实际脱离预算较大的数据,必须及时调整预算指标。

七、养老机构的财务控制相关制度

养老机构财务控制制度可以规范机构的财务行为,强化机构的财务自我约束,提高经营效率,促使有关人员遵循既定的管理方针。

(一)原始记录管理

1.原始记录的内容和填制方法　凡与会计核算紧密相关,由会计部门负责办理或参与办理,有一定经济价值的凭证、账簿、报表、报告、批复、批件、合同、协议、发票或收据存根、内部转账单据等记录资料,均为原始记录的内容。

(1)原始记录的填制要根据记录的不同种类和各种记录的规范要求分别填制。按规定填写的项目,内容必须齐全,必须使用钢笔、签字笔;字迹要工整,不得写自造简化字;不得乱涂乱改,内容必须更改时,要按规范进行,并在更改处加盖更改人印章;数字不得更改,有误时需重新更换发票;自制原始凭证必须有收款人、经办人员和部门负责人签名或盖章。采用计算机填制的凭单要按照计算机管理规范要求填制。

(2)需用复写的原始记录(特别是发票、收据)必须用双面复写纸套写,留有套写痕迹。发票、收据作废时必须加盖"作废"戳记,连同存根一起保存,不得自行销毁。

(3)原始记录有附件的必须注明附件的自然张数,其有效金额必须相等,各种附件应附在原始凭证背面。如附件张数较多,应从原始凭证的右上角起按自右至左顺序重叠粘贴,不得遮盖报销金额;如据过多,原始凭证背面不够粘贴时,另用白纸粘贴,附在原始凭证后面。各种附件大于原始凭证的应按记账凭证大小折叠,附在原始凭证后面。

(4)原始凭证不得外借,其他单位如因特殊原因,需要使用原始凭证时,经本单位领导人批准,方可复制。向外单位提供的原始凭证复制件,应由提供人员和收取人员在有关登记簿上共同签名或盖章。

(5)从外单位取得的原始凭证如有遗失,应当取得原开出单位证明,证明经济业务的内容、原始凭证的号码、金额,证明必须加盖原开出单位的公章。单位证明由接收凭证单位经办人、部门负责人、部门主管领导签字,单位领导人审核批准,手续齐全后,才能代作原始凭证。如果确实无法取得证明的,如火车、轮船、飞机票等凭证,由当事人写出详细情况说明,然后由经办人、部门负责人、部门主管领导签字,单位领导人审核批准,手续齐全后,才能代作原始凭证。

2.原始记录的审核

(1)各单位要建立严格的原始记录审核制度。所有发生的原始记录都应由经办人、填制人、单位主管领导、会计主管人员、出纳人员等分别根据发生的业务内容和财务规定,层层审核、签字(或盖章)。

(2)对原始记录的名称、所涉及的项目名称、内容、日期、数量、单价、金额、出证单位名称、填制人、发票专用章或财务印章、税务部门监制章、财政部门监制章等内容进行审核。

(3)对原始记录的真实性、完整性、合法合规性进行认真审核,力争不留差错。经过严格审核,分别签字盖章的原始记录,方可生效。

3.原始记录填制人的责任　原始记录填制人,必须对所填制的原始记录涉及的业务内容、填制目的、填制规范全面了解。同时要对所填制的原始记录中的项目、内容、数量、金额、使用范围、适用期限及其真实性、合法性负责。

4.原始记录的签署、传递、汇集的要求

(1)发生的各种原始记录一经确定,应及时传递到各有关部门和人员,不得积压漏传。

(2)原始记录的签署应根据不同的业务性质、原始记录的内容和技术要求,由单位的有关部门、机构和个人分别进行签署。经过按规定审核签章、确认无误后的原始记录,一经转入财务部门,财务部门应及时地按照规定程序,由单位会计主管、出纳人员、会计制单人员、会计复核人员等有关人员进行相关的账务处理和报表填制。

(3)将所发生的原始记录分门别类装订成册,制定有关查阅索引,并按照会计档案管理要求,及时归档立卷,妥善保管。

(二)会计档案管理

1.会计档案的管理原则

(1)会计档案是各单位在经济活动中形成的、记录和反映经济业务的重要史料和证据,各单位必须加强对会计档案工作的管理,要把会计档案管理工作作为一项长期的工作任务。

(2)会计档案工作的日常管理应由财务部主管负责。

(3)对已形成的会计档案,由财务部负责整理、立卷、登记。

2.会计档案的归档范围

(1)会计档案包括会计凭证、会计账簿、账务报告、其他会计核算资料。

(2)实现会计电算化的单位,会计档案还包括软件数据资料、程序资料等。

3.会计档案的归档保管

(1)若没有成立单独的档案管理部门,会计档案置单独房间存放,并配备专用档案柜。

(2)会计电算档案的保存期限与手工方式完全一致。会计数据的备份应分别置于两个以上不同的建筑物内。

(3)财务部要制定专人负责会计档案的归档保管工作。

(4)保存会计档案资料,要有相应的防盗、防火、防潮、防虫、防磁等安全措施。

4.会计档案的整理、立卷

(1)会计档案的分类,统一使用名称分类法。

(2)会计年度终了后,将会计年度内装订整理后形成的会计档案,分为会计凭证、会计账簿、财务报表、专项合同书等分类管理,装入档案盒分年度、名称、项目等分别存放。

5.会计档案的借阅、使用

(1)要建立会计档案借阅登记清册和会计档案清册。

(2)外单位借阅,需持单位介绍信,经主管财务的领导批准后方可借阅。

(3)本单位人员借阅,需经单位负责人批准。

(4)借阅会计档案不得随意复印、标画、拆散或携出。需要复制会计档案的,经单位主管财务的领导批准后方可复制。

6.会计档案的保管期限

会计档案的保管期限分为永久、定期两类。原则上按照《会计档案管理办法》的规定执行。

(1)会计凭证保管期限:原始凭证、记账凭证、汇总凭证15年。

(2)会计账簿保管期限:总账、明细账、备查账15年。

(3)现金、银行存款日记账25年。

(4)会计报表保管期限:永久保存。

第四节 养老机构的财务分析

美国纽约城市大学 Leopold A.Bernstein 认为,财务分析是一种判断的过程,旨在评估企业现在或过去的财务状况及经营成果,其主要目的在于对企业未来的状况及经营业绩进行最佳预测。财务分析是养老机构管理的重要手段之一,对于提高机构的经营效率及其成果、促进决策的科学化具有重要意义。通过财务分析可以及时发现养老机构经营管理中存在的问题与不足,并采取有效措施给予解决,以便充分利用有限的资源不断提高管理水平。

一、养老机构的财务分析作用

做好养老机构的财务分析,可以全面评价机构的经济效益和社会效益,查明机构计划、预算完成或未完成的主客观原因,以此为依据进行分析研究,发现并解决存在的问题,从而保证机构财务计划和预算的落实。通过财务分析,还可促进机构各项业务工作和管理工作优质、低耗、高效运行。其具体作用有以下几方面:

(一)评价养老机构计划、预算执行情况,促进其实现

养老机构的计划和预算是经营和管理活动的目标和准则,通过分析、考察和评价会计报表等资料,可以检查机构及其内部各职能部门和单位完成财务计划指标的情况,揭示机构的成绩、问题及产生原因,采取相应措施进行及时调整,从而促使计划和预算的顺利实施。

(二)促进养老机构更好地贯彻执行政策法令和规章制度

养老机构的很多活动需遵循国家的相关政策法令和财务规章制度,财务分析通过对会计、统计、业务等资料的分析总结,考察机构在提供养老服务过程中是否执行有关的财务制度、标准等;通过对财产物资和资金管理的分析,考察机构财和物的管理情况,了解是否存在违法违纪、挥霍浪费等现象。

(三)提高养老机构经营管理水平

经营管理水平的高低直接关系着养老机构的健康发展和社会经济效益。财务分析从资金活动着手,进行综合性的分析,掌握人力、物力、财力利用情况,以及盈利结果、盈利的原因及过程,全面反映和评价机构的现状、判断机构的发展前景,提出改进意见,从而提高养老机构经验管理水平。

(四)挖掘内部潜力,提高养老机构经济效益和社会效益

财务分析不仅对养老机构经营管理的实际结果进行评价,更主要的是分析研究经营活动取得某项成果的原因,查明存在的问题,采取措施,加速资金的周转,提高床位、设备的利用率。挖掘机构内部潜力,提升养老机构在公众中的良好认同感,形成机构自身的品牌效应。

(五)为养老机构管理决策提供参考依据

养老机构是一个综合性的经营服务系统,为使其运行良好,并提供质优、量多、高效、低耗的养老服务,必须不断改善经营管理水平。财务分析依据收集到的信息、情况和数据进行对比,分析利弊,查找原因,研究对策,提出措施和建议,为经营者决策提供信息和依据。

二、养老机构的财务分析原则

养老机构为了找出差距、揭露矛盾、改进工作,寻找进一步增收节支、提高资金使用效益的途径,在财务分析过程中应遵循以下原则:

1. 历史成本原则　注意不同时点信息的影响。
2. 客观性原则　注意会计信息真实性问题。
3. 重大性原则　注意重大、遗漏或错误信息。

4.相关性原则　注意财务信息与使用者的决策相关性。

5.可比性原则　注意财务信息在机构之间的可比性;注意同一机构财务信息在年度间的可比性。

6.明晰性原则　注意机构财务信息是否明晰、易于理解。

7.配比原则　注意机构一定时期收入与费用的配比问题。

8.稳健性原则　注意高估费用或低估资产、收入和利润的问题。

9.实质重于形式原则　注意重经济实质、轻法律形式。

三、养老机构的财务分析内容

养老机构财务分析的内容主要包括偿债能力分析、运营能力分析、盈利能力分析和发展能力分析等四个方面。

(一)养老机构偿债能力分析

养老机构的偿债能力是指养老机构能够如期偿付债务的能力。偿债能力分析是机构财务分析的重要组成部分,包括短期偿债能力分析和长期偿债能力分析。短期债务是养老机构日常经营活动中弥补营运资金不足的一个重要来源,通过财务分析有助于判断机构短期资金的营运能力及营运资金的周转状况。通过对长期偿债能力的分析不仅可以判断经营状况,还可以促使机构提高融通资金的能力。

(二)养老机构营运能力分析

养老机构营运能力主要指机构营运资产的效率与效益,即资产的周转率或周转速度。如果机构资产运用效率高、循环快,则机构可以较少的投入获取较多的收益,减少资金的占用和积压。通过营运能力分析,可以评价养老机构资产营运的效率,发现资产营运存在的问题。营运能力分析还是盈利能力分析和偿债能力分析的基础与补充。

(三)养老机构盈利能力分析

养老机构盈利能力是指机构获取利润的能力。盈利能力分析主要通过将资产、负债、所有者权益与经营成果相结合来分析机构的各项报酬率指标,从而从不同角度判断机构的获利能力。利润的大小直接关系机构所有相关利益人的利益,所以盈利能力分析是财务分析中最重要的一个部分。

(四)养老机构发展能力分析

养老机构的发展能力,也称机构的成长性,是机构通过自身的经营活动,不断扩大积累而形成的发展潜能。机构能否健康发展取决于多种因素,包括外部经营环境、制度环境、人力资源、分配制度等。

四、养老机构的财务分析方法

养老机构财务分析常用的方法主要包括比较分析法、比率分析法和因素分析法。

(一)比较分析法

比较分析法是将所要分析的报表数据与上一年或连续数年财务数据并列比较,或与其他机构的相关资料进行比较,或利用某报表的部分指标与总量指标的比较,据以分析和衡量养老机构经营成果及财务状况的一种分析方法。比较分析法是财务分析中最基本的一种方法，通过比较分析可以发现所分析数据或指标的问题所在，揭示养老机构经营活动中的优势和劣势。在实践中通常采用以下几种形式：

1.横向比较分析　将养老机构两期以上的财务报表进行比较分析，通过报表中各类目的金额与前一年度金额的增减变化，计算其增减百分比加以比较。其优点在于可使管理者掌握某一财务报表逐年变动的情况，把握养老机构经营状况。

2.趋势比较分析　选择某一年度作为基期，计算某一年度中各项目对基期同一项目的趋势百分数，以了解各项目在各年度中的变化情况，并可据以判断养老机构财务状况及经营成果的变化规律及趋势。

比较分析法只适用于同质指标的数量对比。因此，应用此法时应注意指标之间的可比性。如果是在不同养老机构之间进行对比的指标，还必须注意行业归类、财务规模的一致性。

（二）比率分析法

比率分析法是财务分析中使用最普遍的分析方法，是利用养老机构同一时期会计报表中两个或两个以上指标之间的某种关联性，计算出一系列财务比率，据此考察、分析和评价养老机构财务状况和经营业绩的分析方法。通过比率的分析，基本上能揭示养老机构的财务状况。比率分析法大体上可分为构成比率分析和效率比率分析两类。

1.构成比率分析　构成比率分析又称结构比率分析，是分析某一经济现象在总体中所占的比重，并从比重构成的分析中掌握事物的特点，借以认识事物的本质和客观规律性的一种方法。结构分析法的特点就是把分析对象的总体作为100%（如资产负债表中的资产总额），借以分析构成总体的各个部分所占的比重来认识局部与总体的关系和影响。例如，养老机构人员构成分折、经费收支变化的构成比例分析等。其计算公式为：

$$构成比率＝某个组成部分数值/总体数值×100\%$$

2.效率比率分析　效率比率分析是养老机构某项财务活动中所费与所得之间的比率，反映投入与产出的关系。利用效率比率指标，可以进行得失比较，考察经营成果，评价经济效益。例如，将利润与成本费用加以对比，可以计算出成本利润率，计算公式为：

$$成本利润率＝利润/成本费用×100\%$$

知识链接

比率分析法的优点

比率分析法的优点是计算简便，计算结果易于判断分析，也可对某些指标在不同规模机构中的所占比率进行比较。但要注意以下几点：

（1）对比项目的相关性：计算比率的分子和分母必须具有相关性。构成比率指标必须是部分与总体的关系；效率比率指标中投入与产出必须有因果关系；相关比率指标中分子、分母两个对比指标要有某种内在联系，以便评价有关经济活动之间是否协调，安排是否合理。

（2）对比口径的一致性：计算比率的子项和母项在计算时间、范围等方面要保持口径一致。

（3）衡量标准的科学性：应选择科学合理的参照标准与之对比，以便对财务状况作出恰当评价。

这里的成本是指养老机构在经营过程中所消耗的各种资源的经济价值,既包括固定资产等有形资源的消耗,也包括劳务、资金等无形资产的消耗,前者体现为折旧费用等,后者体现为人工成本、管理费用、资金成本等。利润是指收入和费用的差额。

(三)因素分析法

因素分析法是将养老机构综合指标分解为各具体因素,从数量上确定各因素对分析指标影响方向和影响程度的一种方法,以此说明本期实际与计划或基期相比财务指标的变动或差异。

因素分析法的一般步骤是:①确定分析指标由几个因素组成;②确定各个因素与某项综合指标之间的关系;③分解某项综合指标的各项构成因素;④确定各因素对指标变动的影响方向与影响程度。

因素分析法既可以全面分析各因素对某一经济指标的影响,又可以单独分析某个因素对某一经济指标的影响,在养老机构财务分析中使用颇为广泛。在应用因素分析法过程中须注意以下几个问题:

1. 因素分解的关联性　确定构成经济指标的各个因素必须在客观上存在因果关系,应能够反映形成该项指标差异的内在构成原因。

2. 因素替代的顺序性　替代因素时必须按照各因素的依存关系排列成一定顺序依次替代,不可随意颠倒顺序,否则会改变各个因素的影响值而导致计算错误。

3. 顺序替代的连环性　每个因素变动影响数值的计算是在前一次计算的基础上进行的,并采用连环比较的方法确定因素变化影响结果。只有保持这种连环性,才能使各因素影响之和等于分析指标变动的差异,才可以全面说明分析指标变动的原因。

4. 计算结果的假定性　计算各个因素变动的影响值会因替代计算顺序的不同而有所差别,对计算结果具有一定顺序上的假定性和近似性。因此,在进行财务分析时,应力求这种假定性和近似性合乎逻辑,不至于影响分析的有效性。

五、养老机构的财务分析基本程序

养老机构的财务分析根据不同主体和对象其目的虽然有所不同,但一般要遵循一定的步骤,从而保证财务分析的科学性、严谨性,以便获得所需的结果。财务分析的具体步骤如图 7-2 所示。

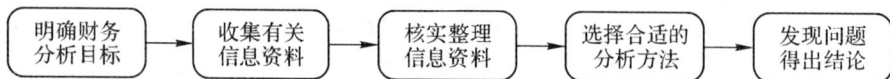

图 7-2　财务分析的步骤

(一)明确财务分析目标

确定分析目标,保证整个分析过程有计划、按步骤进行,减少分析的盲目性。在分析计划过程中要明确分析的目的和要求、内容、范围、主要问题、组织分工、时间进度和分析资料来源等。

(二)收集有关信息资料

应先收集和储存财务分析的基本资料(如会计报表),其次收集相关信息资料。

(三)核实整理信息资料

在分析之前要对分析所需的资料进行认真检查,详细核实,对失实和虚假的资料应剔除,对不可比的资料进行适宜的调整。

(四)选择合适的分析方法

建立分析模型,进行定性定量分析,明确不同因素对财务指标的影响。

(五)发现问题,得出结论

在定性定量分析的基础上,对机构的经营成果和财务状况作出全面综合的分析和评价,提出工作措施和方案。

六、养老机构的财务分析注意事项

由于财务报表数据存在如未按通货膨胀率或物价水平调整,有些如无形资产等项目为估计值,不同机构可能会选择不同的会计程序等,使得财务报表本身具有一定的差异性。因此,对于有些数据具有不同的解释,分析过程中应结合相关行业的特点、国家经济政策等进行具体分析。对养老机构而言,其筹资能力、偿债能力、盈利能力存在着相互关联性,在进行分析时应注意数据之间的相互联系。同时,对于财务报表应用发展性眼光进行分析,防止静止不变地看待问题,充分挖掘养老机构具有的发展潜力。

案例分析

某养老机构目前经营 100 张床位,实际入住 80 人,入住率为 80%,每位老年人每月平均收费 1200 元,该机构的每月经营成本为:

员工工资:平均每人 1500 元×30 人＝45000 元

水电煤气费:2500 元

伙食支出费用:15000 元

设施折旧费:90000 元×0.1(10 年的年折旧率)÷12 月＝750 元/月

维修费:500 元

每位老人服务成本:815.6 元。

其他:2500 元

问题:请对该养老机构本月的成本利润率进行核算,并以小组的形式讨论该养老机构在服务、管理上存在的问题,并提出下一阶段该养老机构财务管理的建议。

第八章　养老机构的信息化管理

本章要点

★信息的概念、特征。
★信息管理的含义、对象、类型。
★养老机构信息管理的内容。
★养老机构信息系统的基本框架。

随着时代的不断进步,信息技术的发展日新月异,它已经渐渐渗入到社会发展的各行各业之中。信息技术的应用带来了生产方式的变革、经济的快速增长和人类文明的进步。信息技术在老年服务领域的应用也越来越广泛,推动养老机构进入了一个信息时代。

第一节　信息管理概述

"信息"作为一个科学术语,最早由哈特莱(R. V. Hartley)于 1928 年在其《信息传输》一文中开始使用。20 世纪 40 年代后期,伴随着信息论、控制论的产生,"信息"成为一个科学的概念,应用于自然科学和社会科学的许多领域。例如,在系统论中,信息被认为是系统内部联系的特殊形式;在信息论中,信息被看作是可以获得、变换、传递、存储、处理、识别和利用的一般对象,它能为实现目标排除意外性,增加有效性;在经济学和管理学中,常撇开具体的对象,信息泛指一般的数据、资料、消息、情报、知识等。

一、信息及信息化的概念

《辞源》对信息的解释是消息,《辞海》对信息的解释是音信。从理论上讲,信息是事物运动的状态和方向,它不是事物本身,而是客观事物的反映或再现。如果从管理学和计算机应用相结合的角度来说,信息是有意义的数据,是经过收集、记录、处理和存储的可供检索的事实与数据。信息反映事物的状态与特征,不同的事物有不同的特征,并在不同的条件下发生变化,人们正是通过获取和识别这些信息来认识不同事物的。

在世界银行的《1998 年世界发展报告》中,对数据、信息和知识作了明确的定义:数据是未经组织的数字、词语、声音、图像;信息是以有意义的形式加以排列和处理的数据(即有意义的数据);知识是用于生产的信息(即有价值的信息)。它比较清晰地阐明了三者间的递进关系,即在数据的基础上形成信息,在信息的基础上形成知识。信息是知识的原料,知识是信息加工提炼的结晶。

信息化的概念起源于 20 世纪 60 年代的日本。关于信息化的表述,在中国学术界和政府内部做过较长时间的研讨,如有的认为,信息化就是计算机、通信和网络技术的现代化;有的认为,信息化就是从物质生产占主导地位的社会向信息产业占主导地位的社会转变的发展过程;有的认为,信息化就是从工业社会向信息社会演进的过程。1997 年召开的首届全国信息化工作会议,对信息化定义为:"信息化是指培育、发展以智能化工具为代表的新的生产力并使之造福于社会的历史过程。"信息化一般必须具备信息获取、信息传递、信息处理、信息再生、信息利用的过程。信息化管理是计算机技术、通信技术和管理科学在机构管理中的应用,是现代科技对机构管理的影响、渗透以及相互结合的产物。

二、信息的特征

(一)客观性

信息是一种不以人的意志为转移的、客观存在的事物的反映,不是杜撰的、虚无的。信息与其相应的物质、能量"三位一体",共同构成事物的三个基本方面。

(二)普遍性

信息是事物运动的状态和方式,只要有运动的事物存在,就必然有信息产生。信息既存在于有机界,也存在于无机界;既可以是物质的特征和物质运动状态的反映,也可以是人类大脑思维的结果。总之,信息是普遍存在的。

(三)依附性

信息能够体现物质和能量的形态、结构、状态和特性,但本身不能独立存在,必须依附于一定的介质而存在,如借助文字、图像、胶片、磁带、声波、光波等物质形态的载体。

(四)可识别性

信息能够通过人的感觉被接受、识别和利用,比如,物体形态的信息由视觉感官感知,声音信息则由听觉器官识别,人的各种器官都是信息的识别工具与接收器。

(五)可存储性

信息不但可以通过人的大脑进行隐形存储,也可以通过物质载体加以显性存储,而且还可以用现代信息技术设备来存储。

(六)可转换性

信息可以从一种状态转换为另一种状态,即各种信息载体形式是可以相互转换的,比如,物质信息可以转换为语言、文字、图像、记号、代码等。信息的这种可转换性也同时决定了信息具有可传递性。

(七)共享性

信息人人都可以享用,而且可以跨越时空为传播者和接受者共同享用。随着信息技术以及互联网的飞速发展,人类共享信息越来越方便。

(八)知识性

信息经过人们的智力加工,去粗取精、去伪存真可以成为人类公认的知识。

(九)时效性

信息不是一成不变的,它的发展变化非常快,常常是"稍纵即逝、瞬息万变"。因此,人们在获取、交流、使用信息的过程中必须尽量加快速度,以免过期。

三、信息的类型

信息的内涵非常广泛,可以从不同的角度进行分类。

(一)按信息产生的来源分类

信息可以分为自然信息和社会信息。自然信息是自然界一切事物存在方式及其运动变化状态的反映,根据自然界中的物质是否有生命,自然信息还可以进一步划分为物理信息和生物信息;社会信息是对人类社会发展变化状态的反映,包括政治信息、经济信息、军事信息、科技信息、思维信息、社会生活信息等诸多方面,而且每一类还可以细分。

(二)按信息产生或针对的时间来分

信息可以分为历史信息、现时信息和未来信息。历史信息是已经发生、成为历史的信息,如历史记载、档案材料等人类历史上的信息,包括迄今为止人类创造出来的全部文化遗产;现时信息是指最近发生或正在发生、发展变化的信息;未来信息是指尚未发生的信息,如人类对于未来发展的关注以及未来学、预测学等学科的研究内容。

(三)按对信息的感知方式分类

信息可分为直接信息和间接信息。直接信息是直接从事物中获取的信息;间接信息是由直接信息之中产生并加工出来的信息。

(四)按信息的运动状态分类

信息可分为动态信息和静态信息。动态信息是指时间性很强的新闻和情报等,反映事物的发展、变化状态;静态信息是指那些已成为比较稳定的历史文献、资料和知识的信息,反映事物相对稳定的状态。

(五)按信息的逻辑层面分类

信息可分为语法信息、语义信息和语用信息。语法信息是指认识主体单纯从感知事物运动状态及其变化方式的外在形式中获得的信息,告诉你"是什么形式";语义信息是指认识主体从领悟事物运动状态及其变化方式的逻辑含义中获得的信息,告诉你"是什么意思";语用信息是指认识主体从判断事物运动状态及其变化方式的效用中获得信息,告诉你"有什么用处"。

(六)按信息产生的先后及其加工深度分类

信息可分为一次信息、二次信息、三次信息。一次信息是指未经加工的原始信息,它产生于人类直接从事的政治、经济、文化等活动,是零星的、分散无序的,往往无法进行存储、检索、传递与应用,需要进一步加工处理后才能使用,如会议记录、统计表格;二次信息是指对原始信息进行加工处理并使之变成有序的、有规则的信息,如文摘、索引、数据卡片等;三次信息是指在一次信息、二次信息的基础上,经过研究、核算产生出的新的信息,如研究报告、综述等。

四、信息的载体与形态

信息无处不在,但信息本身是看不见、摸不着的,它只有依附于一定的物质载体才能体现出来。人类接触载体,然后才知载体中所承载的信息内涵。

根据载体的特征,可以把信息载体分为两大部分:一部分是人类认识主体感官表达的表意型载体,如语言、文字、符号、形体、表情等;另一部分是人的感官无法直接感知的,需借助一定物理设备才可以存储的承载型物质载体,这一部分载体又可以分为两大类,即无形的承载型物质载体(如声波、电磁波、网络等)和有形的承载型物质载体(如甲骨、简牍、纸张、磁带、光盘、U 盘等)。信息载体的演变直接导致了信息形态的变化。目前,信息已由最初的文字形态演变成数据、文本、声音、图像等多种表现形态。

(一)数据

"数据"并非单纯指"数字"。从信息科学的角度来考察,数据是指电子计算机能够生成和处理的所有事实、数字、文字、符号等。当文本、声音、图像在计算机里被简化成"0"或"1"的代码时,它们便成了数据。

(二)文本

文本是指书写的语言,即"书面语",它是相对于"口头语"而言的。从技术上说,口头语言只是声音的一种形式,而文本既可以用手写,也可以用机器来汇编并印刷出来。

(三)声音

声音是指人们用耳朵听到的信息。无线电、电话、唱片、录音机等都是人们用来处理这种信息的工具。

(四)图像

图像是指人们能用眼睛看见的信息,可以是黑白的,也可以是彩色的;可以是照片,也可以是图画;可以是艺术的,也可以是纪实的;还可以是一些表述或描述、印象或表示。经过扫描的一页文本和数据的图像,也可视为一个单独的图像。此外,图像还可分为静态与动态的、自然的与绘制的等。

需要指出的是,信息表现的形态不是一成不变的,也就是说,文本、数据、声音、图像能够相互转换。一幅图可能相当于 1000 个字,并由 10 万个点组成。"点"可能是数字、文字或符号。记录别人口授的语言,便把声音变成了文字。当数字化了的信息被输入计算机或从计算机被输出时,数字又可以表示上述这些形态中的任何一种或所有的形态。

五、信息资源

信息资源就是人发现的有用途的和有价值的一切物质与非物质的要素总和。信息资源作为"信息"与"资源"的结合概念,是社会资源中一种重要的资源。狭义而言,信息资源是文献、数据和知识,即知识信息内容本身。广义地讲,信息资源是指信息活动中各种要素的总称,包括信息、设备、技术与信息生产者等。信息生产者是为某种目的生产信息的劳动者,不仅包括原始信息的生产者,而且包括从事信息加工或再生产的劳动者。信息技术是能够延长或扩展人的信息能力的各种技术的总称,是对声音的、图像的、文字的、数字的和各种传感信号的信息进行获取、加工处理、存储、传播和利用的能动技术。信息技术作为生产工具,对信息搜集、加工、存储和传播提供支持与保障。在信息资源中,信息生产者是最关键的因素,因为信息和信息技术都离不开人的作用,信息是由人生产和使用的,信息技术也是由人创造和使用的。

在国外,有人将信息资源简单地分为两个基本部分:信息内容与信息管道;也有将信息资源分为四个组成部分:信息源、信息服务、信息产品和信息系统。

(一)信息资源的特征

信息资源作为经济资源,与物资资源和能源资源一样,具有经济资源的一般特征。

1.有用性 它可以满足人类需求,作为生产要素,具有价值和使用价值。传统的人类经济活动主要依赖于物质原料、劳动工具、劳动力等物质资源和能源的投入。在信息时代和知识经济时代,信息本身成为一种重要的生产要素。

2.稀缺性 因为信息资源的开发需要相应的成本投入,也是有限和不能自由取用的。不经过人的开发,信息不会变成资源,而开发是需要付出劳动的。

3.多用性 选择不同的信息资源使用方式、途径,产生的效果将大不相同。

(二)信息资源的特点

信息资源,作为与物资资源和能源资源不一样的资源,还具有以下特点:

1.共享性 指在消费和使用中具有非排他性、无损耗性、无竞争性。物资资源和能源资源的使用表现为占有和消耗。当物质资源或能源资源的量一定时,使用者存在明显的竞争关系,即资源一旦被人使用,其他人就只能少使用或不使用。而信息资源则不存在这种竞争关系,一人对它的使用不影响他人的使用。

2.时效性 信息资源比其他任何资源都更具有时效性。一条及时有效的信息可能价值连城,使濒临倒闭的企业扭亏为盈;一条过期的信息则可能分文不值,甚至使企业丧失发展的机会,酿成灾难性的后果。

3.驾驭性 信息资源具有开发和驾驭其他资源的能力,无论是物资资源还是能源资源,其开发和利用都有赖于信息资源的支持。人类利用信息资源开发和驾驭其他资源的能力,受科技发展水平和社会信息化程度的影响和制约。

4.累积性和再生性 信息资源具有非消耗性,一旦产生,不仅可以满足同时期人类的需要,还可以通过信息的保存、累积、传递,达到时间点上的延续。信息资源还具有再生性特征,在满足社会需求和利用的同时,还会产生新的信息资源。

(三)信息资源的类型

信息资源的内容十分广,人们既可根据信息的来源,也可根据对信息资源的不同认识和理解,将信息资源划分为不同的类型。

1.按信息资源的具体形态分类 可分为有形信息资源和无形信息资源。有形信息资源包括信息生产者、信息消费者、信息开发者、信息存储介质、信息设备、信息机构等;无形信息资源包括信息内容本身、信息处理软件、信息系统管理软件以及信息机构运行机制等。

2.按信息资源所处的空间区域分类 可分为国际信息资源、国家信息资源、地区信息资源、单位信息资源等。国际信息资源是指通过网络将分布在世界各国的信息资源连接起来,形成全球共享的信息联合;国家信息资源是一个国家信息资源的总和;地区信息资源是某个省、市、部门或系统的信息资源总和;单位信息资源则是某一企业、事业单位拥有的信息资源的总和,是实现国家信息资源、地区信息资源、系统信息资源共建共享的基础和前提。

六、信息管理

信息管理是人类为了搜集、处理和利用信息而进行的社会活动。作为人类管理活动发展的一个阶段,人们对信息管理的重视是最近半个世纪的事。社会对信息作用的认识日益深化,导致组织和政府都把信息管理活动作为管理活动的重要内容。信息作为个人、组织和社会生存与发展的战略资源的认识,正在成为人们的共识并指导人们的信息活动。

从狭义上说,信息管理就是对信息的管理,即对信息进行组织、控制、加工、规划等,并引向预定目标。显然,这主要是从实用的角度来说的,强调的是信息的搜集、整理、存储和服务等信息工作环节,与以往科技信息工作的含义相同。

从广义上说,信息管理不只是对信息进行管理,还涉及对信息活动的各种要素(如信息、设备、信息机构和人等)进行合理组织与控制,以实现信息资源的合理配置,从而有效地满足社会需求的过程。由于信息活动中的各种要素,又被视为信息资源的内涵,因此,信息管理也就是信息资源的管理。

我们认为,信息管理的定义是个人、组织和社会为了有效地开发和利用信息资源,以现代信息技术为手段,对信息资源实施计划、组织、指挥、控制和协调的社会活动。这一定义概括了信息管理的三个要素(人员、技术、信息),体现了信息管理的两个方面(信息资源和信息活动),反映了管理活动的基本特征(计划、控制、协调等)。

(一)信息管理的对象、类型

1.信息管理的对象　信息管理作为一种社会活动,是由信息活动主体、活动对象、活动手段等要素构成的。在信息管理活动中,表现为信息人员利用掌握的信息技术,控制、利用信息资源以达到组织目标的活动过程。

(1)信息资源:信息资源是经过人类开发与组织的信息、信息技术、信息人员要素的有机集合。在信息资源要素中,信息无疑是构成信息资源的核心要素,它是信息管理的对象。信息内容以声音、图像、图形或文字等记录符号表达与描述事物运动状态及其变化形式,以消息、资料、知识等形式被人们处理和利用,或者以文献、实物、数据库等载体被人们记录和传递,是个人、组织和社会进行决策的重要依据。信息管理的根本目的是控制信息内容及其流向,实现信息的效用与价值。但是,信息并不等同于信息资源,因为要使信息实现其价值和效用,就必须凭借信息人员的智力条件以及信息技术和其他技术手段。信息人员是控制信息资源、协调信息活动的主体,而信息搜集、处理、存储、传递与应用等信息运动过程都离不开信息技术的支持,没有信息技术作为强有力的手段,要实现有效的信息管理是不可能的。由于信息活动本质上是为了形成、传递和利用信息资源,所以信息资源是信息活动的对象与结果之一,它们是任何一个信息系统的基本要素。

(2)信息活动:信息活动是指人类社会围绕信息资源形成、传递和利用而开展的管理活动与服务活动。从过程上看,信息活动可以分为两个阶段:①信息资源形成阶段,其活动包括信息的产生、记录、搜集、加工、处理、存储、传播等,目的在于形成可以利用的信息资源。②信息资源的开发利用阶段,以对信息资源的检索、传递、吸收、分析、选择、评价、利用等活动为特征,目的是实现信息资源的价值,达到信息管理的目标。

2.信息管理的类型　由于信息管理的内容、范围十分广泛,因此常常需要从多方面、多角度去考察信息管理,它的类型也就多种多样了。

(1)按信息的内容分类:大致可分为军事、政务、经济、科技等领域的信息管理。

(2)按信息载体分类:可分为文献管理、数据管理、网络管理、多媒体管理。

(3)按信息的层次分类:可分为宏观管理、中观管理、微观管理。

(4)按信息交流活动环节分类：可分为信息生产、信息搜集保管（信息资源建设）、信息资源程序开发、信息配置传递服务、信息吸收利用等环节的管理。

(5)按信息管理阶段分类：可分为手工管理、系统与技术管理、资源管理、知识管理。

由上可见，信息管理的外延非常宽广，人们可以从不同范围、不同角度、不同层次去认识，从而得出对信息管理本质的看法。从信息管理的发展历程来看，信息管理始终是沿着"存（保存、存留）—理（整理、加工）—传（传播、传递）—找（查找、检索）—用（利用、使用）"这一轨迹向前发展。因此，完全可以说，信息管理的实质是对从信息生产到信息消费（利用）全部过程中各种信息要素与信息活动的组织与管理，以便最大限度地满足社会对适用信息的需求。

第二节　养老机构的信息管理

《中国老龄事业发展"十二五"规划》提出：加快居家养老服务信息系统建设，做好居家养老服务信息平台试点工作，并逐步扩大试点范围；建立老龄事业信息化协同推进机制，建立老龄信息采集、分析数据平台，健全城乡老年人生活状况跟踪监测系统。《社会养老服务体系建设规划(2011—2015 年)》提出：以社区居家老年人服务需求为导向，以社区日间照料中心为依托，按照统筹规划、实用高效的原则，采取便民信息网、热线电话、爱心门铃、健康档案、服务手册、社区呼叫系统、有线电视网络等多种形式，构建社区养老服务信息网络和服务平台，发挥社区综合性信息网络平台的作用，为社区居家老年人提供便捷高效的服务；在养老机构中，推广建立老年人基本信息电子档案，通过网上办公实现对养老机构的日常管理，建成以网络为支撑的机构信息平台，实现居家、社区与机构养老服务的有效衔接，提高服务效率和管理水平。

一、养老机构的信息管理内容

养老机构的信息管理就是通过搜集老年人需要的信息和老年人相关的信息资源，利用计算机、网络等现代信息技术进行数据存储、处理、传递和分析，为老年人提供各种生活服务、日间照料、医疗卫生、文化教育等服务，为老年工作提供服务及决策所需的各种信息，努力形成内容全面、丰富的老年服务信息网络和信息管理系统，实现养老需求与社区、养老机构的有效对接，帮助构建居家养老为主、社区养老为支撑、以机构养老为补充的社会养老服务体系。

养老机构的信息管理对象主要是信息资源和信息活动。信息资源主要包括信息内容本身，广义地讲还包括技术设备和信息的生产加工者。信息内容不仅是人们日常生活和工作的迫切需求，也是实现科学化管理和领导决策的重要基础和依据。信息活动是指从信息资源的生产形成，到传递、利用和实现资源价值的整个过程中的管理和服务活动。

养老机构的信息化管理是指养老机构利用网络、计算机、通信等现代信息技术，通过对信息资源的深度开发和广泛利用，不断改善服务质量、提高工作效率、进行科学决策的过程。

养老机构的信息管理围绕老年人的主要需求，如养老的经济需求、治病健身的医疗需求、日常生活的照料需求和思想感情交流的精神慰藉需求等，为老年人提供信息服务。根据老年人生理、心理特点,只需简单、方便的操作,利用老年手机或者电脑等终端设备,即可访问画面简洁、字体清晰的老年信息网站,获取所需的信息。

知识链接

信息服务

获取衣、食、住、行等各种产品或服务信息,并可发出订购指令,比较方便地完成网上购买行为,在家接收所购产品或服务。

访问互联网世界,足不出户就可迅速了解各地新闻、各种信息,接触到外面的世界,可以进行听歌、看视频、免费通话、玩游戏等多种活动。

接受远程教育,21世纪是人人学习的社会,终身学习是社会的必然趋势。老年人通过网络,能够学到自己所需的各种知识和技能,并不断完善自己。

接受远程医疗,老年人一般患病率较高,许多人患有高血压、糖尿病等慢性病。远程医疗,应该成为老年人得到医疗服务的主要途径之一,远程医疗应该为老年人提供多渠道、全方位的医疗服务。

二、养老机构的信息管理作用

在养老机构,利用先进信息科技手段,采集老人全面信息(如基本信息和健康信息等),整合各方服务资源(如家政服务、老人 GPS 手机定位等),实现智能化的资源匹配和统一调度,为老年人提供获取服务的便捷通道,提高为老人服务的品质和水平,同时利用信息技术建立数据库,实时记录养老服务初始和服务过程中产生的数据,进行老年服务管理和监督评价,提升养老机构的管理效率和管理水平。

三、养老机构的信息标准与信息安全

信息工作的规范和统一,信息产品的生产、交换和使用等的标准化,是保障信息交换传播、实现信息资源共享的前提和基础。

(一)信息标准的概念与分类

信息标准是专门为信息科学研究、信息生产、信息管理等信息领域所制定的各类规范和行动准则,是解决"信息孤岛"的根本途径,也是不同信息管理系统之间数据交换和相互操作的基础。信息标准根据不同分类原则和方法,可以分为多种类型。

1.按照标准适用范围不同　可以分为国际标准、地区标准、国家标准、地方标准、部门标准和企业标准。

2.按照标准主题不同　可以分为基础标准、产品标准和方法标准。

3.按照标准职责不同　可以分为强制性标准和推荐使用标准。

4.按照信息标准化涉及的内容不同　可以分为普通信息标准和专门信息标准。像国家信息交换标准编码(如 ASCII 和 GB 2312-80 等)和国际物品条形编码之类,内容涉及面比较广泛的信息标准是普通信息标准。专门信息标准则一般涉及某一专门信息领域,如计算机互联系统信息安全问题的 ISO 7498-2 国际标准、国际疾病分类标准(ICD)。

(二)信息规范内容

信息规范包括基础设施规范、应用系统规范、信息编码规范、用户规范和信息化管理规程等方面,它与信息标准构成立体的规范体系,其结构如图 8-1 所示。

1.信息化管理规程　指规划单位在信息系统建设和运行中应遵守的管理规范,如新建业务系统要有报批制度,只有符合标准规范的系统才能开发实施,对已有不符合规范要求的系统要有计划地改造为符合标准规范的系统;业务系统的运行后台需要建立严格的运行管理和技术操作制度,并建立具备一定资质的技术保障和管理队伍;业务系统的运行前台需要建立培训、考核及使用规范,保证用户能够有效、准确地使用信息系统。

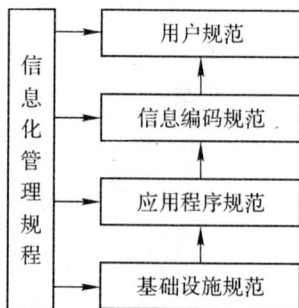

图 8-1　信息规范结构体系

2.基础设施规范　基础设施包括计算机硬件系统(服务器、个人计算机、其他设备等)、计算机软件系统(包括操作系统、数据库平台、应用平台等)和网络基础设施与服务。它要求选购硬件、软件时必须慎重,不仅要看同类设备的性能价格比,还要看该产品是否为市场的主流产品,是否满足本单位将来一定时期内的需求。制定基础设施规范必须考虑的因素是:

(1)功能指标能否满足本部门信息化建设的需要(是否适合网络计算、稳定性、安全性等)。

(2)基本性能能否满足今后若干年的需求(速度、容量等)。

(3)是否符合国际、国内标准。

(4)是否是主流产品或者与其他主流产品兼容。

(5)产品的技术支持和服务质量。

(6)是否代表新的发展方向。

3.应用系统规范　应用系统是面向最终用户的,其质量的高低,直接影响管理效益、效率的提高。无论是购买还是自行研制,应用软件应具有以下性能指标:

(1)适应科学的管理体制,代表先进的发展方向。

(2)数据设计符合信息标准及应用规范。

(3)功能齐全,满足需求。

(4)与相关应用系统的数据交换接口。

(5)提供应用访问接口。

(6)符合一定的应用管理规范,能够与其他应用系统集成。

(7)通用性、扩展性,易操作。

(8)信息安全性能。

(9)技术文档齐全规范(源程序、技术文件)。

4.信息编码规范　为数据库设计提供了类似数据字典的作用,为信息交换、资源共享提供了基础性条件。

第三节　养老机构的信息系统开发

信息系统的开发是一个多方面的系统工程,涉及组织、技术、管理、运作方法等许多问题,必须经过充分、成熟的考虑,才能达到预期的效果。

一、养老机构的信息系统基本框架

养老机构的信息系统基本框架内容如下:

(一)接待管理子系统

主要包括来访登记、接待登记、看房登记 、入住申请、床位状况查询、老人信息查询、员工信息查询等。

(二)收费管理子系统

主要包括订房办理、入住办理、试住办理、退住办理、老人信息查询、安排房间床位、安排服务、老人用餐登记、老人请假外出、收费处理、催款、退费、存款管理、老人费用结算、收据管理等。

(三)老人档案管理子系统

本系统向档案管理人员提供记录及从多方面分析统计入住老人各方面情况,主要包括老年人信息数据库、老年人基本信息、老人健康档案、入住情况分析、满意度调查、试住老人分析、退住情况分析、入住老人分析等。

(四)护理计划管理子系统

主要包括评测老人的问题点、制订总体计划、制定护理方案、活动安排、临床护理、老人对计划的评价、导向功能等。

(五)日常生活服务子系统

主要包括日常生活照料、排泄护理、身体清洁、膳食护理、临床护理、康复活动、休闲娱乐及其他活动的组织、护理日志、护理员个人总结、当班信息汇总等。

(六)医疗服务子系统

主要包括医疗管理、入院病志管理、护理病志管理、日常配药、事故总结等。

(七)人事管理子系统

本系统用来管理人事档案及相关资料,为管理者随时掌握人事信息提供方便、快捷的手段,并为工资系统提供所需数据。主要包括员工入职、员工档案管理、员工离职、员工变动等。

(八)库存管理子系统等

主要包括入库处理、出库处理、退回处理、有效期管理、库间调拨、库存查询等。

(九)报表管理平台

报表信息统计管理是将接待管理子系统、收费管理子系统、老人档案管理子系统、护理计划管理子系统、日常生活服务子系统、医疗服务子系统、人事管理子系统、库存管理子系统等数据根据相关条件统计生成图表,护理员可以根据统计生成的图表对老人情况进行分析,为护理计划的修改提供参考。系统统计分析中,所有报表都可进行图形分析查看,为决策管理人员及操作人员提供全面的、形象生动的图表管理,并且随着分析人员的数据变化,图形分析随之变化。

(十)基础管理子系统

主要包括组织机构管理、服务项目管理、物资药品管理、房间床位管理、操作人员管理、权限管理等。

二、养老机构的信息系统运作方式

信息系统建设是一个系统工程,用户应对信息系统开发方法和过程有所了解,以便采用合理的运作方式。不能将信息系统建设看作是一个单纯的技术性问题,将所有的问题都交给技术人员和开发商解决,否则将导致开发商提供的产品,无法很好地满足用户的要求。信息系统的开发一般有四种运作方式,即自行开发、委托开发、联合开发和购买软件包和二次开发。

(一)自行开发

自行开发仅适合于有较强信息技术队伍的用户单位和组织,优点是比较了解本单位业务需求,维护方便及时,所需费用少,并可以积累开发经验,培养内部专业人才,但大多数单位并不具备自行开发的技术力量。

(二)委托开发

委托开发通常由用户单位或组织、开发商、中介或咨询公司三方参加,适合于信息技术力量弱,但资金较为充足的单位。开发过程中,需要有组织内部的业务骨干,提出系统的需求,参与系统开发的论证工作,需要多方及时沟通、协商,不断协调和检查。

委托开发建设信息系统后,进一步签订长期业务合同,要求开发商对有关信息技术的业务进行日常支持。采用这种方式容易控制成本,但如果开发商不能对系统很好地理解和管理,也可能给组织带来严重的问题。由于开发双方信息技术知识的不平衡性,如果仅由开发商提出各种建议,开发商就可能对一些不利于工程的问题避而不谈,只报告对自己有利的一面,为今后信息系统的使用埋下隐患。因此,委托开发必须有第三方中介机构,作为工程监理及作为信息系统建设咨询者,参与整个开发过程。

(三)联合开发

联合开发指用户单位内部的信息技术人员与开发商共同开发信息系统。这种开发方式适合用户内部有一定的信息技术人员,但他们对系统的开发规律不够了解,整体实力较弱,希望通过信息系统的开发完善和提高自己的技术队伍,便于后期系统维护的组织。因此,相对委托开发,联合开发可以节约资金,较快提升自身的技术力量,缺点是开发双方在合作中容易出现一些难以协调的利益关系。

(四)购买软件包和二次开发

指采用现成的软件包,结合自身特点,在软件包基础上进行修改而成。它的优点主要是可以减少开发时间,避免从头开始摸索。例如,医院信息系统,在发达国家已有30多年的历史,是目前应用最成功的信息系统之一,主要包括医院管理信息系统和临床信息系统,供应商将各个应用程序按照功能集成在一起,做成独立的模块和子系统,用户可以根据需要选购。购买软件包的最大优点是节省时间和费用,而且技术含量高。其缺点是专用性差,往往需要一定的技术力量做软件的改善和接口开发等二次开发工作,同时还要充分意识到早期用户存在的风险,因为此时各种标准还没有建立起来,所选择的系统可能不是将来的行业标准,需要不断修改来适合组织运作的需要。

案例分析

案例1
国家养老服务信息系统

民政部利用福利彩票公益金,分包招标建设国家养老服务信息系统。建设目标是落实国家"十二五"规划中关于加强基本养老服务体系建设的总体部署,建立全国养老机构信息系统的技术规范体系、管理规范体系,实现全国养老服务业行业管理的信息化,为国家宏观决策和政府行业监管提供全面的数据支持,为社会参与养老服务提供咨询,为老年人提供信息,为养老服务相关人员提供培训等功能。

国家社会养老服务信息系统建设项目由民政部社会福利中心、中国社会福利协会承担,包含下列四个部分:

(1)建立养老服务信息化管理系统:包括养老机构等级评估系统、老年人能力评估系统、服务质量监控管理系统、机构年检审核查询系统、专业队伍培训系统。

(2)养老服务基础数据库:包括养老机构数据、机构入住老人和社区服务数据、养老服务专业队伍数据。

(3)建立公众养老服务系统:包括养老服务投诉管理系统、养老服务信息公开系统、老年人网上预订系统、老年人服务产品推介。

(4)建立基础支撑平台:包括统一身份管理系统、公共数据交换平台、统一分析和决策支持系统。

案例2
NEC i-Care 智慧养老信息化管理平台

在NEC的支持下,NEC中国引入了日本、中国台湾等地先进养老经验,结合自身养老服务模式的探索,量身定做技术研发和应用服务方案、关键技术、相关服务及功能的验证等,最终打磨出一套具有中国特色的养老机构管理服务软件——NEC i-Care智慧养老信息化管理平台。

(一)NEC i-Care 介绍

NEC i-Care 智慧养老信息化管理平台开发的核心理念是:以老人为本,把养老行业、养老观念,从以前的传统观念过渡到一种新的养老服务理念,把一些先进管理和服务理念通过信息化的手段体现出来。NEC i-Care 可以全面利用传感、认证、监测、控制以及云计算五大技术,结合终端设备和网络,提供信息搜集、信息分析、信息可视化等服务。NEC智能养老信息化管理系统、NEC健康监护系统和NEC智能定位及紧急呼叫系统等是NEC i-Care最为核心的系统。

（1）NEC i-Care 六大智能化模块系统（图 8-2）：建筑设施智能化系统、物业管理智能化系统、健康管理智能化系统、生活服务智能化系统、老年照护智能化系统、文化服务智能化系统，涵盖养老机构、老人和运营者的所有需求。

NEC i-Care平台系统组成

● NEC i-Care 平台拥有完善的产品线和业务支撑系统，可快速导入上线使用，可以快速定制个性化需求。

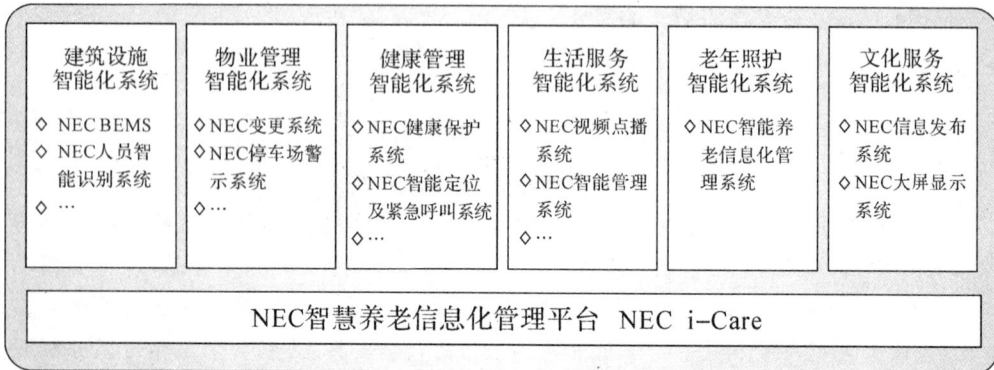

建筑设施智能化系统	物业管理智能化系统	健康管理智能化系统	生活服务智能化系统	老年照护智能化系统	文化服务智能化系统
◇ NEC BEMS ◇ NEC人员智能识别系统 ◇ …	◇ NEC变更系统 ◇ NEC停车场警示系统 ◇ …	◇ NEC健康保护系统 ◇ NEC智能定位及紧急呼叫系统 ◇ …	◇ NEC视频点播系统 ◇ NEC智能管理系统 ◇ …	◇ NEC智能养老信息化管理系统	◇ NEC信息发布系统 ◇ NEC大屏显示系统

NEC智慧养老信息化管理平台　NEC i-Care

图 8-2　NEC i-Care智慧养老信息化管理平台系统构成

（2）NEC 智能定位系统：NEC 智能定位系统采用一种超声波定位技术，可以实现对老人的定位管理，甚至可以精确到厘米级，不管老人在卫生间、客厅，还是在卧室都能够精准地定位到。与其他定位技术相比，超声波的波段对老人佩戴的仪器没有干扰，经过国家验证，这个波段对老人的身体也没有伤害。另外，为了让老人的紧急呼叫得到第一时间的响应，NEC i-Care 还与门禁系统相连。当医务人员接到呼叫后，通往救护现场的路上的所有门禁都会自动打开，还会为医护人员配备一个自动指路系统。

（3）NEC 紧急呼叫系统：NEC i-Care 把紧急呼叫系统与医院的信息化管理系统相连，当老人发出紧急呼叫以后，在医生的平板电脑上或者桌面电脑上除了弹出紧急呼叫的信息之外，还会弹出老人的详细信息，其中包括老人以往的病历，有没有潜在危险。救护人员会带着最可能需要的一些药品和急救包快速赶到现场。

（二）NEC i-Care 主要功能（图 8-3）

（1）使养老机构管理标准化：NEC i-Care 可以给养老机构运营者提供一套清晰的标准化服务和标准化工作流程，对养老机构工作人员进行标准化管理；可以让运营者和从业者，尽快把养老机构运转起来，而不用再重新梳理业务流程。在养老机构运营过程中，当运营者发现与实际情况不符的流程时再修改甚至新增一些流程皆可，也可以把自己的新理念放进去。

（2）使养老服务标准化：NEC i-Care 可以帮助养老机构把所有围绕老人的服务进行量化，做到可执行、可视化，而不只停留在纸面上。通过 NEC i-Care 提供的信息化管理平台，可以实现对每一个工作流程和细节的闭环操作。例如，员工可以遵照标准的工作流程服务老人，然后根据流程的可执行度收集反馈信息，最后，养老机构根据实际情况把这套标准化体系进行修改、提升和完善。

（3）减少人员流动的损失：NEC i-Care 可以帮助养老机构运营者固化标准的服务和

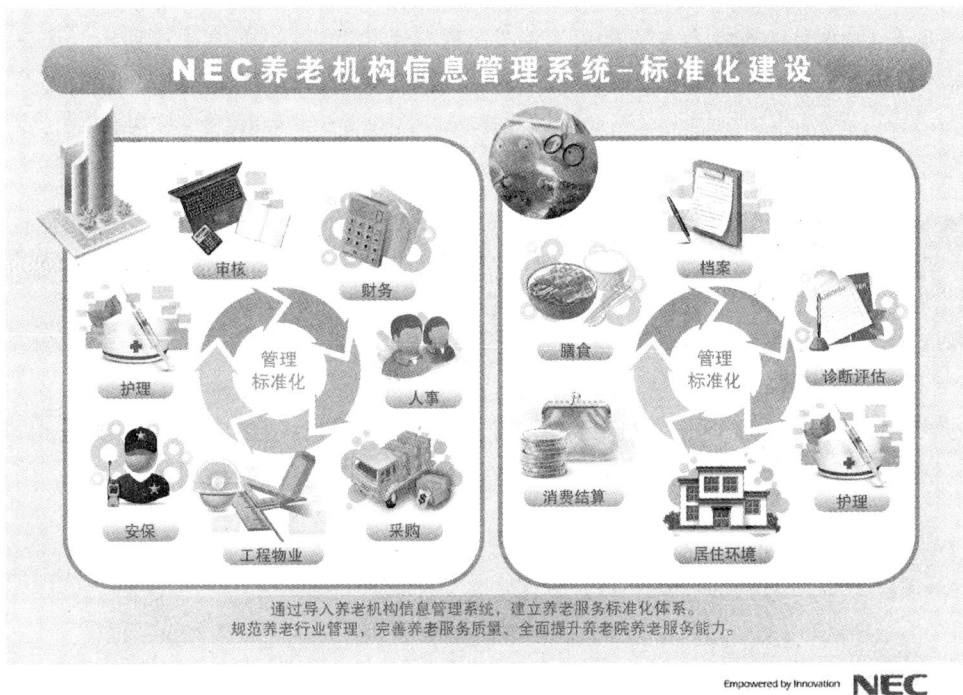

图 8-3　NEC i-Care 智慧养老信息化管理平台-标准化建设

流程,还可以在一定程度上降低养老人员的离职率,这是因为养老机构可以把自己的一套服务流程和理念传递给服务人员,把他们融入到信息化管理系统当中去。当一个人离职后,接任人很快就可以按照固化的工作流程去执行,对老人的服务就不会停止和降低质量,养老机构的运营就不会停止。所以,NEC i-Care 还规避了一些人员流动造成的损失。

(4)规避系统的"竖井"问题:针对应用系统的"竖井"问题,即不同应用数据之间无法与其他应用共享的问题,NEC i-Care 平台在底层搭建了一个通用的基础架构,使用统一的数据库、操作系统,开放所有应用接口。因此,当养老机构希望加入新应用时,可以在 NEC i-Care 平台快速无缝地植入,经过设置就能重新导入工作流程并运营起来。

NEC i-Care 给养老机构运营者提供了一套管理工具,给一线员工提供了一种工作流程和工作方式。而 NEC i-Care 给老人带来的是实实在在的服务,每一分钱都得到高价值的回报。对子女而言,则可以实时查询到父母过得是否顺心,生活是不是丰富等,从而弥补不能经常陪伴在父母身边的缺憾。

(参考资料:NEC 养老院管理系统 http://cn.nec.com/zh_CN/health/elder.html)

案例 3

佳程养老机构智能信息化管理平台

(一)概述

佳程养老管理平台首先以现代通信、智能呼叫、互联网及电子商务为技术依托,以"建设信息化、智能化服务及支援中心"为核心,以"建立老年人信息数据库"为基础,以

"提供生活照料、精神关怀、增值服务"为基本服务内容,为养老机构建立完善的养老服务体系,把养老机构打造成一个真正意义上的信息化、智能化养老生活社区。该系统是基于"一卡通"管理模式的养老院业务系统,适用于养老院、老年公寓、护理院、托养院等机构,能提供从客人接待、订房、入住、医疗、休闲、收费、结算、财务、档案、库房、办公自动化等的全方位管理功能(图8-4)。

图8-4　佳程养老机构智能信息化管理平台

(二)功能

(1)监控子系统:养老管理系统采用分布式结构,以养老机构内部办公局域网为基础实现 TCP/IP 组网监控。通过"佳程养老机构智能化信息管理平台"集成,各相关人员经授权可以在办公电脑上实现监控。

(2)背景音乐广播子系统:可以在办公电脑上通过"佳程养老机构智能化信息管理平台"实现统一广播或分区广播。也可利用 IP 桌面式寻呼话筒在内部办公局域网任意一点进行广播。各节点管理人员可单独管理自己的区域,寻呼或发布通知。

(3)门禁子系统:通过"佳程养老机构智能信息化管理平台",可以对 IC 卡登记授权,查找进出记录。在刷卡的同时,IC 卡处理器通过 TCP/IP 与上位机联系,从数据库调出持卡者的原始登记照片和数据,供门卫值班人员核对,防止有人借别人的卡进出;通过数据库比对智能判断,可判定该卡是否通行有效,防止一卡重复多进或多出;通过该系统可以有效防范无关人员的进出。

(4)无线呼叫系统:"佳程养老机构智能信息化管理平台"可以有效记录老人呼叫时间和护理员到达提供服务时间。

(5)保管箱系统:通过 IC 卡进行身份识别,在刷卡的同时,IC 卡处理器通过 TCP/

IP与上位机联系,从数据库提取相应保管箱信息,方便老人存放贵重物品。

(6)安防巡更系统:采用分布式结构,以养老机构内部办公局域网为基础实现TCP/IP组网。可以通过该子系统设定巡更路线,可对重点区域、重要通道按时巡防确保园区安全。通过数据共享平台管理者可随时查阅巡更记录。

(7)护理巡房系统:采用分布式结构,以养老机构内部办公局域网为基础实现TCP/IP组网。可以通过该子系统设定巡房路线,通过数据共享平台管理者可随时查阅巡房记录。

(8)考勤管理系统:采用分布式结构,以养老机构内部办公局域网为基础实现TCP/IP组网,员工可在上班区域完成考勤。

(9)一卡通管理系统:通过综合业务和其他各个子系统进行接口整合,实现信息共享和数据连通,对园区内业务实行"一卡通"管理。

(10)触摸查询系统:触摸查询子系统与信息平台数据库实现数据资源共享,老人凭卡可以随时查询自己的相关信息和情况。老人子女探访可以通过该系统查询老人房间及相关信息。

(11)行政办公系统:机构可以通过"佳程养老机构智能信息化管理平台"进行相关业务的行政审批、通知发放、文件查阅等,从而实现园区内无纸化办公。

(12)园区业务系统:"佳程养老机构智能信息化管理平台"包含了人事行政、商务接待、公寓护理、后勤管理、仓库管理、财务管理、超市管理、医疗业务、固定资产管理、食堂管理等养老机构业务管理功能,并制定了科学合理的业务流程,方便使用。

(三)优点

(1)操作简单,使用方便:养老机构管理系统界面简洁直观、清晰明了,用户上手快,服务更显细微处。

(2)"一卡通"管理:老人卡、员工卡、停车卡、门禁、消费、会议卡、管理卡充值、挂失、注销、补发、出入、考勤、消费记录查询。本系统中每个老人入院后都有一张身份卡,该卡还可以作为电子钱包来用,老人用餐、休闲、看病等消费活动都可以用卡来支付,每次消费系统自动生成消费记录,可以打印消费清单给老人看,科学有效,方便快捷,老人不用计算找零等事情。

(3)全面自动化计费、结算、对账:所有费用自动计算。老人只需在办理入住的时候登记好房间床位、护理级别、伙食等信息,其他一切交给该系统,每个月的结算日所有应收费用便由系统自动计算出来。催款、结算无须再搬动大堆账本。

(4)支持多种收费项目:养老机构管理系统支持入住费/床位费、一次性设施费、定金、按金、代收费、水电费、伙食费等多种收费项目,不同费用项目系统自动区分不同算法,并支持灵活的优惠政策设置,不同权限有不同的优惠政策。

(参考资料:佳程养老 http://blog.sina.com.cn/s/blog_a8a14574010171fi.html)

第九章 养老机构的经营管理

![本章要点图标]

本章要点

★养老机构的分类及经营管理的概念、策略。

★公办养老机构经营管理存在的问题及其经营策略。

★民办养老机构经营管理存在的问题及其经营策略。

★农村敬老院经营管理存在的问题及其经营策略。

★养老机构服务经营管理案例。

养老机构的经营管理事关其生存与发展,值得每一位经营管理者深思。尤其是近年来,养老服务行业相关的法律法规政策陆续出台,养老机构将迎来大的发展。因此,经营者有必要学习如何科学地经营管理养老机构。所谓的经营管理并非孤立的管理活动,需要与该机构之外的其他组织或个人发生恰当的联系,这就需要科学的策划和管理才能达到机构所期望的目标。

第一节 养老机构的经营管理概述

近年来,我国各级政府在加大养老事业投入的同时积极鼓励社会力量兴办养老机构。我国现已有多种类型的养老机构,尽管不同类型养老机构由于其经营目标与所面临问题不同,其经营管理的重点存在很多不同,但无论是何种类型的养老机构,其经营管理亦存在一定的共性。

一、养老机构的分类

不同类型的养老机构其经营管理也有很大不同。目前,我国的养老机构按所有制属性区分,主要可以分为公办养老机构、集体办养老机构、民办养老机构;在具体称谓上有老年福利院、老年护理院、老人院、老年公寓、敬老院等;从机构性质上来看,可分为福利性、非营利性和营利性养老机构等。一般而言,政府办的养老机构都是福利性和非营利性质的,而民办养老机构也可以经过在相关部门登记后,由政府部门根据其机构的性质,确定该机构是否享受相关优惠政策。国务院和民政部等相关机构颁布了《养老机构设立许可办法》《关于加快发展养老服务业的意见》和《国务院关于加快发展养老服务业的若干意见》等一系列文件,规定了在建设用地、供水、供电、供气、通信、有线(数字)电视、电话、互联网、医疗保险定点及捐赠税率上给予养老机构优惠政策。在地方政府政策方面,以北京市为例,该市计划在未来5

年内,在年度土地供应计划、土地利用计划中,优先安排养老机构的用地指标,保障养老等公共服务和公共管理设施的土地供应。

知识链接

公办养老机构

由国家投资,经过县级人民政府以上的编制管理部门登记为法人,享有政府财政预算和行政编制,在资金和人事安排上都由政府规定。随着政府职能的转变,部分地区公办养老服务机构部分具体服务也出现了外包。

集体办养老服务机构

乡镇政府部门或村级自治组织开办,主要为农村"五保"老人或其他孤寡老人服务。

民办养老服务机构

主要由社会力量投资兴办,一般具备独立法人资格,自筹资金、自主经营、自负盈亏。民办养老服务机构弥补了社会福利机构发展的不足,为老年人提供了多元化的服务。

二、经营的概念与职能

经营的目的是创造价值,追求利益最大化。符合市场规律的经营活动往往可以使企业在短时间内取得快速发展和良好的经营业绩;相反,如果违反市场规律,企业必然遭受损失。随着养老服务业的发展,养老机构的经营和市场的联系也越来越紧密。一般企业的经营规律同样适用于养老机构的经营。

(一)经营的概念

经营是根据经营主体自身的资源状况和所处环境,对经营主体的长期发展进行战略规划和部署,制定明确的经营方针、经营目标和方法手段。简单而言,经营就是筹划、策划并进行有效管理。

(二)经营的职能

经营管理职能包含五大内容,分别是战略职能、决策职能、开发职能、财务职能和公共关系职能。

1.战略职能　企业所面对的经营环境复杂多变、竞争激烈,想要长期立足于市场竞争之中,就必须深谋远虑、审时度势,明确企业战略。因此,战略职能也成为企业经营管理的首要职能,更具体而言,战略职能又包含五项内容:经营环境分析、制定战略目标、选择战略重点、制定战略方针和对策、制定战略实施规划。现阶段的养老机构尤其是民办养老机构面临着复杂多变的养老服务市场,制定恰当的经营战略十分必要。

2.决策职能　经营的核心是决策。企业经营管理的优劣胜败,最后取决于决策是否恰当。决策科学合理,企业优势就能得以发挥,实现利益最大化,假如决策失败,企业就可能遭受重大损失。

3.开发职能　经营管理的开发重点在于产品、市场、技术和能力的开发。企业要想在市场竞争中占据一席之地,就必须开发有市场吸引力的人才、技术、产品和服务,否则就有可能被市场淘汰。

4.财务职能　财务过程即筹集资金、运作资金和使资金增值的过程。财务职能是企业经营过程中的战略职能、决策职能、开发职能的基础,并且最后还要用财务职能对其他职能进行评价。

5.公共关系职能　企业在经营管理的过程中必然与外部其他组织发生联系,并且需要长期保持协调,这种协调的职能就是公共关系职能。养老机构的主要公共关系内容包括机构投资方、老年人、民政部门、税务部门、其他养老机构、养老机构职工、社会团体等。

养老服务是养老机构服务经营的核心产品。虽然我国的养老服务还具有很高的救济性质,大部分服务内容还是低价甚至是免费的,主要服务对象也主要是五保户、孤寡老人等特殊服务对象。但是随着社会经济的不断发展、人口和家庭结构的巨大变化,养老服务必将走向市场化。毫无疑问,老龄化的趋势给养老服务业的发展带来了巨大的机遇,但同时我们还要认识到巨大的养老需求受到了来自经济因素、政策因素、社会认识因素等多方面因素的制约。总体而言,我国在"未富先老"的背景下进入了老龄化社会,政府投入不足、优惠政策尚未落地、老年人支付能力有限等现实情况使得养老机构经营管理存在不少障碍,也正因此,科学合理的经营管理策略显得尤为重要。经营养老机构的目的在于让老年人及其家属的合理需求得到满足,同时也要实现养老机构的长足发展,追求良好的社会效益,兼顾一定的经济效益。养老机构并非是一般的营利性组织,必须追求一定的社会效益,但同时如果不兼顾经济效益就难以为继,其社会效益也就无从谈起。

三、养老机构的经营管理

养老机构和其他企业一样需要科学细致的经营管理才能够达到令人满意的社会效益和经济效益。因此,养老机构的管理人员和服务人员就必然需要掌握一套行之有效的经营管理手段和方法。

(一)市场定位

市场定位是指根据竞争者现有的产品所处的位置,针对消费者对产品的某些特征、属性的需求,塑造本企业产品的个性和形象。简单而言,市场定位就是企业提供一定的产品满足客户群体一定的需求,在消费者中树立独特的形象。具体而言,市场定位可分为对现有产品再定位和对潜在产品的预定位。对现有产品的再定位包括对产品名称、价格和包装的重新定位,而对潜在产品的预定位则要求企业提供新的产品满足所选择的目标市场。

市场定位的核心是要让产品比竞争者更具优势。竞争优势可以分为两类:一是价格优势,二是偏好竞争优势。价格优势就是用更低价格赢得市场,偏好竞争优势则是提供有明确特色的产品或服务满足消费者的偏好。市场定位的过程主要包含三个步骤。

1.识别潜在竞争优势　这需要解决三个问题:首先,竞争者有怎样的产品定位?其次,目标市场上消费者欲望满足程度怎么样,还需要什么产品或服务?最后,本企业能为这样的需求做些什么?要解答这三个问题,就必须进行科学的市场调研活动。

2.核心竞争优势定位　企业的核心竞争能力是与竞争者对比所具备的竞争优势,主要包括经营管理、技术开发、采购、生产、市场营销、财务和产品等七个方面。

3.战略制定　这一步骤主要是通过一系列活动,了解本企业市场定位是否和消费者的认识相一致,如不一致还需要采取重新定位或加大宣传等手段。

养老机构应该根据自身特点确定服务什么样的老年人,根据老年人的年龄、健康状况、经济承受能力和需求层次等因素的不同,提供有特色的养老服务产品,而不是提供毫无差别化的养老服务。要使得养老机构实现科学经营管理,就必须有自身的经营特点和特色以及一套行之有效的经营策略和管理方针。

(二)经营方针与目标

经营方针指的是在企业的经营思想的基础上,为了实现企业的经营目标而提出的指导方针。根据企业实际情况制定的经营方针,应当是方向性的、定性的和宏观的。经营方针应符合本企业的服务精神,可以促使企业的经营目标顺利实现。经营方针规定了企业的最基本发展方向,涵盖了企业的基本文化、行业政策、人事政策等。为了实现经营方针,应当将其落实到可以具体量化的经营目标和指标。经营目标并非随意制定,应当根据经营方针而定。

为了营造良好的养老机构外部环境,养老机构应当争取当地政府的相关优惠政策,以及社会各界的支持。养老机构的经营者应当转变理念。以往的经营者往往认为养老机构作为福利机构,不应该营利,因而主要依靠政府投入,导致缺乏竞争意识,设施陈旧,经济效益不佳,运营困难。如今,在东部发达地区,已有不少养老机构摸索出了"公办民营"、"民办公助"等途径,取得了很好的经济效益和社会效益。

养老机构除了要承担社会责任外,也要参与市场竞争,讲求经济效益。通过资源的合理配置,发挥各项资源的潜在能量,尽可能地提高经济效益。在内部运营上,对内强化服务意识、提高服务质量和降低服务成本;对外也要实施品牌战略,有条件的养老机构还可以走规模化经营。养老机构只有进行制度化、规范化和科学化的管理才能够走上可持续发展的道路。

在养老机构中,每一个具体的经营目标可能涉及多个部门乃至所有部门。如何将总体目标落实到每一个具体部门,这就需要在制定目标时做好五个方面的工作。

1.明确的目标和指标　目标和指标应当是明确的,而不能只是一种抽象的想法和理念,应将其转化为具体的任务。

2.将目标和指标进一步量化　量化的目的在于让计划的实施更具备可操作性。

3.认同目标和指标　养老机构的目标和具体指标应当由所有员工共同参与制定。由于员工参与了目标和指标的制定过程,在实施过程中,其参与的积极性也必然有较大的提升,实施的效率和效果也较高。

4.目标和指标必须可实现　养老机构的经营目标和具体指标不能脱离实际。如果明显是不能实现的目标,则必然导致员工丧失积极性,目标也就失去了存在的意义。

5.在规定的时间内完成　所有的目标和指标都必须有一定的完成时间,应当按照一定的时间策划、实施和考核。

(三)内部管理

在实现经营目标的过程中,必不可少地要使用包括人、财、物在内的资源作为养老机构的投入资本。由于资源总是有限的,如何能够利用相对稀缺的资源,生产出最适用的商品,获取最佳的效益一直是经济学研究的重要命题。同样,如何对养老机构的相关资源进行科学配置,对于养老机构的经营也是至关重要的,这就要求养老机构在制度建设、组织结构设计、财务管理、组织文化建设等方面做到科学合理。

1.制度建设　养老机构应当建立工作纪律制度、工作程序规范制度、工作质量保证制度、安全制度、奖惩制度、岗位责任制度、监察制度等。一方面要明确工作的目标和指标,另一方面也要实施奖惩制度,形成一个完整的管理体系。

2.组织结构设计　养老机构应当根据自身的规模大小和任务多少来制定组织结构,尽量做到投入最少的管理力量达到最佳效果。岗位设置应当根据工作性质的不同、任务轻重、责任大小来设置,做到权责对等。

3.财务管理　财务管理是养老机构经营管理的一个重要内容。一个完整的财务管理系统应当包括财务收支审批制度、财产管理制度、财产清查制度、会计核算制度等。在实际操作中,要避免资金收支、会计核算上的随意性,要加强资金控制和提高会计信息质量,尽力提高投入产出比。养老机构的全体员工应当树立成本控制意识和节约意识,并定期对经费支出和使用情况进行核查。

4.组织文化建设　是企业在经营管理活动中创造的精神财富和物质财富形态,包括文化观念、价值观念、企业精神、道德规范、行为准则、历史传统、企业制度、文化环境等,其中价值观是企业文化的核心。员工如果能对养老机构的价值观形成认同,就能够更加投入到工作生活当中去,有助于提高工作效率和工作质量。主要可以通过三种方式提高员工对企业文化的认同:一是加强培训,有目的、有计划地邀请专家、教授讲授老年医学、护理学和心理学等相关课程,提高员工素质;二是培养员工责任感,重视员工,发扬民主,让员工积极参与管理;三是制定相应职称评聘体系和有效的绩效考评体系,给员工提供充分的发展机会。

(四)服务项目

随着社会经济的发展,老年人也更加追求生活质量。但是,目前我国的养老机构服务项目十分单一,还处于仅仅能满足老人吃住的需求。因此,无论是民办还是公办养老机构,都可以根据老年人的需要,适度拓宽经营内容,增加服务项目,这对养老机构业务收入的增加也有帮助。具体的服务内容可以包括:

1.饮食服务　提供营养均衡的食物,食物应适合老年人消化特点。

2.卫生服务　包括提醒和帮助老年人洗漱、洗澡、洗头、整理床铺;帮助老人翻晒被褥、床单等;帮助老人修剪指甲、毛发;帮助老人打扫卫生。

3.医疗保健服务　包括医务人员定期查房,进行卫生保健指导,提供急诊、转诊服务;为老人建立健康档案;定期提供体检服务;督促老人按时作息,养成健康的生活方式;定期举办健康教育活动。

4.亲情服务　经常和老人沟通,做好精神抚慰工作。

此外,有条件的养老机构还可以购买救护车,方便及时转诊;有的高收入老年群体还希望外出旅游或候鸟式养老;部分老人需要法律维权的,养老机构也可以组织志愿者为老年人提供法律咨询、法律援助、司法调解及维护老年人赡养、财产、婚姻等合法权利等服务;老年人希望充实生活,还可以提供老年电大、老年学校、知识讲座、学习培训、书法培训、图书电子阅览等服务;养老机构还应该为喜欢运动的老年人提供活动场所、体育健身设施,帮助老年人组织健身团队等。

(五)品牌建设

品牌是消费者对企业产品及其服务的认可,品牌往往比产品本身更具有生命力,好的品牌具有声誉、形象和口碑,有助于创造牢靠的客户关系,形成稳定的市场,得到社会大众的认可。养老机构要塑造良好的品牌就应该树立养老服务产品的概念,以老年人为本,注重每一个服务环节的服务质量。

养老机构需要对其品牌进行设计、宣传、维护等工作。具体而言,品牌建设包括品牌资产建设、信息化建设、渠道建设、客户拓展、媒介管理、品牌搜索力管理、市场活动管理、口碑管理、品牌虚拟体验管理等内容。品牌建设的过程需要品牌拥有者和其他相关组织或个人的参与,包括产品用户、渠道、合作伙伴、媒体、甚至竞争品牌。简而言之,品牌建设的核心在于让消费者记住企业的良好形象,扩大产品的知名度和美誉度。

为了让企业品牌深入人心,就必须树立起鲜明的品牌个性和清晰的品牌联想。品牌建设的职责和主要内容包括:①制定以品牌核心价值为中心的品牌识别系统;②企业的所有价值活动都服从于品牌识别系统;③对品牌化战略与品牌架构进行优化选择,持续推进品牌资产的增值并促使品牌资产发挥最大功效。

在实际工作中,人们可以将四条主线作为抓好企业品牌战略规划与管理工作的重点。

1. 品牌识别　要想制定符合企业核心价值的品牌识别系统就必须进行全面科学的品牌调研与诊断,充分研究市场环境、目标消费群与竞争者,为品牌战略决策提供翔实、准确的信息导向。在充分调研和诊断的基础上,要提炼出高度差异化、准确清晰、易感知、有包容性和能深入人心的品牌核心价值;然后,为了使抽象的品牌核心价值在具体的品牌建设活动中具有可操作性,还应该使其具体化、形象化,这就需要展开具体的品牌识别系统规划工作。企业的所有价值活动都服从于品牌识别系统,也就是说企业每一次营销活动都应该展示企业品牌的核心价值,确保其符合企业品牌建设的目标。

2. 优选品牌　规划科学合理的品牌化战略与品牌架构是品牌战略规划很重要的一项工作。在单一产品的格局下,营销传播活动都是围绕提升同一个品牌的资产而进行的,而产品种类增加后,就面临着很多难题,如究竟是沿用原有品牌,还是采用一个新品牌。品牌战略规划是对企业品牌战略和架构的科学合理规划,这对于品牌建设非常重要。企业产品种类增加以后,就面临着是否增加新品牌的问题。若沿用旧品牌则不存在选择问题,但是若采用新品牌则存在如何处理新旧品牌关系的问题,这是品牌战略规划要解决的核心问题,也是一个理论难题和实践难题。

3. 品牌延伸　品牌作为一项无形资产,重复使用时不需要增加成本,因此为了获取较好的销量和利润,有必要用科学和智慧充分利用这一资产,也就是要发挥品牌的延伸作用。具体而言,品牌延伸要对以下几个主要环节进行科学规划:在确定品牌核心价值时要确保其包容性,为后期品牌延伸埋下伏笔;抓住时机进行品牌延伸;回避有风险的延伸产品;强化品牌延伸中的品牌核心价值和主要联想;成功推广新产品。

4. 品牌资产　强大的品牌必须个性鲜明、核心价值明确、具有丰富的品牌联想、高品牌知名度、高品牌忠诚度和高价值感。首先,对于品牌资产的理解必须完整准确。全面完整的品牌资产包括知名度、品质认可度、品牌联想、溢价能力、品牌忠诚度的内涵及相互之间的关系。其次,在理解的基础上还要制定符合企业实际的明确的工作方向,避免无方向感,浪费资源。最后,企业要制定符合品牌核心价值的营销传播策略,并根据实际情况不断地进行调整。

(六)营销原则

市场竞争虽然激烈,但是企业也必须遵循一定的原则。营销原则有如下几点:

1.诚实守信的原则　诚实守信原则是公民基本道德,同时也是基本的商业道德和市场营销过程中重要的基础原则。这就要求养老机构在服务过程中对服务质量上的诚实,不假冒;明码标价,不欺骗老年人及其家属;严格遵守合同规定,信守服务承诺等。

2.义利兼顾的原则　不论是西方伦理还是我国传统商业道义都认为,在商业活动中,企业应该义利并重,这也就是说养老机构在获取利益时,也要考虑是否符合老年人利益和社会的整体利益。

3.互惠互利原则　互利互惠原则是营销活动的基本信条,这就要求企业在市场营销行为过程中,要综合评价自身利益和其他相关者的利益。

4.理性和谐的原则　理性就是运用知识手段科学分析市场环境,准确预测市场变化。和谐的市场活动应该保持适度的竞争水平,切忌盲目竞争以致资源浪费和遭受损失。养老机构的投资人在经营管理的过程中应该准确充分地调研市场环境,预测老年服务需求,保持理性的投资头脑。

(七)营销策略

企业若想在激烈的市场竞争中占据一席之地,就必须科学地制定其营销策略。一般而言,营销策略有三种:无差异营销、差异营销、集中营销。养老机构要选择恰当的营销策略,运用得当才能够收到预期效果。制定营销策略的过程中应考虑如下要素:

1.企业资源能力　如果企业掌握资源的能力有限而市场较大,采取集中营销策略则是必然选择。

2.产品的同质性　产品的同质性是指消费者对产品特征的感觉的相似程度。如果企业所生产的产品与其他企业生产的产品基本同质或差异不大,则一般采取无差异营销策略。

3.市场同质性　若细分市场的消费者需求、偏好、消费习惯、购买行为及各种特征的相似程度很高,对营销刺激反应基本一致,一般也采用无差异营销策略。

4.产品所处的生命周期阶段　产品生命周期是指产品从进入市场起到退出市场的全过程。它一般分为导入期、成长期、饱和期、衰退期几个阶段。当新产品处于导入期时,广告宣传应针对消费者对产品较为陌生,大造声势,主要宣传其基本性能、用途、特点等,力求消除消费者对产品的陌生感并试图让消费者加深对产品的好印象,这时候就应该采用无差异营销策略或集中营销策略。在产品进入成长期后,宣传的目的主要是为了诱导消费者对产品的兴趣和偏好,并期望将消费者的购买欲望转变为购买行动。而当产品进入成熟期时,由于产品在消费者中有一定的声誉,此时市场上必然也有不少同类产品,为了维持消费人群,广告宣传应突出产品的独到之处,即运用差异营销策略,延长产品的生命周期。

此外,还要考虑竞争者的基本情况,包括竞争者的数量及其所采取的竞争策略。竞争者少时,可采用无差异化竞争策略;竞争者多时,只能采用差异化策略。当竞争者采取差异化策略时,自己再采用无差异化竞争策略则必然失败。

随着养老服务业的发展,养老机构尤其是民办养老机构要实现自主经营、自负盈亏,就必须制定一定的营销策略。要想打开市场销路,就必须实施科学的营销管理工作,制定科学的服务营销策略,注重服务市场的细分、服务差异化以及服务品牌、公关等方面的工作,以提高市场竞争力。总之,一是要注重市场调研,了解清楚老年人的需求,切忌盲目扩大规模;二是要分析营销现状,根据前期调研所得的围绕机构所处的市场服务现状、竞争现状及宏观环境因素等信息,分析机构市场营销机会和威胁、优势与劣势以及面临的问题,最后制定科学的营销策略。

第二节　公办养老机构的经营管理

公办养老机构是由国家投资兴建的社会福利机构,享有政府财政预算和行政编制,一般情况下收养城镇"三无"、农村"五保"老人和其他孤寡老人等有特殊困难的老年人。近年来,随着社会福利水平的不断上升,政府越来越重视民生问题,公办养老机构的规模和数量都在不断扩大,越来越多的老年人在养老机构得到了安置。作为机构养老模式的主要载体,公办养老机构具有举足轻重的作用,发展好公办养老机构对于整个养老体系建设具有重大意义。因此,对公办养老机构进行科学合理的经营管理显得尤为重要。

一、公办养老机构的发展现状

"银发浪潮"对公办养老机构的需求日益增加,再加上计划生育政策和家庭结构小型化的影响,对公办养老机构而言,既是机遇,更是挑战。公办养老机构作为国家兴建的社会福利机构,其日常运营经费主要来自财政拨款、福利彩票公益金及社会捐赠等,在政策支持、资金投入方面享有很大的优势。公办养老机构坚持社会效益优先,经济效益其次,其养老资源优先满足社会弱势群体,然后才向其他社会公众开放,这也是由公办养老机构的社会福利性质决定的。公办养老机构享有电费、水费、税收和土地审批方面的政策优惠,聘用的专业服务人员薪酬由财政统一拨付。这些政策优势让养老机构有条件完善机构设施设备,聘用专业人才,这也是公办养老机构发展的重要保证。相对于民办养老机构而言,公办养老机构享受的政策更为优惠,社会公信力更高。

一般而言,公办养老机构的老年人能够享受较为全面的养老服务,服务内容不仅仅包括衣食住行,还包括身心健康服务。公办养老机构一般配备了一定的医疗保健设施,护理人员也经过了一定的保健知识培训;入住公办养老机构的老年人还能定期进行体检,配备一定的娱乐设施;一些养老机构还组建了心理辅导小组为老年人排解负面情绪。随着政府职能的转变,其部分具体的服务也可外包给家政服务公司。

2006年,民政部、人事部联合发布了《社会工作者职业水平评价暂行规定》和《助理社会工作师、社会工作师职业水平考试实施办法》,将社会工作者纳入了专业技术人员范畴。民政部还在上海、深圳、北京、天津、长沙等城市进行相关试点工作,取得良好效果,专业化社会工作人才队伍从此发展迅速,这也为养老机构等社会福利组织提供了重要的人才储备。

根据2013年年底民政部发布的民函〔2013〕369号文件《民政部关于开展公办养老机构改革试点工作的通知》,国家将开展公办养老机构改革试点工作。试点的主要工作任务包括以下几点:

1. 明确公办养老机构职能定位　公办养老机构应当优先保障孤老优抚对象,经济困难的孤寡、失能、高龄等老年人的服务需求,充分发挥托底作用。以老年人经济状况和身体状况评估为重点,建立健全养老服务评估制度,以增加养老机构的公开透明性为重点,建立健全社会评议和公示制度,确保公办养老机构职能落实到位。

2. 增强公办养老机构服务功能　公办养老机构应当加大基础设施改造,拓展服务功能,拓宽服务范围,提高护理性床位的数量和比重。开展服务项目和设施安全标准化建设,丰富信息化服务手段,提高人员队伍素质,发挥面向社会示范培训、调控养老服务市场、化解民办养老机构因暂停或终止服务导致的老年人安置风险等作用。

3.推行公办养老机构公建民营　公办养老机构特别是新建机构应当逐步通过公建民营等方式,鼓励社会力量运营。通过运营补贴、购买服务等方式,支持公建民营机构发展。加强监督管理,明晰权责关系,确保国有资产不流失、养老用途不改变、服务水平明显提高。

4.探索提供经营性服务的公办养老机构改制　有条件的地方可以积极稳妥地把专门面向社会提供经营性服务的公办养老机构转制成企业。按照国家分类推进事业单位改革的要求,在政府的统一领导下,充分调研论证,广泛凝聚共识,周密制定方案,妥善处理好转企改制过程中涉及的机构性质变更、职工利益维护、国有资产保值增值等关键问题,切实保障老年人基本权益。

由此可知,市场机制的基础性作用将在公办养老机构经营中发挥越来越重要的作用。公办养老机构必须在经营策略、管理体制上寻求自我突破,以满足社会对养老服务的需求。

二、公办养老机构经营存在的问题

不可否认,公办养老机构在经营过程中也出现了不少问题。有不少公办养老机构的公益性模糊,在收住老年人时没有考虑申请者的身体状况和自理能力,也没有对其是否需要长期照料服务进行评估,只要有一定的支付能力就能够入住;相反,有的急需入住的老年人却因为没有相应的支付能力无法入住公办养老机构,这就改变了设立公办养老机构为社会弱势群体服务的初衷。公办养老机构经营僵化、管理效率低下。公办养老机构与政府行政机构依旧是行政依附关系,其经营管理由于太多政府的干涉行为,无法按照一般的社会福利社会化的要求运行,在机构运行上和人事配置上高度行政化,日常运行往往需要逐级申请,程序繁琐,效率十分低下。

养老机构的相关服务和管理标准应该包括:①服务等级划分与评定、养老服务需求评估标准、老年人健康评估服务规范,考核体系、安全管理规范、等级管理规范等管理标准;②工作人员岗位职责及工作资质、服务质量规范、感染控制规范、服务流程等工作标准。但目前公办养老机构在具体的养老服务管理上仅仅有推荐性标准,国家标准还没有出台,很多公办养老机构还没有达到《老年人建筑设计规范》等文件规定的标准,在养老服务设施设备尚不完善,部分养老机构娱乐场所空间不足,康复保健器材缺乏等问题,部分养老机构护理人员缺乏相应的护理知识、经验和技能,专业化程度不足,其他专业人员,如医师、护士、营养师、康复师、心理咨询师等的配备更是数量不足。此外,即使是在职的专业工作人员,其社会地位、薪酬待遇都不高,在政策待遇上,政府在许多方面对民办、公办养老机构的待遇越来越趋向统一标准,公办养老机构和民办养老机构的待遇差别越来越小。公办养老机构将面临来自民办养老机构的挑战。如2013年山东省财政划拨10亿元专项资金支持养老事业发展,明确说明民办、公办养老机构将执行同样的标准,以此调动社会力量参与社会养老服务体系建设的积极性。

三、公办养老机构的经营策略

随着社会的不断发展,国家政策越来越注重发挥市场机制的基础性作用,公办养老机构单纯依靠政府拨款变得越来越不现实。再加上国家政策的放开,越来越多的社会资本进入养老服务行业,公办养老机构将面临来自民办养老机构的市场竞争。然而不少公办养老机构仍然存在职能定位不明确、运行机制不健全、发展活力不足等突出问题。

从国家出台的政策来看,公办养老机构将不得不逐步走向自主经营、自负盈亏的市场化道路。当然这一过程不可能一蹴而就,公办养老机构必须逐步在经营策略、管理体制上寻求自我突破,通过转变思想理念和经营机制、增加服务内容、提高员工素质等手段,将公办养老机构办得更好、更大。目前,公办养老机构的经营还要注意以下问题:

(一)坚持公益导向

公办养老机构的使命是承担"三无"老人、"五保"老人和其他孤寡老人等有特殊困难的老年人的供养任务,这也是公办养老机构存在和获取国家资金与优惠政策的依据,其公益性导向毋庸置疑。对于入住公办养老机构的老人要实施经济考核和身体状况评估,要保证有特殊困难和特殊贡献老人优先入住公办养老机构。公办养老机构应该利用好国家给予的优惠条件和政策,本着"以人为本、为老年人服务"的精神,努力提高老人的生活条件,改善其生活质量,让他们能安心舒适地度过晚年生活。

坚持公办养老机构的公益性还体现在适度的建设标准上,一方面能要满足老年人的必要需求,另一方面也要杜绝铺张浪费。但是近年来,部分地方在建设公办养老机构时存在大兴土木、兴建超高档豪华养老院的现象,而在实际使用时,却只是少数人能够享受,普通百姓根本无福消受。与此形成鲜明对照的是有的地方连基本的养老供养都不能保证,这就违背了公办养老机构的公益性导向原则,极易产生社会福利分配不公问题。

(二)拓宽经营内容

公办养老机构可以根据老年人的需要,适度拓宽经营内容,增加服务项目,一方面能增加养老机构的收入,另一方面也可以更好地满足老年人的服务需求。具体做法包括:与附近的医疗机构开展合作,如定期邀请医务人员到养老机构为老年人提供医疗保健服务;积极宣传老年保健知识;添置养老院专用的救护车,及时为急症老年患者提供转诊服务;养老院还可以定期为老年人准备娱乐节目、开展读书活动、艺术展活动等,或者在保证安全的前提下组织老年人就近旅游;为老年人提供合法权益、财产、心理、婚姻、法律等方面问题的咨询服务。以杭州市社会福利中心为例,该中心新落成的特护楼除了必要的设施之外,还为卧床不起、需要喂饭喂药等特殊护理的老人添置了程控翻身床、沐浴推床、移位机、臭氧机等设备。

(三)转变经营机制,加强内部管理

即使是资本雄厚的企业,若要可持续发展,也离不开完善的组织结构和管理体系。公办养老机构与一般性的企业一样,为了取得长期发展,就应该从思想观念、管理体系及人员素质等方面完善组织管理。

1.转变思想观念　随着养老服务业的发展,养老机构工作人员也应当强化市场竞争意识和创新意识,不断提高业务技能和竞争能力。养老机构内的医护人员要不断提高为老年人提供预防、保健、治疗综合服务的专业素质;管理人员要充分掌握现代管理知识,以便对养老机构进行科学管理。养老机构的工作人员要有质量和服务意识,让老年人充分感受到机构的温暖。养老机构要对员工进行相关的法律法规知识培训,既要求工作人员懂法守法,也要让工作人员懂得运用法律保护自身权利,积极培养养老机构工作人员的节约意识,降低经营成本。

2.转变经营理念,提供人性化服务 公办养老机构应当抛弃过去那种一切靠政府的经营思维,切忌追求不切实际的硬件高档化,应转而追求养老服务的质量。部分有条件的养老服务可以引入市场竞争机制,外包给家政服务公司。总之,按照顾客导向理论的要求,以老年人满意为导向,把老年人的需要放在首位,最大限度地满足老年人的实际需求。

养老机构的老年人由于子女不在身边,容易产生孤独感和抑郁,这就要求养老机构要重视老年人的精神需求,要改变过去只注重生活照料的模式,增加各种满足老年人兴趣爱好的设施设备,如图书阅览室、音乐室,定期开展各种活动,如书画比赛、游园活动等,充实老年人的生活。养老机构要积极为老年人开展个性化的服务,每一位具体的老年人的服务需求可能各有差别,这就对公办养老机构提出了个性化服务的要求。个性化服务需要公办养老机构对老年人的需求信息进行搜集、整理,并建立个人需求档案,这些信息除了应包括个人基本信息外,还应该包括习惯、爱好、身体状况等信息,而且每位老人的档案信息应该是动态的,老人有什么新的需求或者需求发生改变都应该被记录在案,以方便下次服务。

3.实施全面质量管理体系 全面质量管理是一种以质量为中心,所有员工共同参与,其目的在于通过顾客满意和所有员工乃至社会都得益最后取得长期成功的管理方法。全面质量管理追求的质量与组织管理目标的实现有关系。全面质量管理作为一种所有员工共同参与管理的管理模式,需要根据机构服务工作的质量管理需要来设立各级管理组织。在制定全面质量管理制度时,要求按照人员职责、工作制度、工作程序以及技术操作规程等来制定各项工作质量的标准并确定质量监控方法。养老机构的护理工作对质量要求很高,一旦出现失误就可能导致护理纠纷甚至是护理事故。因此,有必要对工作中比较容易出现失误的环节制定防范措施,并且实施不定时检查制度,将该环节的考评纳入绩效考核制度。

4.提高员工素质 公办养老机构的长远发展离不开一批专业化的服务队伍。养老机构日常事务包括负责老人的生活起居、保健和特殊护理、娱乐、教育、医疗、心理支持以及纠纷处理等。

根据2011年劳动与社会保障部对养老护理员进行的职业等级划分,养老护理员有初级、中级、高级、技师四个等级。养老机构应鼓励养老护理员参加职业技能培训和职业资格等级考试;在人才队伍建设上,要进行岗前教育和在职教育,具体的培训方法包括对在职人员进行岗位技能培训,或选送优秀人才到正规院校接受教育;聘请相关方面的专家学者到养老机构授课等。

由于养老机构的工作对员工个人职业道德素质要求很高,因此在招聘时,要注意应聘者是否能够有良好的心理素质和积极向上、乐意奉献的心态;要引导员工树立以尊老敬老、爱岗敬业、自律奉献、遵纪守法、以人为本的职业道德;还要组织员工参观先进的公办养老机构,学习先进的经营和服务理念,增强其职业忠诚度。此外还应该做到以下两点:

(1)人性化管理员工:当今社会,以人为本的理念已经深入人心,这就要求管理者不能忽略人的主体地位,在实际管理中要做到人性化管理。所谓人性化管理,也就是在整个管理过程中要充分注意人性要素,充分地尊重人,给予物质和精神激励,给员工以成长和发展机会,帮助员工制定职业生涯规划;养老机构的领导者要注重与下属的平等沟通、换位思考。在与下属沟通时要耐心倾听下属的心声,用心体会;领导者要从职工角度思考问题,尽力满足职工的正当要求;另外,养老机构的领导者还要积极在机构内营造良好的工作氛围,只有职工以乐观的态度、快乐的心情为老年人服务时,老年人才能健康开心地在公办养老机构内养老。

(2)改革用工制度:根据国家相关的劳动用工政策,不论是有编制还是无编制的员工都将实现同工同酬,享受同等权益。而且,随着企业事业单位改革和公办养老机构的逐渐市场化经营,编制名额越来越有限。公办养老机构只有通过改革用工制度才能够留住无编制的员工,激发员工对公办养老机构的认同感和主人翁精神。

(四)社会工作者介入

社会工作是一种通过帮助社会弱势群体预防或者解决经济困难或者不良生活方式,有助于实现个人价值和社会稳定,促进社会和谐的工作。从事这类工作的专业人员通常被称作社会工作者,简称"社工"。在养老机构内引入社会工作专业人才有助于提升养老机构的服务水平。在具体实施时,应注意几个方面:首先,要根据公办养老机构的具体需要确定社会工作者的需求数量;其次,要区分专业社工和兼职社工,无可替代、有特殊需求的技术岗位就需要专职社工,而一般性的志愿性质的工作就需要兼职社工。

根据老年人和机构的需要,积极与职业院校、其他社会公益组织合作组建一支志愿者队伍。公办养老机构要制定志愿者相关的管理办法,做到志愿者服务的规范管理,一方面有助于志愿者了解公办养老机构,另一方面也有助于活跃养老机构的气氛,让老年人更多地与社会接触。

(五)社会化互动

要树立和维护公办养老机构的良好社会形象,就必须首先树立公关意识,加强与社会公众的互动,在内部管理上要不断改进养老服务的质量,提高老年人的满意度。通过媒体,让社会大众了解公办养老机构的运营发展情况,用良好的服务质量赢得社会大众的信赖和支持。

由于很多志愿者活动往往只是学校或单位安排,仅仅是走过场,对公办养老机构实质意义并不大。因此,有必要建立志愿者登记制度,让真正有爱心的志愿者定期到公办养老机构为老年人服务。此外,还可以鼓励发展"时间储蓄银行",让志愿者在公办养老机构的志愿服务经历记录到个人社会服务档案中,这种新型的社会服务形式还有待于公办养老机构和政府行政部门进一步探索。

第三节 民办养老机构的经营管理

在市场机制发挥决定性作用的现代社会,完全依赖政府承担养老机构的建设,无疑是不具有可行性的。因此,支持民办养老机构的发展受到国家政策的鼓励和支持。早在20世纪80年代,民政部门就提出了"社会福利社会办"的思路,并在青岛、上海、广州等13个城市进行试点和探索。2000年,国务院办公厅19号文件《关于加快实现社会福利社会化的意见》提出对民办养老机构在税收、水电管理、金融、城建以及交通等方面都应给予相应的优惠政策。2011年,国务院办公厅出台的《社会养老服务体系建设规划(2011—2015年)》,明确提出了发挥市场机制的基础性作用,积极引导和鼓励企业、公益慈善组织及其他社会力量加大投入,参与养老服务设施的建设、运行和管理。此后,各级政府都提出了具体的实施办法。如上海市浦东新区出台的《新区民办养老机构资金补贴办法》,针对符合条件的民办养老机构按床位数分别给予 10 万元到 20 万元不等的开办经费以及入住老人每人 100 元的补贴;再如福建省 2014 年 4 月出台的《福建省非营利性养老机构省级专项补助资金使用办法》规定,从 2014 年起,包括民办养老机构在内的非营利性养老机构,如果用房属自建且核定床位 50 张及以上的,一次性开办补助提高至每张床位 1 万元;用房属租房、租用期限 5 年以上、核定床位 50 张及以上的则补贴 5000 元,床位运营补贴按年平均实际入住床位数每年每床补贴不低于 2000 元。

部分登记为企业的民办养老机构属于营利性的养老机构,其提供的是养老服务商品,追求利润和效益无可厚非。民办养老机构可以根据国家政策和市场需求的变化快速转变经营方针,调整服务产品,能够提供更为个性化、多样化、特殊化的服务满足老年人的需求。民办养老机构不但能够弥补社会福利产品的不足,缓解国家老龄化的巨大压力,还能够有效拉动老年长期照料服务和护理市场消费,对扩大内需、增加就业具有直接作用,不仅直接提高老年人的生活质量,还有助于老年人子女缓解照料压力和生活负担,促进家庭和谐,可以说民办养老机构的发展对整个国民经济的发展具有巨大的促进作用。

一、民办养老机构的发展现状

随着老年消费群体的增加,越来越多的社会组织、企业、个人进入养老机构行业,尤其是经济发达地区,如杭州爱康温馨家园、杭州金色年华老人公寓、杭州唯康老人公寓、宁波颐乐园、广州寿星大厦、北京太阳城等。2013 年民政部出台的 48 号民政部令《养老机构设立许可办法》规定只要符合相应的内容和服务标准,床位数在 10 张以上就可以设立养老机构,这就意味着今后将有越来越多的小型民办养老机构如雨后春笋般出现。

二、民办养老机构经营存在的问题

有效的管理活动能使组织顺利达到预期目标,使管理活动收到事半功倍的效果,相反,不科学的管理将会让组织遭受损失乃至处于危险境地。目前,我国的民办养老机构在服务方式、管理体制等方面存在一些亟待破解的难题。民办养老机构作为一种新型的养老形式,在我国的大规模发展时间并不长,其经营情况大致可以分为两类,一类是有大集团公司作为后盾的养老机构,资金雄厚、建设标准高、设备设施高档、服务特色鲜明;还有一类是小规模的民办养老机构,职工人数少,用地面积和住房面积小,这类民办养老机构由于分散经营,难以形成规模效应。此外,由于分散经营,无法做到资源共享,一旦床位使用率不高或者资金不足,便可能造成经营困难。而且,由于规模小,知名度和影响力不足,无法与公办养老机构平等竞争。

目前民办养老机构经营管理还面临着诸多困境,概括而言,主要存在以下几个问题:

1. 优惠扶持政策尚未落地　不可否认,国家出台了一系列政策支持鼓励民办养老机构的发展,但目前许多优惠政策尚未落到实处。2000 年国务院办公厅 19 号文件《关于加快实现社会福利社会化的意见》和 2013 年国务院出台的 35 号文件《国务院关于加快发展养老服务业的若干意见》都提出社会力量兴办的社会福利机构享受在投融资、土地供应、税费征收、补贴支持、人才培养和就业政策等方面的优惠政策,如《关于加快发展养老服务业的实施意见》明确提出社会资本投资兴办非营利养老机构,其用地政策按照公办养老机构用地政策,采取划拨方式供地;社会资本投资兴建营利性质养老机构的,可以采用协议出让土地政策,但在实际工作中,不少民办养老机构却只享受到部分或者没有享受到优惠政策。

2.民办养老机构普遍存在经营资金短缺的问题　主要原因有:①养老服务业存在前期投入大、投资周期长、投资回报低的特点,大部分民办养老机构在开办初期都处于亏损状态。②资金来源有限,相对于公办养老机构,民办养老机构很难获得政府投资,其资金来源非常单一,很多民办养老机构甚至负债累累。由于部分民办养老机构负债较多,无法添置新设备设施,这就更加缺乏竞争力和吸引力。很多民办养老机构仍然以家庭或个人合股投资为主,投资规模较小;在房屋和土地方面,多以租地自建和租房改建为主,难以形成长期投资;由于资金不足,很多民办养老机构需要靠民间借贷,规模较小,但利率较高,这就给民办养老机构造成了严重的债务负担。这些民办养老机构大多设施简陋,缺乏必要的医疗设施和老人康复训练设施。

3.部分民办养老机构服务项目和功能不健全　在服务项目上,许多民办养老机构只能满足吃住服务,缺乏专业服务人员和设备设施,对于健康教育、娱乐活动等需求则无法满足。民办养老机构由于不能提供像公办养老机构那样的正式编制,很难吸引专业人员进入,有的民办养老机构为了维持较低的运营成本,聘用了大量缺乏专业素养的临时工作人员,这就造成工作人员离职率高,队伍不稳定,无法提供专业化的服务。

4.部分养老机构服务意识不强,缺乏人性化服务　目前我国大多数民办养老机构还不能按入住老人的具体需求来提供服务,而是根据一般性的规章制度和固定程序提供统一模式的服务,缺乏个性化的服务和人情味。在管理上,由于还没有专门性行业组织或政府组织对民办养老机构进行统一领导,缺乏独立的行业标准和行业管理规范,目前民办养老机构的服务模式还较为混乱,与老年群体的服务需求并不相符,长此以往将对民办养老机构的发展有害无利。

5.市场定位不清　在市场定位上,很多民办养老机构定位不清,功能混乱,无法形成差异化经营。很多民办养老机构收养对象从失能老人、残障老人到健康老人无所不收,也没有根据老人的身体状况进行评估。从长远来看,这对培养民办养老机构的专业化和品牌发展都是不利的。

6.医疗资源有限　老年群体的医疗需求较大,按照国家的有关规定达到一定规模的养老机构应配备医务室,这也就对民办养老机构的医疗服务提出了一定的要求。目前很多民办养老机构没有配备医务室,或者虽然配备了医务室但是医务室也只有简单的药品,能起到的作用十分有限。

三、民办养老机构的经营策略

2000年以来,国务院和民政部陆续出台了《关于加快实现社会福利社会化的意见》《国务院关于加快发展养老服务业的若干意见》《养老机构设立许可办法》等文件支持社会力量兴办社会福利机构,并支持民办养老机构在投融资、土地供应、税费征收、补贴支持、人才培养和就业政策等方面享受优惠政策,此后各级地方人民政府也出台了相关方面的细则。因此,民办养老机构的发展必然成为一大趋势。如何对民办养老机构进行经营管理则成为重要的问题。

(一)充分的市场调研,准确的市场定位

市场调研是运用科学的方法,有计划、有目的地搜集、整理、分析市场供求信息、资源情

报等,把握市场规律和机遇,从而为制定营销策略和企业决策提供有价值信息的管理活动。养老服务业前期投资大,成本回收时间长,是一个有风险的微利行业,投资人在投资前要有清醒的认识。在投资前,必须做好充分的市场调查、分析和论证,然后进行投资决策。应充分考虑老年人需求的差异性,在市场竞争中,根据自身优势和特色选择恰当的竞争策略。

虽然国家出台了一系列优惠政策支持民办养老机构的发展,但是目前而言与公办养老机构相比,民营养老机构在资金、土地、规模等多方面还是存在很大差距。因此,民办养老机构就必须慎重进行市场定位,而不是选择直接与公办养老机构展开价格竞争。首先,要识别潜在的竞争优势,民营养老机构要充分了解当地公办养老机构的养老服务产品定位,区域内老人养老需求满足状况,本养老机构能提供何种服务,要回答这三个问题,就必须进行科学的市场调研活动;其次,要明确本民办养老机构在经营管理、技术开发、采购、生产、市场营销、财务和产品等七个方面是否具备优势;最后,要制定符合本机构实际的市场策略。

(二)寻求政府和社会的支持

尽管与公办养老机构相比,目前政府对民办养老机构的支持力度不够,但是国务院和地方各级政府出台支持社会力量进入养老服务行业的各项规定,还是对民办养老机构的发展给予了很大的鼓励和支持。民办养老机构应该积极与当地政府联系,积极协调落实优惠政策。如广东省2012年出台的《关于加快社会养老服务事业发展的意见的通知》规定"经县级以上民政部门批准、符合建设项目管理规定的新建、改扩建的非营利性民办养老机构,珠三角地区按每张新增床位不低于5000元、其他地区按每张新增床位不低于3000元的标准给予补助;各地对建成开业的养老机构可给予一定的运营补贴"。2014年杭州市出台的《杭州市人民政府办公厅关于鼓励社会力量兴办养老服务机构的实施意见(试行)》规定,"对取得《养老机构设立许可》并依法登记的养老机构集中护养型床位给予建设补助。对主城区用房自建的非营利性养老机构的补助标准为每张床位6000元,租赁用房的非营利性养老机构的补助标准为每张床位4000元,各主城区政府(管委会)按不低于市财政的补助标准给予配套补助;对萧山区、余杭区及五县(市)用房自建的非营利性养老机构的补助标准为每张床位3000元,租赁用房的非营利性养老机构的补助标准为每张床位2500元,萧山区、余杭区及五县(市)政府按不低于市财政的补助标准给予配套补助。营利性养老机构按非营利性养老机构补助金额的80%予以补助"。

再者,民办养老机构也应该积极与社会公众互动,让社会大众了解民办养老机构,积极争取社会慈善组织的捐赠。此外,随着民办养老机构的逐步壮大,民办养老机构应该建立自己的行业协会,一方面有助于行业内部相互沟通和交流,另一方面也可以借助行业协会向政府表达民办养老机构诉求,谋求行业发展的优惠政策。

(三)提高员工素质

人才是组织最重要的资源,组织的发展离不开专业人才,民办养老机构的经营管理同样需要具备相关专业知识的人才。目前,很多民办养老机构的从业人员离职率高、专业素质缺乏。很多从业人员都来自农村,虽然他们勤劳肯干,但是缺乏专业知识,又没有接受过专业培训,很难在第一时间处理老人的突发情况,而且,现有世俗观念也往往让从业人员感觉社会地位不高,这也是导致养老护理从业人员离职率高的重要原因。因此,民营养老机构必须提高员工素质和对职业的认同感。

　　另一方面,民办养老机构也要加强养老护理员队伍建设。早在 2002 年,人事劳动保障部门就颁布了国家级职业标准《养老护理员国家职业标准(试行)》。民办养老机构应按照《养老护理员国家职业标准》的要求,积极鼓励养老护理员参加养老护理培训和职业技能鉴定,考取职业资格证书,并将证书等级和薪酬挂钩,切实提高民办养老机构的专业化服务水平。

(四)重视规模经营

　　规模经济学认为,"在特定时期内,企业产品绝对量增加时,其单位成本下降,即扩大经营规模可以降低平均成本,从而提高利润水平"。虽然民办养老机构作为非营利组织不能将追求经济利益作为组织目标,但非营利组织并非不能盈利,否则组织便无法长期运转。民办养老机构可以适当地扩大规模,克服因为规模小、经营分散带来的效率低、成本高等问题。2013 年,民政部颁布的《养老机构设立许可办法》规定了设立养老机构只需要满足床位数 10 张以上、有与服务内容和规模相适应的资金等条件,今后必然出现很多规模较小的民办养老机构,届时就需要民办养老机构组成各种形式的合作组织,或由政府牵头达成某种形式的合作关系,共享部分资源,以达到降低成本的目的。

(五)创立自身品牌,打造特色服务

　　品牌是消费者对企业产品及其服务的认可,品牌往往比产品本身更具有生命力。民办养老机构要想获得较好的市场回报,就必须重视品牌建设,以老年人为本,注重每一个服务环节的服务质量;增加服务的种类,尽量满足老年人在物质、医疗、精神等方面的需求。

　　有条件的民办养老机构还可以实施连锁经营。所谓连锁经营,就是在企业确定发展目标后,以品牌定位为基础,对企业进行长远规划,创立企业品牌,完成企业的纵向发展。民办养老机构在连锁经营过程中需要把分散的经营主体组织起来,统一机构名称和标志让连锁民营机构区别于其他养老院;统一广告、信息,统一核算,有益于降低总成本;统一调配养老服务人员,降低分散经营带来的离职率高、培训困难等问题。

案例

上海日月星连锁养老集团

　　该集团是集现代养生养老、医疗护理、康复医疗为一体的专业养老机构,目前分设机构有上海杨浦区日月星养老院、上海徐汇区日月星养老院、上海浦东新区日月星养老院、宁波市日月星养老院、上海日月星护理院、上海爱以德护理院等多家养老院和老年医疗机构。该集团探索出了一条多元化、连锁化发展养老产业的成功之道。

　　2013 年,国务院出台的第 35 号文件《国务院关于加快发展养老服务业的若干意见》提出积极推进医疗卫生与养老服务相结合,要求各地探索医疗机构与养老机构合作新模式。2013 年,浙江省温州市出台的《关于鼓励社会力量兴办养老机构的若干意见》提出重点支持以收养失能、半失能、失智老年人为主,提供长期照护服务的护理型养老机构,并在贷款、医护资源、医保定点资格等多方面出台了支持细则。不难看出,国家对于发展医养结合型养老机构支持力度较大。因此,民营养老机构可以考虑将"医养结合"作为自身的品牌特色。

(六)与多方合作,借助各方优势,形成优势互补

　　民办养老机构应借助医学院校的力量,积极培训养老服务人员,并积极争取人事劳动保

障部门的支持,鼓励本机构内的养老护理人员参加职业技能培训,考取职业资格证书,逐步实现养老服务人员的职业化和专业化。民办养老机构应与大医院以及社区医院展开合作,在机构内开设医疗点,争取在医疗机构内,为老年人开设绿色通道,积极记录老年人的健康信息,保证老年人遇到急症时能得到及时救治。有条件的民办养老机构还可以申请自办医疗机构,并申请医保定点,使得老年人能在民办养老机构内使用医保卡就医。民办养老机构还应该积极与保险公司合作,购买相关意外伤害险或者长期照料保险,以此降低风险,避免纠纷,确保机构运营正常。

(七)重视营销策略

民办养老机构与一般性企业一样,若想在激烈的市场竞争中占据一席之地,就必须科学地制定其营销策略。一般而言,营销策略有三种:无差异营销、差异营销、集中营销。养老机构要选择恰当的营销策略,运用得当才能够收到预期效果。制定营销策略的过程中应考虑如下要素:

1.养老机构的资源能力   如果企业掌握资源的能力有限而市场较大,集中营销则是必然选择;但是从养老服务市场的性质和现状来看,简单的集中营销明显不利于民办养老机构的发展。

2.养老服务产品的同质性   如果企业所生产的产品基本同质或差异不大,则一般采取无差异营销策略;从现有养老机构的经营状况来看,服务类产品差异性非常大。

3.市场同质性   老年人群体内部身体状况和经济状况差异很大,其需求也必然存在很大的差异。因此,差异化营销策略成为民办养老机构发展的必然选择。

民办养老机构在制定恰当的营销策略时,应该围绕老年人的生理、心理需求特点,尽量提高老年人对于服务的满意度。民办养老机构的负责人应当树立服务营销的意识,通过养老服务人员与老年人充分沟通,让老年人的服务预期与实际服务水平保持一致,并且要求服务人员在整个服务过程中保持一定的灵活变通能力,实施差异化、个性化的服务。在产品上要注意养老服务产品是否符合入住老人的需求;在价格上既不能过高,也不能过低,在考虑成本收益比例的同时又要让老人能够接受;在推广上,要注意信息是否能真正让老年人接收到,能否真正扩大知名度和美誉度;在与周边利益相关者关系上,要有与政府、社区、周边学校等建立联系的意识,如将周边社区孤寡老人接到养老机构体验生活,鼓励周边志愿者到机构服务,寻求当地政府的支持等。

案例

杭州金色年华退休生活中心

该中心推出了居家服务与养生护理特色服务,以出售床位为主,一般安排一家入住一个房间,每月费用为 3000～6000 元,价格高出很多公办养老机构和其他民办养老机构,但该中心还是吸引了很多老年人入住,而且一般情况下老年人入住至少得排 2～3 个月的队,服务供不应求。

第四节　农村敬老院的经营管理

农村敬老院一般由乡镇政府部门或村级自治组织开办,主要为农村"五保"老人或其他孤寡老人服务。农村敬老院经营管理工作的好坏对农村社会的稳定有极大的影响,农村敬老院的经营管理工作不容忽视。

一、农村敬老院的发展现状

进入 21 世纪以来,我国人口老龄化的速度加快,而农村由于城市化加剧、青年劳动力入城务工等因素,老龄化问题尤为严重。《中国老龄事业发展报告(2013)》蓝皮书指出,截至 2012 年年底,我国老年人口数量达到 1.94 亿,其中 60% 的老年人生活在农村。早在 2006 年,为了促进农村社会保障制度的发展,国务院第 121 次常务会议通过《农村五保供养工作条例》,随后各级地方党委和政府积极出台各项规章制度支持农村敬老院事业的发展,如浙江省出台了《浙江省实施〈农村五保供养工作条例〉办法》《农村敬老院管理暂行办法》等。

近 10 年来,我国农村敬老院的住养条件、服务水平普遍得到了改善和提高。在数量上,2012 年我国农村敬老院已接近 3 万家,部分农村敬老院还积极争取慈善组织的帮助来改造内部设备设施,培养养老护理队伍。如自 2007 年以来,沈阳市的 29 家农村中心敬老院得到了沈阳市慈善总会"关爱夕阳——农村中心敬老院援建项目"的支持,援建了庭园建设、蔬菜大棚、生猪养殖基地及农村长年病人托管中心购置康复器械等项目,对改善该市的农村敬老院条件起到了重要作用。还有部分地方敬老院大力发展院办经济,很大程度上缓解了敬老院经济紧张的局面,如安徽省肥东县的乡镇敬老院均建有专门的菜地、猪舍、鸡棚等,成功实现年产蔬菜 78 吨、出栏生猪 300 多头、养鸡约 1600 只,少数乡镇敬老院甚至还可实现蔬菜和肉类"自给自足"。在硬件建设方面,部分敬老院也有了很大改善,以天津市津南区小站镇津南颐养院为例:该院的建设面积达到 3.2 万平方米,床位 1000 张,总投资 1.2 亿元,该敬老院将老人们居住的房间都安排为朝阳,宿舍内部地板采暖,还配备有应急呼叫器、空调、电视、热水器等设施;楼梯高度也是按老人行动特点专门设计的;棋牌室、放映厅、沙狐球室、网吧等一般只有在城市才能看到的硬件设施也能在这看到,该区农村"五保"老人甚至城镇的"三无"老人也都能够免费居住,可谓衣食无忧。

二、农村敬老院经营管理存在的问题

我国农村敬老院的发展仍然存在很多的现实问题,一方面我国农村老龄化逐年加剧,失能半失能老人逐年增多,另一方面农村敬老院的相关体制不健全,设备设施不完备,部分养老机构闲置率高。具体而言,农村敬老院存在以下几个问题:

1.缺乏资金投入,条件落后　农村敬老院的发展仍然严重缺乏资金投入,致使农村敬老院供给不足,规模小,服务项目不多,服务水平低,存在长期照护专业护理人员严重缺乏的情况;部分农村敬老院的设备设施陈旧,且由于规模较小,没有设置医务室,无法提供基本的医疗服务。我国农村空巢家庭已经接近半数,但农村敬老院提供的养老服务与老年人养老的需求不相适应。

2.服务人员待遇低,素质差 目前农村敬老院从业人员数量少,且普遍存在着文化水平低、年龄偏大、总体素质不高等问题。另外,由于收入低,保障水平低,工作负荷较重,难以吸引养老服务人员在敬老院长期工作。

3.过多依赖政府投入,机制僵化 农村敬老院还存在着过多地依靠政府投入的问题。农村敬老院机制僵化,政府部门大包大揽,有的农村敬老院虽然有自我发展的潜力,但存在等政府补贴、等政府计划的僵化思想。

4.部分农村敬老院主体性质不明,权责不清 国务院《农村五保供养工作条例》规定:"县级以上地方各级人民政府民政部门主管本行政区域内的农村五保供养工作。乡、民族乡、镇人民政府管理本行政区域内的农村五保供养工作"。"县级人民政府和乡、民族乡、镇人民政府应当为农村五保供养服务机构提供必要的设备、管理资金,并配备必要的工作人员"。农村敬老院接受民政局与乡镇政府的双重管理,但在实际操作时,往往出现敬老院地位模糊,人员编制无法确定,甚至出现工资不能按时发放的现象。

5.思想观念滞后 在思想观念上,农村地区部分老人和子女认为入住养老机构"没有面子"、"子女不孝",不愿意入住。此外,农村敬老院方面,由于担心老人容易出现"意外事故",农村敬老院的管理部门存在"多一事不如少一事"的思想,不愿收治失能、半失能老人。

三、农村敬老院的经营策略

农村敬老院是农村重要的社会福利机构。一般的农村敬老院,由于地理、交通等多方面因素,限制了其发展,但同时农村敬老院也可以利用自身特点,变劣势为优势,走出具有自身特色的发展道路。

(一)深入学习国家相关政策

有关农村敬老院的相关政策较多,主要有农村最低生活保障政策、新农村合作医疗政策、新农村建设相关政策和国家"三农"政策等。早在1997年民政部就发布了《农村敬老院管理暂行办法》,鼓励和提倡企业、事业单位、社会团体、个人兴办和资助敬老院。近两年国家在养老服务行业发展方面出台了许多新政策、新规定。因此,农村敬老院的负责人还要关注最新的相关政策,根据自身条件和特点支持和推动敬老院的发展。农村敬老院的负责人要积极为老年人争取基本生活保障、基本医疗和大病医疗等方面福利政策,为农村敬老院的员工在工资、编制、社会保障等方面争取更好的待遇。

(二)提高管理水平和人员素质

提高农村敬老院人才队伍的业务能力和素质,提升管理层次和水平是农村敬老院发展的保证。农村敬老院的管理一直比较薄弱,要改变这一状况,应从以下具体措施入手:

1.敬老院负责人的聘用问题 按照民政部的规定,敬老院院长由乡镇人民政府(村办敬老院由村民委员会)选派,院长必须是政治上可靠,具备一定的知识文化水平和管理能力,对敬老院的工作有热情和耐心,能对工作负责的人。

2.其他一般服务人员的聘用 《农村敬老院管理暂行办法》规定要采取合同制,实行公开招聘,其基本条件是:热爱敬老养老工作,有一定文化水平,身体健康,责任心强,吃苦耐劳。从事财会、医疗等专业工作的人员应当具备一定的专业技能,招聘时要以岗定人,以人定位,以位定责,以责定酬。对于敬老院的工作人员,要尽量提高其待遇,只有适宜的待遇才能留住高素质的人才。

3.对敬老院工作人员进行的各项培训　包括岗前培训和在职培训,培训的内容应包括护理知识和技能、职业道德和相关法律法规。

4.建立完善的农村敬老院内部管理制度　这些制度应包括负责人任期目标责任制度、服务人员责任制度、院务公开制度、财务管理制度、服务人员绩效考核制度等一系列管理制度,使管理工作有章可循。如江苏省启东市民政部门就通过提升中心敬老院级别为市民政局直属单位,明确敬老院供养经费由市、镇两级财政按7:3比例分摊;社会化招聘中心敬老院的院长、副院长、会计及服务人员;对敬老院的各项管理制度化、服务标准星级化等办法提高了中心敬老院的管理效率和管理水平。

(三)提高床位使用率,充分利用闲置资源

家庭养老是我国农村传统的养老模式,但随着社会和经济的发展,农村养老观念有所改变,农村家庭结构和人口规模也发生了明显的变化,农村家庭的赡养功能在逐渐退化。农村敬老院最初主要以接纳当地的"五保"老人为主。随着农村经济社会事业的快速发展,敬老院的配套设施日趋完善,服务水平也不断提高。在这样的背景下,入住敬老院的养老方式成为很多农村老人的一种新选择。然而目前,部分地方的农村敬老院床位闲置率过高,资源浪费现象严重,多数敬老院运营服务范围比较局限,只为辖区内的"五保"老人提供服务,呈现"'五保'老人住不满,其他社会老人想住不让进"的怪圈。在此情况下,部分敬老院如果转换管理机制和服务功能,突破原先只收"五保"老人的限制,将剩余床位向社会开放,提高经营效率,增强发展能力,这样既能增加敬老院的收入,又可以盘活现有资源,为更多的社会老人服务,同时也解决了在外务工子女的担忧,让老人子女在外安心工作。

(四)加大养老设施投入

现阶段,政府还应该将农村"五保"工作列入县、乡(镇)两级政府综合考核内容,全面建立"政府领导、民政主管、部门协作、镇村落实、社会参与"的工作机制。虽然农村敬老院不能抱有完全依靠政府财政补贴的依赖思想,但由于农村敬老院的社会福利性质,政府的财政投入理所当然,尤其是在部分经济落后地区,农村敬老院还处于较低的发展水平,设备设施十分陈旧,土地、房屋条件严重不足,在这种情况下,没有政府的投入,农村敬老院便无法实现有效的经营管理。因此,应积极争取政府把敬老院的经费投入列入年度财政预算,并根据经济增长状况,保持不低于财政收入的增加的速度。部分农村敬老院还可以积极与当地政府协商,申请将中小学布局调整后闲置的校舍资源改建为敬老院。

(五)创新思维,发展院办经济

1997年3月,民政部发布的《农村敬老院管理暂行办法》第十九条规定:"敬老院可采取多种形式开展生产经营活动,兴办经济实体,生产经营收入归敬老院集体所有,用于院内扩大再生产和改善供养人员的生活条件,任何单位和个人不得侵占、挪用"。第二十条规定:"鼓励供养人员参加力所能及的生产劳动和经营活动,并根据生产和经营效益给予适当报酬"。第二十一条规定:"地方人民政府和有关部门对敬老院的生产经营活动,应当按有关规定给予优先和优惠"。我国大部分农村老人都有劳动的习惯,因此有条件的农村敬老院可以因地制宜,利用好现有的劳动力,宜农则农,宜林则林,宜牧则牧。一方面,充分利用了闲置土地和现有资源,让敬老院能够自我供给一部分瓜果蔬菜粮食等;另一方面,适当劳作,对于

老年人身心有益。农村敬老院可以邀请乡镇懂得农林牧业管理的技术员指导有劳动能力的院民,让其掌握一定的经营管理技术。敬老院还应当争取当地政府的政策支持,让敬老院由纯粹福利型向福利经营型转变,如尝试经营小果园、修建门面店铺出租,总之要增强农村敬老院自身的"造血"功能。因此,有条件的农村敬老院可以探索出适合当地特点,有当地特色的院办经济道路。

▦▦▦ 案例分析 ▦▦▦

案例1

杭州公办福利院的火爆与民办养老院的冷清

杭州市第三社会福利院是一家由杭州市政府主办的、目前该市最大的公办养老机构,地处杭州江干区北秀景区皋城村虎山南麓。该福利院占地面积112666.67平方米,绿地率35.5%,建设规模90688.46平方米,设计床位2000张(自理、非自理老人床位各1000张),老人居住用房1100余间。值得注意的是杭州市推拿医院也在第三福利院院内,这就为福利院的医疗服务提供了重要保障。该医院设有内科、外科、中医科、口腔科、骨伤科、急诊科等科室。入住该福利院的老年人必须符合一定的条件,基本条件包括:①杭州市区常住户籍,年满60周岁;②无传染性疾病和精神类疾病;③身体状况、生活习惯、性格趋向、精神状况等适合过集体生活。入住前,院方将委托第三方评估机构上门评估,根据评估分值按自理、特护、失智三类进行排序,评估分值高的将优先入住。评估主要侧重于生活自理能力、认知能力、年龄情况、居住环境等指标。生活自理能力、认知能力作为区分自理老人、特护老人、失智老人的依据;年龄情况、居住环境作为评价哪些老人是最迫切需要入住养老机构的依据;同时还设置了附加参数,侧重社会贡献。2011年刚开始建设时,该福利院就备受关注,在2013年尚未开放时,就已有2100位老人进行预约,可以说是异常火爆。

然而,相比之下,民办养老机构的运营状况却不容乐观。部分入住率低的民办养老院甚至持续亏损,陷入负债经营的困境。杭州爱康温馨家园就是一个典型的例子,该机构位于艮山西路与秋涛北路交叉口,是杭州市区内较大的民办养老机构,共有858个床位。开办一年之内,入住率不到20%,现在仍有600余张床位空余。收费标准依据房间类型与护理等级而定,床位费、护理费、伙食费等全部加起来,一般为1800～2500元/月。存在类似情况的还有位于富阳市新登镇的温馨养老院,开业半年,80%以上的床位处于空置状态,该养老院以双人间为主,有少量单人间和三人间,平均收费1500元/月。为了避免浪费,无奈之下,该院只好将床位提供给条件困难的孤寡老人,免费入住、免费护理,老人承担每月300～500元的伙食费;对于空巢老人入住的,也提供部分优惠服务。

当然,民办养老机构也不是没有成功的例子。位于杭州市转塘街道的金色年华退休生活中心可以说是杭州民办养老机构中的"成功典型",一般情况下老年人入住至少得排2～3个月的队,且只接纳有自理能力的老人。该中心运营模式较为特别——分居家服务与养生护理两类。养生护理以出售床位为主,不过通常都会安排一家人住一个房间,每月费用为3000～6000元。金色年华退休生活中心坐北朝南、三面环山,既安静又不远离市区,入住的大多是本地老人,经济比较宽裕,对生活质量要求很高。尽管目前床位全满,但由于开销庞大,金色年华退休生活中心还是处于保本运营的状态。

从杭州市民政局的现有统计数据来看,虽然民办养老机构在数量上占优势,但现实生活中,不少老人宁愿等上五六年,也要进公办养老院。这种冷热不均的现象是由多种因素共同导致的。

(1)理念问题:一些老人认为"公办的肯定比民办的好"。老人在情感上对国家有所依赖,容易先入为主地进行优劣区分。

(2)交通与服务问题:公办养老院多位于市区内,交通十分便捷;民办养老机构选址灵活,有的在城市周边区域,较为偏远。公办养老院管理规范,护理人员都受过专门培训;民办养老机构的工作人员流动性相对较大,在服务质量上可能出现参差不齐的状况。

(3)价格问题:公办养老院有政府资金补贴,属于社会福利机构,收费一般为每月1000元左右;民办养老机构自负盈亏,为了维持运作,价格通常要高一些。相比之下,平民化、大众价格的公办养老院显然更受生活节俭的老人们欢迎。

民办养老机构也有一定优势。民办养老机构的硬件设施通常比公办养老院更加完善,除生活基础设施之外,还会添加许多休闲、娱乐、疗养设备。因为需要盈利以维持正常运作,管理人员会更加注重服务质量与品牌建设,入住老人也能拥有更多选择。大部分民办养老机构的价格并不像大家想象的那么"高不可攀",各项费用加起来,还是控制在多数人能够承受的范围内,属于微利行业。"规模较大的民办养老机构创办前几年经营都会比较困难,要经过一段时间才能正常运行,这差不多都成规律了。"杭州市民政局的工作人员表示国家现在也会对民办养老机构提供一定的资金补助,今后民办养老机构和公办养老院的收费标准要统一接轨,以便更好地解决养老问题。

(参考资料:浙江在线新闻网站 http://zjnews.zjol.com.cn/system-10/18/019653301.shtml)

案例 2

天津津南颐养院的差异化经营战略

天津市津南区小站镇津南颐养院是一家集中式敬老院。现在的颐养院建设面积3.2万平方米,床位1000张,总投资1.2亿元,由区政府按三星级宾馆标准投资修建。在此之前,津南区撤并了原来8个镇级养老院,所在乡镇小站镇划拨了专门地块,新建了集养老、护理、教育、娱乐、临终关怀等综合养老服务于一体的津南颐养院。同时吸引民营资金开办了建有配套医院的天同医养院,通过差异化经营,满足不同层次老年人的养老需求。

该敬老院老人们居住的房间全部朝阳,房间内地板采暖,还有应急呼叫器、空调、电视、热水器等设施;楼梯设计高度适应老人行动特点;棋牌室、放映厅、沙狐球室、网吧……这是在颐养院里见到的硬件设施。在这座宾馆式的养老院里,津南区的城镇"三无"老人和农村"五保"老人免费居住,衣食无忧。颐养院院长刘玉文告诉记者,在保证"三无"老人、"五保"老人安度晚年的同时,利用现有硬件资源对社会寄养老人提供商业化养老服务,两类老人享受完全相同的护理待遇。颐养院现有500多位老人入住,其中"三无"老人、"五保"老人130多人,老人们的午餐是炖鸡腿、清炒菠菜、土豆丝和西红柿鸡蛋汤,主食有米饭、馒头、黑米糕。全凤译和王宝兰老两口今年一位85岁,一位76

岁。两位老人表示"这儿的服务很周到,医院还是医保定点的,还有120救护车可以转院,常见病都能在这解决!"天同医养院负责人张院长说,为方便老人回家,养老院还专门购置了班车,每周末送老人们回家,周一再把老人们接回来,非常受老人们欢迎。不管是商业还是公益性质,养老院都需要巨大的前期投入,更需要政府和社会的支持。

(参考资料:人民网 http://politics.people.com.cn/GB/70731/17541251.html)

案例3

医养结合模式下的民营养老院

对于老年人而言,医疗需求是最简单也是最需要满足的需求之一,"老有所医"是他们看重的必要保障。由于养老机构缺乏医疗资源,医疗和养老成为了一对矛盾。如果民营养老机构能将这一矛盾解决好,那就可能成为该机构的品牌特色。

上海和佑养老集团是一家专业的投资、策划、管理中高端养老机构和老人健康护理中心的国际化养老机构连锁公司。该公司创立了"和佑尊长园"养老服务品牌,采用直接投资、品牌授权和提供专业化的连锁管理模式进行运营管理。该公司目前拥有和佑尊长园、和佑老年医院、和佑养老大学、和佑护理照料中心、和佑护理培训学校、和佑养老设备用品公司等多家专业机构(该公司组织架构如图9-1所示),能为入住老年人提供不同星级的配套设施,各式各样的养老、医疗、护理、照料服务。

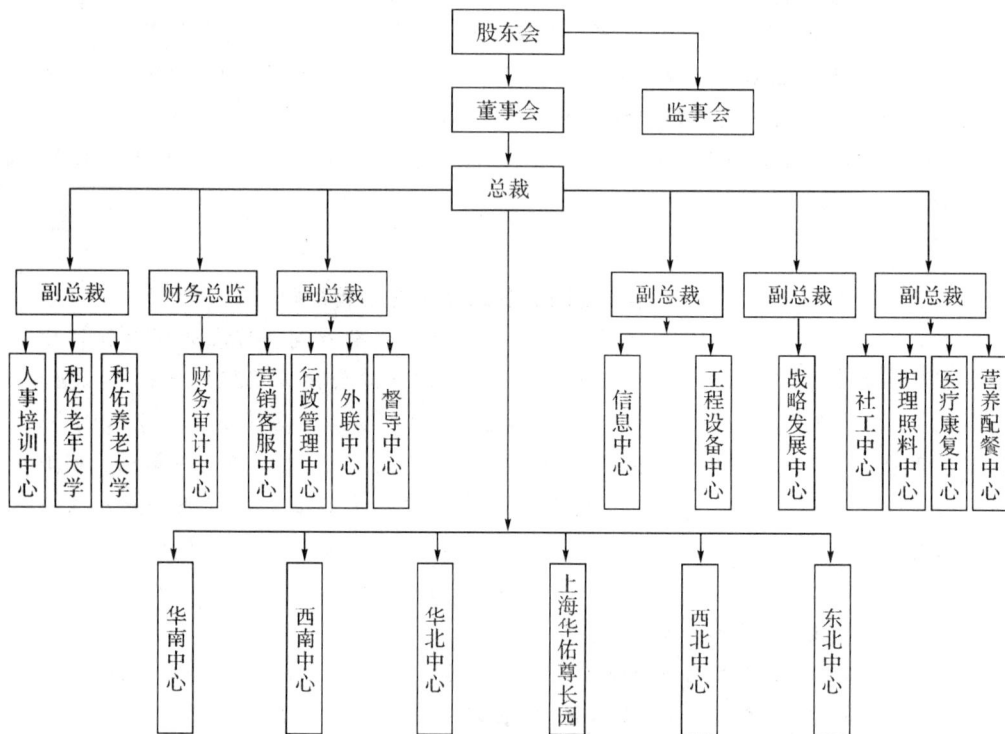

图9-1　上海和佑养老集团组织架构图
(资料来源于该公司网站)

上海和佑养老集团将入住老人的条件限定为:①年满50岁;②无传染病、精神病;

③失能、半失能;④能适应集体生活。在服务项目和服务特色上,该集团将其概括为"三大承诺":没有异味、没有压疮、没有孤独;"六疗":医疗、药疗、食疗、心疗、动疗、水疗;"九师":医师、护师、护理师、营养配餐师、康复训练师、心理咨询师、社工师、水疗师、形象设计师。

和佑养老集团在发展过程中逐渐形成了自身独特的文化,其集团文化的主要内容包括以下几点:

集团愿景:让每位长者都有一个幸福的晚年;

集团宗旨:一切为了长者;

集团文化:尊长文化、白手套文化;

集团承诺:无异味、无压疮、无孤独;

集团使命:代忙碌儿女尽孝、替孤独父母解愁、为党和政府分忧;

集团作风:严谨,务实,善学,创新;

集团管理理念:关爱,信任,专业,和睦,共生;

集团服务精神:专业,专注,专心;

集团精神:崇尚自然,上善若水,热爱生活,激情洋溢,意志坚定,阳光喜乐。

和佑养老集团的发展战略主要包括以下内容:

1.一个品牌——和佑尊长园;

2.两个领域——养老和医疗;

3.三大业态——机构养老、社区/居家养老、国际退休养生社区;

4.四高对象——高需求、高年龄、高品位、高收入;

5.五个输出——输出品牌、输出团队、输出管理、输出模式、输出标准;

6.六大产业——全国连锁星级养老院(养老社区地产开发)、全国连锁高等级老年医院(含老年护理院)、全国连锁专业化医院护理中心、养老设备及用品开发、社区日间照料中心、和佑养老大学;

7."七化运营"战略:服务人性化、团队专业化、管理规范化、设备智能化、模式科学化、品牌国际化、发展连锁化;

8.八种集团发展模式:民政系统社会福利院加盟连锁养老院、地产开发商社区养老院(含养老社区)、同业加盟特许连锁(含市区护理院连锁)、市区老年医院连锁、医院护理中心全国连锁。

为了扩大规模,该公司采取了多种连锁合作模式。这些模式主要包括:

(1)直营连锁之委托经营管理,具体还分为8种模式:①政府投资兴建养老院,委托上海和佑养老集团进行经营管理;②房地产开发商投资兴建养老院,委托上海和佑养老集团进行经营管理;③保险公司投资兴建养老院,委托上海和佑养老集团进行经营管理;④国内外老龄产业基金兴建养老院,委托上海和佑养老集团进行经营管理;⑤医院投资兴建养老院,委托上海和佑养老集团进行经营管理;⑥各种宗教机构兴建养老院,委托上海和佑养老集团进行经营管理;⑦国内外慈善公益组织投资兴建养老院,委托上海和佑养老集团进行经营管理;⑧其他社会组织投资兴建养老院,委托上海和佑养老集团进行经营管理。

(2)直营连锁之租赁经营管理,具体还分为以下8种模式:①旧机关大院租赁改造;

②旧宾馆、酒店、招待所租赁改造;③旧学校租赁改造;④旧医院租赁改造;⑤住宅小区(整体或局部)租赁改造;⑥康复中心租赁改造;⑦风景区物业租赁改造;⑧其他机构的物业租赁改造。

为了确保机构的专业服务质量,该机构还对员工进行团队培训,具体内容包括:

1. 集团负责对合作项目选派的护理、康复训练、心理咨询、保健按摩、营养配餐等专业团队人员进行全面、系统、专业的岗前培训和技能提升培训;

2. 不同的岗位设计合理的学习课程;

3. 根据学员的学习和结业考核情况,在课程结束时对合格人员颁发国家承认的资格证书、和佑集团护理培训学校培训证书。

以河南荥阳和佑尊长园为例:该养老院坐落于荥阳东区,环境优美,距郑州市中心25千米。园区占地26000多平方米,拥有房间123间,各种功能室16个,共有298张床位,280位护理人员及75位综合服务人员(医师、护师、护理师、营养配餐师、康复训练师、心理咨询师、社工师、水疗师、形象设计师),全员持证上岗。园区完全采用美国养老机构的行业标准和国际惯例,并结合中国传统建设集护理、医疗、康复、养老、修行为一体的宾馆化、无障碍、园林化、医护型的养老中心。目前该养老院主要针对患有老年病的自理、半自理与非自理的老年人提供护理、医疗、康复、养老等全方位、全级别的医疗护理与生活照料服务,是一家医疗康复比较全面、护理较为全面、服务人性化、设备智能、管理科学的医疗护理型养老机构。

对于很多养老院的负责人而言,如何解决老人的医疗问题一直是一大难题,始终是他们关注的"焦点"、纠结的"心病",和高级护理人才匮乏相对应的,是卫生所等基层医疗机构审批的高门槛。自从该养老院加入河南省老年医养协作联盟后,医院的医生、护士每月都会上门免费随诊一至两次,养老院的老人每月也都能收到体检反馈表。通过这样的机制,哪位老人该重点看护,哪位老人要及时送医就有了明确的答案,而这些是无法依靠养老院单独完成的。据了解,在郑州市40多家市级养老机构中,民办养老院占了绝大多数,这其中只有两家"大腕"级的有自办医院。河南省老年医养协作联盟的成立不仅在于打破了医疗机构与养老机构"各自为政"的局面,而且由于牵头单位为郑州市第九人民医院,另有郑州31家养老机构加盟,实现了区域内的医养协作、双向转诊,老年患者的医养需求在这个"联盟体"内能得到"一站式"满足。

(参考资料:新华网河南频道 http//www. ha. xinhuanet. comzfwq2013-07/04/c_116398682.htm)

参考文献

[1] 李立新.管理学[M].北京:北京理工大学出版社,2011.

[2] 段利忠.管理学基础[M].北京:中国中医药出版社,2010.

[3] 赵惠芳,李沛强.管理学[M].杭州:浙江大学出版社,2011.

[4] 宋克振,张凯.信息管理导论[M].2版.北京:清华大学出版社,2012.

[5] 李东进,秦勇.管理学原理[M].2版.北京:中国发展出版社,2011.

[6] 邢以群.管理学[M].北京:高等教育出版社,2011.

[7] [美]彼得·德鲁克.非营利组织的管理[M].吴振阳等,译.北京:机械工业出版社,2009.

[8] 黄耀明,陈景亮,陈莹.人口老龄化与机构养老模式研究[M].长春:吉林大学出版社,2012.

[9] 赵婷婷.我国养老机构的地位、性质及运行方式研究[J].社会工作,2012(5):79—84.

[10] 闫青春.养老机构的"公办民营"与"公建民营"[J].社会福利,2011(1):13—15.

[11] 孟令君,刘利君.养老服务机构管理人员能力培训辅导教程[M].北京:中国社会出版社,2012.

[12] 陈卓颐.实用养老机构管理[M].天津:天津大学出版社,2009.

[13] 贾素平,刘媛媛,王丽云.养老机构管理与运营实务[M].天津:南开大学出版社,2013.

[14] 李士雪,马效恩.机构养老服务需求与供给发展现状——以济南市为例[M].济南:山东大学出版社,2012.

[15] 曾毅.老年人口家庭、健康与照料需求成本研究[M].北京:科学出版社,2010.

[16] 陆颖,冯晓丽.全国养老服务机构实务管理指南[M].北京:中国社会出版社,2011.

[17] 王丽华.服务管理[M].北京:中国旅游出版社,2012.

[18] 张淑君.服务管理[M].北京:中国市场出版社,2010.

[19] 王瑞华.社会工作研究的前沿议题[M].厦门:厦门大学出版社,2009.

[20] 刘灵芝,夏琳.关于我国社会养老服务体系建设法制化的思考[J].世纪桥,2013(19):47—48.

[21] 李宝库.爱心护理养老院护理员手册[M].北京:北京大学医学出版社,2013.

[22] 民政部社会福利和慈善事业促进司.国外养老服务质量控制的启示[J].社会福利(理论版),2012(7):45—51.

[23] 陈国华,贝金兰.质量管理[M].北京:北京大学出版社,2010.

[24] 姚小风.100个优秀品质管控工具[M].北京:人民邮电出版社,2011.

[25] 徐晓玲.全程评估在养老机构的应用[J].中国社会工作,2013(12):45—46.

[26] 周一.养老服务标准化浮出水面——养老机构等级划分与评定、养老服务质量评估和等级评定也在细化[J].品牌与标准化,2014(3):19—20.

[27] 郭红艳,王黎,彭嘉琳,等.日本养老机构服务质量评价研究进展及其对我国的启示[J].中国护理管理,2013,13(5):99—102.

[28] 景洁.基于老年人视角的民办养老机构服务质量评价研究[D].石家庄:河北经贸大学,2012.

[29] 胡光景.地方政府购买社区居家养老服务管理监督与质量评估研究[D].南京:南京大学,2013.

[30] 孙文灿.力推养老服务评估提升老年人生活质量——解读《民政部关于推进养老服务评估工作的指导意见》[J].社会福利,2013(10):19—21.

[31] 民政部等五部门出台意见推动养老服务标准化建设[J].财经界,2014(7):82—82.

[32] 民政部网站.养老服务业标准体系框架研究报告(送审稿).http://files2.mca.gov.cn/fss/201312/20131212101001413.doc.

[33] 李云飞.养老服务机构的标准化建设[J].品牌与标准化,2011(4):18—19.

[34] 崔炜,周悦.积极老龄化语境下的养老机构管理标准化建设[J].决策咨询,2011(2):68—70.

[35] 彭嘉琳.我国养老服务业标准化建设现状与问题分析[J].北京劳动保障职业学院学报,2013(4):24—28.

[36] 李长海.养老服务标准化建设再推进[J].WTO 经济导刊,2014(3):64—66.

[37] 赵子军.标准化求解中国式养老[J].中国标准化,2014(2):10—19.

[38] 包忠明,何彦.财务管理实务教程[M].北京:北京大学出版社,2013.

[39] 胡淑姣.初级财务管理[M].北京:北京大学出版社,2012.

[40] 曲喜和等.财务管理[M].2 版.北京:北京邮电大学出版社,2012.

[41] 张思强等.财务管理理论与实务[M].北京:北京大学出版社,2012.

[42] 赵艳秉,周庆海.财务管理原理[M].北京:北京大学出版社,2012.

[43] 成兵.财务管理理论与实务[M].北京:北京大学出版社,2012.

[44] 国务院.国务院关于加快发展养老服务业的若干意见.http://www.moh.gov.cn/jtfzs/s7873/201310/2a3a3148e1d8452287b3841f1dfb9d7c.shtml.

[45] 民政部.养老机构设立许可办法.http://www.mca.gov.cn/article/zwgk/fvfg/shflhshsw/201306/20130600480075.shtml.

[46] 民政部.民政部关于开展公办养老机构改革试点工作的通知.http://www.mca.gov.cn/article/zwgk/fvfg/shflhshsw/201312/20131200565532.shtml.

[47] 丁洁,李娇,管超.民营养老机构经营模式探讨[J].现代商贸工业,2011(14):38—39.

[48] 程红根,张乐.公办养老机构当戒豪华风[J].瞭望新闻周刊,2006(47):24—25.

[49] 刘利君.我国民办非营利养老机构"志愿失灵"问题分析与应对[J].西南科技大学学报(哲学社会科学版),2013(1):27—31.

[50] 丁艳.农村敬老院发展的困境[J].社会工作上半月(实务),2009(1):31.

［51］罗爱静.卫生信息管理学［M］.3版.北京:人民卫生出版社,2012.

［52］民政部网站.两部门解读《关于加快发展养老服务业的若干意见》.2013-09-16. http://www.gov.cn/gzdt/2013-09/16/content_2489466.htm.

［53］荀杉.北京市养老机构信息化建设与管理［J］.中国民康医学,2012(10): 1266—1270.

［54］李小寒,尚少梅.基础护理学［M］.北京:人民卫生出版社,2006.

［55］蔡聚雨.养老康复护理与管理［M］.上海:第二军医大学出版社,2012.

［56］陈雪萍,姚蕴伍,杜丽萍.养老机构老年护理服务规范和评价标准［M］.杭州:浙江 大学出版社,2011.

［57］赵婷婷.我国养老机构的地位、性质及运行方式研究［J］.社会工作,2012(5): 79—84.

［58］董红亚.中国社会养老服务体系建设研究［M］.北京:中国社会科学出版社,2011.

［59］董红亚.养老机构的职能再造:基于社会养老服务体系协调发展的思考［J］.南京人 口管理干部学院学报,2012(1):14—18.

［60］王莉莉,吴子攀.英国社会养老服务建设与管理的经验与借鉴［J］.老龄科学研究, 2014(7):61—70.

［61］杨立雄.老年福利制度研究［M］.北京:人民出版社,2013.

［62］李鹏.陕西省机构养老服务问题研究［D］.西安:西北大学,2014.

［63］班晓娜,葛稣.机构养老与政府职能:日本经验及启示［J］.大连海事大学学报(社会 科学版),2014(3):43—47.

［64］王文.瑞典的养老福利机构［J］.社会福利,2008(2):51—52.

［65］周淑英.澳大利亚机构养老对我国的启示［J］.中国社会工作,2012(29):50—52.

［66］张明,朱爱华,徐成华.城市老年人社会服务体系研究［M］.北京:科学出版 社,2012.

［67］民政部政策研究中心.我国养老服务准入研究［M］.北京:中国社会出版社,2013.

附录

附录一　养老机构设立许可办法

中华人民共和国民政部令第 48 号

第一章　总　则

第一条　为了规范养老机构设立许可,促进养老机构健康发展,根据《中华人民共和国老年人权益保障法》和有关法律、行政法规,制定本办法。

第二条　养老机构设立许可的申请、受理、审查、决定和监督检查,适用本办法。

第三条　本办法所称养老机构,是指为老年人提供集中居住和照料服务的机构。

第四条　国务院民政部门负责全国养老机构设立许可工作。

县级以上地方人民政府民政部门负责本行政区域内养老机构设立许可工作。

第五条　实施养老机构设立许可,应当遵循公开、公平、公正原则。

第二章　条件和程序

第六条　设立养老机构,应当符合下列条件:

(一)有名称、住所、机构章程和管理制度;

(二)有符合养老机构相关规范和技术标准,符合国家环境保护、消防安全、卫生防疫等要求的基本生活用房、设施设备和活动场地;

(三)有与开展服务相适应的管理人员、专业技术人员和服务人员;

(四)有与服务内容和规模相适应的资金;

(五)床位数在 10 张以上;

(六)法律、法规规定的其他条件。

第七条　依法成立的组织或者具有完全民事行为能力的自然人可以向养老机构住所地县级以上人民政府民政部门申请设立养老机构。

第八条　县、不设区的市、直辖市的区人民政府民政部门实施本行政区域内养老机构的设立许可。

设区的市人民政府民政部门实施住所在市辖区的养老机构的设立许可。

设区的市人民政府民政部门可以委托市辖区人民政府民政部门实施许可。

第九条　省级以上人民政府投资兴办的发挥实训、示范功能的养老机构,可以到同级人民政府民政部门申请设立许可。

前款规定的许可事项,可以委托下一级人民政府民政部门实施许可。

第十条　外国的组织、个人独资或者与中国的组织、个人合资、合作设立养老机构的,中国香港、澳门、台湾地区的组织、个人以及华侨独资或者与内地(大陆)的组织、个人合资、合作设立养老机构的,由住所地省级人民政府民政部门或者其委托的设区的市级人民政府(行政公署)民政部门实施许可。

法律、法规对投资者另有规定的,从其规定。

第十一条 许可机关根据申请人筹建养老机构的需要和条件,在设立条件、提交材料等方面提供指导和支持。

第十二条 申请设立养老机构,应当向许可机关提交下列文件、资料:

(一)设立申请书;

(二)申请人、拟任法定代表人或者主要负责人的资格证明文件;

(三)符合登记规定的机构名称、章程和管理制度;

(四)建设单位的竣工验收合格证明,卫生防疫、环境保护部门的验收报告或者审查意见,以及公安消防部门出具的建设工程消防设计审核、消防验收合格意见,或者消防备案凭证;

(五)服务场所的自有产权证明或者房屋租赁合同;

(六)管理人员、专业技术人员、服务人员的名单、身份证明文件和健康状况证明;

(七)资金来源证明文件、验资证明和资产评估报告;

(八)依照法律、法规、规章规定,需要提供的其他材料。

第十三条 许可机关应当自受理设立申请之日起 20 个工作日内,对申请人提交的文件、材料进行书面审查并实地查验。符合条件的,颁发养老机构设立许可证(以下简称设立许可证);不符合条件的,应当书面通知申请人并说明理由。

第十四条 养老机构应当取得许可并依法登记。未获得许可和依法登记前,养老机构不得以任何名义收取费用、收住老年人。

第三章 许可管理

第十五条 设立许可证应当载明机构名称、住所、法定代表人或者主要负责人、服务范围、有效期限等事项。

设立许可证分为正本和副本,正本和副本具有同等法律效力。设立许可证的式样由国务院民政部门统一规定。

第十六条 设立许可证有效期 5 年。设立许可证有效期届满 30 日前,养老机构应当持设立许可证、登记证书副本、养老服务提供情况报告到原许可机关申请换发许可证。

许可机关应当在有效期限届满前按照设立条件作出是否准予延续的决定,逾期未做决定的,视为准予延续。

第十七条 养老机构设立分支机构,应当依照本办法第八条、第九条和第十条的规定,到分支机构住所地的县级以上人民政府民政部门办理申请设立许可手续。相关法律、行政法规对分支机构另有规定的,从其规定。

第十八条 养老机构变更名称、法定代表人或者主要负责人、服务范围的,应当到原许可机关办理变更手续。

养老机构变更住所的,应当重新办理申请设立许可手续。

第十九条 养老机构自行解散,或者无法继续提供服务的,应当终止,并将设立许可证交回原许可机关,办理注销手续。

终止服务的养老机构应当按照有关规定进行清算。

第二十条 养老机构因分立、合并、改建、扩建等原因暂停服务的,或者因解散等原因终止服务的,应当向原许可机关提出申请,并提交老年人安置方案,经批准后实施。未经批准,不得擅自暂停或者终止服务。

第二十一条 许可机关应当建立健全养老机构设立许可信息管理制度,及时公布养老机构设立许可相关信息。

第四章 监督检查

第二十二条 许可机关依法对养老机构的名称、住所、法定代表人或者主要负责人、服务范围等设立许可证载明事项的变化情况进行监督检查,养老机构应当接受和配合监督检查。

许可机关实施养老机构设立许可和对有关事项进行监督检查,不得收取任何费用。

第二十三条 有下列情形之一的,许可机关或者其上级机关,根据利害关系人的请求或者依据职权,可以撤销许可:

(一)许可机关工作人员滥用职权、玩忽职守作出准予许可决定的;

(二)超越法定职权作出准予许可决定的;

(三)违反法定程序作出准予许可决定的;

(四)对不符合法定条件的养老机构准予许可的;

(五)依法可以撤销许可的其他情形。

许可机关发现养老机构以欺骗、贿赂等不正当手段取得许可的,应当予以撤销。

许可机关依法撤销许可后,应当告知相关登记管理机关。

第二十四条 养老机构有下列情形之一的,许可机关应当注销许可,并予以公告:

(一)设立许可证有效期届满未延续的;

(二)养老机构依法终止的;

(三)许可被依法撤销、撤回的;

(四)被登记管理机关依法吊销登记证书的;

(五)因不可抗力导致许可事项无法实施的;

(六)法律、法规规定的应当注销许可的其他情形。

许可机关依法注销许可后,应当告知相关登记管理机关。

第二十五条 任何单位和个人对违反本办法的行为,有权向许可机关举报,许可机关应当及时核实、处理。

第五章 法律责任

第二十六条 养老机构有下列情形之一的,许可机关应当依法给予警告,并处以 3 万元以下罚款;构成犯罪的,依法追究刑事责任:

(一)未依法履行变更、终止手续的;

(二)涂改、倒卖、出租、出借、转让设立许可证的。

第二十七条 未经许可设立养老机构的,由许可机关责令改正;造成人身、财产损害的,依法承担民事责任;违反治安管理规定的,由公安机关依照《中华人民共和国治安管理处罚法》的有关规定予以处罚;构成犯罪的,依法追究刑事责任。

第二十八条　许可机关及其工作人员在养老机构设立许可申请、受理、审查、决定和监督检查中滥用职权、玩忽职守、徇私舞弊的,由上级机关责令改正;造成严重后果的,对直接负责的主管人员和其他直接责任人员依法给予处分;构成犯罪的,依法追究刑事责任。

第六章　附　则

第二十九条　本办法实施前设立的养老机构,符合本办法规定条件的,应当按照本办法的规定办理有关手续。

本办法实施前设立的养老机构,不符合设立条件的,应当在本办法实施后 1 年内完成整改,其中农村五保供养服务机构应当在实施后 2 年内完成整改。

第三十条　城乡社区日间照料和互助型养老场所等不适用本办法。

第三十一条　本办法自 2013 年 7 月 1 日起施行。

附录二　养老机构管理办法

中华人民共和国民政部令第 49 号

第一章　总　则

第一条　为了规范对养老机构的管理，促进养老事业健康发展，根据《中华人民共和国老年人权益保障法》和有关法律、行政法规，制定本办法。

第二条　本办法所称养老机构是指依照《养老机构设立许可办法》设立并依法办理登记的为老年人提供集中居住和照料服务的机构。

第三条　国务院民政部门负责全国养老机构的指导、监督和管理，县级以上地方人民政府民政部门负责本行政区域内养老机构的指导、监督和管理。其他有关部门依照职责分工对养老机构实施监督。

第四条　养老机构应当依法保障收住老年人的合法权益。

入住养老机构的老年人应当遵守养老机构的规章制度。

第五条　县级以上地方人民政府民政部门应当根据本级人民政府经济社会发展规划和相关规划，会同有关部门编制养老机构建设规划，并组织实施。

第六条　政府投资兴办的养老机构，应当优先保障孤老优抚对象和经济困难的孤寡、失能、高龄等老年人的服务需求。

第七条　民政部门应当会同有关部门采取措施，鼓励、支持企业事业单位、社会组织或者个人兴办、运营养老机构。

鼓励公民、法人或者其他组织为养老机构提供捐赠和志愿服务。

第八条　民政部门对在养老机构服务和管理工作中做出显著成绩的单位和个人，依照国家有关规定给予表彰和奖励。

第二章　服务内容

第九条　养老机构按照服务协议为收住的老年人提供生活照料、康复护理、精神慰藉、文化娱乐等服务。

第十条　养老机构提供的服务应当符合养老机构基本规范等有关国家标准或者行业标准和规范。

第十一条　养老机构为老年人提供服务，应当与接受服务的老年人或者其代理人签订服务协议。

服务协议应当载明下列事项：

（一）养老机构的名称、住所、法定代表人或者主要负责人、联系方式；

（二）老年人及其代理人和老年人指定的经常联系人的姓名、住址、身份证明、联系方式；

（三）服务内容和服务方式；

（四）收费标准以及费用支付方式；

（五）服务期限和地点；

（六）当事人的权利和义务；

（七）协议变更、解除与终止的条件；

（八）违约责任；

（九）意外伤害责任认定和争议解决方式；

（十）当事人协商一致的其他内容。

服务协议示范文本由国务院民政部门另行制定。

第十二条 养老机构应当提供满足老年人日常生活需求的吃饭、穿衣、如厕、洗澡、室内外活动等服务。

养老机构应当提供符合老年人居住条件的住房，并配备适合老年人安全保护要求的设施、设备及用具，定期对老年人活动场所和物品进行消毒和清洗。

养老机构提供的饮食应当符合卫生要求、有利于老年人营养平衡、符合民族风俗习惯。

第十三条 养老机构应当建立入院评估制度，做好老年人健康状况评估，并根据服务协议和老年人的生活自理能力，实施分级分类服务。

养老机构应当为老年人建立健康档案，组织定期体检，做好疾病预防工作。

养老机构可以通过设立医疗机构或者采取与周边医疗机构合作的方式，为老年人提供医疗服务。养老机构设立医疗机构的，应当依法取得医疗机构执业许可证，按照医疗机构管理相关法律法规进行管理。

第十四条 养老机构在老年人突发危重疾病时，应当及时通知代理人或者经常联系人并转送医疗机构救治；发现老年人为疑似传染病病人或者精神障碍患者时，应当依照传染病防治、精神卫生等相关法律法规的规定处理。

第十五条 养老机构应当根据需要为老年人提供情绪疏导、心理咨询、危机干预等精神慰藉服务。

第十六条 养老机构应当开展适合老年人的文化、体育、娱乐活动，丰富老年人的精神文化生活。

养老机构开展文化、体育、娱乐活动时，应当为老年人提供必要的安全防护措施。

第三章 内部管理

第十七条 养老机构应当按照国家有关规定建立健全安全、消防、卫生、财务、档案管理等规章制度，制定服务标准和工作流程，并予以公开。

第十八条 养老机构应当配备与服务和运营相适应的工作人员，并依法与其签订聘用合同或者劳动合同。

养老机构中从事医疗、康复、社会工作等服务的专业技术人员，应当持有关部门颁发的专业技术等级证书上岗；养老护理人员应当接受专业技能培训，经考核合格后持证上岗。

养老机构应当定期组织工作人员进行职业道德教育和业务培训。

第十九条 养老机构应当依照其登记类型、经营性质、设施设备条件、管理水平、服务质量、护理等级等因素确定服务项目的收费标准。

养老机构应当在醒目位置公示各类服务项目收费标准和收费依据,并遵守国家和地方政府价格管理有关规定。

第二十条 养老机构应当按照国家有关规定接受、使用捐赠物资,接受志愿服务。

第二十一条 养老机构应当实行24小时值班,做好老年人安全保障工作。

第二十二条 养老机构应当依法履行消防安全职责,健全消防安全管理制度,实行消防工作责任制,配置、维护消防设施、器材,开展日常防火检查,定期组织灭火和应急疏散消防安全培训。

第二十三条 养老机构应当制定突发事件应急预案。

突发事件发生后,养老机构应当立即启动应急处理程序,根据突发事件应对管理职责分工向有关部门报告,并将应急处理结果报实施许可的民政部门和住所地民政部门。

第二十四条 鼓励养老机构投保责任保险,降低机构运营风险。

第二十五条 养老机构应当建立老年人信息档案,妥善保存相关原始资料。

养老机构应当保护老年人的个人信息。

第二十六条 养老机构应当经常听取老年人的意见和建议,发挥老年人对养老机构服务和管理的监督促进作用。

第二十七条 养老机构因变更或者终止等原因暂停、终止服务的,应当于暂停或者终止服务60日前,向实施许可的民政部门提交老年人安置方案,方案中应当明确收住老年人的数量、安置计划及实施日期等事项,经批准后方可实施。

民政部门应当自接到安置方案之日起20日内完成审核工作。

民政部门应当督促养老机构实施安置方案,并及时为其妥善安置老年人提供帮助。

第四章 监督检查

第二十八条 民政部门应当按照实施许可权限,通过书面检查或者实地查验等方式对养老机构进行监督检查,并向社会公布检查结果。上级民政部门可以委托下级民政部门进行监督检查。

养老机构应当于每年3月31日之前向实施许可的民政部门提交上一年度的工作报告。年度工作报告内容包括服务范围、服务质量、运营管理等情况。

第二十九条 民政部门应当建立养老机构评估制度,定期对养老机构的人员、设施、服务、管理、信誉等情况进行综合评价。

养老机构评估工作可以委托第三方实施,评估结果应当向社会公布。

第三十条 民政部门应当定期开展养老服务行业统计工作,养老机构应当及时准确报送相关信息。

第三十一条 民政部门应当建立对养老机构管理的举报和投诉制度。

民政部门接到举报、投诉后,应当及时核实、处理。

第三十二条 上级民政部门应当加强对下级民政部门的指导和监督,及时纠正养老机构管理中的违规违法行为。

第五章 法律责任

第三十三条 养老机构有下列行为之一的,由实施许可的民政部门责令改正;情节严重

的,处以 3 万元以下的罚款;构成犯罪的,依法追究刑事责任:

（一）未与老年人或者其代理人签订服务协议,或者协议不符合规定的;

（二）未按照国家有关标准和规定开展服务的;

（三）配备人员的资格不符合规定的;

（四）向负责监督检查的民政部门隐瞒有关情况、提供虚假材料或者拒绝提供反映其活动情况真实材料的;

（五）利用养老机构的房屋、场地、设施开展与养老服务宗旨无关的活动的;

（六）歧视、侮辱、虐待或遗弃老年人以及其他侵犯老年人合法权益行为的;

（七）擅自暂停或者终止服务的;

（八）法律、法规、规章规定的其他违法行为。

第三十四条　民政部门及其工作人员违反本办法有关规定,由上级行政机关责令改正;情节严重的,对直接负责的主管人员和其他责任人员依法给予行政处分;构成犯罪的,依法追究刑事责任。

第六章　附　则

第三十五条　国家对光荣院、农村五保供养服务机构等养老机构的管理有特别规定的,依照其规定办理。

第三十六条　本办法自 2013 年 7 月 1 日起施行。

附录三 中华人民共和国老年人权益保障法

(1996 年 8 月 29 日第八届全国人民代表大会常务委员会第二十一次会议通过,根据 2009 年 8 月 27 日第十一届全国人民代表大会常务委员会第十次会议《关于修改部分法律的决定》修正,2012 年 12 月 28 日第十一届全国人民代表大会常务委员会第三十次会议修订)

第一章 总 则

第一条 为了保障老年人合法权益,发展老龄事业,弘扬中华民族敬老、养老、助老的美德,根据宪法,制定本法。

第二条 本法所称老年人是指六十周岁以上的公民。

第三条 国家保障老年人依法享有的权益。

老年人有从国家和社会获得物质帮助的权利,有享受社会服务和社会优待的权利,有参与社会发展和共享发展成果的权利。

禁止歧视、侮辱、虐待或者遗弃老年人。

第四条 积极应对人口老龄化是国家的一项长期战略任务。

国家和社会应当采取措施,健全保障老年人权益的各项制度,逐步改善保障老年人生活、健康、安全以及参与社会发展的条件,实现老有所养、老有所医、老有所为、老有所学、老有所乐。

第五条 国家建立多层次的社会保障体系,逐步提高对老年人的保障水平。

国家建立和完善以居家为基础、社区为依托、机构为支撑的社会养老服务体系。

倡导全社会优待老年人。

第六条 各级人民政府应当将老龄事业纳入国民经济和社会发展规划,将老龄事业经费列入财政预算,建立稳定的经费保障机制,并鼓励社会各方面投入,使老龄事业与经济、社会协调发展。

国务院制定国家老龄事业发展规划。县级以上地方人民政府根据国家老龄事业发展规划,制定本行政区域的老龄事业发展规划和年度计划。

县级以上人民政府负责老龄工作的机构,负责组织、协调、指导、督促有关部门做好老年人权益保障工作。

第七条 保障老年人合法权益是全社会的共同责任。

国家机关、社会团体、企业事业单位和其他组织应当按照各自职责,做好老年人权益保障工作。

基层群众性自治组织和依法设立的老年人组织应当反映老年人的要求,维护老年人合法权益,为老年人服务。

提倡、鼓励义务为老年人服务。

第八条　国家进行人口老龄化国情教育,增强全社会积极应对人口老龄化意识。

全社会应当广泛开展敬老、养老、助老宣传教育活动,树立尊重、关心、帮助老年人的社会风尚。

青少年组织、学校和幼儿园应当对青少年和儿童进行敬老、养老、助老的道德教育和维护老年人合法权益的法制教育。

广播、电影、电视、报刊、网络等应当反映老年人的生活,开展维护老年人合法权益的宣传,为老年人服务。

第九条　国家支持老龄科学研究,建立老年人状况统计调查和发布制度。

第十条　各级人民政府和有关部门对维护老年人合法权益和敬老、养老、助老成绩显著的组织、家庭或者个人,对参与社会发展做出突出贡献的老年人,按照国家有关规定给予表彰或者奖励。

第十一条　老年人应当遵纪守法,履行法律规定的义务。

第十二条　每年农历九月初九为老年节。

第二章　家庭赡养与扶养

第十三条　老年人养老以居家为基础,家庭成员应当尊重、关心和照料老年人。

第十四条　赡养人应当履行对老年人经济上供养、生活上照料和精神上慰藉的义务,照顾老年人的特殊需要。

赡养人是指老年人的子女以及其他依法负有赡养义务的人。

赡养人的配偶应当协助赡养人履行赡养义务。

第十五条　赡养人应当使患病的老年人及时得到治疗和护理;对经济困难的老年人,应当提供医疗费用。

对生活不能自理的老年人,赡养人应当承担照料责任;不能亲自照料的,可以按照老年人的意愿委托他人或者养老机构等照料。

第十六条　赡养人应当妥善安排老年人的住房,不得强迫老年人居住或者迁居条件低劣的房屋。老年人自有的或者承租的住房,子女或者其他亲属不得侵占,不得擅自改变产权关系或者租赁关系。老年人自有的住房,赡养人有维修的义务。

第十七条　赡养人有义务耕种或者委托他人耕种老年人承包的田地,照管或者委托他人照管老年人的林木和牲畜等,收益归老年人所有。

第十八条　家庭成员应当关心老年人的精神需求,不得忽视、冷落老年人。

与老年人分开居住的家庭成员,应当经常看望或者问候老年人。

用人单位应当按照国家有关规定保障赡养人探亲休假的权利。

第十九条　赡养人不得以放弃继承权或者其他理由,拒绝履行赡养义务。

赡养人不履行赡养义务,老年人有要求赡养人付给赡养费等权利。

赡养人不得要求老年人承担力不能及的劳动。

第二十条　经老年人同意,赡养人之间可以就履行赡养义务签订协议。赡养协议的内容不得违反法律的规定和老年人的意愿。

基层群众性自治组织、老年人组织或者赡养人所在单位监督协议的履行。

第二十一条　老年人的婚姻自由受法律保护。子女或者其他亲属不得干涉老年人离婚、再婚及婚后的生活。

赡养人的赡养义务不因老年人的婚姻关系变化而消除。

第二十二条　老年人对个人的财产,依法享有占有、使用、收益和处分的权利,子女或者其他亲属不得干涉,不得以窃取、骗取、强行索取等方式侵犯老年人的财产权益。

老年人有依法继承父母、配偶、子女或者其他亲属遗产的权利,有接受赠与的权利。子女或者其他亲属不得侵占、抢夺、转移、隐匿或者损毁应当由老年人继承或者接受赠与的财产。

老年人以遗嘱处分财产,应当依法为老年配偶保留必要的份额。

第二十三条　老年人与配偶有相互扶养的义务。

由兄、姐扶养的弟、妹成年后,有负担能力的,对年老无赡养人的兄、姐有扶养的义务。

第二十四条　赡养人、扶养人不履行赡养、扶养义务的,基层群众性自治组织、老年人组织或者赡养人、扶养人所在单位应当督促其履行。

第二十五条　禁止对老年人实施家庭暴力。

第二十六条　具备完全民事行为能力的老年人,可以在近亲属或者其他与自己关系密切、愿意承担监护责任的个人、组织中协商确定自己的监护人。监护人在老年人丧失或者部分丧失民事行为能力时,依法承担监护责任。

老年人未事先确定监护人的,其丧失或者部分丧失民事行为能力时,依照有关法律的规定确定监护人。

第二十七条　国家建立健全家庭养老支持政策,鼓励家庭成员与老年人共同生活或者就近居住,为老年人随配偶或者赡养人迁徙提供条件,为家庭成员照料老年人提供帮助。

第三章　社会保障

第二十八条　国家通过基本养老保险制度,保障老年人的基本生活。

第二十九条　国家通过基本医疗保险制度,保障老年人的基本医疗需要。享受最低生活保障的老年人和符合条件的低收入家庭中的老年人参加新型农村合作医疗和城镇居民基本医疗保险所需个人缴费部分,由政府给予补贴。

有关部门制定医疗保险办法,应当对老年人给予照顾。

第三十条　国家逐步开展长期护理保障工作,保障老年人的护理需求。

对生活长期不能自理、经济困难的老年人,地方各级人民政府应当根据其失能程度等情况给予护理补贴。

第三十一条　国家对经济困难的老年人给予基本生活、医疗、居住或者其他救助。

老年人无劳动能力、无生活来源、无赡养人和扶养人,或者其赡养人和扶养人确无赡养能力或者扶养能力的,由地方各级人民政府依照有关规定给予供养或者救助。

对流浪乞讨、遭受遗弃等生活无着的老年人,由地方各级人民政府依照有关规定给予救助。

第三十二条　地方各级人民政府在实施廉租住房、公共租赁住房等住房保障制度或者进行危旧房屋改造时,应当优先照顾符合条件的老年人。

第三十三条　国家建立和完善老年人福利制度,根据经济社会发展水平和老年人的实际需要,增加老年人的社会福利。

国家鼓励地方建立八十周岁以上低收入老年人高龄津贴制度。

国家建立和完善计划生育家庭老年人扶助制度。

农村可以将未承包的集体所有的部分土地、山林、水面、滩涂等作为养老基地,收益供老年人养老。

第三十四条　老年人依法享有的养老金、医疗待遇和其他待遇应当得到保障,有关机构必须按时足额支付,不得克扣、拖欠或者挪用。

国家根据经济发展以及职工平均工资增长、物价上涨等情况,适时提高养老保障水平。

第三十五条　国家鼓励慈善组织以及其他组织和个人为老年人提供物质帮助。

第三十六条　老年人可以与集体经济组织、基层群众性自治组织、养老机构等组织或者个人签订遗赠扶养协议或者其他扶助协议。

负有扶养义务的组织或者个人按照遗赠扶养协议,承担该老年人生养死葬的义务,享有受遗赠的权利。

第四章　社会服务

第三十七条　地方各级人民政府和有关部门应当采取措施,发展城乡社区养老服务,鼓励、扶持专业服务机构及其他组织和个人,为居家的老年人提供生活照料、紧急救援、医疗护理、精神慰藉、心理咨询等多种形式的服务。

对经济困难的老年人,地方各级人民政府应当逐步给予养老服务补贴。

第三十八条　地方各级人民政府和有关部门、基层群众性自治组织,应当将养老服务设施纳入城乡社区配套设施建设规划,建立适应老年人需要的生活服务、文化体育活动、日间照料、疾病护理与康复等服务设施和网点,就近为老年人提供服务。

发扬邻里互助的传统,提倡邻里间关心、帮助有困难的老年人。

鼓励慈善组织、志愿者为老年人服务。倡导老年人互助服务。

第三十九条　各级人民政府应当根据经济发展水平和老年人服务需求,逐步增加对养老服务的投入。

各级人民政府和有关部门在财政、税费、土地、融资等方面采取措施,鼓励、扶持企业事业单位、社会组织或者个人兴办、运营养老、老年人日间照料、老年文化体育活动等设施。

第四十条　地方各级人民政府和有关部门应当按照老年人口比例及分布情况,将养老服务设施建设纳入城乡规划和土地利用总体规划,统筹安排养老服务设施建设用地及所需物资。

非营利性养老服务设施用地,可以依法使用国有划拨土地或者农民集体所有的土地。

养老服务设施用地,非经法定程序不得改变用途。

第四十一条　政府投资兴办的养老机构,应当优先保障经济困难的孤寡、失能、高龄等老年人的服务需求。

第四十二条　国务院有关部门制定养老服务设施建设、养老服务质量和养老服务职业等标准,建立健全养老机构分类管理和养老服务评估制度。

各级人民政府应当规范养老服务收费项目和标准,加强监督和管理。

第四十三条　设立养老机构,应当符合下列条件:

(一)有自己的名称、住所和章程；

(二)有与服务内容和规模相适应的资金；

(三)有符合相关资格条件的管理人员、专业技术人员和服务人员；

(四)有基本的生活用房、设施设备和活动场地；

(五)法律、法规规定的其他条件。

第四十四条 设立养老机构应当向县级以上人民政府民政部门申请行政许可；经许可的，依法办理相应的登记。

县级以上人民政府民政部门负责养老机构的指导、监督和管理，其他有关部门依照职责分工对养老机构实施监督。

第四十五条 养老机构变更或者终止的，应当妥善安置收住的老年人，并依照规定到有关部门办理手续。有关部门应当为养老机构妥善安置老年人提供帮助。

第四十六条 国家建立健全养老服务人才培养、使用、评价和激励制度，依法规范用工，促进从业人员劳动报酬合理增长，发展专职、兼职和志愿者相结合的养老服务队伍。

国家鼓励高等学校、中等职业学校和职业培训机构设置相关专业或者培训项目，培养养老服务专业人才。

第四十七条 养老机构应当与接受服务的老年人或者其代理人签订服务协议，明确双方的权利、义务。

养老机构及其工作人员不得以任何方式侵害老年人的权益。

第四十八条 国家鼓励养老机构投保责任保险，鼓励保险公司承保责任保险。

第四十九条 各级人民政府和有关部门应当将老年医疗卫生服务纳入城乡医疗卫生服务规划，将老年人健康管理和常见病预防等纳入国家基本公共卫生服务项目。鼓励为老年人提供保健、护理、临终关怀等服务。

国家鼓励医疗机构开设针对老年病的专科或者门诊。

医疗卫生机构应当开展老年人的健康服务和疾病防治工作。

第五十条 国家采取措施，加强老年医学的研究和人才培养，提高老年病的预防、治疗、科研水平，促进老年病的早期发现、诊断和治疗。

国家和社会采取措施，开展各种形式的健康教育，普及老年保健知识，增强老年人自我保健意识。

第五十一条 国家采取措施，发展老龄产业，将老龄产业列入国家扶持行业目录。扶持和引导企业开发、生产、经营适应老年人需要的用品和提供相关的服务。

第五章　社会优待

第五十二条 县级以上人民政府及其有关部门根据经济社会发展情况和老年人的特殊需要，制定优待老年人的办法，逐步提高优待水平。

对常住在本行政区域内的外埠老年人给予同等优待。

第五十三条 各级人民政府和有关部门应当为老年人及时、便利地领取养老金、结算医疗费和享受其他物质帮助提供条件。

第五十四条 各级人民政府和有关部门办理房屋权属关系变更、户口迁移等涉及老年人权益的重大事项时，应当就办理事项是否为老年人的真实意思表示进行询问，并依法优先办理。

第五十五条　老年人因其合法权益受侵害提起诉讼交纳诉讼费确有困难的,可以缓交、减交或者免交;需要获得律师帮助,但无力支付律师费用的,可以获得法律援助。

鼓励律师事务所、公证处、基层法律服务所和其他法律服务机构为经济困难的老年人提供免费或者优惠服务。

第五十六条　医疗机构应当为老年人就医提供方便,对老年人就医予以优先。有条件的地方,可以为老年人设立家庭病床,开展巡回医疗、护理、康复、免费体检等服务。

提倡为老年人义诊。

第五十七条　提倡与老年人日常生活密切相关的服务行业为老年人提供优先、优惠服务。

城市公共交通、公路、铁路、水路和航空客运,应当为老年人提供优待和照顾。

第五十八条　博物馆、美术馆、科技馆、纪念馆、公共图书馆、文化馆、影剧院、体育场馆、公园、旅游景点等场所,应当对老年人免费或者优惠开放。

第五十九条　农村老年人不承担兴办公益事业的筹劳义务。

第六章　宜居环境

第六十条　国家采取措施,推进宜居环境建设,为老年人提供安全、便利和舒适的环境。

第六十一条　各级人民政府在制定城乡规划时,应当根据人口老龄化发展趋势、老年人口分布和老年人的特点,统筹考虑适合老年人的公共基础设施、生活服务设施、医疗卫生设施和文化体育设施建设。

第六十二条　国家制定和完善涉及老年人的工程建设标准体系,在规划、设计、施工、监理、验收、运行、维护、管理等环节加强相关标准的实施与监督。

第六十三条　国家制定无障碍设施工程建设标准。新建、改建和扩建道路、公共交通设施、建筑物、居住区等,应当符合国家无障碍设施工程建设标准。

各级人民政府和有关部门应当按照国家无障碍设施工程建设标准,优先推进与老年人日常生活密切相关的公共服务设施的改造。

无障碍设施的所有人和管理人应当保障无障碍设施正常使用。

第六十四条　国家推动老年宜居社区建设,引导、支持老年宜居住宅的开发,推动和扶持老年人家庭无障碍设施的改造,为老年人创造无障碍居住环境。

第七章　参与社会发展

第六十五条　国家和社会应当重视、珍惜老年人的知识、技能、经验和优良品德,发挥老年人的专长和作用,保障老年人参与经济、政治、文化和社会生活。

第六十六条　老年人可以通过老年人组织,开展有益身心健康的活动。

第六十七条　制定法律、法规、规章和公共政策,涉及老年人权益重大问题的,应当听取老年人和老年人组织的意见。

老年人和老年人组织有权向国家机关提出老年人权益保障、老龄事业发展等方面的意见和建议。

第六十八条　国家为老年人参与社会发展创造条件。根据社会需要和可能,鼓励老年

人在自愿和量力的情况下,从事下列活动:

(一)对青少年和儿童进行社会主义、爱国主义、集体主义和艰苦奋斗等优良传统教育;

(二)传授文化和科技知识;

(三)提供咨询服务;

(四)依法参与科技开发和应用;

(五)依法从事经营和生产活动;

(六)参加志愿服务、兴办社会公益事业;

(七)参与维护社会治安、协助调解民间纠纷;

(八)参加其他社会活动。

第六十九条　老年人参加劳动的合法收入受法律保护。

任何单位和个人不得安排老年人从事危害其身心健康的劳动或者危险作业。

第七十条　老年人有继续受教育的权利。

国家发展老年教育,把老年教育纳入终身教育体系,鼓励社会办好各类老年学校。

各级人民政府对老年教育应当加强领导,统一规划,加大投入。

第七十一条　国家和社会采取措施,开展适合老年人的群众性文化、体育、娱乐活动,丰富老年人的精神文化生活。

第八章　法律责任

第七十二条　老年人合法权益受到侵害的,被侵害人或者其代理人有权要求有关部门处理,或者依法向人民法院提起诉讼。

人民法院和有关部门,对侵犯老年人合法权益的申诉、控告和检举,应当依法及时受理,不得推诿、拖延。

第七十三条　不履行保护老年人合法权益职责的部门或者组织,其上级主管部门应当给予批评教育,责令改正。

国家工作人员违法失职,致使老年人合法权益受到损害的,由其所在单位或者上级机关责令改正,或者依法给予处分;构成犯罪的,依法追究刑事责任。

第七十四条　老年人与家庭成员因赡养、扶养或者住房、财产等发生纠纷,可以申请人民调解委员会或者其他有关组织进行调解,也可以直接向人民法院提起诉讼。

人民调解委员会或者其他有关组织调解前款纠纷时,应当通过说服、疏导等方式化解矛盾和纠纷;对有过错的家庭成员,应当给予批评教育。

人民法院对老年人追索赡养费或者扶养费的申请,可以依法裁定先予执行。

第七十五条　干涉老年人婚姻自由,对老年人负有赡养义务、扶养义务而拒绝赡养、扶养,虐待老年人或者对老年人实施家庭暴力的,由有关单位给予批评教育;构成违反治安管理行为的,依法给予治安管理处罚;构成犯罪的,依法追究刑事责任。

第七十六条　家庭成员盗窃、诈骗、抢夺、侵占、勒索、故意损毁老年人财物,构成违反治安管理行为的,依法给予治安管理处罚;构成犯罪的,依法追究刑事责任。

第七十七条　侮辱、诽谤老年人,构成违反治安管理行为的,依法给予治安管理处罚;构成犯罪的,依法追究刑事责任。

第七十八条　未经许可设立养老机构的,由县级以上人民政府民政部门责令改正;符合法律、法规规定的养老机构条件的,依法补办相关手续;逾期达不到法定条件的,责令停办并妥善安置收住的老年人;造成损害的,依法承担民事责任。

第七十九条 养老机构及其工作人员侵害老年人人身和财产权益,或者未按照约定提供服务的,依法承担民事责任;有关主管部门依法给予行政处罚;构成犯罪的,依法追究刑事责任。

第八十条 对养老机构负有管理和监督职责的部门及其工作人员滥用职权、玩忽职守、徇私舞弊的,对直接负责的主管人员和其他直接责任人员依法给予处分;构成犯罪的,依法追究刑事责任。

第八十一条 不按规定履行优待老年人义务的,由有关主管部门责令改正。

第八十二条 涉及老年人的工程不符合国家规定的标准或者无障碍设施所有人、管理人未尽到维护和管理职责的,由有关主管部门责令改正;造成损害的,依法承担民事责任;对有关单位、个人依法给予行政处罚;构成犯罪的,依法追究刑事责任。

第九章 附 则

第八十三条 民族自治地方的人民代表大会,可以根据本法的原则,结合当地民族风俗习惯的具体情况,依照法定程序制定变通的或者补充的规定。

第八十四条 本法施行前设立的养老机构不符合本法规定条件的,应当限期整改。具体办法由国务院民政部门制定。

第八十五条 本法自 2013 年 7 月 1 日起施行。

附录四 浙江省社会养老服务促进条例

(2015年1月25日浙江省第十二届人民代表大会第三次会议通过)

第一章 总 则

第一条 为了完善社会养老服务体系,规范社会养老服务工作,促进社会养老服务事业健康发展,维护老年人合法权益,根据《中华人民共和国老年人权益保障法》和有关法律、行政法规,结合本省实际,制定本条例。

第二条 本省行政区域内的社会养老服务及其监督管理工作,适用本条例。

本条例所称社会养老服务,是指在家庭成员承担赡养、扶养义务的基础上,由政府的基本公共服务、社会组织的公益性和互助性服务、企业的市场化服务共同组成的为老年人养老提供的社会化服务,包括居家养老服务、机构养老服务等。

第三条 赡养、扶养老年人是公民应当履行的法定义务。赡养人、扶养人应当依照《中华人民共和国婚姻法》《中华人民共和国老年人权益保障法》等法律、法规的规定,履行对老年人的赡养、扶养义务,尊重、关心和照料老年人。

第四条 社会养老服务实行政府主导、社会参与、市场运作、统筹发展、保障基本、适度普惠的原则。

第五条 县级以上人民政府领导本行政区域内的社会养老服务工作,根据经济社会发展状况制定社会养老服务发展规划、社会养老服务设施建设规划;建立和完善社会养老服务体系,保障人人享有基本养老服务;建立健全社会养老服务需求评估、财政补贴、政府购买服务等制度,完善特困老年人的养老服务需求保障机制;制定政策措施,支持社会力量参与,发挥市场在社会养老服务中的作用。

各级人民政府应当将社会养老服务事业所需经费列入本级财政预算,建立与社会养老服务发展需求相适应的财政投入增长机制,逐步增加对社会养老服务的投入。

第六条 县级以上人民政府民政部门主管本行政区域内的社会养老服务工作。

县级以上人民政府其他有关部门应当按照职责分工,做好相关社会养老服务工作。部门具体职责分工由县级以上人民政府确定并公布。

设区的市、县(市、区)的养老服务指导中心承担社会养老服务指导和业务培训、养老服务需求评估和审核、养老服务质量评估和检查等有关具体工作。

第七条 乡(镇)人民政府、街道办事处负责本区域内的社会养老服务工作。

乡(镇)、街道的养老服务中心应当配备专门的工作人员,指导村民委员会、居民委员会和其他社会组织开展居家养老服务,协助做好社会养老服务监督管理等工作。

第八条 县(市、区)人民政府和乡(镇)人民政府、街道办事处应当根据社会养老服务设施建设规划的要求,建设社区居家养老服务照料中心,为居家生活的老年人提供多种形式的养老服务。

第九条　县级以上人民政府老龄工作机构负责协调、督促、指导有关部门做好社会养老服务的相关工作。

工会、共青团、妇女联合会、残疾人联合会等人民团体和养老服务行业协会、老年人组织、公益慈善组织、志愿服务组织等社会组织，根据职责或者章程，参与相关社会养老服务工作。

第二章　居家养老服务

第十条　县级以上人民政府应当建立健全家庭养老支持政策，为老年人随配偶或者赡养人迁徙提供条件，倡导家庭成员与老年人共同生活或者就近居住，并通过组织开展免费培训等形式，向家庭成员普及照料失能、失智等老年人的护理知识和技能。

第十一条　县级以上人民政府应当加快推进坡道、电梯、公厕等与老年人日常生活密切相关的公共设施无障碍改造，鼓励已建成的多层住宅加装电梯。

有失能、失智老年人的最低生活保障家庭、最低生活保障边缘家庭以及有重度残疾老年人的家庭设施进行无障碍改造的，县级以上人民政府应当给予资金补助。

第十二条　社区居家养老服务照料中心应当积极创造条件，为居家生活的老年人提供日间照料、临时托养、上门探询、就餐、保健、文化、体育活动等服务。

社区居家养老服务照料中心由村民委员会、居民委员会负责运营管理，也可以通过公开招标等方式委托给专业组织、机构运营管理。

鼓励基层老年人协会参与社区居家养老服务照料中心的服务与管理。

第十三条　村民委员会、居民委员会可以依托社区居家养老服务照料中心，建立健全老年人社会养老服务需求和服务项目登记制度，协助建立老年人互助合作组织，联系居家养老服务专业组织、企业、志愿者等为老年人提供居家养老服务。

村民委员会、居民委员会应当将社区居家养老服务照料中心与社区文化、体育、教育等公共服务设施的功能相衔接，组织开展适合老年人的群众性文化、体育、娱乐等活动，丰富老年人的精神文化生活。

第十四条　新建住宅小区应当按照社会养老服务设施建设规划和省规定的社会养老服务设施配套建设标准，建设居家养老服务用房，并与住宅同步规划、同步建设、同步验收、同步交付使用。

已建成的住宅小区无居家养老服务用房或者现有用房未达到省规定的社会养老服务设施配套建设标准的，应当通过购置、置换、租赁等方式解决居家养老服务用房。

县（市、区）人民政府有关部门、乡（镇）人民政府、街道办事处应当考虑为老年人服务的便利性和服务半径等因素，统筹调配居家养老服务用房。

第十五条　各级人民政府应当推行便民信息网、远程监控、无线呼叫等智能化技术手段，提高居家养老服务水平。

鼓励、支持企业运用互联网、物联网等智能化技术手段，为居家老年人提供便利、快捷的居家养老服务。

第十六条　鼓励机关、团体和企业事业单位开放所属场所，为邻近社区的老年人提供就餐、文化、健身、娱乐等服务。

鼓励邻里互助养老,鼓励老年人之间的互助服务。

第三章　机构养老服务

第十七条　养老机构的建设应当符合社会养老服务设施建设规划,以护理型为重点、以助养型为辅助、以居养型为补充。

政府投资设立的养老机构应当以护理型养老机构为主。

第十八条　设立养老机构应当符合国家规定的有关条件,向县级以上人民政府民政部门申请设立许可,并依法办理相应的登记手续。

设立营利性养老机构的,向工商行政管理部门办理登记手续。设立非营利性养老机构,符合民办非企业单位条件的,向民政部门办理登记手续;经批准设置为事业单位的,向事业单位登记管理机关办理登记手续。

第十九条　政府投资设立的养老机构应当保障无劳动能力、无生活来源又无法定赡养、扶养义务人,或者其法定赡养、扶养义务人无赡养、扶养能力的老年人的养老服务需求。

最低生活保障家庭、最低生活保障边缘家庭中的失能、失智、高龄、独居、重度残疾的老年人和计划生育特殊家庭老年人,申请入住政府投资设立的养老机构的,应当安排收住。

政府投资设立的养老机构应当建立健全收住制度,向社会公开床位资源信息。

本条第二款所称计划生育特殊家庭,是指独生子女死亡或者伤病残的家庭。

第二十条　养老机构的老年人居住用房、公共服务用房、活动用房和呼叫装置、照明、标识等设施设备,应当符合国家和省相关安全和质量的标准、规范。

第二十一条　养老机构应当配备与服务、运营相适应的管理人员和专业技术人员,并按照不同护理等级,配备规定数量的养老护理人员。

第二十二条　养老机构应当按照国家和省有关规定,建立健全消防、安全值守、设施设备、食品药品等安全管理制度,确定专人负责,定期开展安全检查,及时消除安全隐患。

第二十三条　养老机构应当与收住的老年人或者其代理人订立养老服务合同,明确双方的权利和义务。养老机构应当按照养老服务合同的约定,为收住的老年人提供集中住宿、生活照料、紧急救援、康复护理、精神慰藉和文化娱乐等方面的服务。

养老服务合同示范文本由省人民政府民政部门会同有关行业协会制定。

第二十四条　政府投资设立的养老机构的基本服务收费按照国家和省有关规定实行政府指导价,其他养老机构的服务收费实行自主定价。省人民政府价格主管部门应当完善养老机构的服务收费定价机制。

养老机构应当公示各类服务项目的收费标准和收费依据。

第二十五条　养老机构暂停、终止服务的,应当于暂停或者终止服务六十日前,向实施许可的民政部门提交老年人安置方案,经核准后实施。安置方案应当明确收住老年人的数量、安置计划、费用结算及实施日期等事项。

养老机构应当按照安置方案的要求,妥善安置收住的老年人。民政部门应当督促养老机构实施安置方案,并及时为养老机构安置老年人提供帮助。

第二十六条　鼓励养老机构投保政策性综合责任保险。养老机构投保政策性综合责任保险的,县级以上人民政府应当给予相应补助。

第四章　养老服务人员

第二十七条　县级以上人民政府应当支持和指导高等学校和职业技术学校开设老年服务与管理相关专业或者课程,培养专业的养老服务人员。

第二十八条　高等学校和职业技术学校毕业生,进入本省政府投资设立的养老机构、民间资本设立的非营利性养老机构和组织、社区居家养老服务照料中心工作的,按照省有关规定给予入职奖励和补贴。

第二十九条　社区居家养老服务照料中心、养老机构和居家养老服务专业组织应当加强对本机构工作人员的职业道德教育和业务培训,提高其职业道德素养和业务能力。

人力资源和社会保障部门应当会同有关部门组织开展对养老护理人员职业技能培训。

鼓励养老机构、医疗卫生机构、学校作为养老护理人员培训基地,开展养老护理人员职业技能培训活动。

第三十条　养老护理人员应当参加相应的职业技能培训,提高业务能力。

养老护理人员参加养老服务护理职业技能培训和职业技能鉴定的,按照省有关规定享受培训和鉴定补贴。

第三十一条　养老机构内设医疗机构的医师、护士、康复技师等卫生专业技术人员,在执业资格、注册考核、专业技术职务评聘等方面,执行与医疗机构同类专业技术人员相同的政策。

第三十二条　各级人民政府应当逐步改善和提高养老护理人员的待遇。养老护理人员的工资待遇应当与其职业技能水平相适应。

县级以上人民政府人力资源和社会保障、民政部门定期发布当地养老护理人员职位工资指导价位。

实行养老护理人员特殊岗位津贴制度,具体办法由设区的市、县(市)人民政府规定。

第三十三条　各级人民政府应当支持发展为老年人服务的志愿服务组织,建立志愿服务激励机制,对表现突出的志愿服务组织、志愿者给予表彰和奖励。

志愿者可以根据其志愿服务时间储蓄优先享受社会养老服务,并享有《浙江省志愿服务条例》规定的权利。

第五章　养老服务激励保障

第三十四条　县级以上人民政府应当根据经济社会发展水平、人口老龄化发展趋势和社会养老服务需求状况,加大支持和引导力度,发挥民间资本在养老机构发展中的作用。

鼓励民间资本设立多种类型的养老机构,满足多样化、多层次的养老服务需求;鼓励通过委托管理、承包、合资合作等方式运营政府投资设立的养老机构。

鼓励民间资本参与社区居家养老服务照料中心的建设和运营。

第三十五条　县级以上人民政府应当建立健全社会养老服务需求评估制度。社会养老服务需求评估确定的类型和等级,是老年人入住政府投资设立的养老机构或者享受社会养老服务补贴的依据。社会养老服务需求评估的具体程序,按照省有关规定执行。

第三十六条　县级以上人民政府应当建立健全社会养老服务补贴制度。对最低生活保障家庭和最低生活保障边缘家庭中的失能、失智、高龄老年人,根据社会养老服务需求评估确定的类型和等级,给予相应社会养老服务补贴。

有条件的设区的市、县(市、区)人民政府,可以将社会养老服务补贴范围扩大到中低收入家庭中的失能、失智、高龄、独居老年人。

第三十七条 县级以上人民政府应当在公共财政、福利彩票公益金中安排社会养老服务资金。

省级财政安排的社会养老服务资金应当向农村和人均可支配收入较低的地区倾斜。

第三十八条 各级人民政府应当建立健全向养老机构和其他养老服务组织购买养老服务制度。

第三十九条 各级人民政府根据省有关规定,对社区居家养老服务照料中心、养老机构,给予相应的建设补助和日常运营补贴。

第四十条 县级以上人民政府及其有关部门应当落实国家和省对养老机构、社区居家养老服务照料中心和其他养老服务组织的税费优惠。

养老机构、社区居家养老服务照料中心用水、用电、用气、用热价格按照居民生活类价格执行。

第四十一条 县级以上人民政府和有关部门应当将社会养老服务设施建设用地纳入城乡规划、土地利用总体规划和年度用地计划,优先保障社会养老服务设施建设用地。

第四十二条 民间资本设立的非营利性养老机构与政府投资设立的养老机构执行相同的土地使用政策,可以依法使用国有划拨土地或者农民集体所有的建设用地。

民间资本利用城镇空闲的厂房、学校、社区用房,设立非营利性养老机构,经规划、国土资源部门批准临时改变建筑用途的,按照有关规定免交土地收益金。

第四十三条 营利性养老机构建设用地,按照省有关规定确定其使用性质并进行地价评估后,依法办理国有建设用地有偿使用手续。

养老机构可以利用有偿取得的土地使用权、产权明晰的房产等固定资产办理抵押贷款,不动产登记机构应当予以办理抵押登记。

养老机构建设用地和建筑物,未经法定程序不得改变用途,不得分割转让。

第四十四条 县级以上人民政府应当建立健全医疗卫生服务和社会养老服务衔接制度,促进医疗卫生服务与社会养老服务资源融合,合理布局养老机构、社区居家养老服务照料中心与老年病医院、老年护理院、康复疗养机构等。

医疗机构、社区卫生服务机构应当与养老机构、社区居家养老服务照料中心建立业务协作机制,为养老机构收住的老年人和居家的老年人提供基本医疗服务。

社区卫生服务机构应当建立老年人健康档案,开展上门巡诊、设立家庭病床,为老年人提供慢性病管理、健康教育和咨询、中医诊疗保健等服务。

鼓励规模较大的养老机构设立内部医疗机构,符合条件的,有关主管部门应当根据申请将其认定为基本医疗保险定点医疗机构。

第四十五条 县级以上人民政府和有关部门应当制定相应的产业政策和措施,积极培育养老服务业。

扶持和引导企业开发、生产、经营适应老年人衣、食、住、行、医、文化娱乐等需要的产品,提供相关服务。

民间资本按照国家和省有关规定建设老年住宅、老年公寓的,享受相应的扶持政策。

第六章　养老服务监督管理

第四十六条　省标准化主管部门应当会同民政部门组织制定和完善机构养老服务、居家养老服务等相关地方标准，建立健全社会养老服务标准体系。

第四十七条　县级以上人民政府民政部门负责养老机构的指导、监督和管理，其他有关部门依据职责分工对养老机构实施监督。

民政部门应当建立养老机构的养老服务质量评估制度，定期组织有关方面专家或者委托第三方专业机构，对养老机构的人员配备、设施设备条件、管理水平、服务质量、服务对象满意度、社会信誉等进行综合评估，将评估结果向社会公布，并根据评估结果对养老机构实行分类管理。

第四十八条　审计部门应当按照国家有关规定，对政府投资设立或者接受政府补助、补贴的养老机构的财务状况以及资金使用情况进行审计监督，依法向社会公布审计结果。

第四十九条　民政部门应当建立养老机构诚信档案，记录其设立与变更、日常监督检查、违法行为查处、综合评估结果等情况，并向社会公开，接受查询；对有不良信用记录的养老机构，应当增加监督检查频次，加强整改指导。

第五十条　民政部门应当建立举报投诉制度，公开举报投诉的电话、电子邮箱、网络平台等，受理对社会养老服务有关问题的举报和投诉。

民政部门对接到的举报、投诉，应当及时核实处理，并将结果告知举报人、投诉人。

第五十一条　民政、食品药品监督管理、公安消防等部门应当依法对养老机构举办者和服务人员进行安全教育，对养老服务场所进行安全检查，消除各类安全隐患。

卫生计生部门应当依法加强对养老机构内设医疗机构的监督管理。

第七章　法律责任

第五十二条　违反本条例规定的行为，法律、行政法规已有法律责任规定的，从其规定。

第五十三条　违反本条例规定，养老机构有下列行为之一的，由实施许可的民政部门责令限期改正；逾期不改正的，处一万元以上三万元以下罚款；情节严重的，处三万元以上十万元以下罚款：

（一）未与老年人或者其代理人订立服务合同的；

（二）未按照有关标准和规定开展服务的；

（三）配备人员的资格不符合规定的；

（四）利用养老机构的房屋、场地、设施从事与养老服务无关活动的；

（五）擅自暂停或者终止服务的。

第五十四条　违反本条例规定，采取虚报、隐瞒、伪造等手段，骗取补助资金或者社会养老服务补贴的，由民政部门责令退回非法获取的补助资金或者社会养老服务补贴，可以处非法所得一倍以上三倍以下罚款。

第五十五条　违反本条例规定，民政等有关部门及其工作人员有下列行为之一的，由有权机关对直接负责的主管人员和其他直接责任人员依法给予处分：

（一）未依法实施养老机构设立许可的；

（二）未依法履行监督检查职责，造成不良后果的；

（三）对接到的投诉、举报，未及时核实处理的；

（四）有其他玩忽职守、滥用职权、徇私舞弊行为的。

<h2 style="text-align:center">第八章　附　则</h2>

第五十六条　本条例自 2015 年 3 月 1 日起施行。

附录五 国外养老服务业标准汇总表

分类	序号	标准号	标准英文名称	标准中文名称
一、世界标准化组织（ISO）	1	ISO/IEC TR 19765:2007	Information technology—Survey of icons and symbols that provide access to functions and facilities to improve the use of information technology products by the elderly and persons with disabilities	信息技术——促进老年人及残疾人使用信息技术产品的图形符号调查
	2	ISO/IEC TR 19766:2007	Information technology—Guidelines for the design of icons and symbols accessible to all users，including the elderly and persons with disabilities	信息技术——方便所有使用者包括老年人及残疾人使用的图形符号设计指南
	3	ISO 7001:2007/CD Amd 26	Symbol PI TF 022：Priority seats for elderly people	老年人优先座位
	4	ISO 7001:2007/CD Amd 31	Symbol PI PF 055：Priority facilities for elderly people	老年人优先设施
	5	ISO/IEC 10779:2008	Information technology—Office equipment accessibility guidelines for elderly persons and persons with disabilities	信息技术——老年人及残疾人用办公设备无障碍设计指南
	6	ISO/IEC TR 15440:2005	Information technology—Future keyboards and other associated input devices and related entry methods	信息技术——未来的键盘和其他输入设备及相关输入法
	7	ISO/TR 22411:2008	Ergonomics data and guidelines for the application of ISO/IEC Guide 71 to products and services to address the needs of older persons and persons with disabilities	ISO/IEC 71 号应用指南：满足老年人和残疾人需求的产品及服务的人类工效学数据库和指南
	8	ISO/IEC Guide 71:2001	Guidelines for standards developers to address the needs of older persons and persons with disabilities	标准研制者用指南：满足老年人和残疾人的需求
	9	ISO/IEC 10779:2008	Information technology—Office equipment accessibility guidelines for elderly persons and persons with disabilities	信息技术——老年人和残疾人办公设备无障碍设计指南
	10	ISO 24502	Ergonomics—Accessible design—Specification of age-related relative luminance in visual signs and displays	人类工效学——无障碍设计——年龄相关性相对亮度在视觉符号与显示方面的设计规范

续表

分类	序号	标准号	标准英文名称	标准中文名称
二、欧盟标准化组织	1	CEN/TR 15894:2009	Building hardware—Door fittings for use by children，elderly and disabled people in domestic and public buildings	建筑五金——家庭或公共建筑内供儿童、老年人及残疾人使用的门配件
	2	CEN ISO/TR 22411:2011	Ergonomics data and guidelines for the application of ISO/IEC Guide 71 to products and services to address the needs of older persons and persons with disabilities	ISO/IEC 71 号应用指南：满足老年人和残疾人需求的产品及服务的人类工效学数据库和指南
	3	CWA 45546-1:2004	Guidelines to standardizes of Collective Transport Systems—Needs of older people and persons with disabilities—Part 1：Basic Guidelines	集中运输系统标准化指南——考虑老年人和残疾人的需求—第1部分：基本指南
	4	EN ISO 24502	Ergonomics—Accessible design—Specification of age-related relative luminance in visual signs and displays	人类工效学——无障碍设计——年龄相关性相对亮度在视觉符号与显示方面的设计规范
	5	FprCEN/TS 16118	Sheltered housing—Requirements for services for older people provided in a sheltered housing scheme	福利院——福利院提供老年服务的规范与要求
三、日本	1	JIS S0011-2000	Guidelines for all people including elderly and people with disabilities—Marking tactile dots on consumer products	包括老年人、残疾人在内的所有人群指南——消费产品上盲文符号的标记
	2	JIS S0012-2000	Guidelines for all people including elderly and people with disabilities—Usability of consumer products	包括老年人、残疾人在内的所有人群指南——生活消费品的可用性
	3	JIS S0013-2011	Guidelines for older persons and persons with disabilities—Auditory signals for consumer products	老年人、残疾人用指南——消费品的报警音
	4	JIS S0014-2003	Guidelines for the elderly and people with disabilities—Auditory signals on consumer products—Sound pressure levels of signals for the elderly and in noisy conditions	老年人、残疾人用指南——消费品的报警音——老年人或嘈杂环境的报警音声压信号水平
	5	JIS S0021-2000	Guidelines for all people including elderly and people with disabilities—Packaging and receptacles	包括老年人、残疾人在内的所有人群指南——包装与容器
	6	JIS S0022-2001	Guidelines for all people including elderly and people with disabilities—Packaging and receptacles—Test methods for opening	包括老年人、残疾人在内的所有人群指南——包装与容器——开启的测试方法

续表

分类	序号	标准号	标准英文名称	标准中文名称
三、日本	7	JIS S0022-3-2007	Guidelines for older persons and persons with disabilities—Packaging and receptacles—Tactile indication for identification	老年人、残疾人用指南——包装和容器——触觉指示的识别
	8	JIS S0022-4-2007	Guidelines for older persons and persons with disabilities—Packaging and receptacles—Evaluation method by user	老年人、残疾人用指南——包装和容器——使用者的评估方法
	9	JIS S0023-2002	Guidelines for designing of clothes in consideration of the elderly people	老年人服装设计指南
	10	JIS S0023-2-2007	Guidelines for older persons—Designing of clothes—Shape and use of buttons	老年人用指南——服装设计——扣子的形状和使用
	11	JIS S0024-2004	Guidelines for older persons and persons with disables—Housing equipments	老年人、残疾人用指南——住房设备
	12	JIS S0025-2011	Guidelines for older persons and persons with disabilities—Packaging and receptacles—Tactile warnings of danger—Requirements	老年人、残疾人用指南——包装和容器——危险的触觉警告——要求
	13	JIS S0026-2007	Guidelines older persons and persons with disabilities—Shape, colour, and arrangement of toilet operation equipment and appliance in public rest room	老年人、残疾人用指南——公共洗手间抽水马桶操作设备及器具的形状、颜色和布置
	14	JIS S0031-2004	Guidelines for the elderly and people with disabilities—Visual signs and displays—Specification of age-related relative luminance and its use in assessment of light	老年人、残疾人用指南——视觉符号与显示——年龄相关性相对亮度设计规范及其在光线评估中的应用
	15	JIS S0032-2003	Guidelines for the elderly and people with disabilities—Visual signs and displays—Estimation of minimum legible size for a Japanese single character	老年人、残疾人用指南——视觉符号与展示——日本单字符最小易读尺寸估计
	16	JIS S0033-2006	Guidelines for the elderly and people with disabilities—Visual signs and displays—A method for color combinations based on categories of fundamental colours as a function of age	老年人、残疾人用指南——视觉符号与显示——以基本色分类为年龄函数的颜色组合方法
	17	JIS S0041-2010	Guidelines for older persons and persons with disabilities—Operability of vending machine	老年人、残疾人用指南——自动贩卖机的操作性能

续表

分类	序号	标准号	标准英文名称	标准中文名称
三、日本	18	JIS S0042-2010	Guidelines for older persons and persons with disabilities—Considerations and apparatuses for accessible meetings	老年人、残疾人用指南——无障碍会议的注意事项和设备装置
	19	JIS T0901-2011	Guidelines for older persons and persons with disabilities—Information presentation using electronic guiding and way finding system	老年人、残疾人用指南——电子导航系统应用的信息展示
	20	JIS T0921-2006	Guidelines for all people including older persons and persons with disabilities—Methods of displaying braille sign—Public facility	包括老年人、残疾人在内的所有人群指南——盲文符号显示方法——公共设施
	21	JIS T0922-2007	Guidelines for older persons and persons with disabilities—Information content, shapes and display methods of tactile guide maps	老年人、残疾人用指南——触觉地图的信息内容、形状和显示方法
	22	JIS T0923-2009	Guidelines for older persons and persons with disabilities—Methods of displaying braille sign—Consumer products	老年人、残疾人用指南——盲文符号显示方法——消费产品
	23	JIS X8341-1-2010	Guidelines for older persons and persons with disabilities—Information and communications equipment, software and services—Part 1：Common Guidelines	老年人、残疾人用指南——信息和通信设备、软件和服务——第1部分：通用指南
	24	JIS X8341-2-2004	Guidelines for older persons and persons with disabilities—Information and communications equipment, software and services—Part 2：Information processing equipment	老年人、残疾人用指南——信息和通信设备、软件和服务——第2部分：信息处理设备
	25	JIS X8341-3-2010	Guidelines for older persons and persons with disabilities—Information and communications equipment, software and services—Part 3：Web content	老年人、残疾人用指南——信息和通信设备、软件和服务——第3部分：网络内容
	26	JIS X8341-4-2005	Guidelines for older persons and persons with disabilities—Information and communications equipment, software and services—Part 4： Telecommunications equipment	老年人、残疾人用指南——信息和通信设备、软件和服务——第4部分：远程通信设备
	27	JIS X8341-5-2006	Guidelines for older persons and persons with disabilities—Information and communications equipment, software and services—Part 5：Office equipment	老年人、残疾人用指南——信息和通信设备、软件和服务——第5部分：办公设备

分类	序号	标准号	标准英文名称	标准中文名称
三、日本	28	JIS X8341-7-2011	Guidelines for older persons and persons with disabilities—Information and communications equipment, software and services—Part 7: Accessibility settings	老年人、残疾人用指南——信息和通信设备、软件和服务——第 7 部分：无障碍设施
	29	JIS Z8071-2003	Guidelines for standards developers to address the needs of older persons and persons with disabilities	解决老年人和残疾人需求的标准研制者用指南

图书在版编目（CIP）数据

养老机构管理 / 许虹，李冬梅主编. —杭州：浙江
大学出版社，2015.8(2023.1 重印)
  ISBN 978-7-308-14801-6

  Ⅰ.①养… Ⅱ.①许… ②李… Ⅲ.①养老院－运营
管理－中国 Ⅳ.①D669.6

中国版本图书馆 CIP 数据核字（2015）第 137255 号

养老机构管理

许　虹　李冬梅　主编

丛书策划	阮海潮（ruanhc@zju.edu.cn）
责任编辑	阮海潮
责任校对	於国娟　杨利军
封面设计	续设计
出版发行	浙江大学出版社
	（杭州市天目山路 148 号　邮政编码 310007）
	（网址：http://www.zjupress.com）
排　　版	杭州青翊图文设计有限公司
印　　刷	嘉兴华源印刷厂
开　　本	787mm×1092mm　1/16
印　　张	18.75
字　　数	468 千
版 印 次	2015 年 8 月第 1 版　2023 年 1 月第 9 次印刷
书　　号	ISBN 978-7-308-14801-6
定　　价	45.00 元